altraverse

Deutsche Ausgabe / German Edition
Altraverse GmbH – Hamburg 2020
Aus dem Japanischen von Lasse Christian Christiansen

Redaktion: Johannes Marschallek
Herstellung: Martina Stellbrink
Lettering: Vibrant Publishing Studio

Druck: CPI books GmbH, Leck
Printed in Germany

MIX
Papier
FSC FSC® C083411

ISBN 978-3-96358-268-4
2. Auflage 2020

www.altraverse.de

Fantasy 16 +

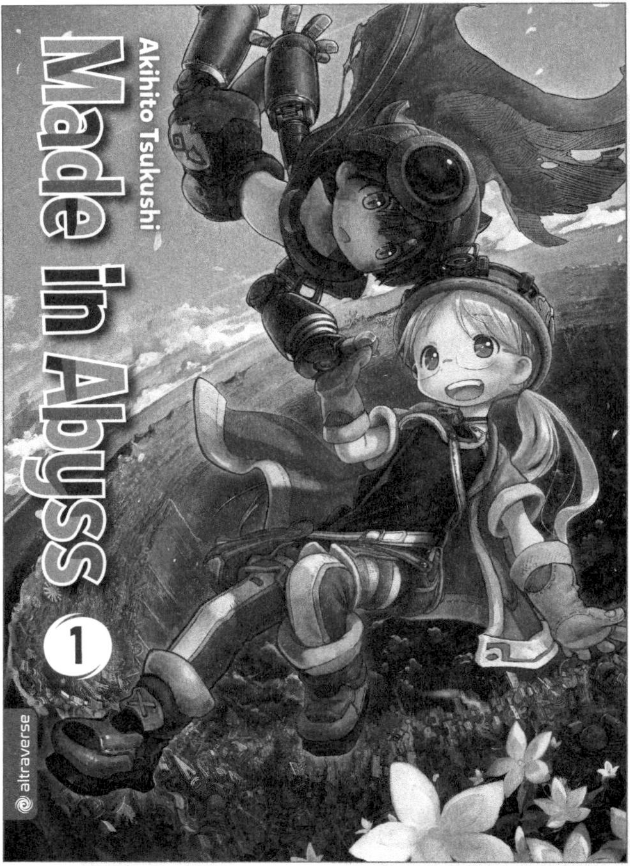

Made in Abyss

Akihito Tsukushi

Das riesige Höhlensystem Abyss ist der letzte unerforschte Ort der Welt. Riko träumt davon, eine genauso berühmte Höhlentaucherin wie ihre verschollene Mutter zu werden. Auf einer Erkundungstour der höheren Ebenen des Abyss macht sie eine Entdeckung, die ihr ganzes Leben auf den Kopf stellen wird ...

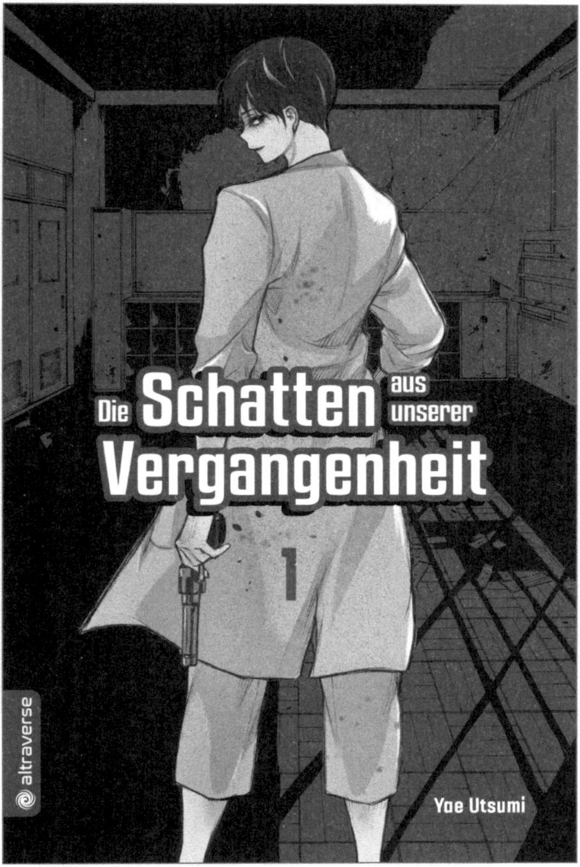

Die Schatten aus unserer Vergangenheit

Yae Utsumi

Der Strahlemann Mikio lädt die ehemalige Klasse 6b dazu ein, gemeinsam ein paar Tage in dem alten Schulgebäude zu verbringen, bevor es abgerissen wird. Voller Vorfreude auf ein Wiedersehen mit ihren alten Freunden nehmen Nezu und Mirai die Einladung an. Sie haben keine Ahnung, was für grausame Spiele Mikio mit ihnen und ihren alten Klassenkameraden treiben will.

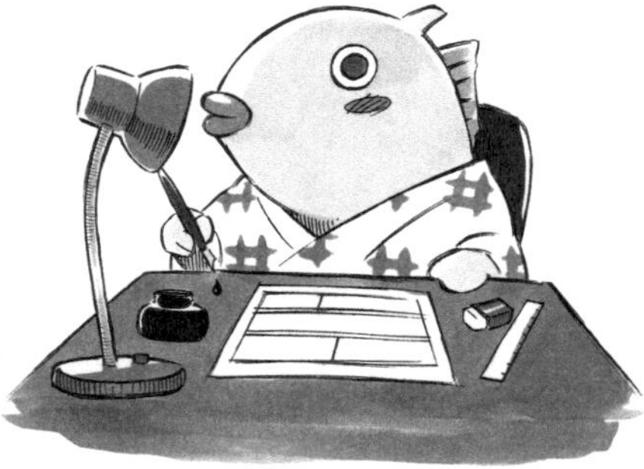

Yae Utsumi

Na dann, ihr Lieben,
bis zum nächsten Mal.

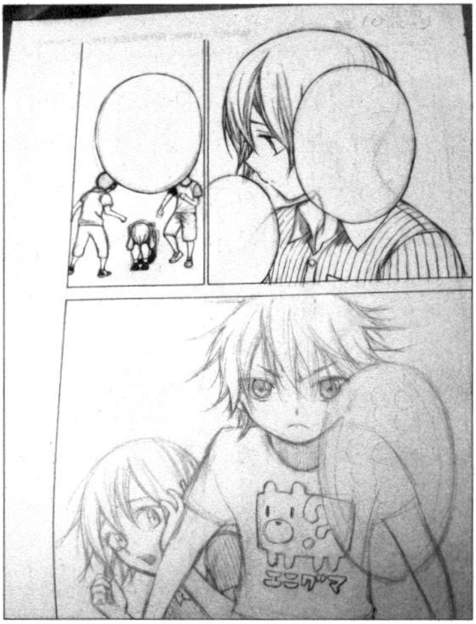

Die Seite wird getuscht.

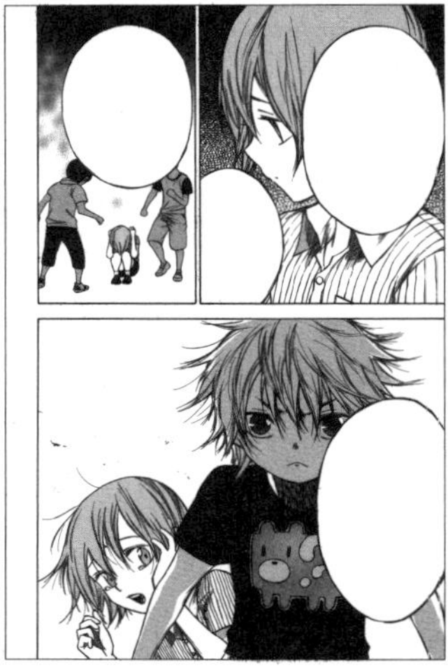

Die fertige Seite [Band 7, Seite 54]

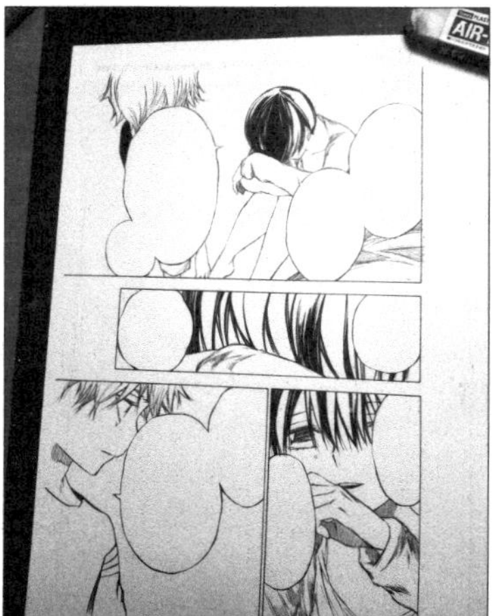

Jetzt noch die Hintergründe und der Feinschliff.

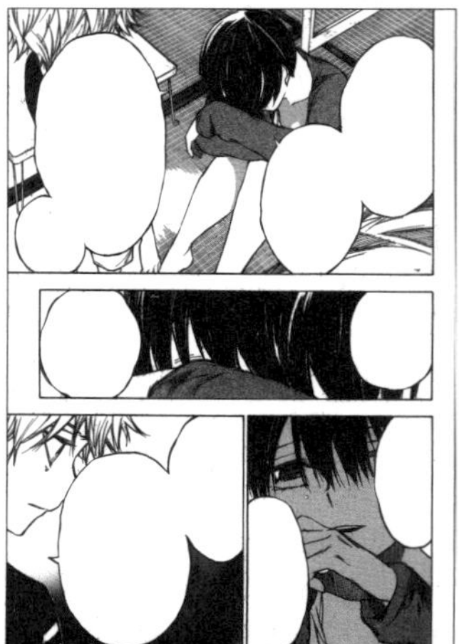

Die fertige Seite [Band 7, Seite 55]

altraverse: War der Verlauf der ganzen Geschichte von *Bis deine Knochen verrotten* bereits zum Start der Serie festgelegt oder haben Sie den weiteren Verlauf der Geschichte während die Serie bereits lief ausgearbeitet?

Utsumi-sensei: Während ich mich bereits zu Anfang darauf festlegte, wer die Täter sind, ist der Rest der Geschichte nach und nach entstanden.

altraverse: Gibt es einen Charakter in *Bis deine Knochen verrotten*, den Sie besonders gernhaben?

Utsumi-sensei: Ich mag Haruka wirklich gern. Sie mag auf den ersten Blick sehr egoistisch wirken, aber sie ist sehr loyal und liebevoll zu ihren Freunden.

altraverse: Die meisten Horror- oder Mystery-Storys enden mit einem negativen Cliffhanger. Wie kommt es, dass Sie sich entschieden haben, *Bis deine Knochen verrotten* mit einem Happy End enden zu lassen?

Utsumi-sensei: Die Freunde stellen sich ihren Sünden und geben ihr Bestes, um ein einigermaßen fröhliches Leben zu führen. Deshalb habe ich mich für dieses Ende entschieden.

altraverse: Viele Leser werden sich bestimmt fragen, ob die vier sich jemals endgültig von ihren Sünden befreien können. Glauben Sie, dass die Freunde ein wirklich glückliches Leben führen können?

Utsumi-sensei: Ich glaube, dass es davon abhängig ist, ob sie ihre eigene Art von *glückliches Leben* finden können oder nicht. Die Sünde, dass sie einen Menschen getötet haben, wird nie verschwinden und sie ewig verfolgen. Wie für sie ein glückliches Leben aussehen könnte, weiß ich selbst nicht.

altraverse: Haben Sie schon eine Idee für Ihren nächsten Manga?

Utsumi-sensei: Über die Details kann ich noch nicht sprechen, aber ich glaube, dass auch mein nächster Manga ein Mystery-Titel sein wird.

altraverse: Vielen Dank für dieses spannende Interview. Haben Sie noch ein paar Worte an Ihre deutschen Leser?

Utsumi-sensei: Vielen Dank, dass ihr *Bis deine Knochen verrotten* gelesen habt. Es ist wirklich ermutigend, dass ihr Spaß an meiner Serie hattet. Ich werde auch weiterhin mein Bestes geben, damit ihr euch vor meinen Manga fürch... Nein, damit ihr viel Spaß mit ihnen habt! **‹‹‹**

altraverse: Wann kam Ihnen die Idee zu der Geschichte von *Bis deine Knochen verrotten*? War Ihnen von Anfang an klar, dass Sie eine Horror- oder Mystery-Geschichte zeichnen wollen?

Utsumi-sensei: Während der Treffen mit meinem Redakteur wurde mir nach und nach bewusst, dass es eine längere Mystery-Geschichte werden soll. Die Grundidee hinter *Bis deine Knochen verrotten* war bereits am Anfang, dass fünf Freunde eine Leiche begraben. Darauf basierend dachte ich mir, dass es interessant wäre zu sehen, wie die auf den ersten Blick starke Freundschaft zwischen den fünf nach und nach durch die Geschehnisse zerbricht. Die Idee entstand circa ein halbes Jahr bevor die Serie begann. Da ich Horror und Mystery mag, will ich auch weiterhin solche Geschichten zeichnen.

altraverse: Gibt es irgendeinen Horrorfilm oder ein Horrorbuch, das Sie besonders mögen?

Utsumi-sensei: Als ich ein Kind war, habe ich *Christine* von Stephen King gesehen. Dieser Film hat mich nachhaltig geprägt. Er war echt gruselig.

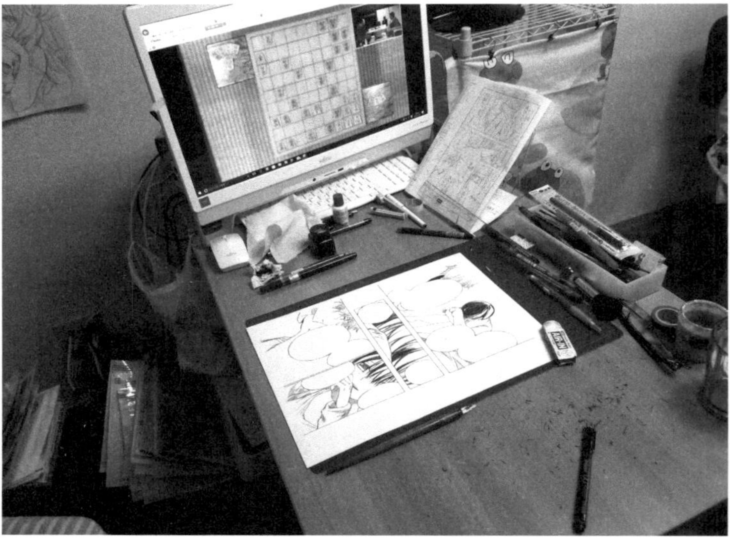

Utsumi-senseis Arbeitsplatz

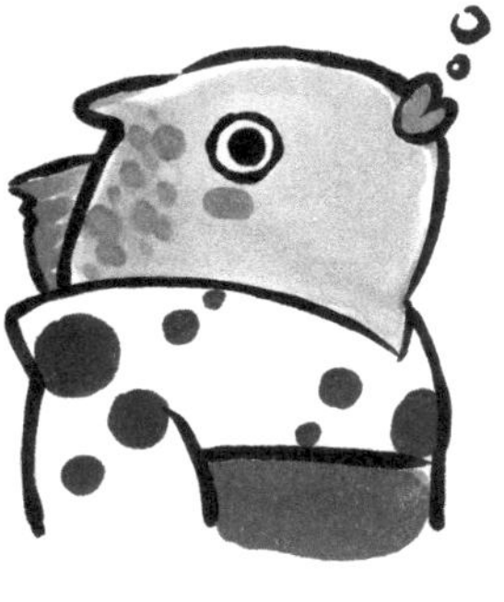

Interview mit Yae Utsumi

Um die Veröffentlichung des siebten Bandes und den Abschluss von *Bis deine Knochen verrotten* zu feiern, nahm sich Utsumi-sensei etwas Zeit und redete mit uns über sich und ihre erste Serie.

››› **altraverse:** Utsumi-sensei, vielen Dank, dass Sie sich Zeit für dieses Interview genommen haben. Bevor wir uns über die Geschehnisse in *Bis deine Knochen verrotten* unterhalten, würden wir Ihnen gerne ein paar Fragen über Sie selbst stellen. Wann haben Sie sich entschlossen Mangaka zu werden?

Utsumi-sensei: Da muss ich ungefähr elf Jahre alt gewesen sein.

altraverse: Gab es einen Manga oder einen Mangaka, der Sie damals besonders inspiriert hat? Und welche Manga oder Mangaka inspirieren Sie heute?

Utsumi-sensei: Damals war der Manga *Yu Yu Hakusho* von Yoshihiro Togashi-sensei populär und hat mich wirklich stark beeinflusst. Auch heute noch inspirieren mich Togashi-senseis Werke. Seit ich aber selbst Mangaka bin, lerne ich viel von den Manga von Masahito Soda-sensei, George Morikawa-sensei und Takehiko Inoue-sensei.

altraverse: Erzählen Sie uns doch bitte ein wenig davon, wie Ihr Traum, Mangaka zu werden, wahr wurde.

Utsumi-sensei: Mein erster Schritt war, dass ich mich bei einem Newcomer-Award des *Weekly Shonen Magazine* von Kodansha beworben habe. Obwohl ich keinen Preis gewann, kontaktierte mich die Redaktion des Magazins und fragte mich, ob ich mich nicht immer wieder mal mit ihnen treffen will, um ihnen meine Fortschritte zu zeigen. Nach einigen Jahren boten sie mir dann die Möglichkeit an, eine Serie zu starten.

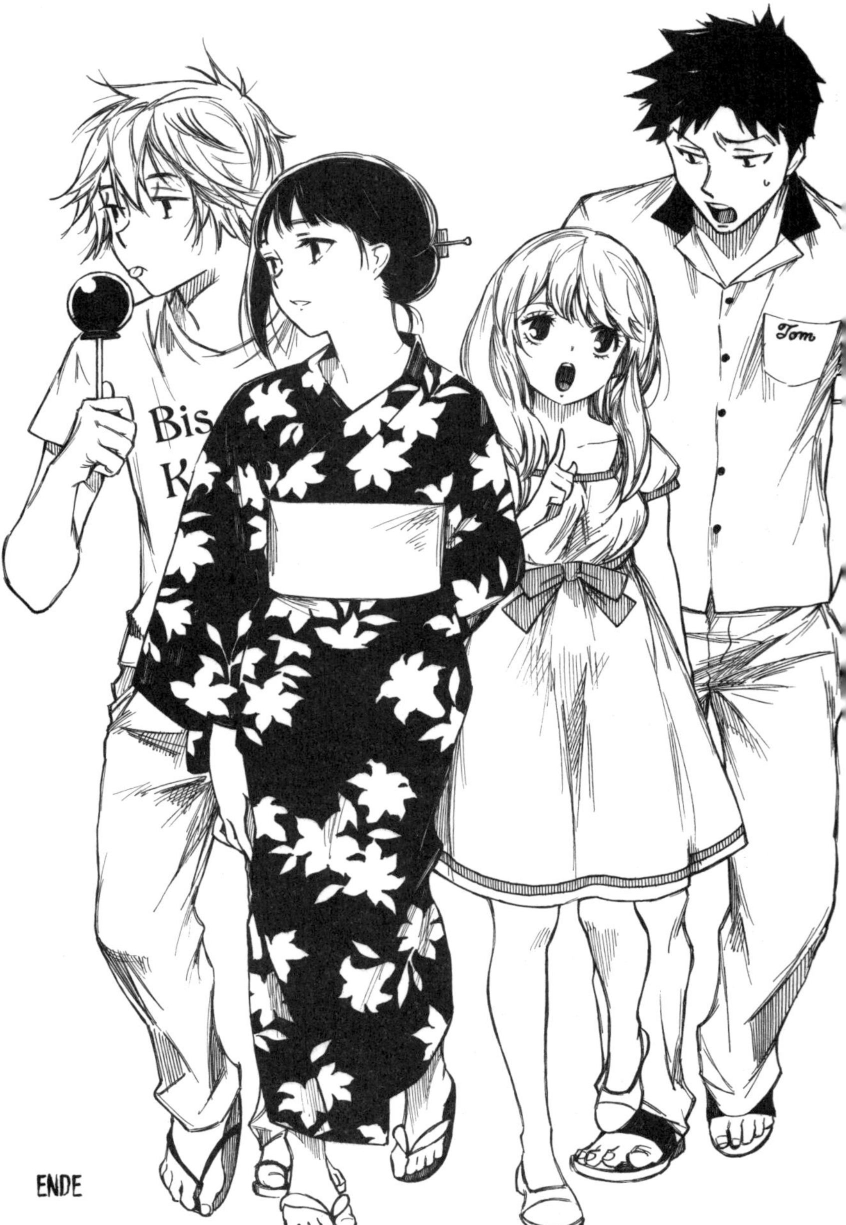

ENDE

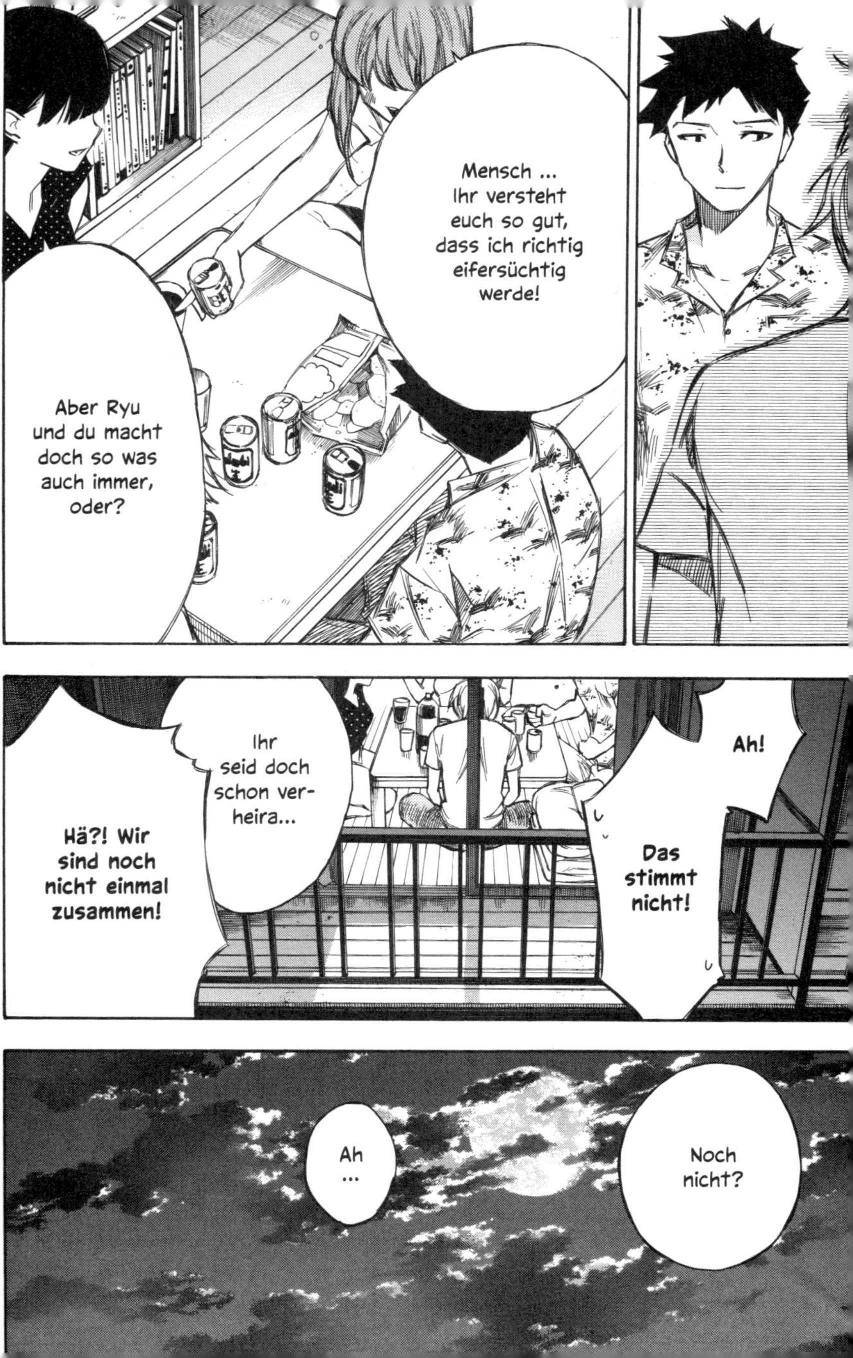

Mensch ... Ihr versteht euch so gut, dass ich richtig eifersüchtig werde!
Aber Ryu und du macht doch so was auch immer, oder?
Ah!
Das stimmt nicht!
Ihr seid doch schon verheira...
Hä?! Wir sind noch nicht einmal zusammen!
Noch nicht?
Ah ...

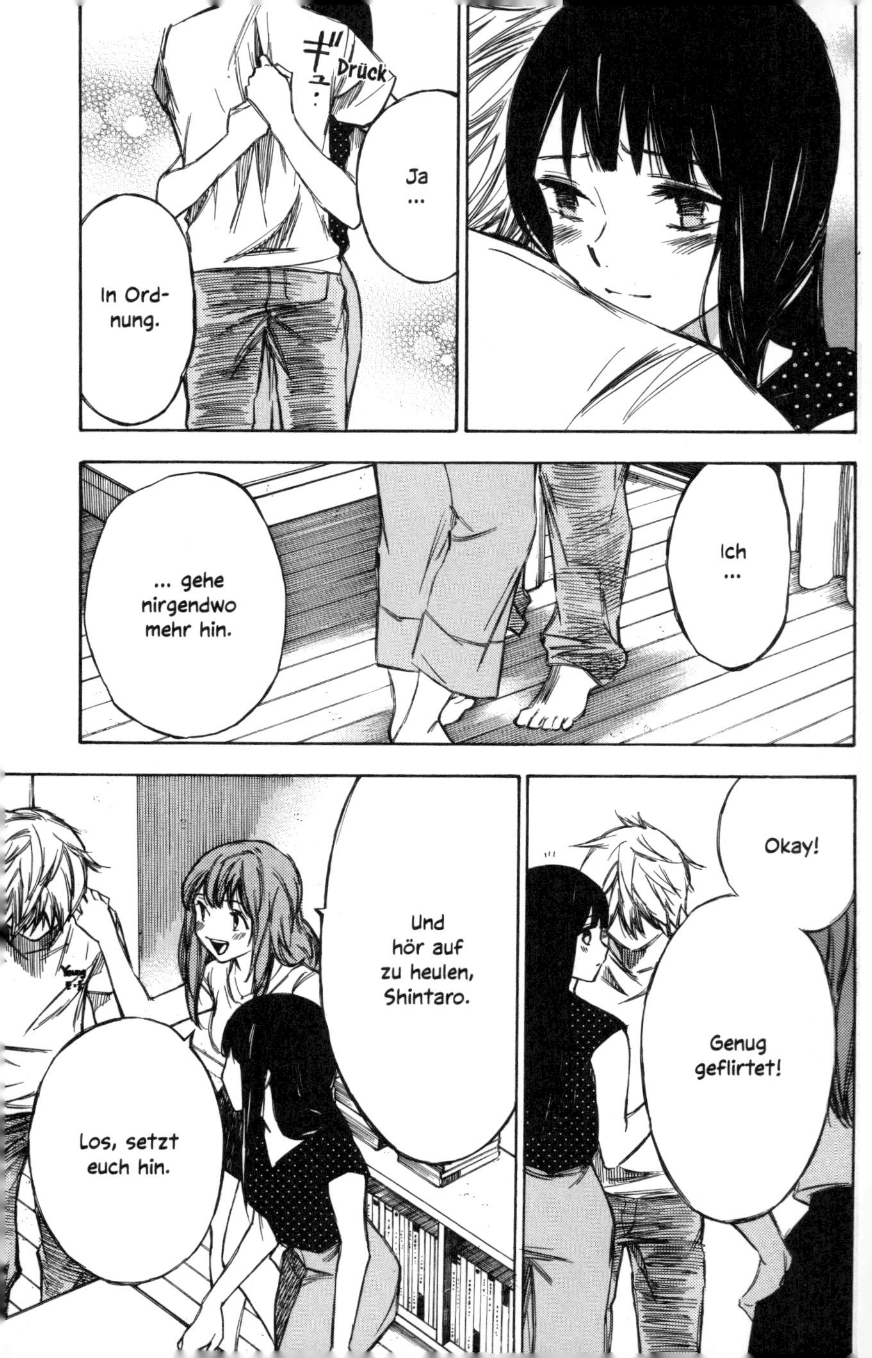
Drück
Ja …
In Ord-
nung.
Ich …
… gehe nirgendwo mehr hin.
Okay!
Genug geflirtet!
Und hör auf zu heulen, Shintaro.
Los, setzt euch hin.

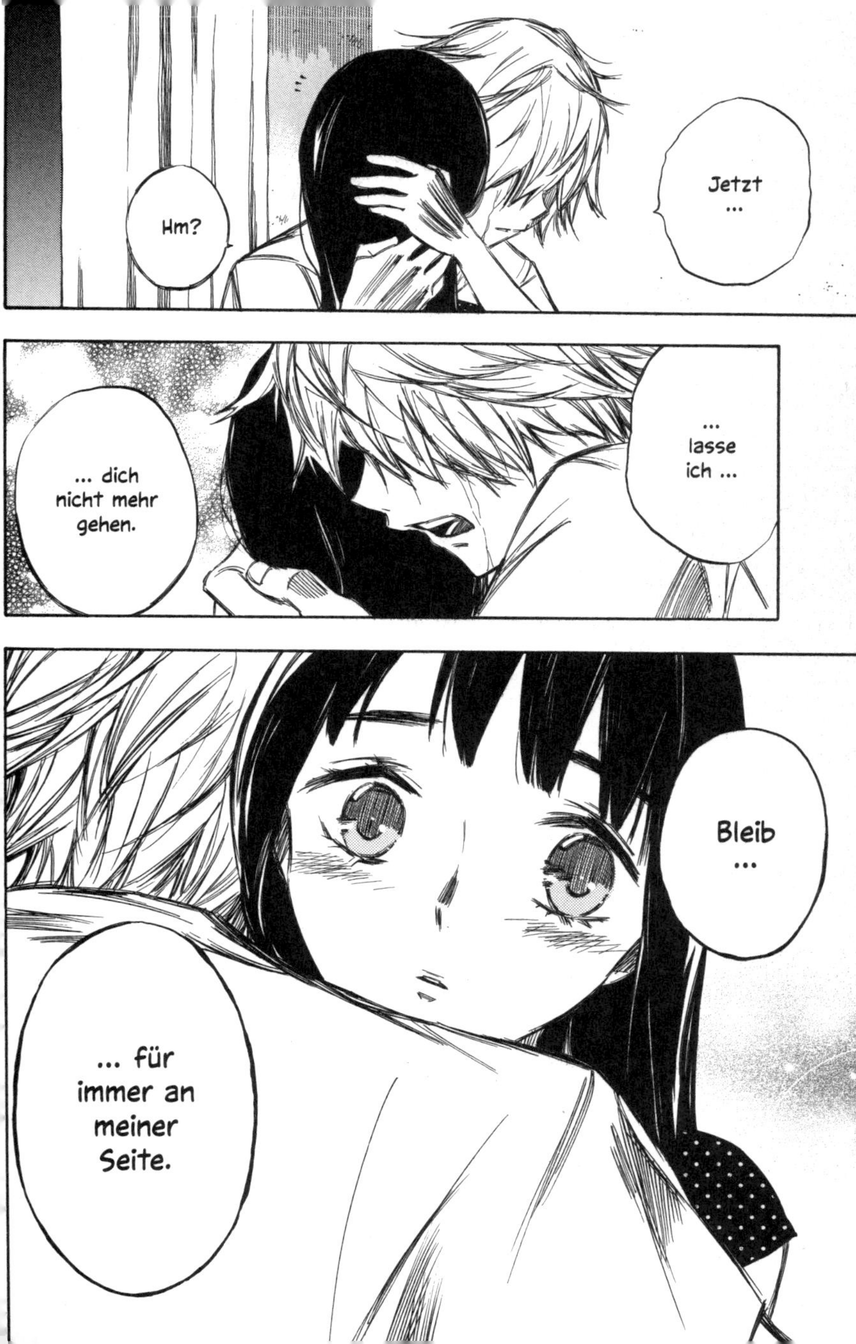
Jetzt ...
Hm?
... lasse ich ...
... dich nicht mehr gehen.
Bleib ...
... für immer an meiner Seite.

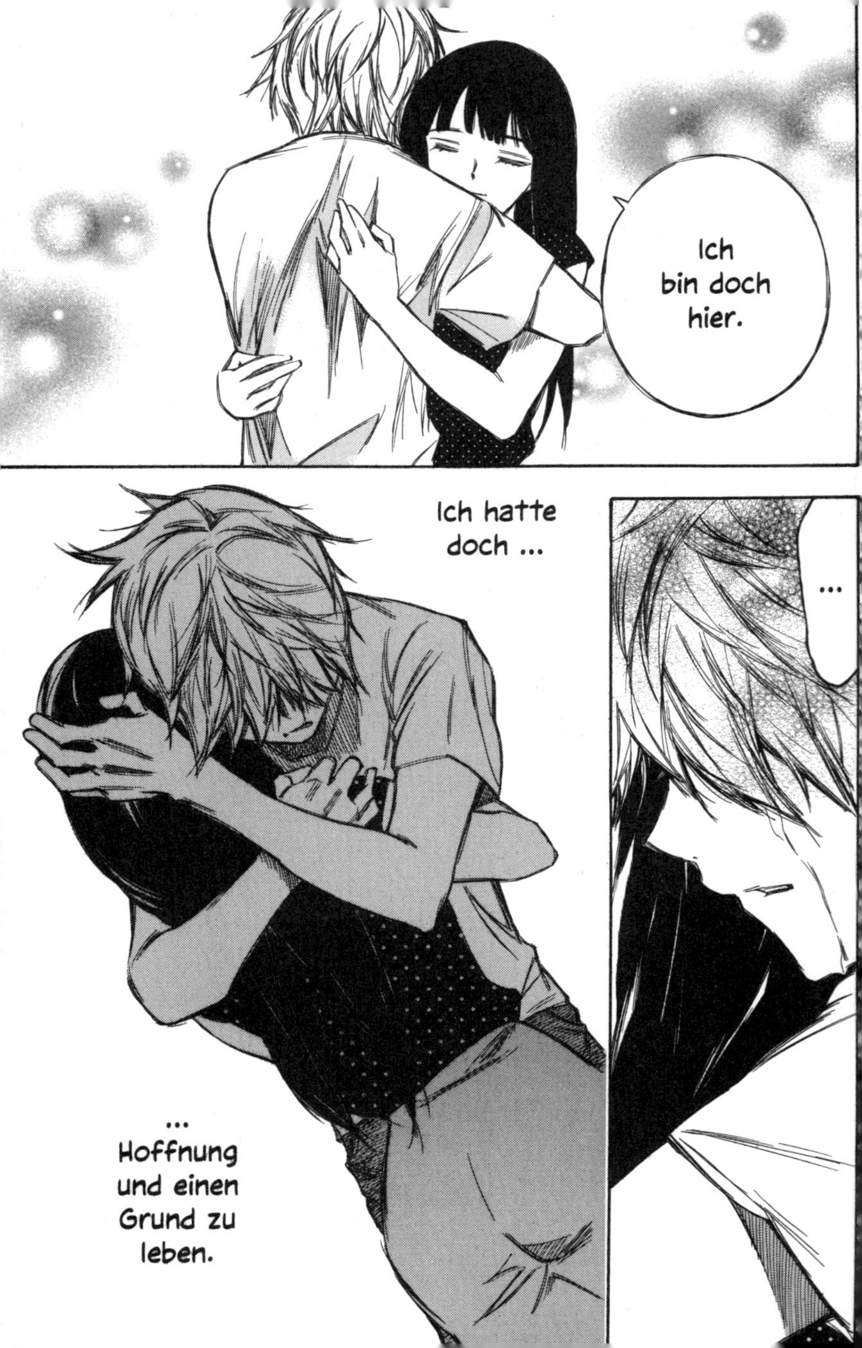
Ich bin doch hier.
...
Ich hatte doch ...
... Hoffnung und einen Grund zu leben.

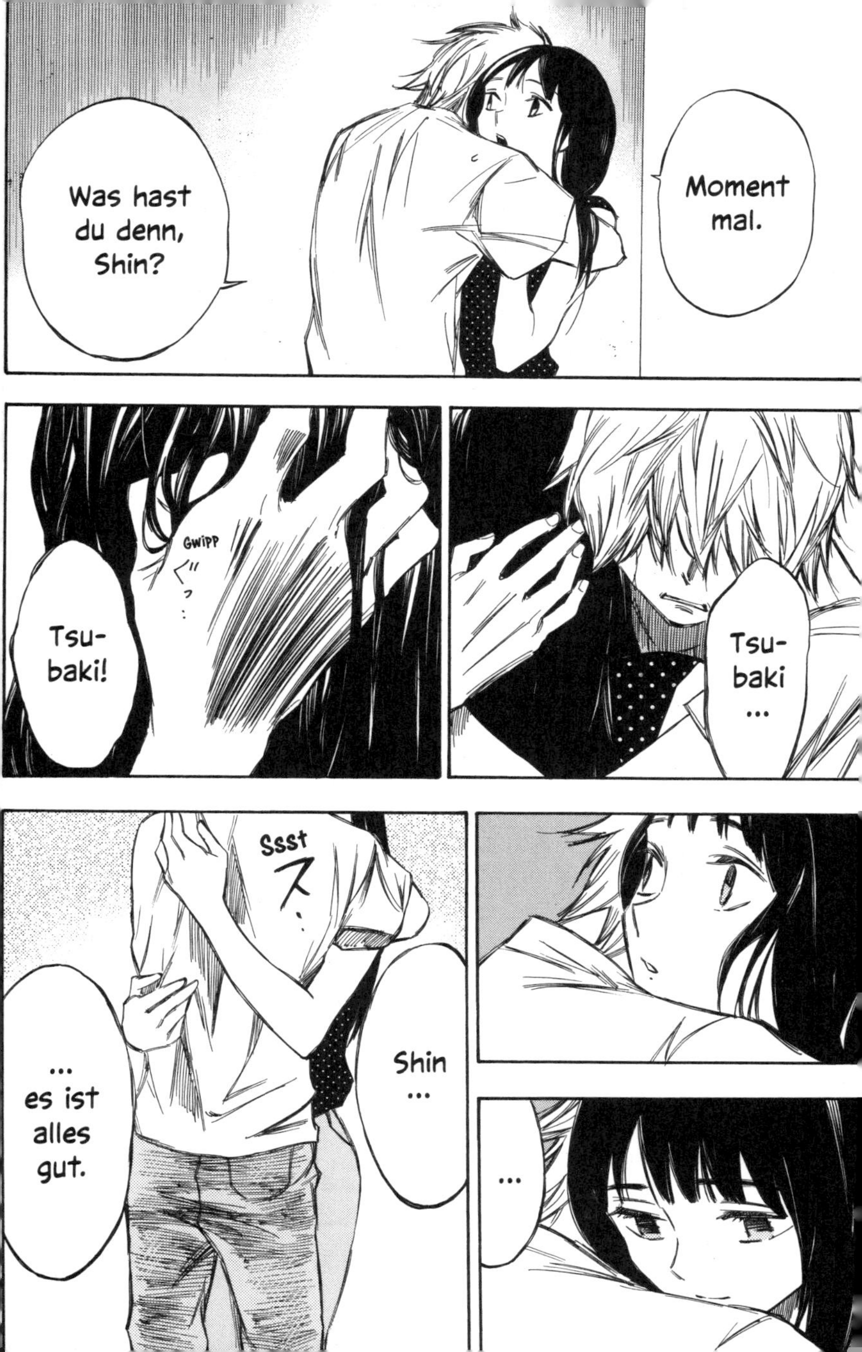
Moment mal.
Was hast du denn, Shin?
Tsubaki ...
Gwipp
Tsubaki!
Ssst
Shin ...
... es ist alles gut.
...

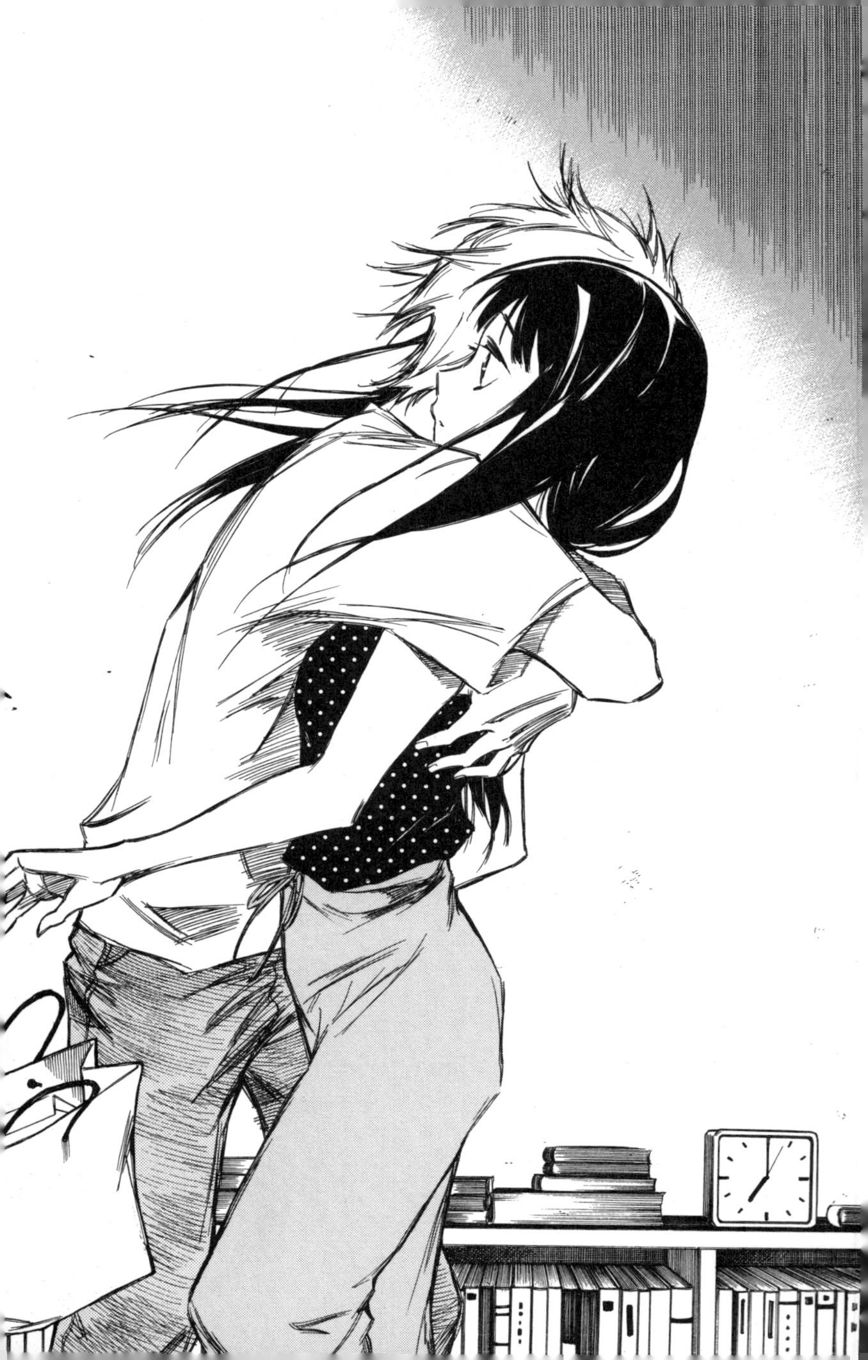

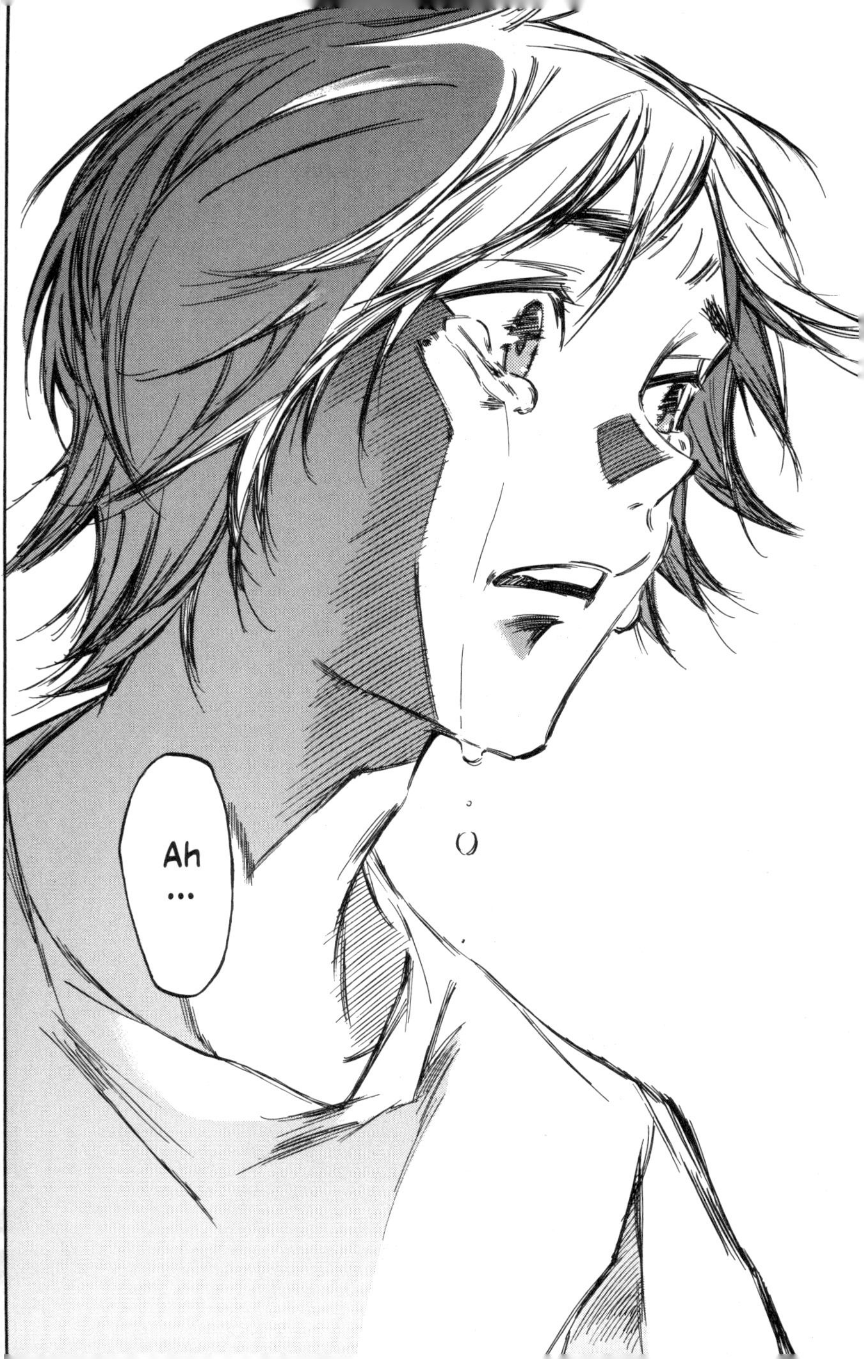
Ah
...

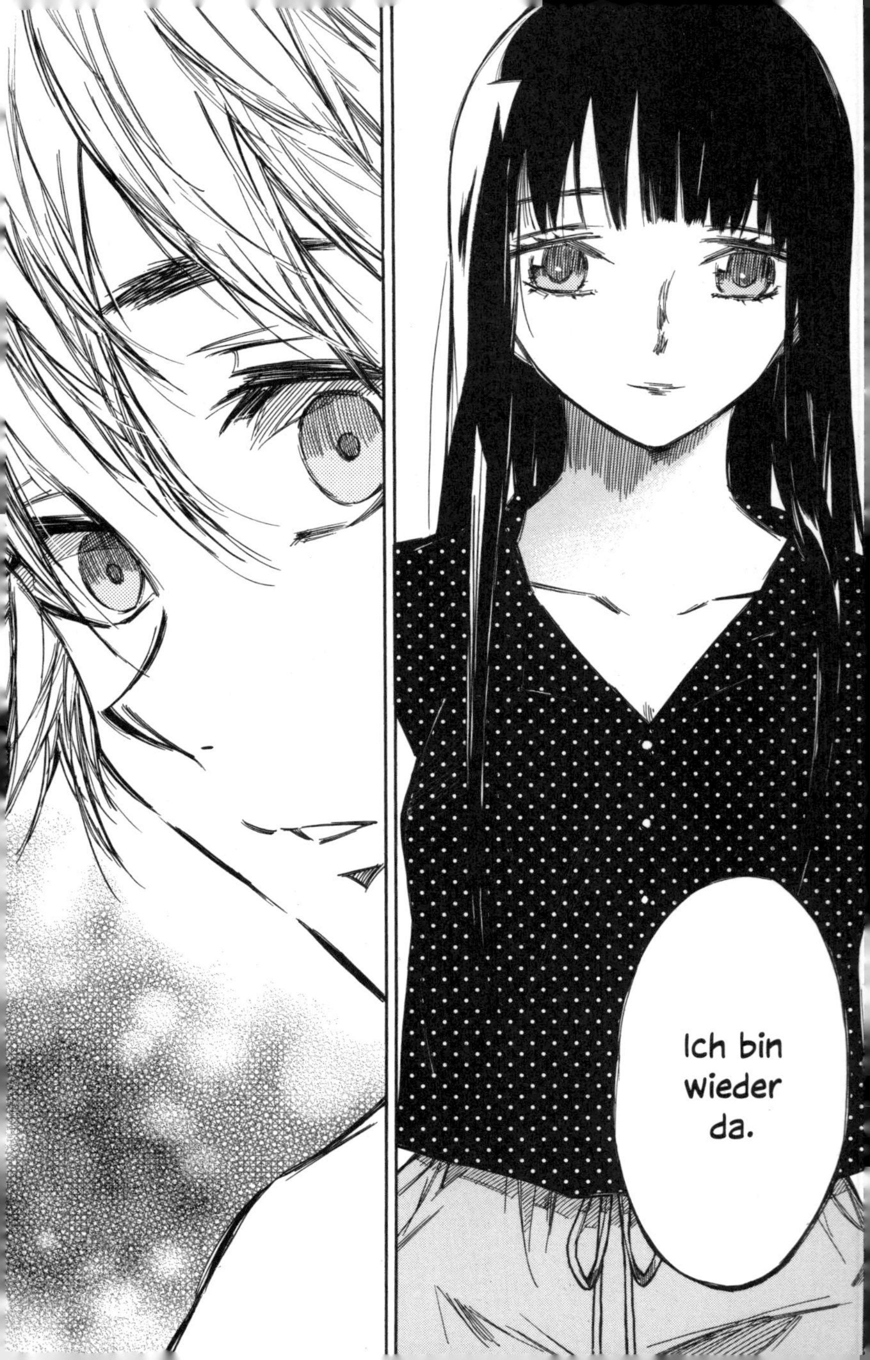
Ich bin wieder da.

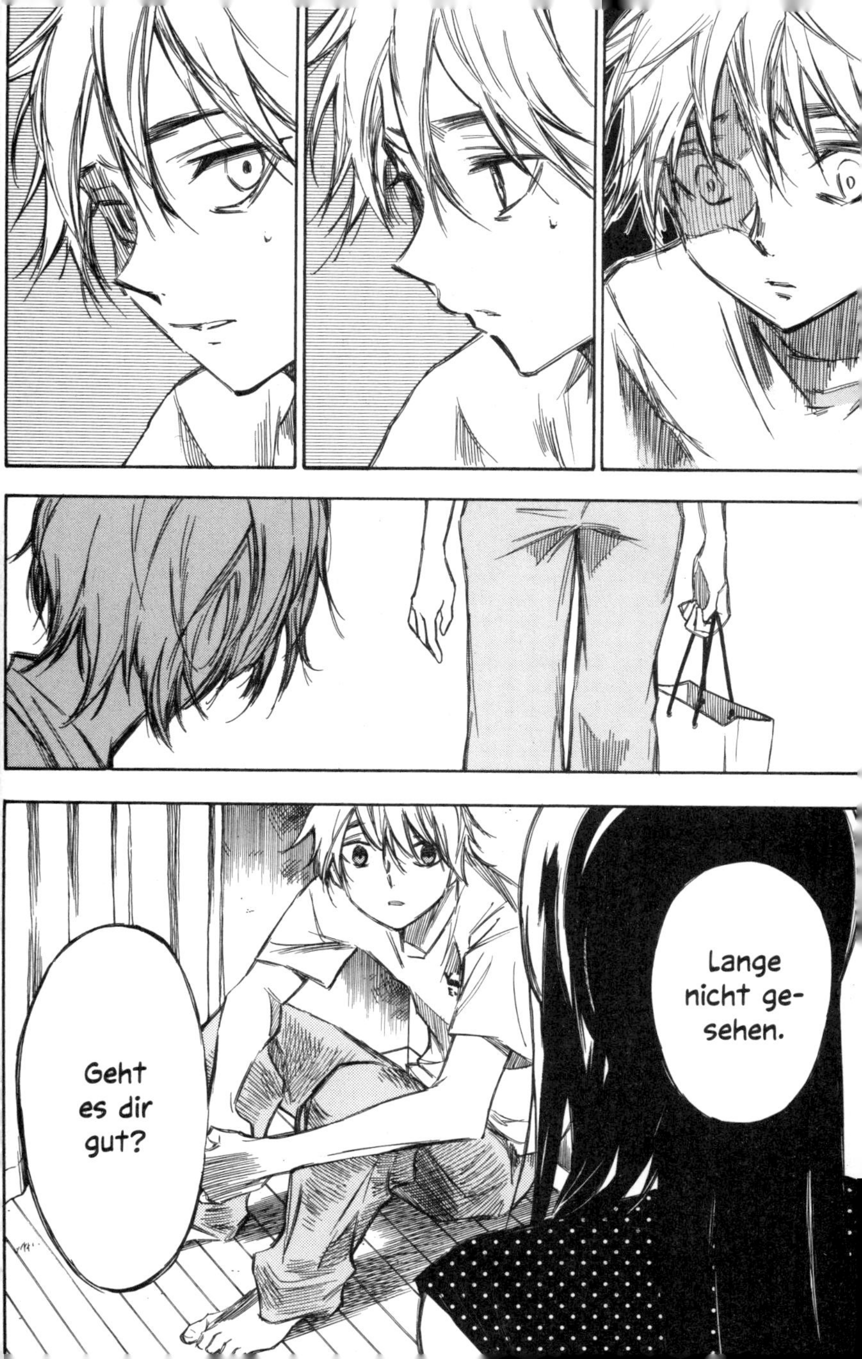

Lange nicht gesehen.
Geht es dir gut?

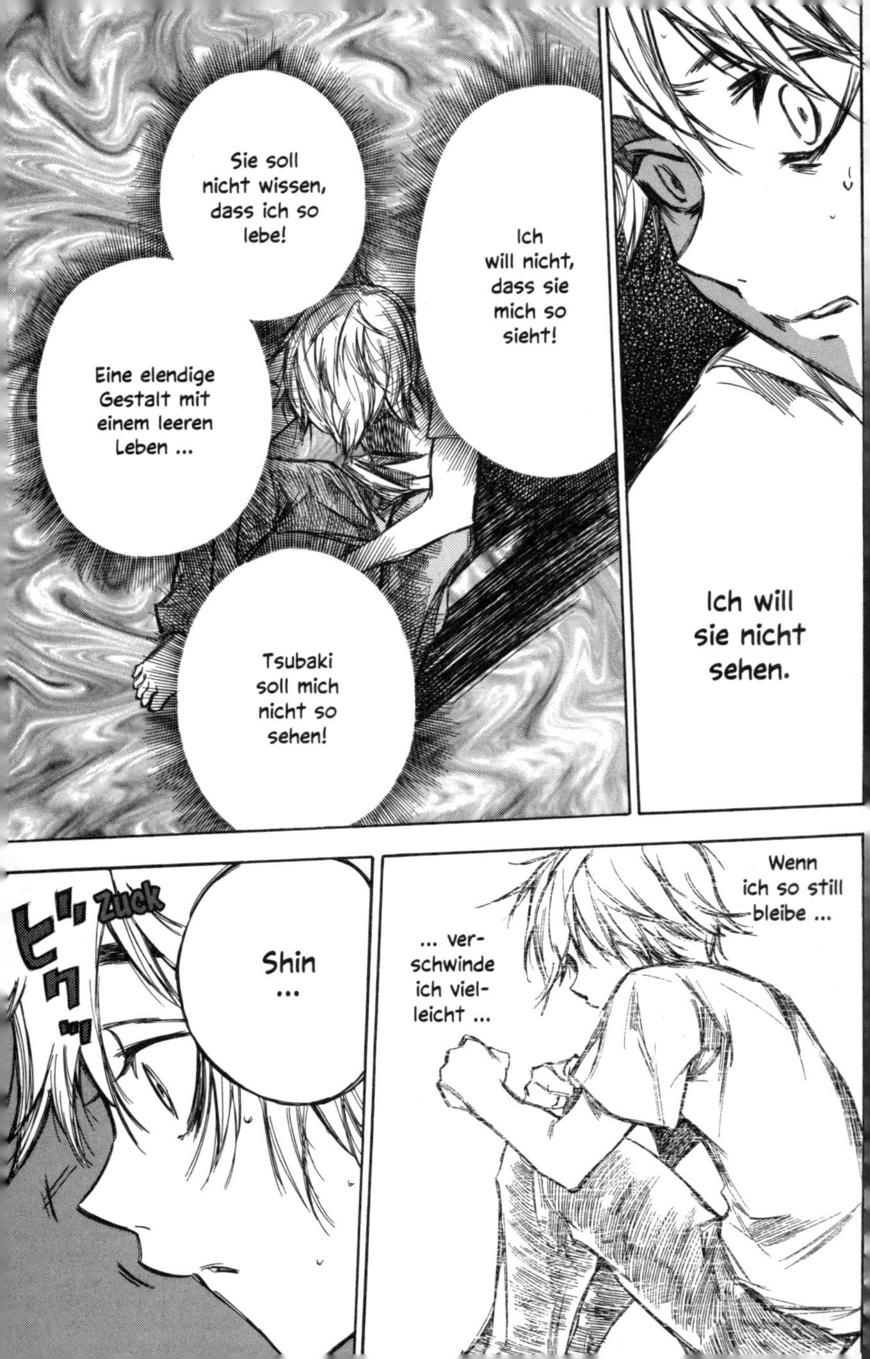
Ich will sie nicht sehen.
Ich will nicht, dass sie mich so sieht!
Sie soll nicht wissen, dass ich so lebe!
Eine elendige Gestalt mit einem leeren Leben ...
Tsubaki soll mich nicht so sehen!
Wenn ich so still bleibe ...
... verschwinde ich vielleicht ...
Shin ...
Zuck

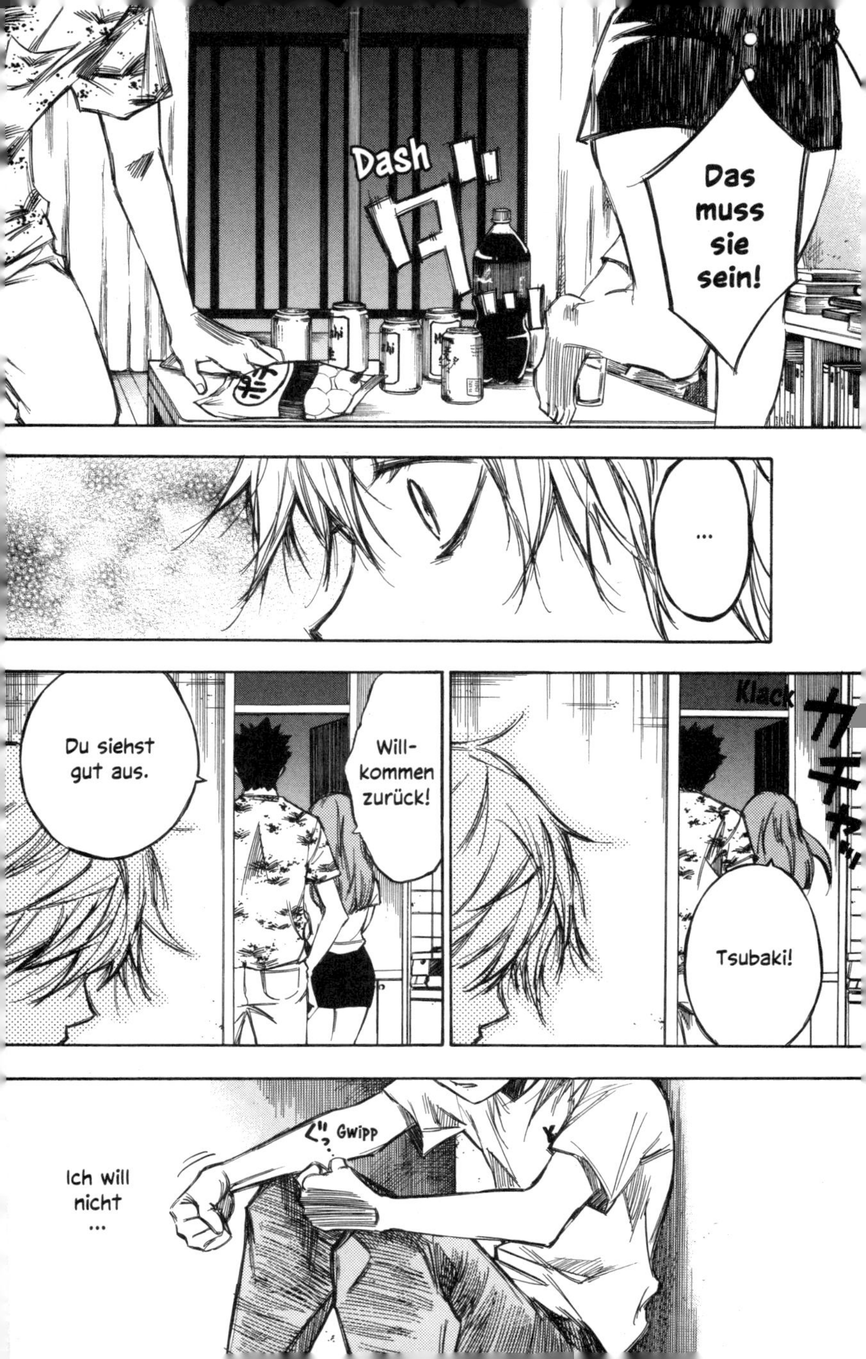
Das muss sie sein!
Dash
...
Klack
Tsubaki!
Will-kommen zurück!
Du siehst gut aus.
Gwipp
Ich will nicht ...

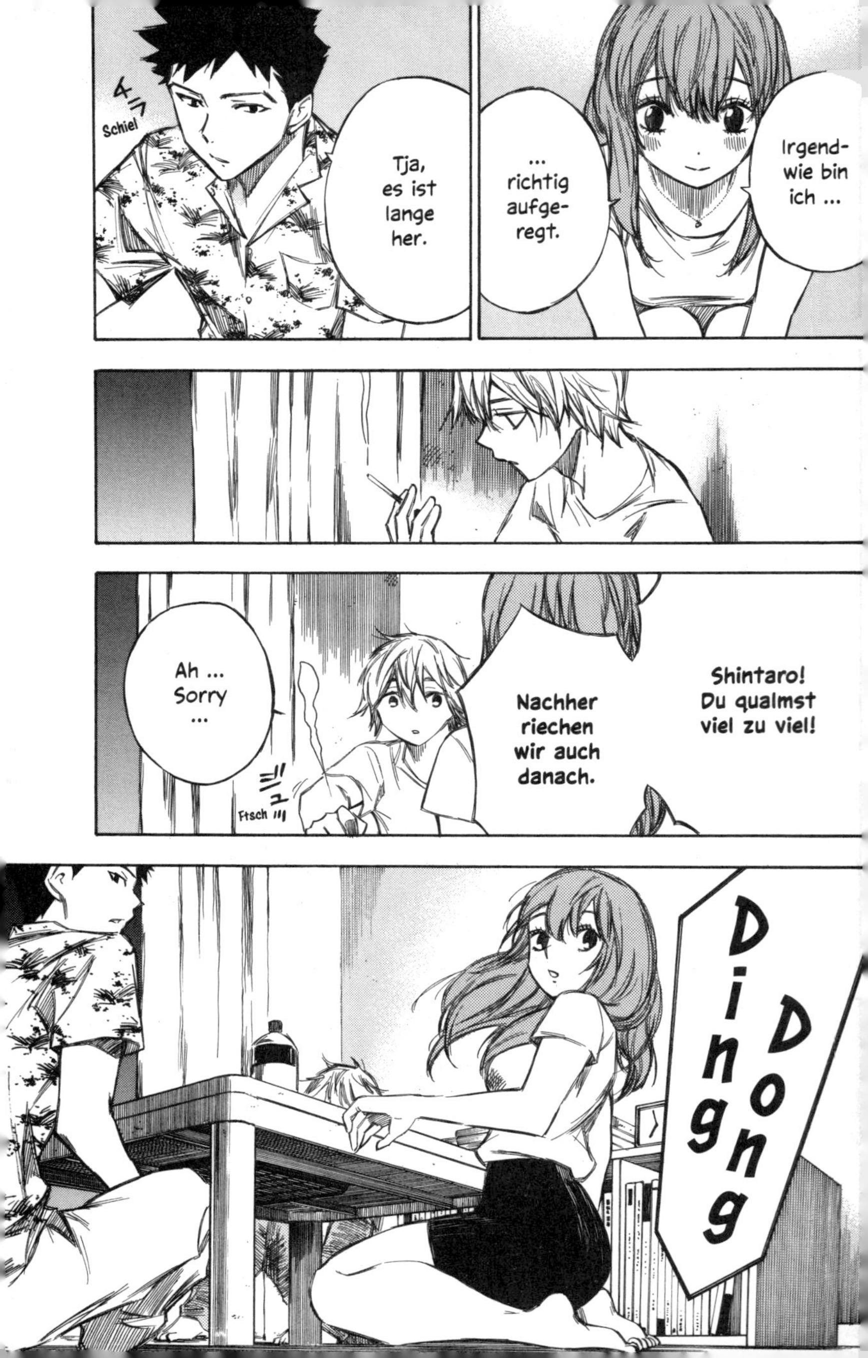

Irgend-wie bin ich ...
... richtig aufge-regt.
Tja, es ist lange her.
Schiel
Shintaro! Du qualmst viel zu viel!
Nachher riechen wir auch danach.
Ah ... Sorry ...
Ftsch
Ding Dong

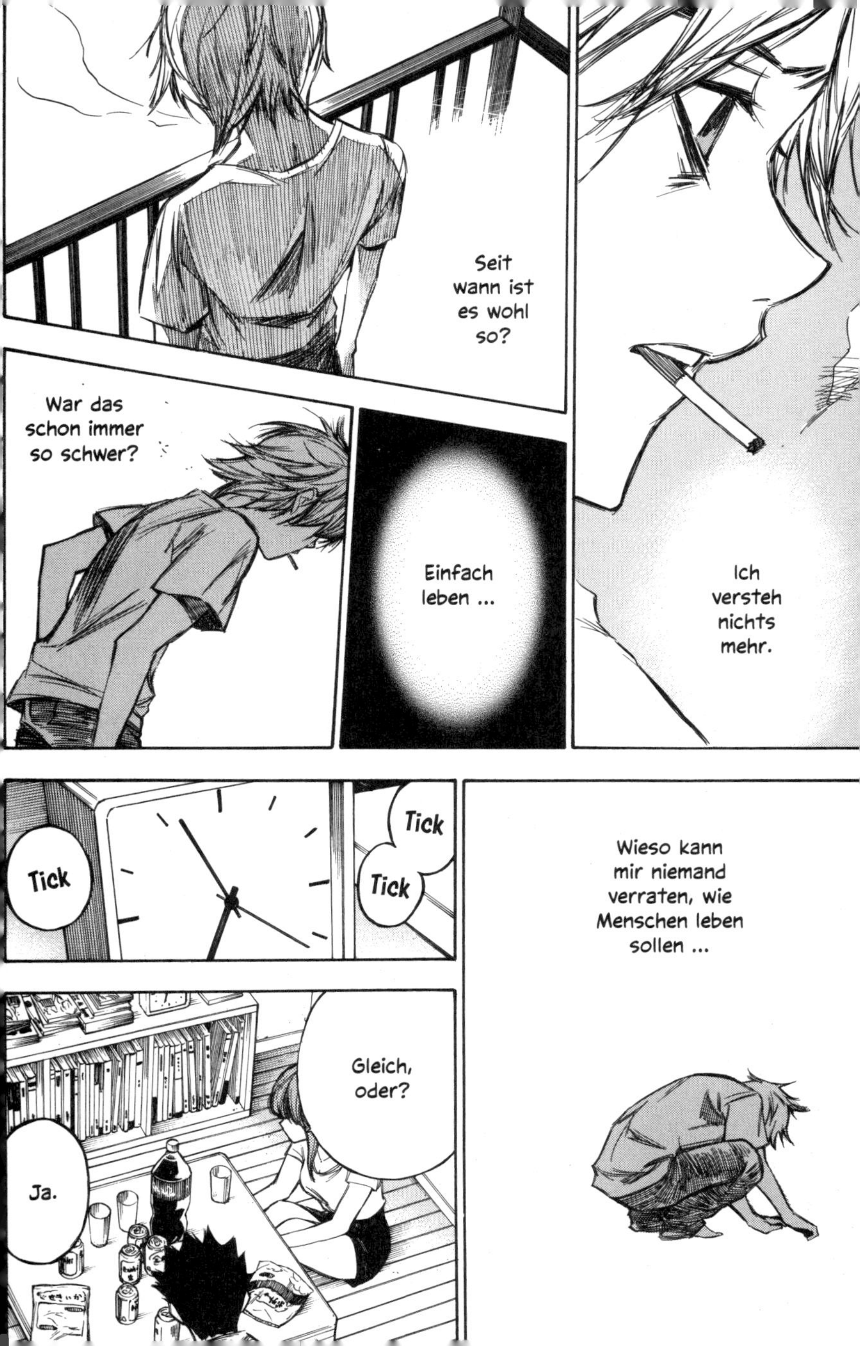
Seit wann ist es wohl so?
War das schon immer so schwer?
Einfach leben ...
Ich versteh nichts mehr.
Wieso kann mir niemand verraten, wie Menschen leben sollen ...
Tick
Tick
Tick
Gleich, oder?
Ja.

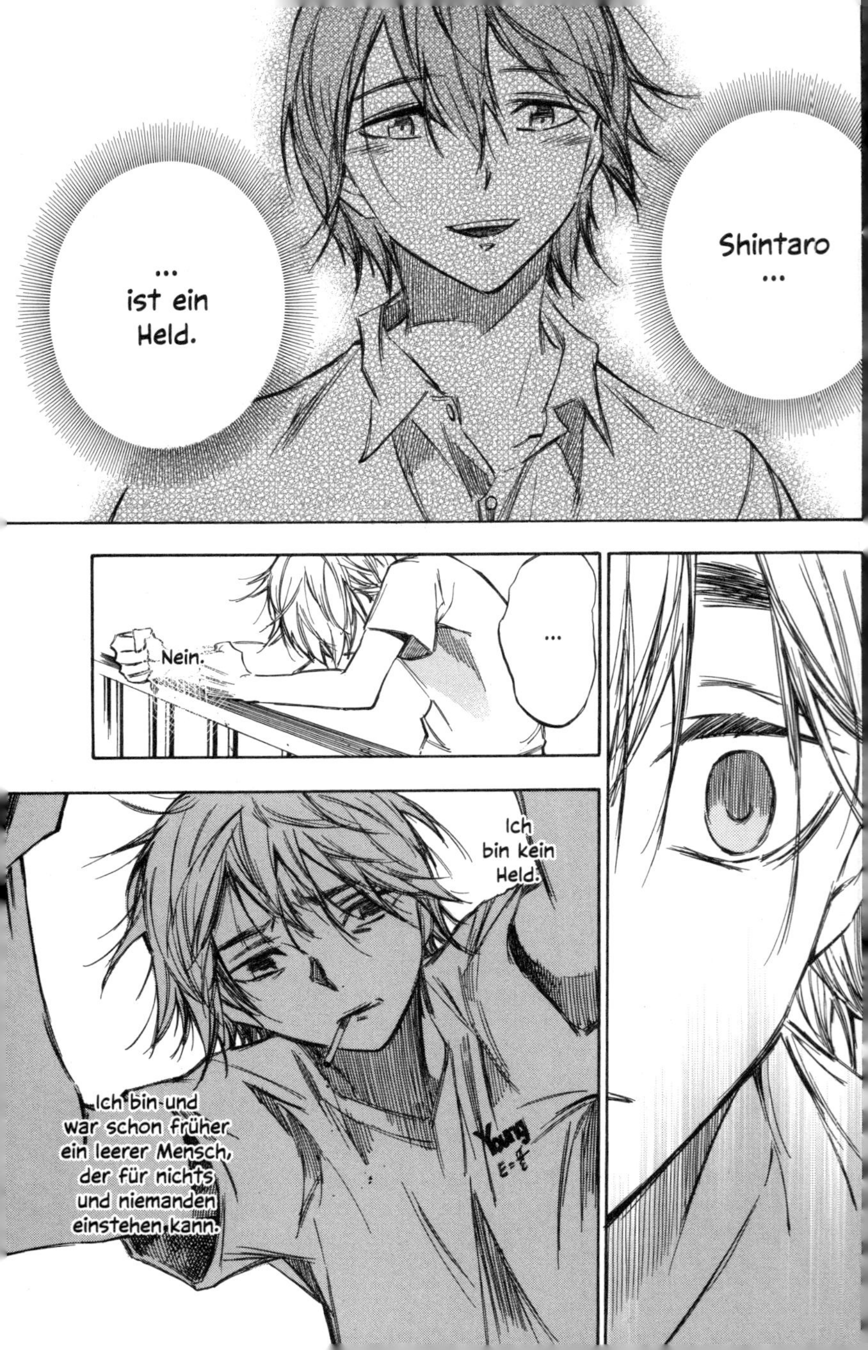
Shintaro ...
... ist ein Held.
...
Nein.
Ich bin kein Held.
Ich bin und war schon früher ein leerer Mensch, der für nichts und niemanden einstehen kann.

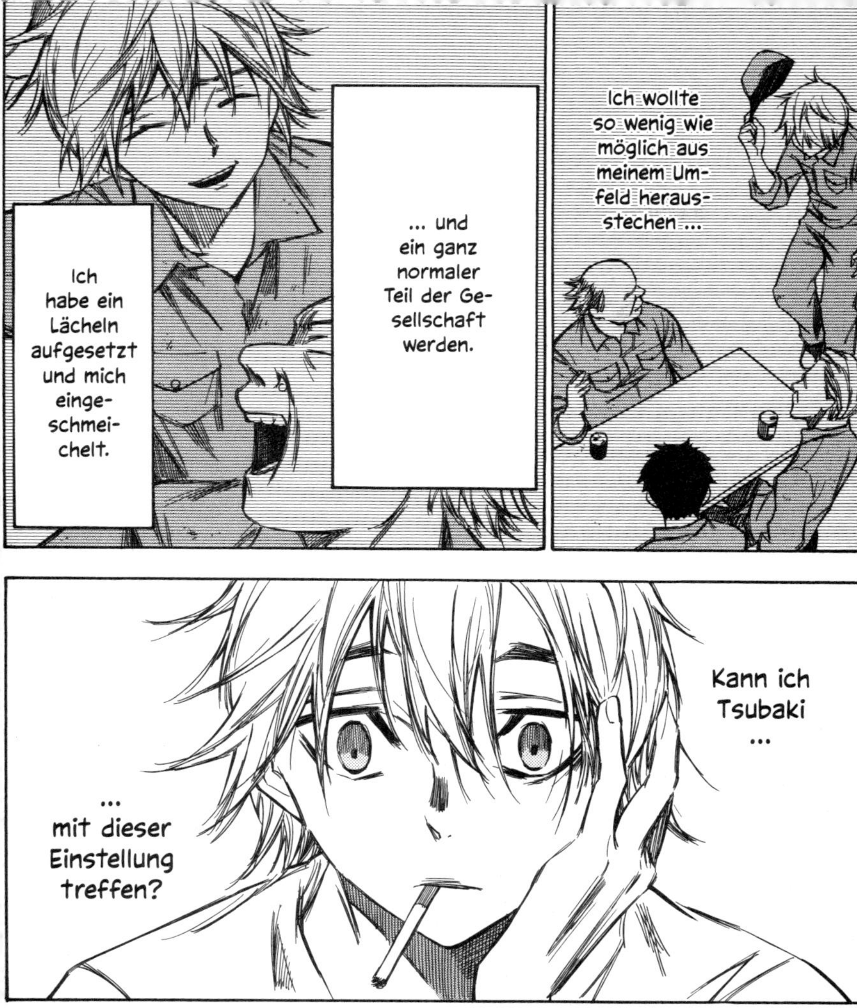

Ich komme nicht gut mit der Welt aus.

Ich habe keine Hoffnung für die Zukunft.

Ich sehe keinen Sinn im Leben.

Mit all diesen Ge-danken?

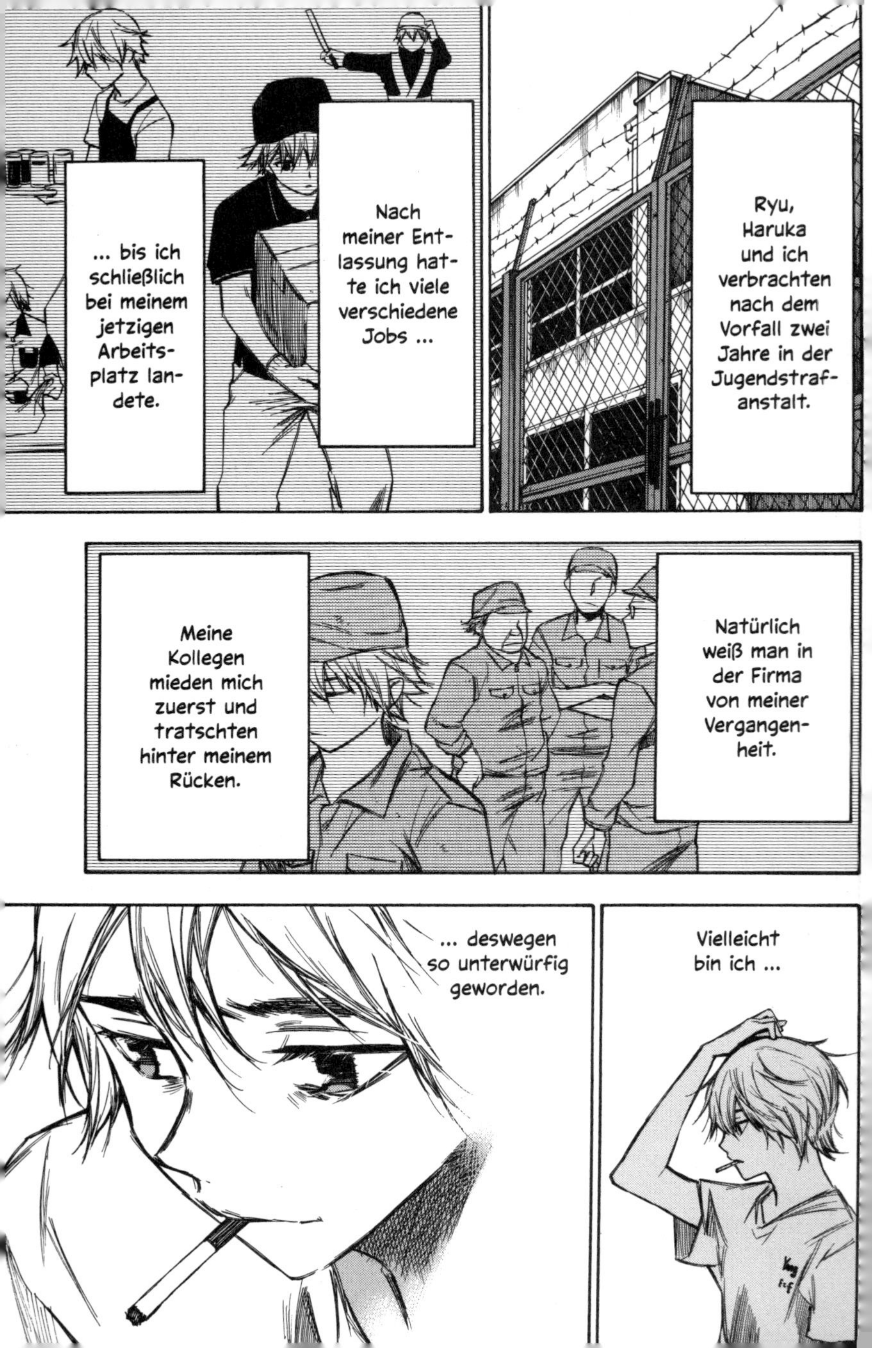
Ryu, Haruka und ich verbrachten nach dem Vorfall zwei Jahre in der Jugendstrafanstalt.
Nach meiner Entlassung hatte ich viele verschiedene Jobs ...
... bis ich schließlich bei meinem jetzigen Arbeitsplatz landete.
Natürlich weiß man in der Firma von meiner Vergangenheit.
Meine Kollegen mieden mich zuerst und tratschten hinter meinem Rücken.
Vielleicht bin ich ...
... deswegen so unterwürfig geworden.

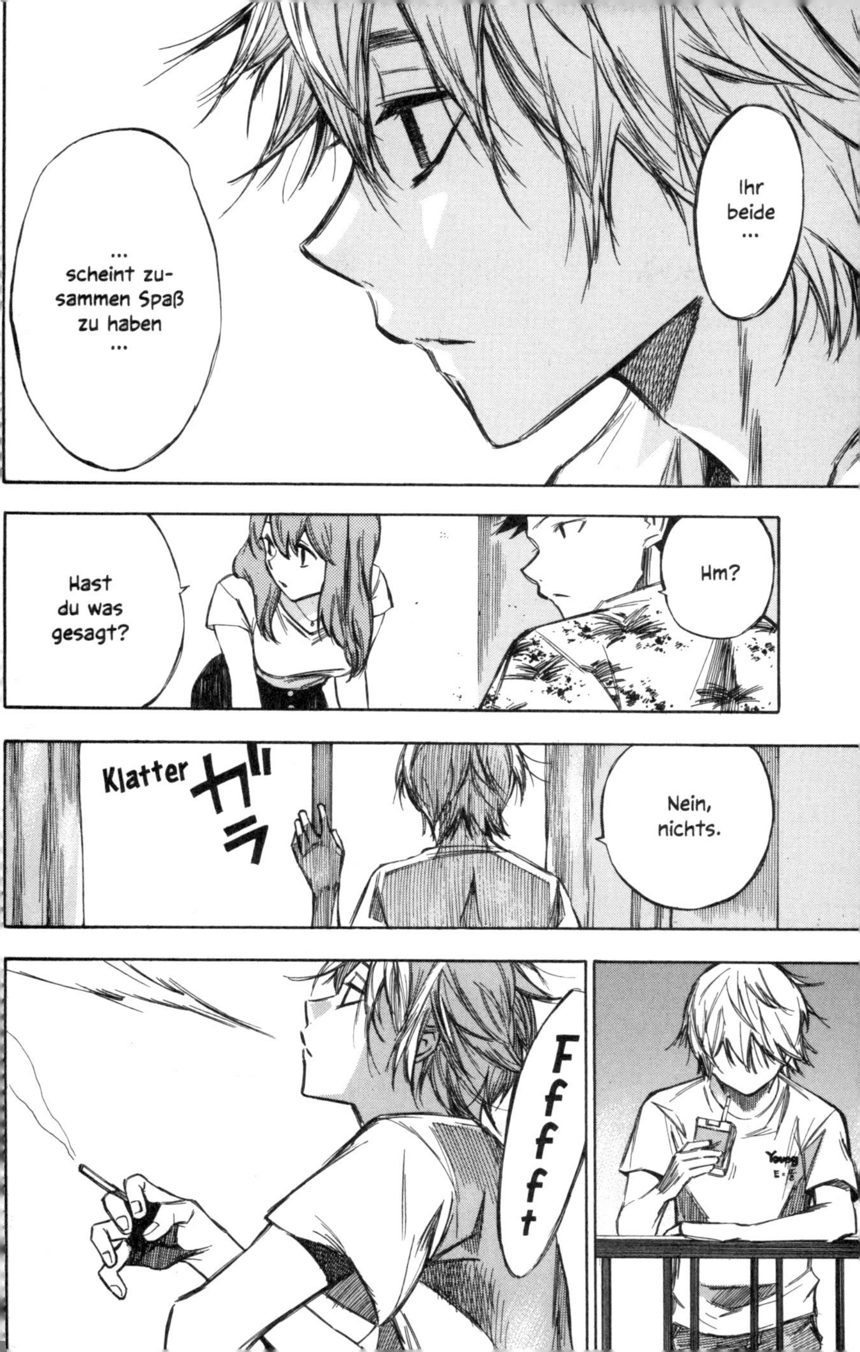
Ihr beide ...
... scheint zusammen Spaß zu haben ...
Hm?
Hast du was gesagt?
Nein, nichts.
Klatter
Fffffft

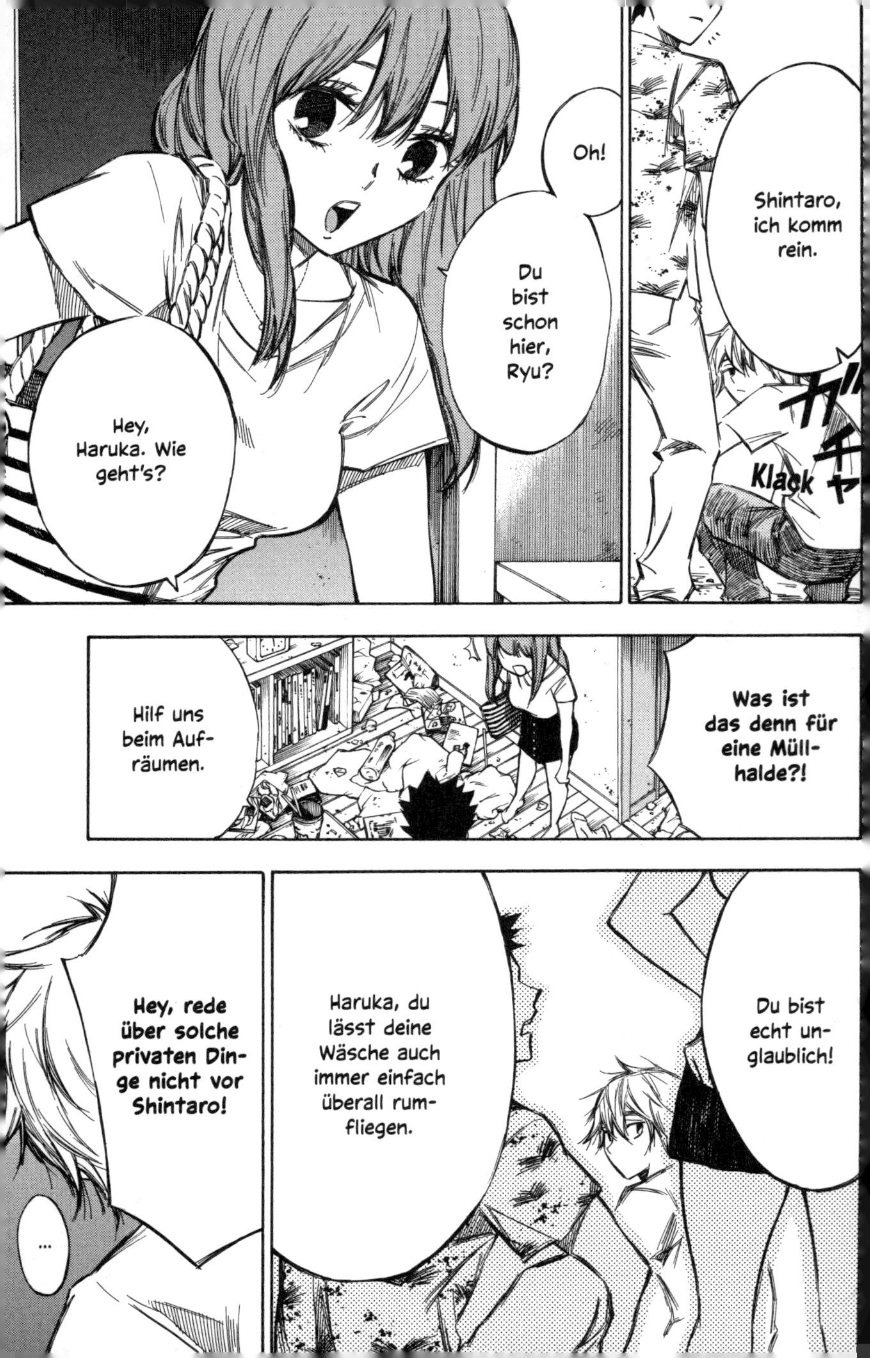
Shintaro, ich komm rein.
Klack
Oh!
Du bist schon hier, Ryu?
Hey, Haruka. Wie geht's?
Was ist das denn für eine Müllhalde?!
Hilf uns beim Aufräumen.
Du bist echt unglaublich!
Haruka, du lässt deine Wäsche auch immer einfach überall rumfliegen.
Hey, rede über solche privaten Dinge nicht vor Shintaro!
...

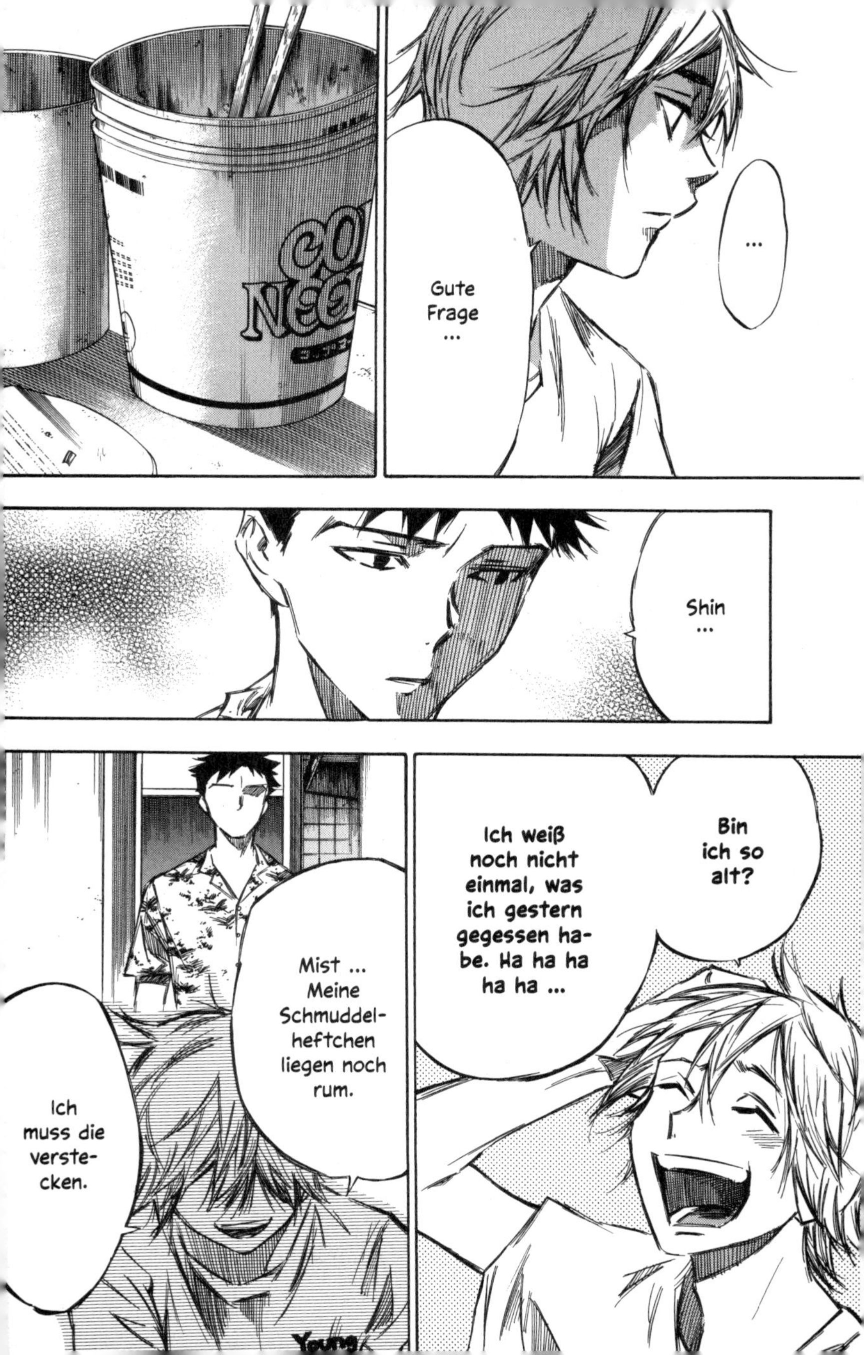
...
Gute Frage ...
Shin ...
Bin ich so alt?
Ich weiß noch nicht einmal, was ich gestern gegessen habe. Ha ha ha ha ha ...
Mist ... Meine Schmuddelheftchen liegen noch rum.
Ich muss die verstecken.

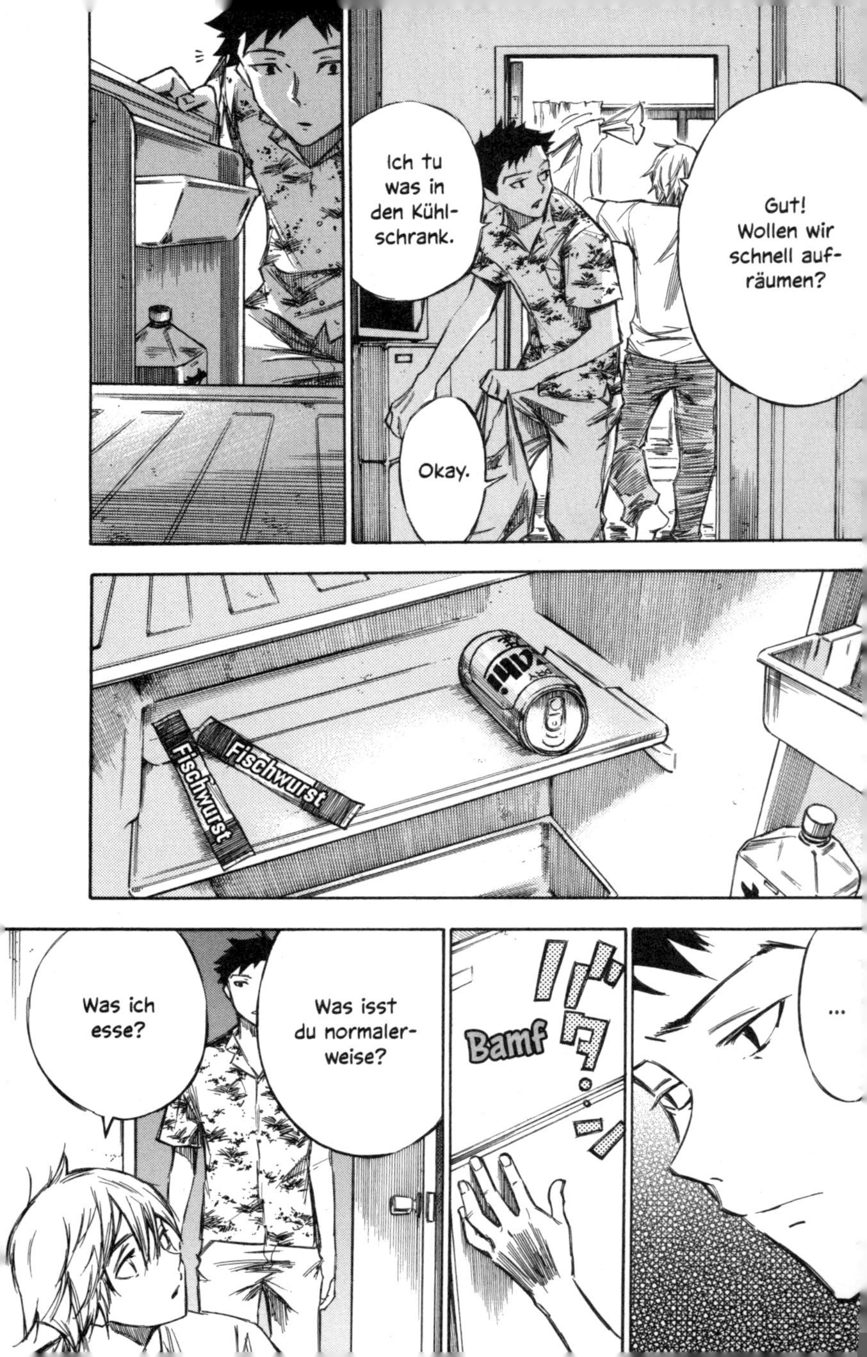
Gut! Wollen wir schnell aufräumen?
Okay.
Ich tu was in den Kühlschrank.
Fischwurst
Fischwurst
...
Bamf
Was isst du normalerweise?
Was ich esse?

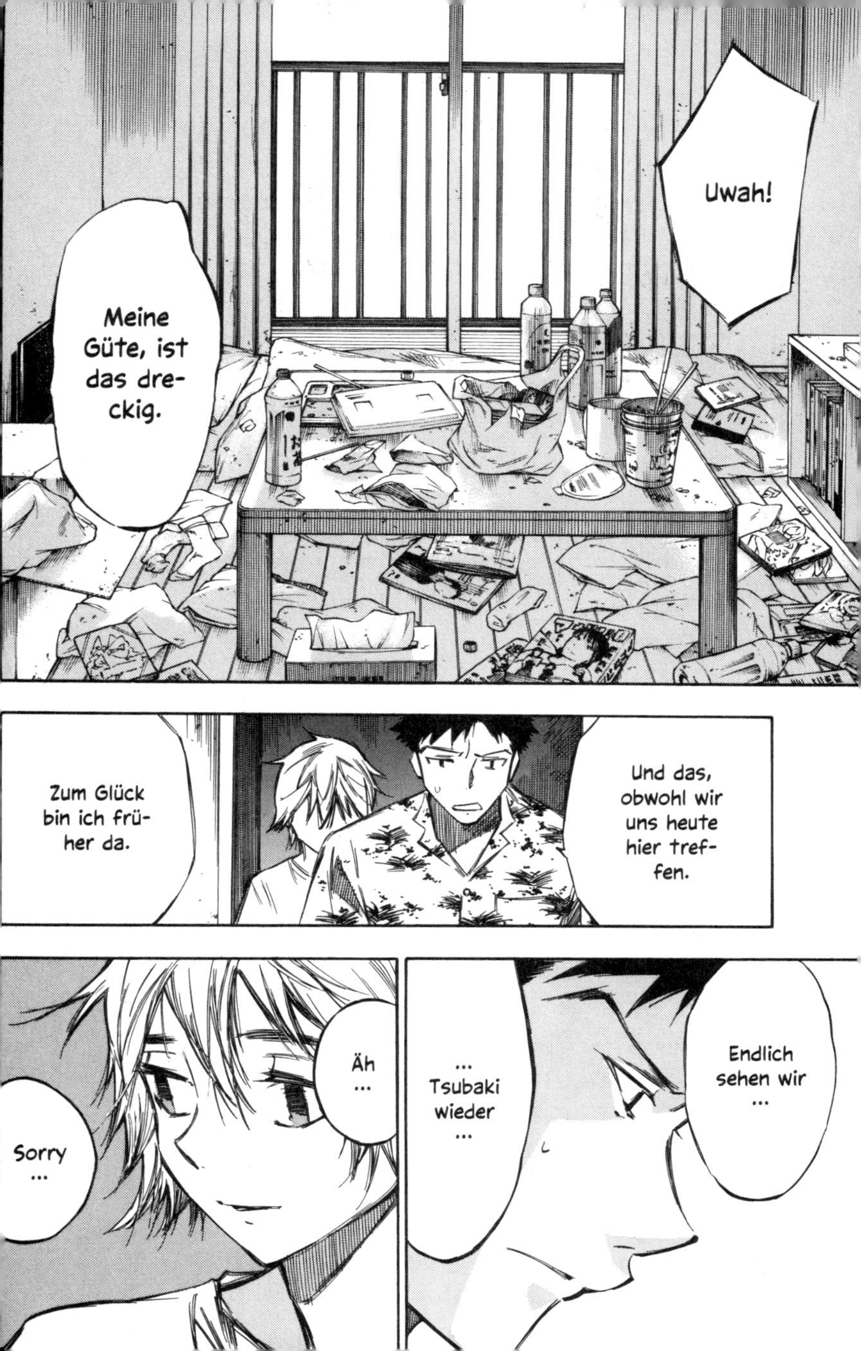
Uwah!
Meine Güte, ist das dreckig.
Und das, obwohl wir uns heute hier treffen.
Zum Glück bin ich früher da.
Endlich sehen wir ...
... Tsubaki wieder ...
Äh ...
Sorry ...

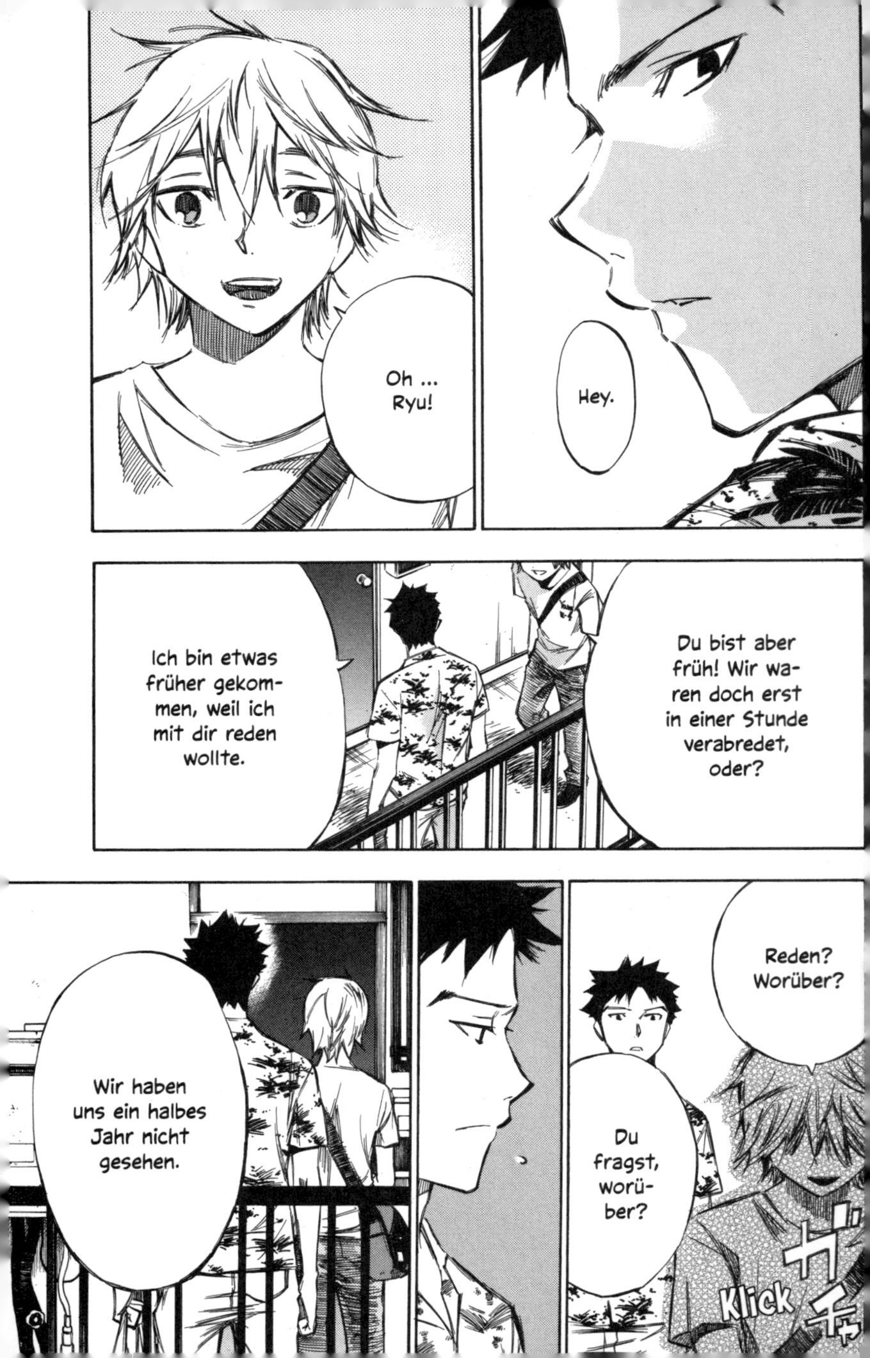

Hey.
Oh ...
Ryu!
Du bist aber früh! Wir waren doch erst in einer Stunde verabredet, oder?
Ich bin etwas früher gekommen, weil ich mit dir reden wollte.
Reden? Worüber?
Klick
Du fragst, worüber?
Wir haben uns ein halbes Jahr nicht gesehen.

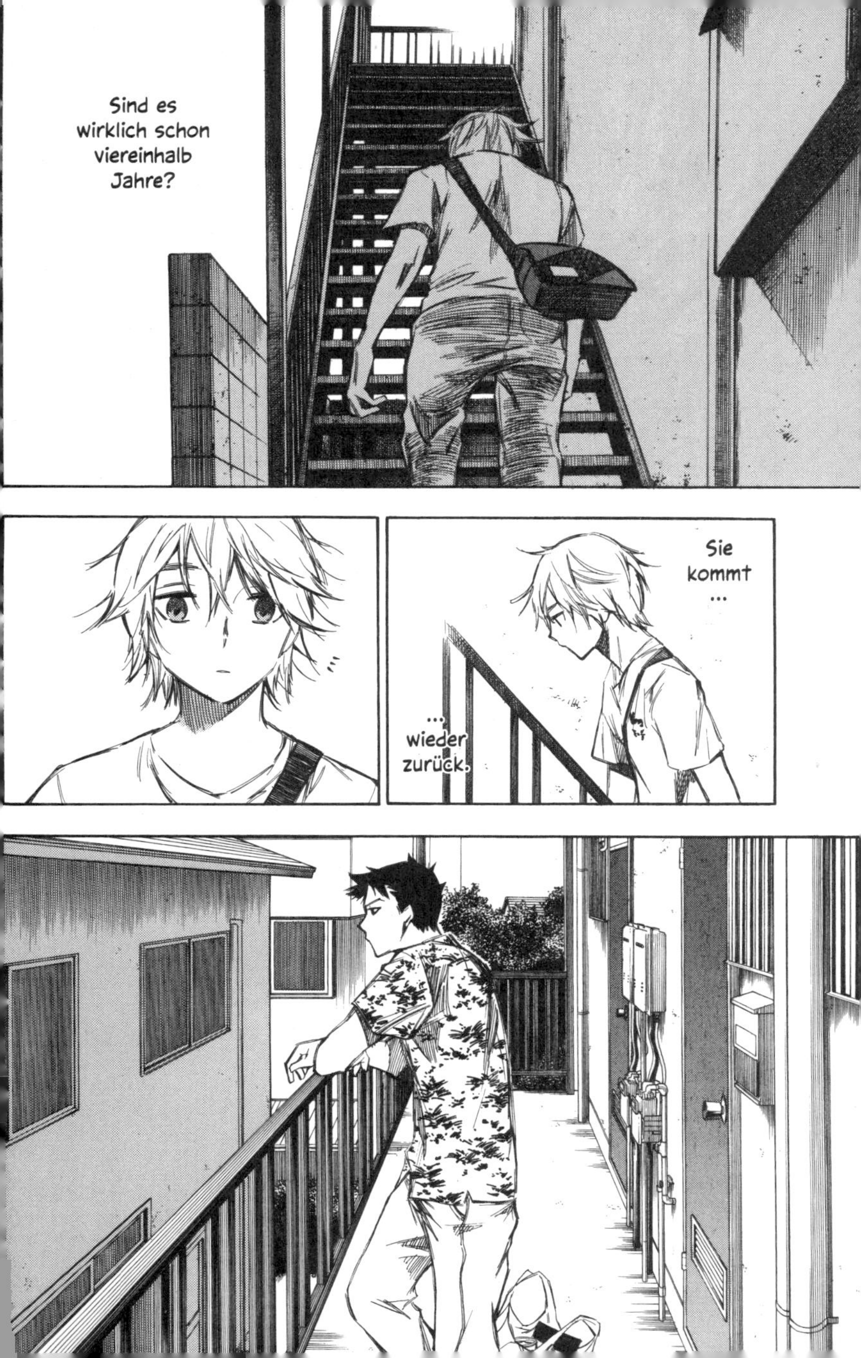
Sind es wirklich schon viereinhalb Jahre?
Sie kommt …
… wieder zurück.

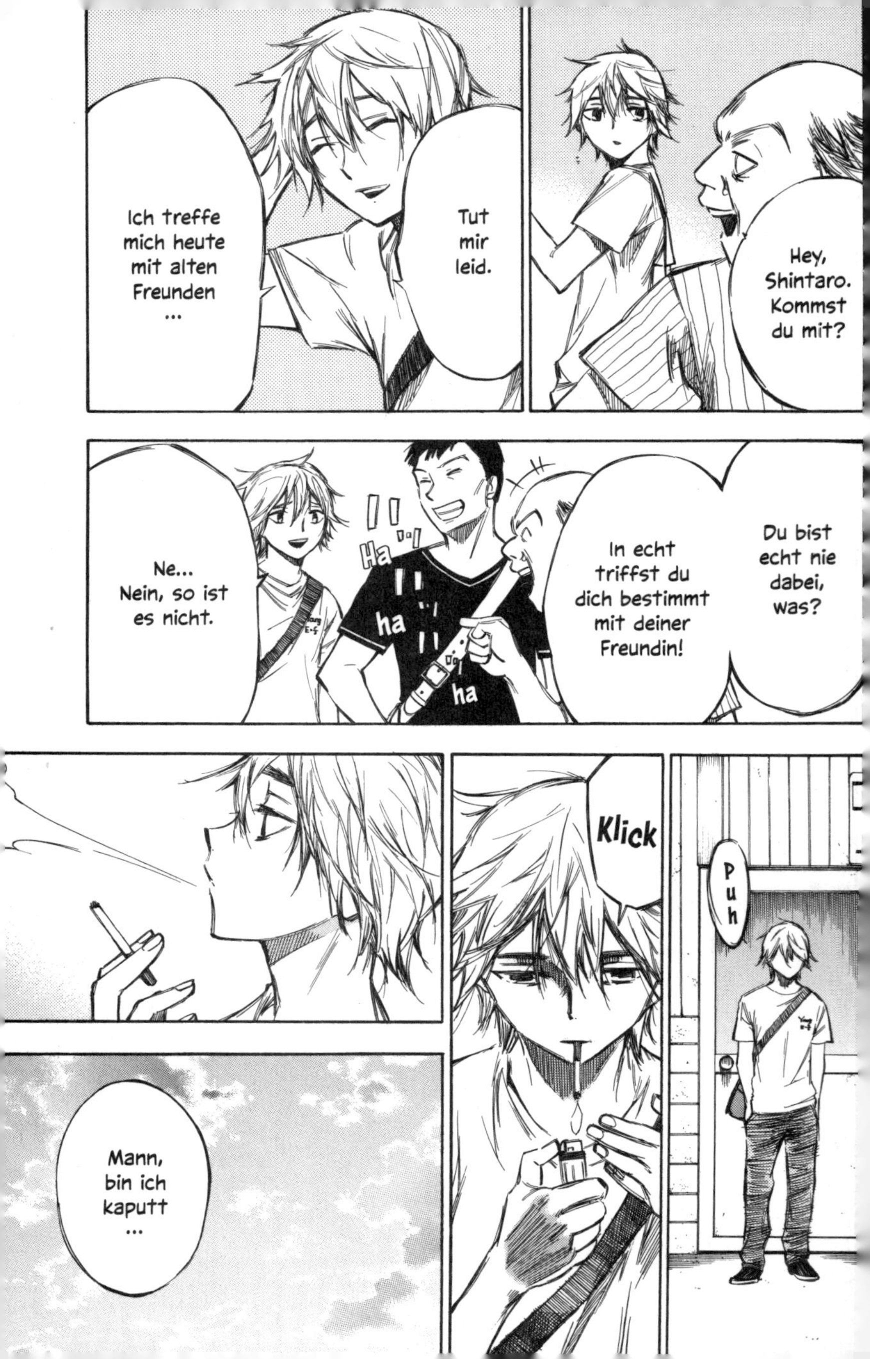
Hey, Shintaro. Kommst du mit?
Tut mir leid.
Ich treffe mich heute mit alten Freunden ...
Du bist echt nie dabei, was?
In echt triffst du dich bestimmt mit deiner Freundin!
Ha ha ha
Ne... Nein, so ist es nicht.
Puh
Klick
Mann, bin ich kaputt ...

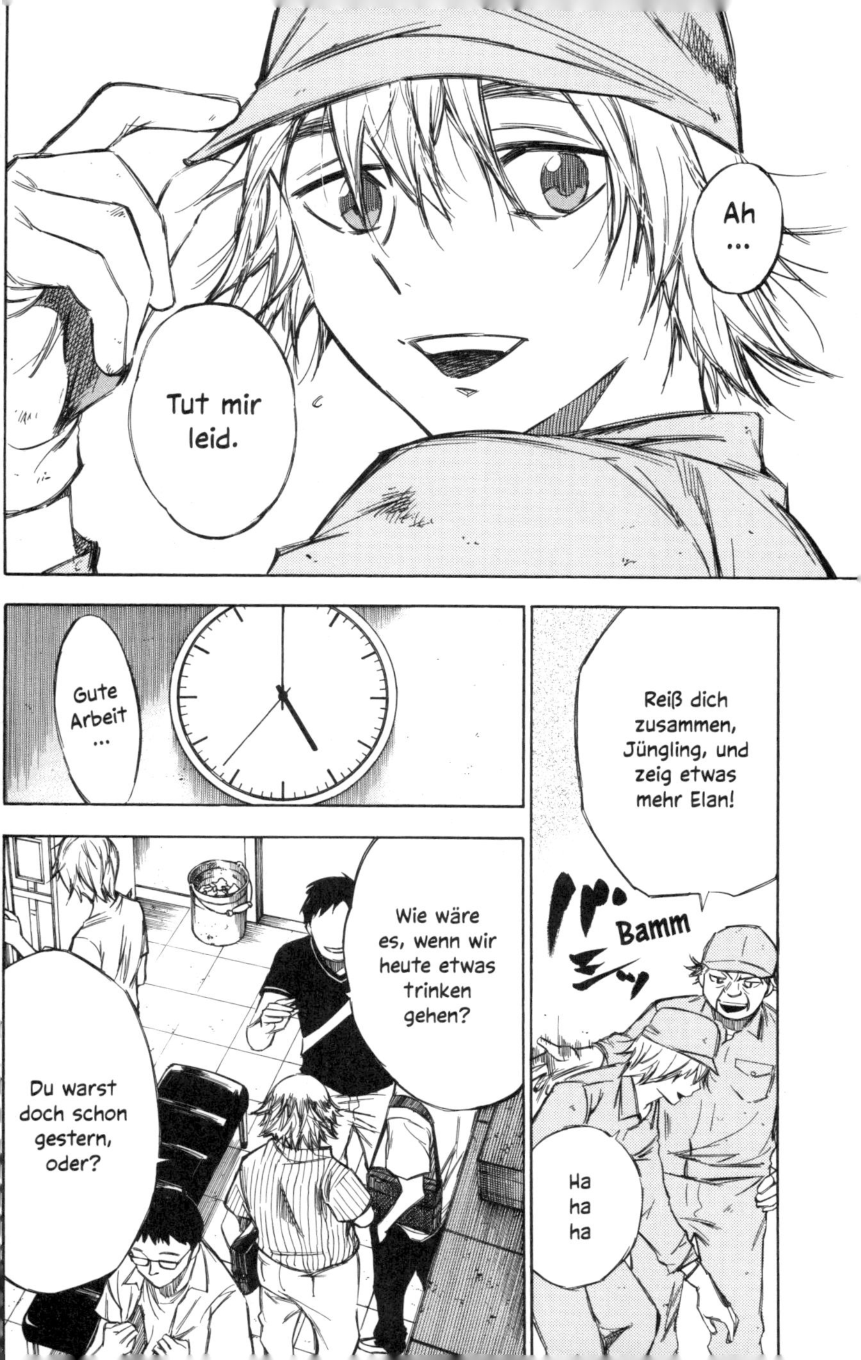
Ah ...
Tut mir leid.
Reiß dich zusammen, Jüngling, und zeig etwas mehr Elan!
Bamm
Ha ha ha
Gute Arbeit ...
Wie wäre es, wenn wir heute etwas trinken gehen?
Du warst doch schon gestern, oder?

Epilog

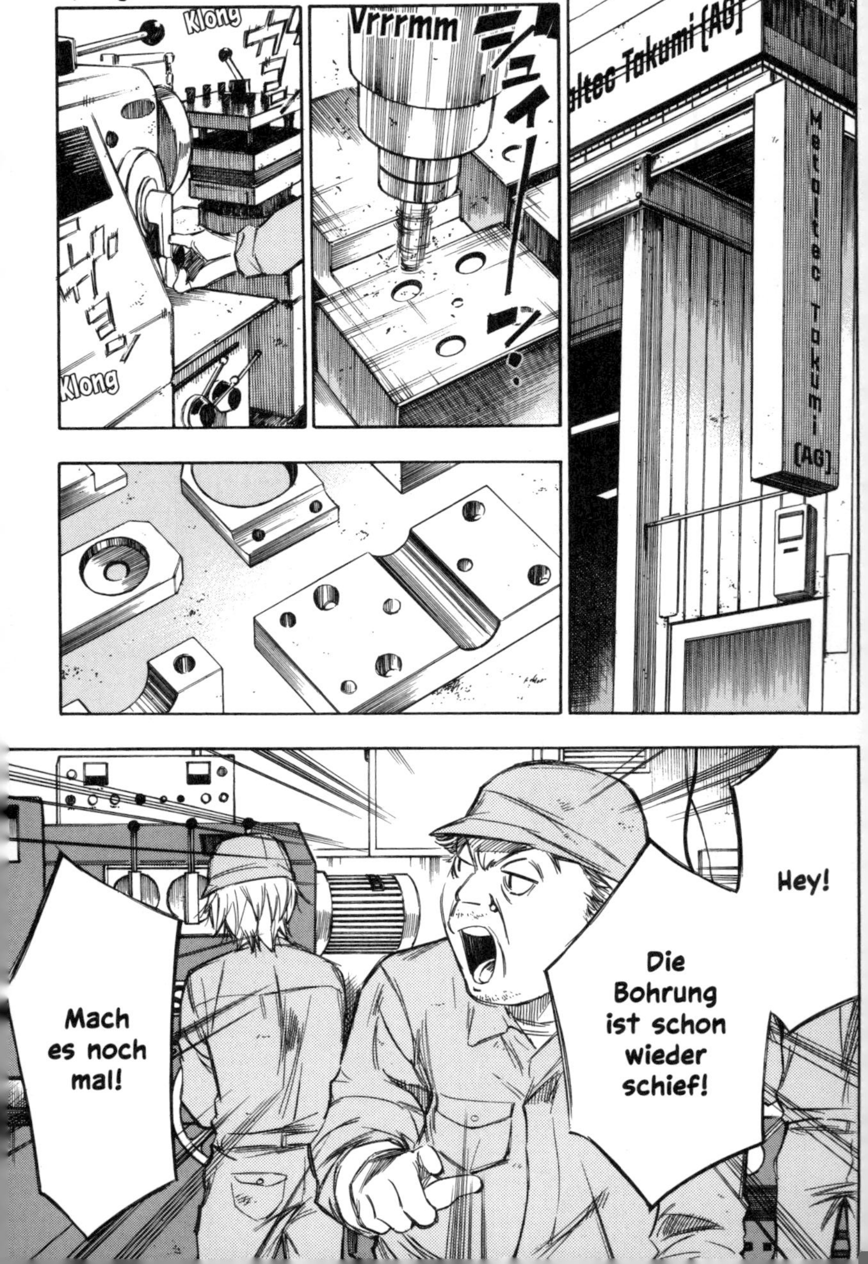
ltec Takumi [AG]
Metaltec Takumi [AG]
Vrrrmm
Klong
Klong
Hey!
Die Bohrung ist schon wieder schief!
Mach es noch mal!

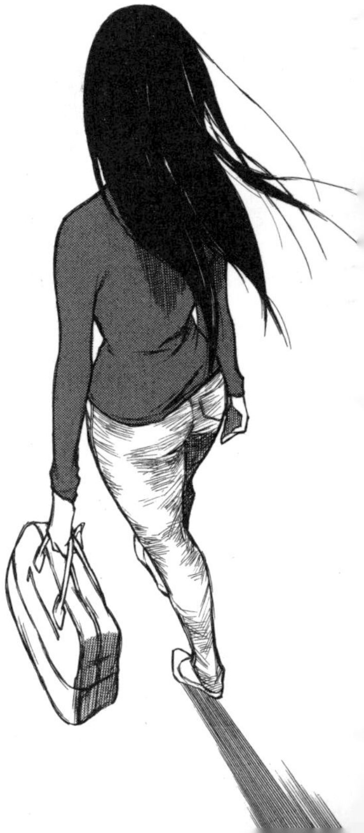

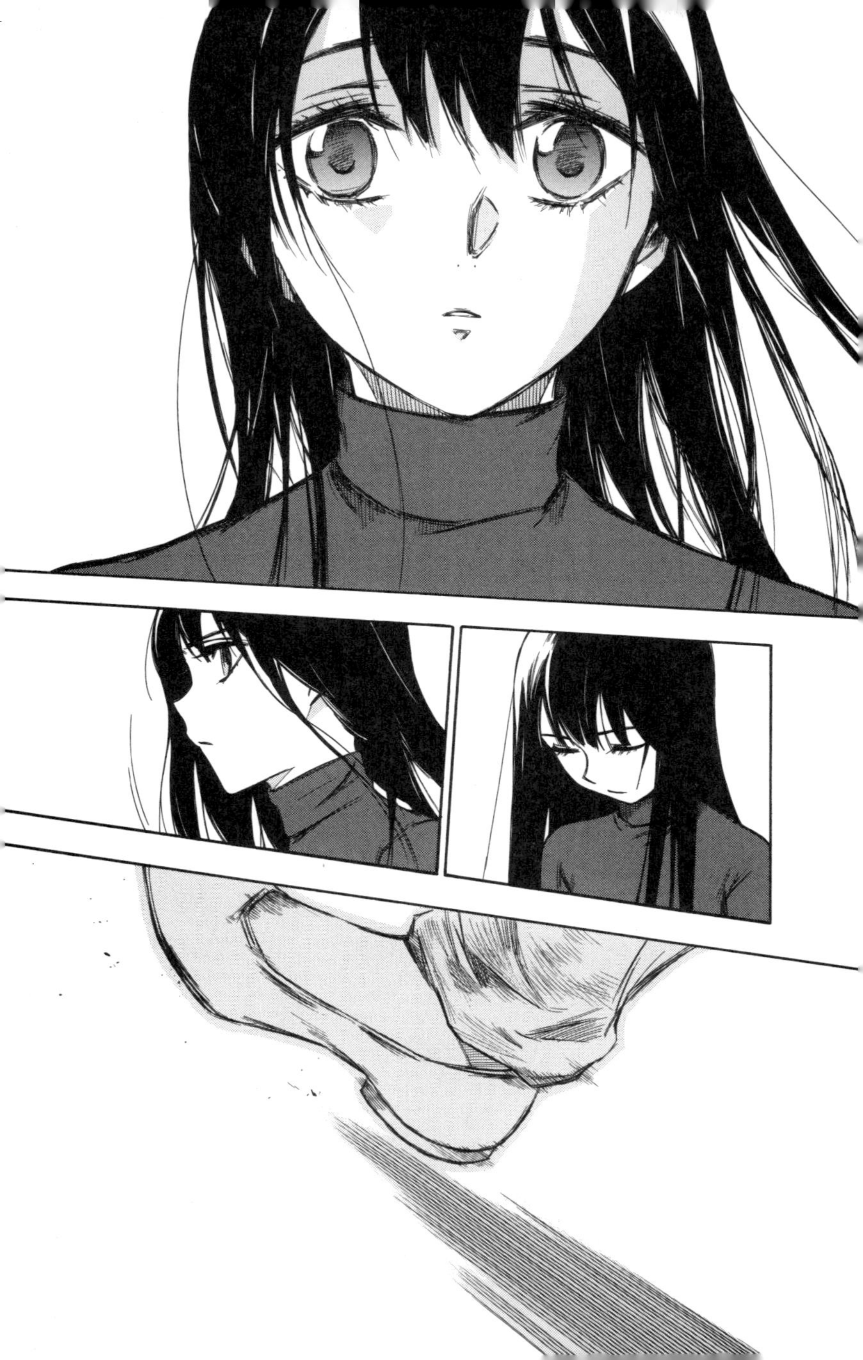

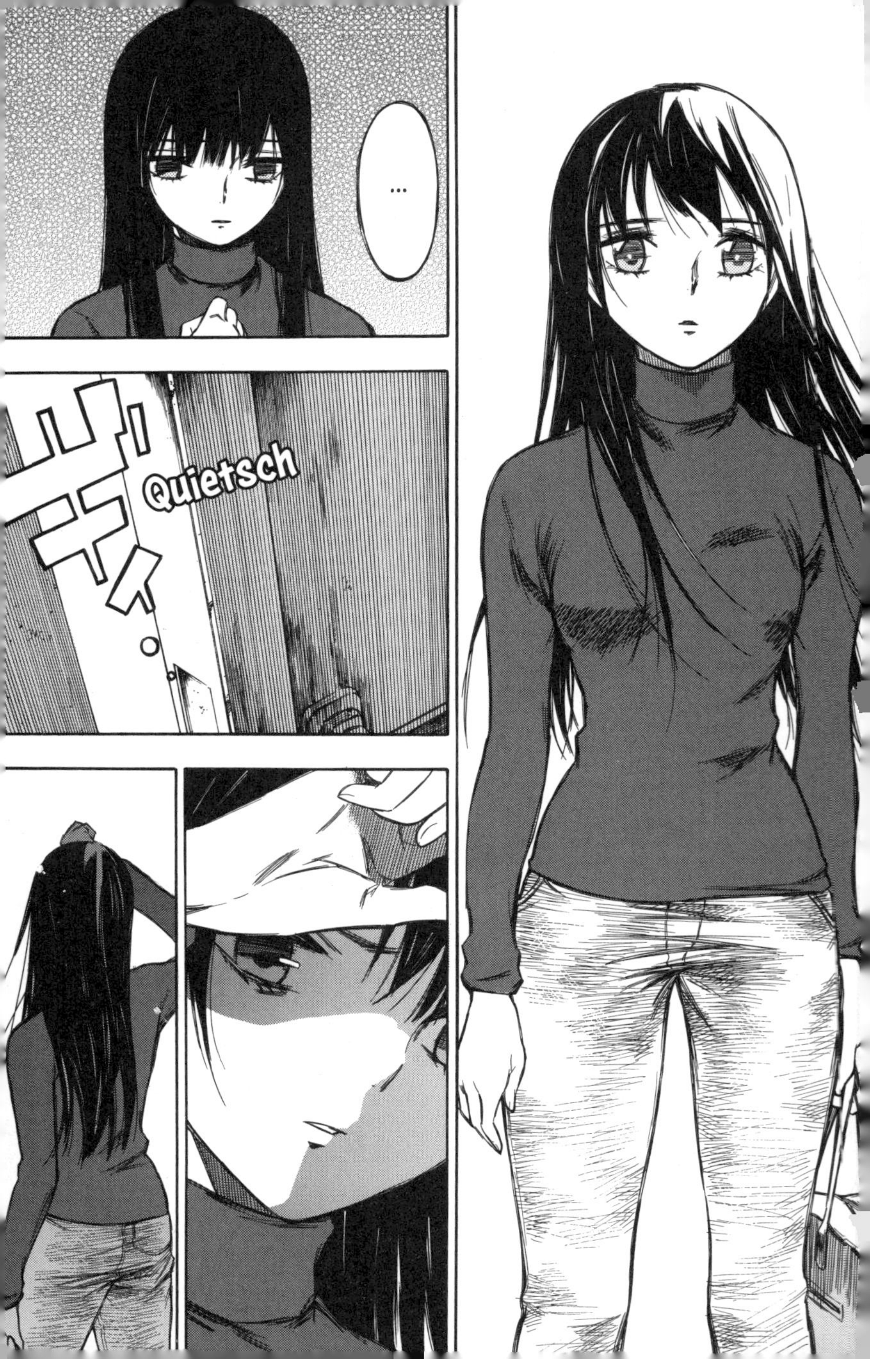
...
Quietsch

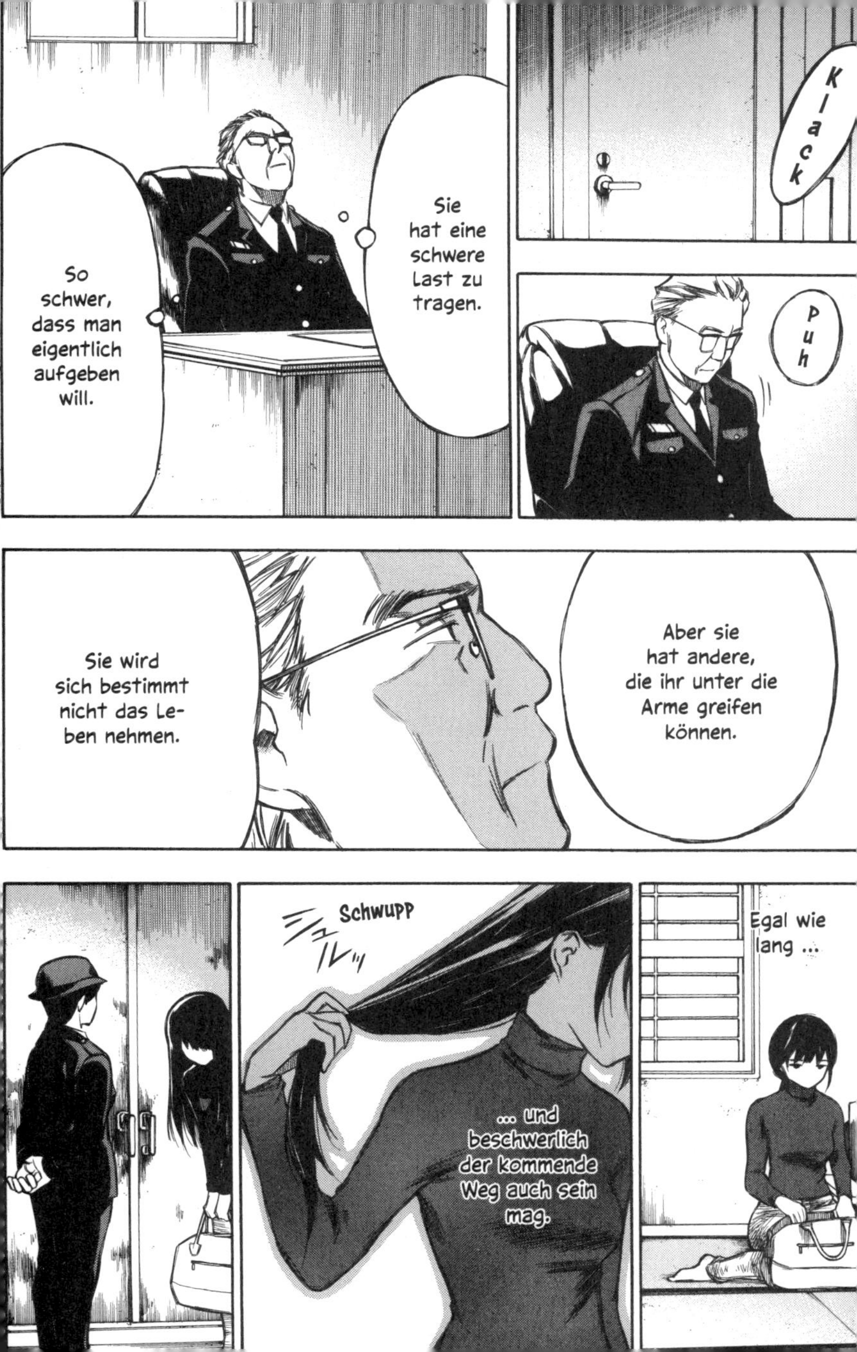

Klack
Puh
Sie hat eine schwere Last zu tragen.
So schwer, dass man eigentlich aufgeben will.
Aber sie hat andere, die ihr unter die Arme greifen können.
Sie wird sich bestimmt nicht das Leben nehmen.
Egal wie lang ...
Schwupp
... und beschwerlich der kommende Weg auch sein mag.

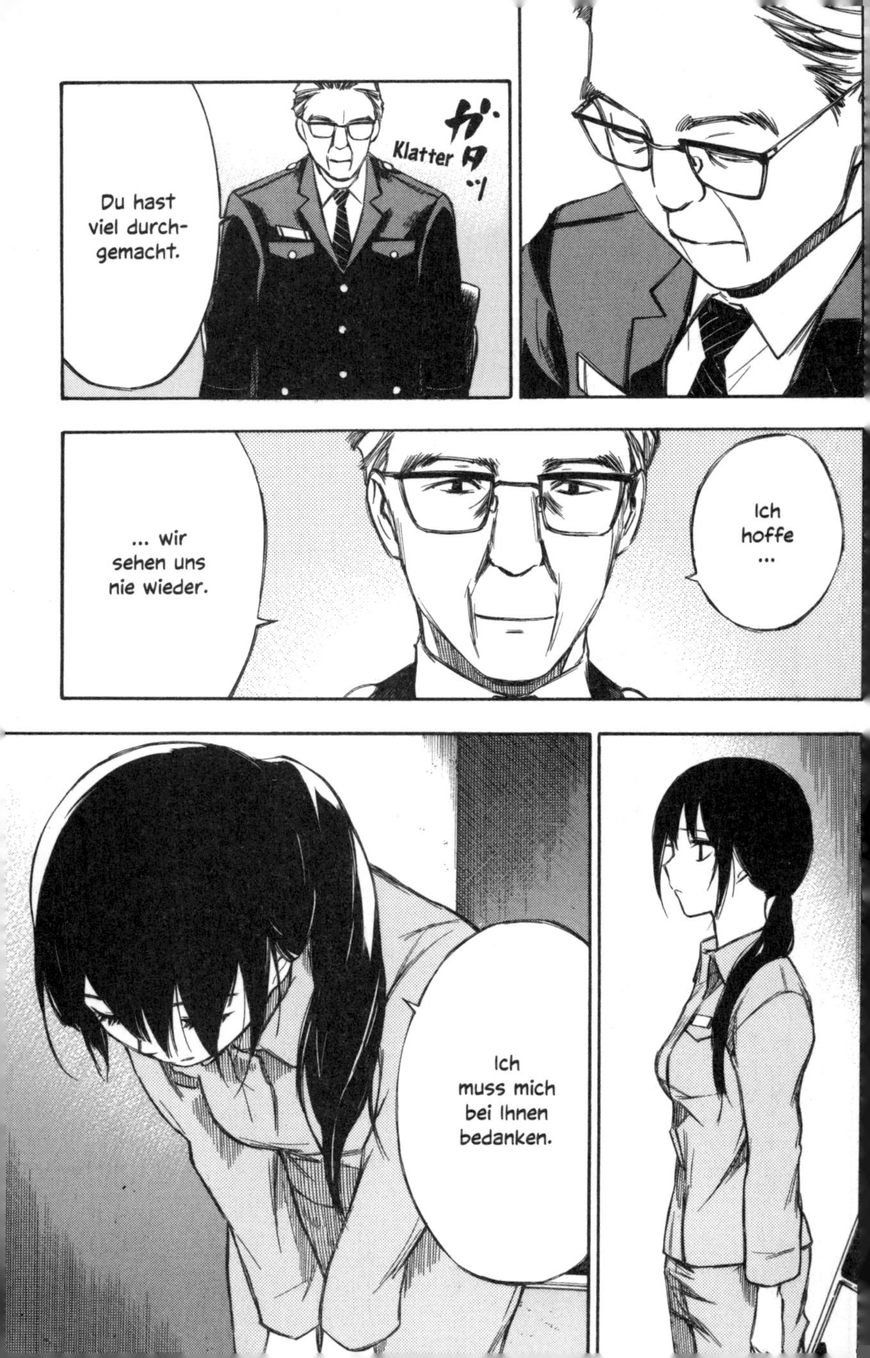

Klatter
ガタッ
Du hast viel durch-gemacht.
Ich hoffe ...
... wir sehen uns nie wieder.
Ich muss mich bei Ihnen bedanken.

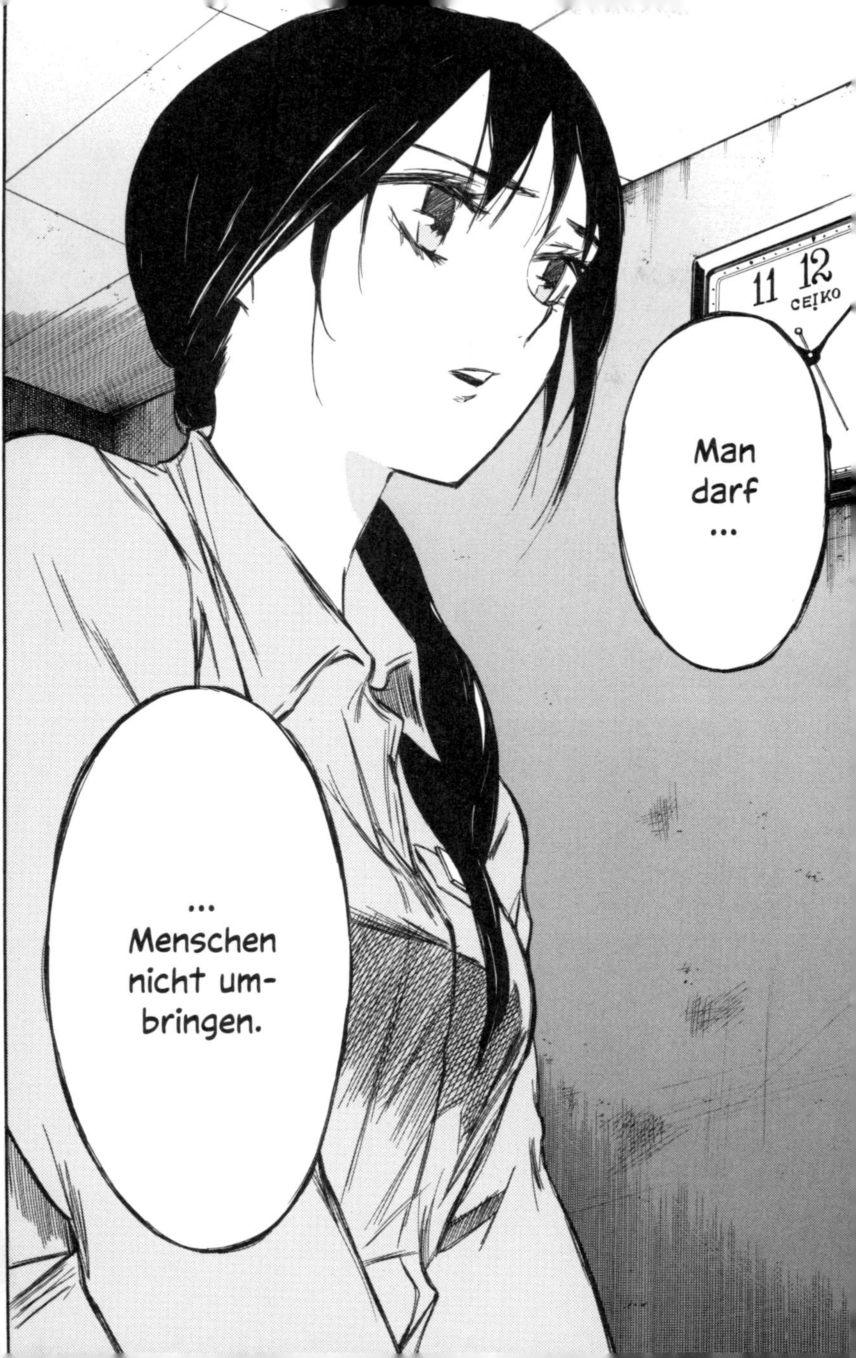
Man darf ...
... Menschen nicht um- bringen.
11 12 CEIKO

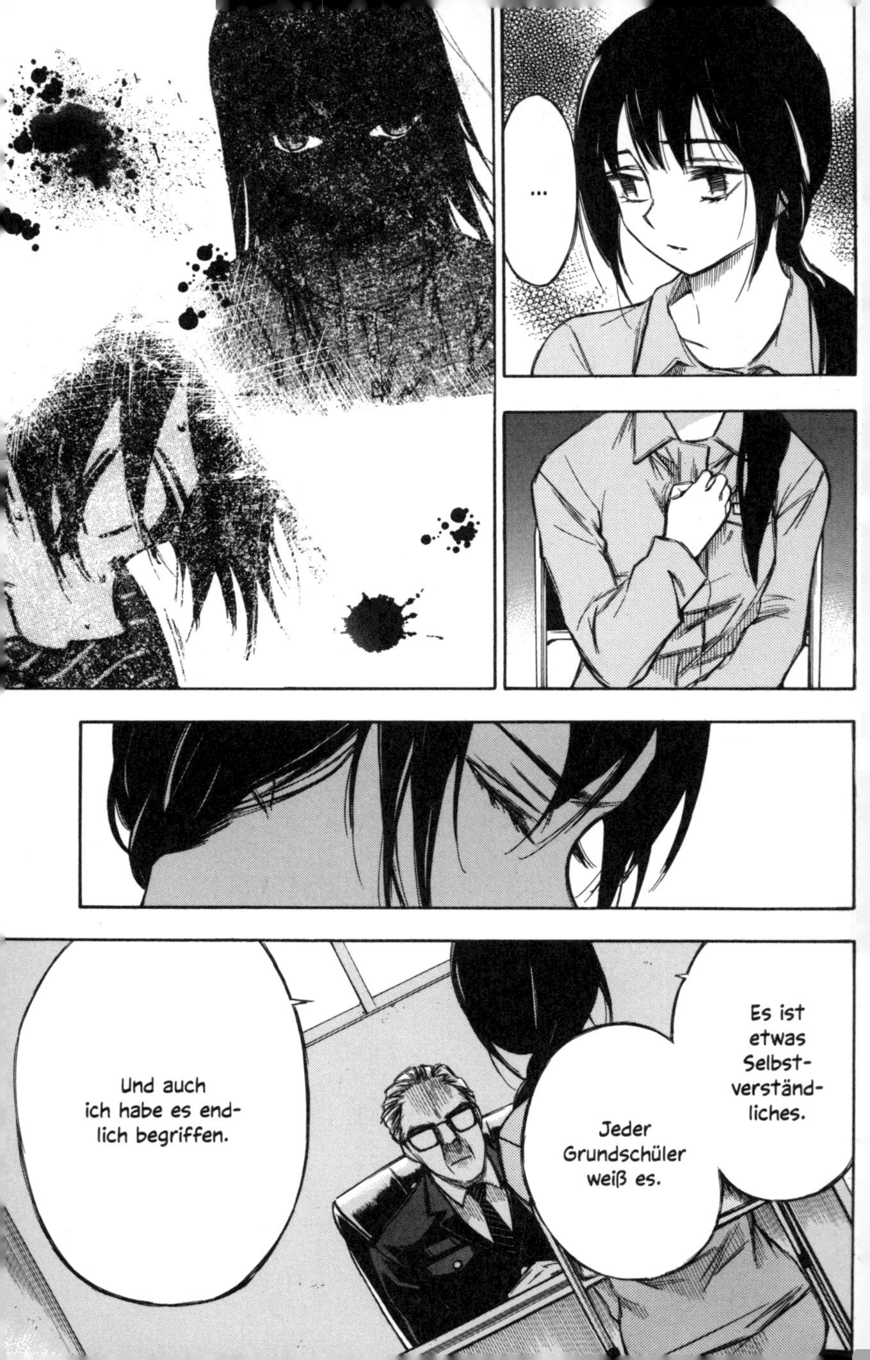
...
Es ist etwas Selbst-verständ-liches.
Jeder Grundschüler weiß es.
Und auch ich habe es end-lich begriffen.

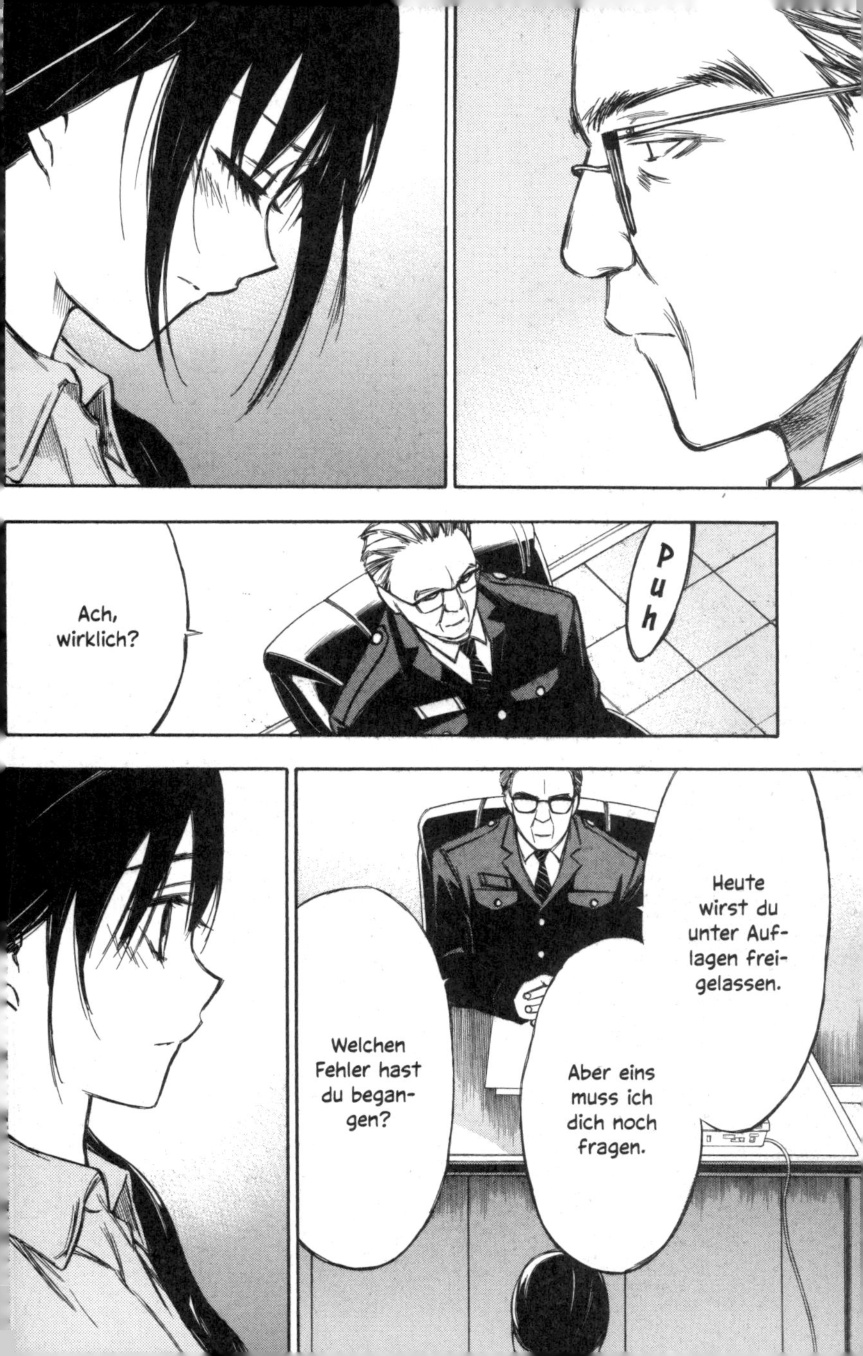
Puh
Ach, wirklich?
Heute wirst du unter Auf-lagen frei-gelassen.
Aber eins muss ich dich noch fragen.
Welchen Fehler hast du began-gen?

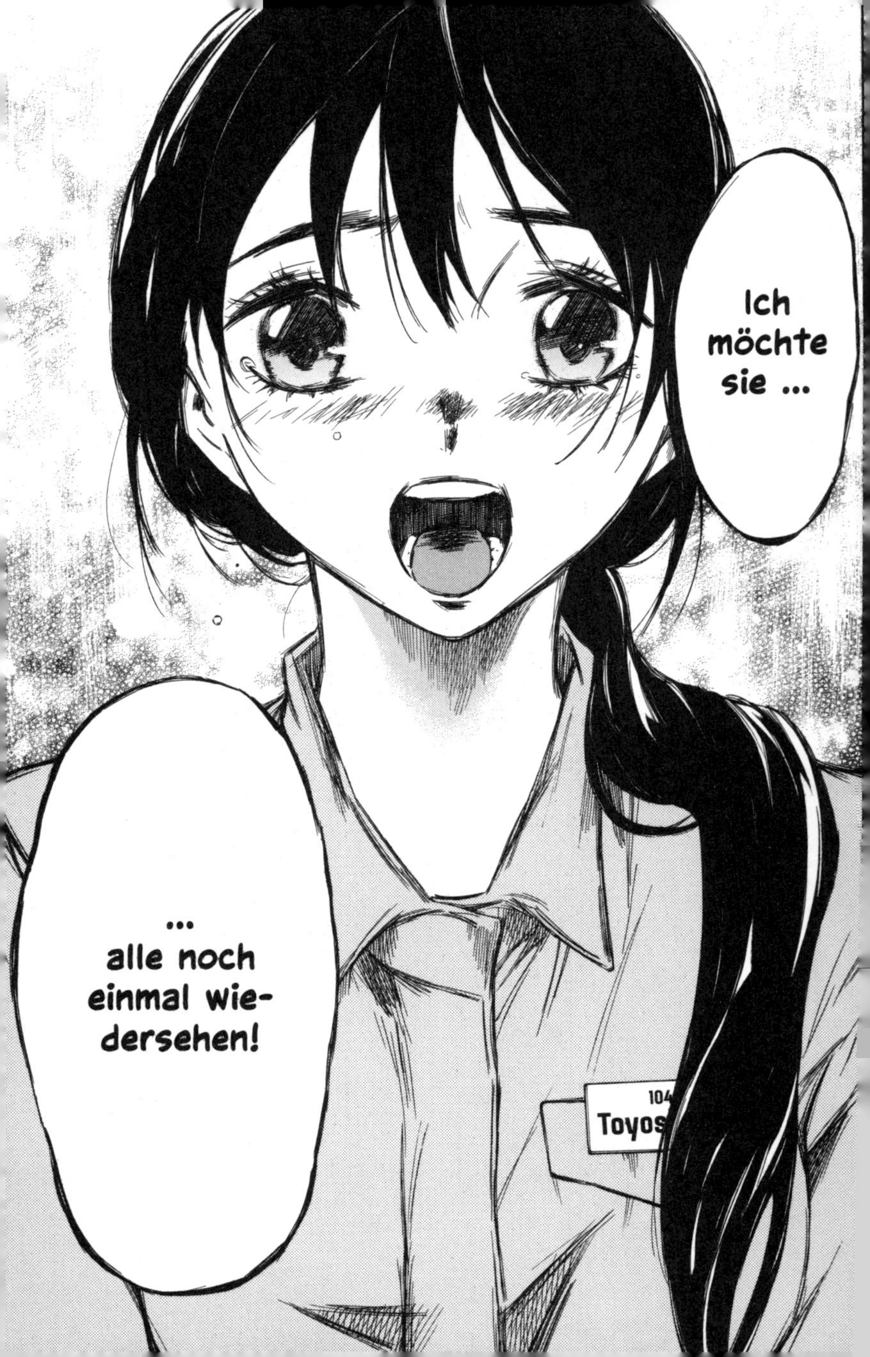
Ich möchte sie ...
... alle noch einmal wiedersehen!
104
Toyos

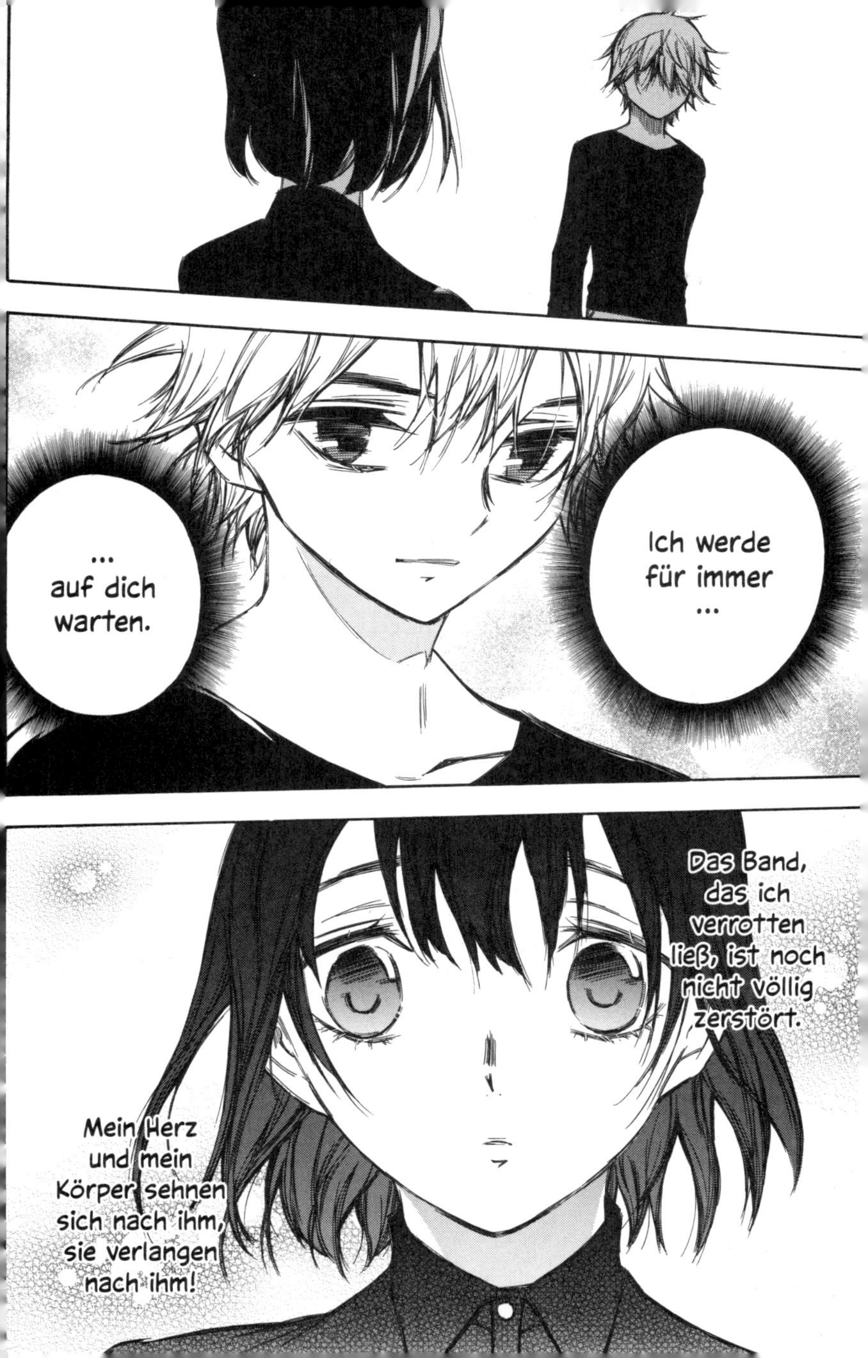
Ich werde für immer ...
... auf dich warten.
Das Band, das ich verrotten ließ, ist noch nicht völlig zerstört.
Mein Herz und mein Körper sehnen sich nach ihm, sie verlangen nach ihm!

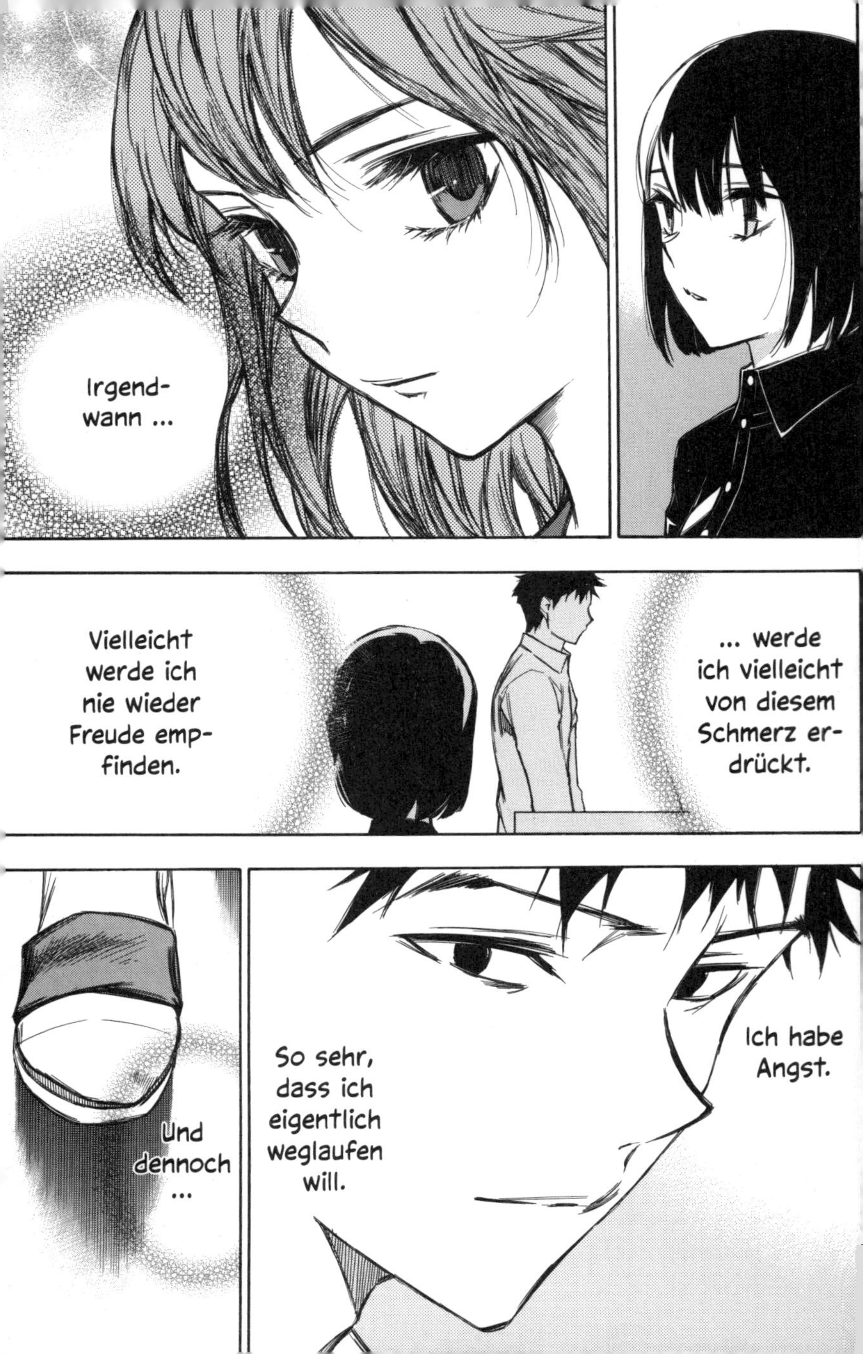

Irgend-wann ...
... werde ich vielleicht von diesem Schmerz er-drückt.
Vielleicht werde ich nie wieder Freude emp-finden.
Ich habe Angst.
So sehr, dass ich eigentlich weglaufen will.
Und dennoch ...

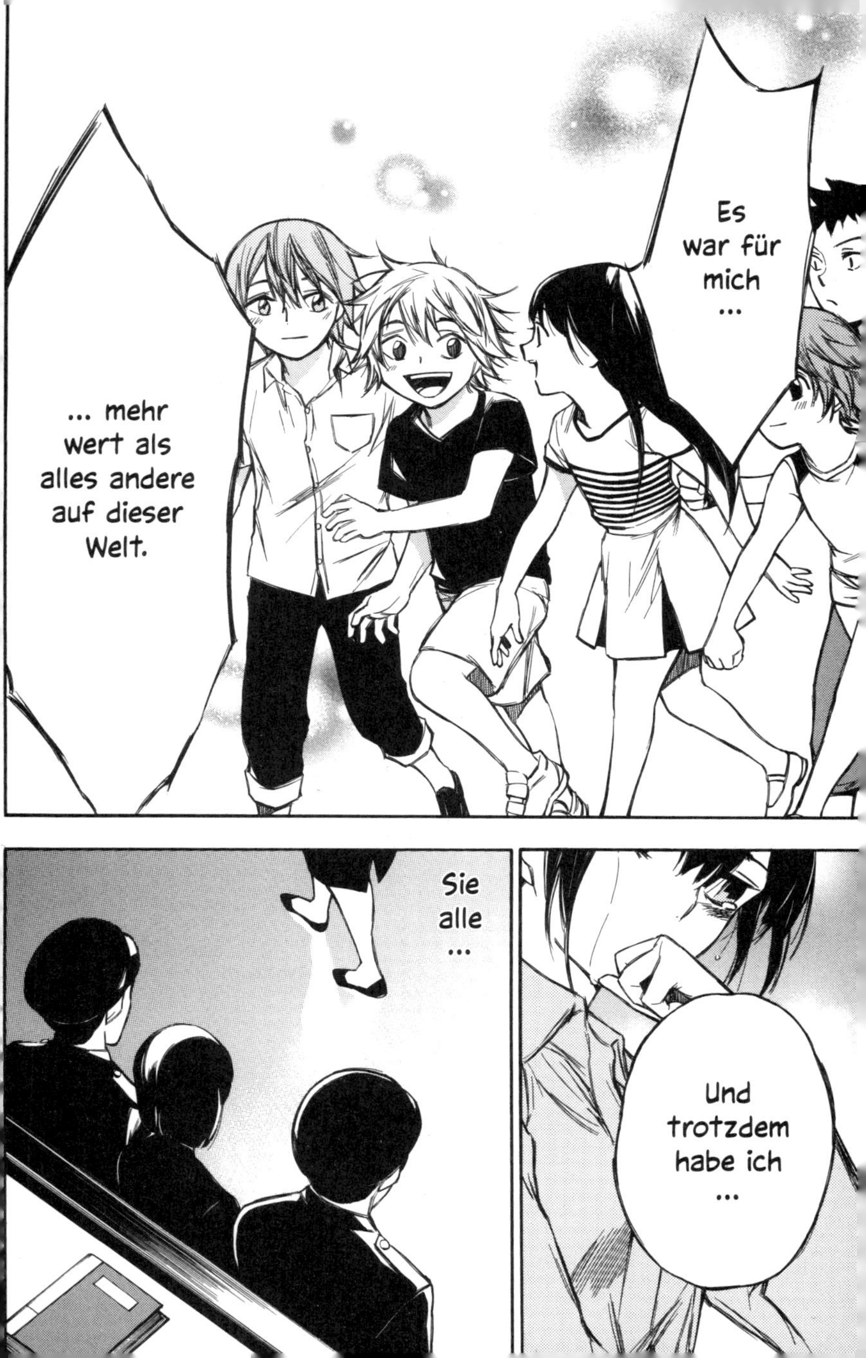
Es war für mich ...
... mehr wert als alles andere auf dieser Welt.
Sie alle ...
Und trotzdem habe ich ...

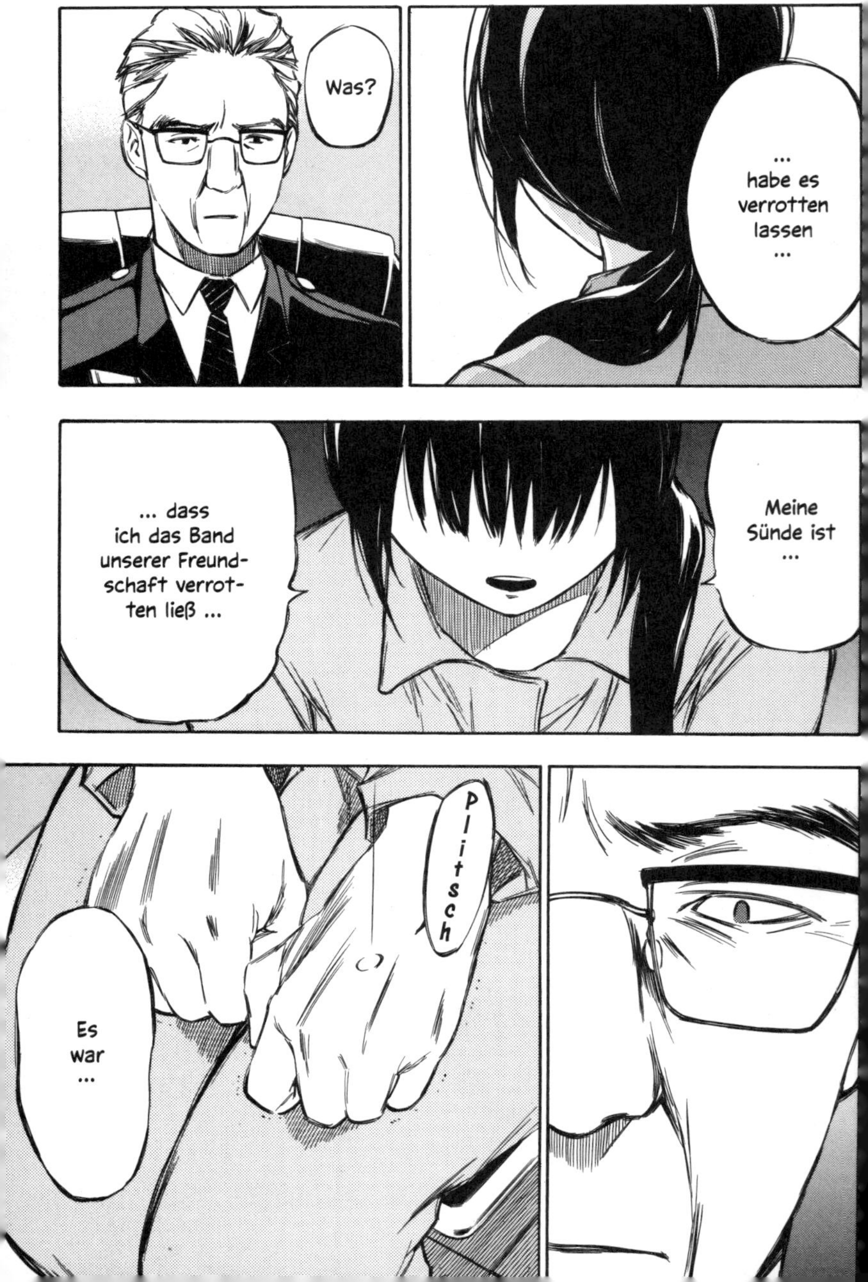
... habe es verrotten lassen ...
Was?
Meine Sünde ist ...
... dass ich das Band unserer Freundschaft verrotten ließ ...
Plitsch
Es war ...

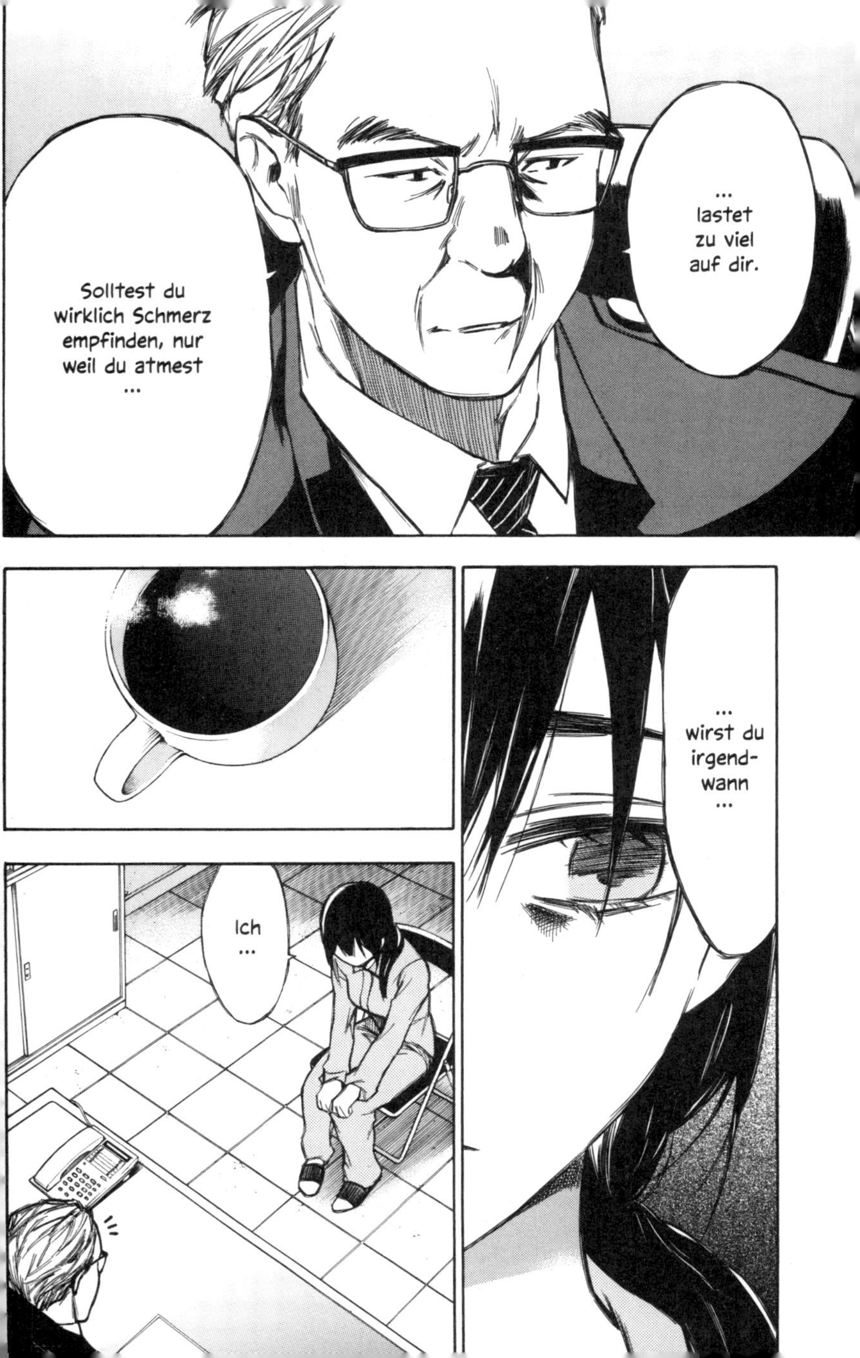
Solltest du wirklich Schmerz empfinden, nur weil du atmest ...
... lastet zu viel auf dir.
... wirst du irgend-wann ...
Ich ...

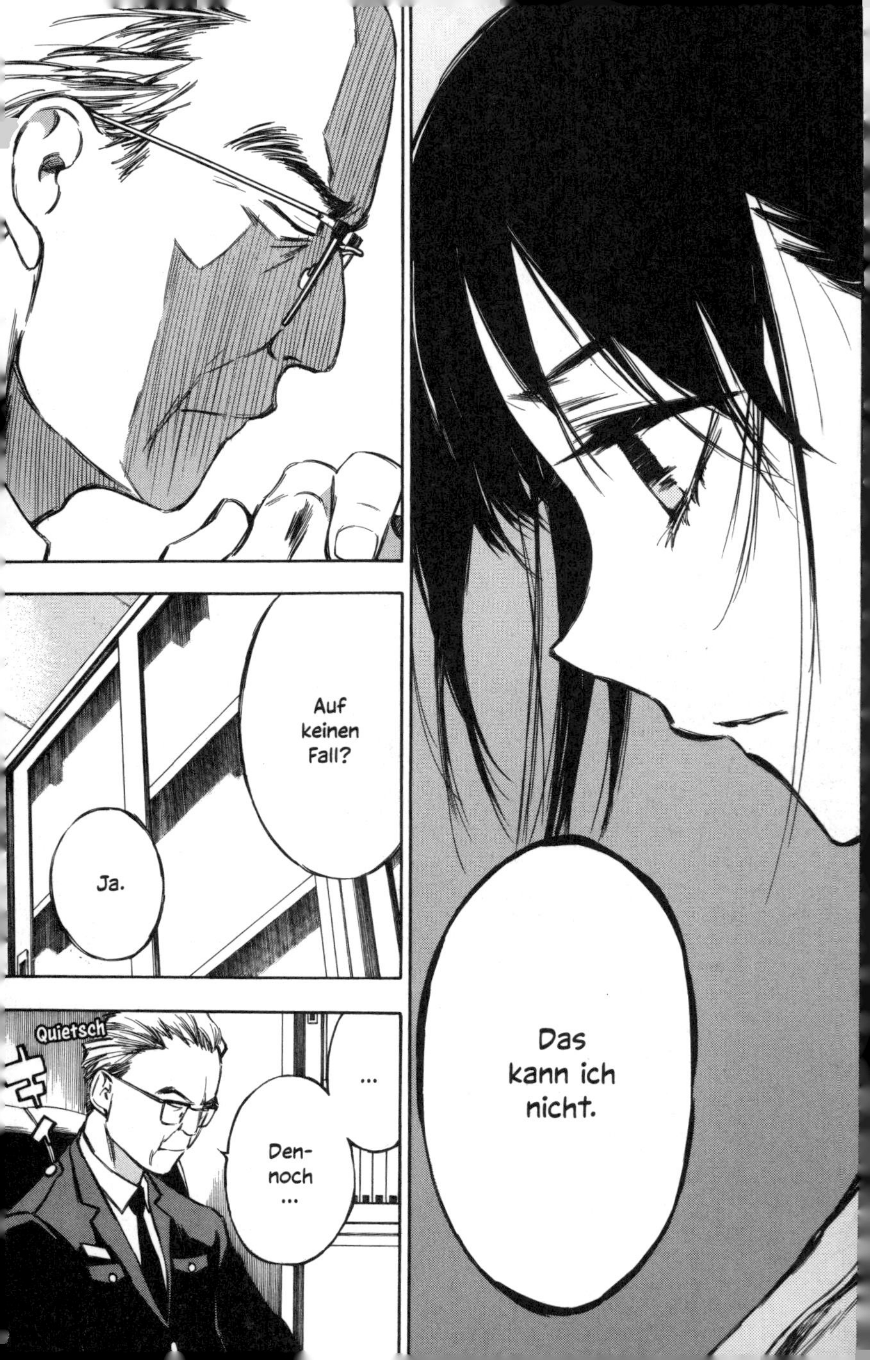
Das kann ich nicht.
Auf keinen Fall?
Ja.
Quietsch
...
Den-noch ...

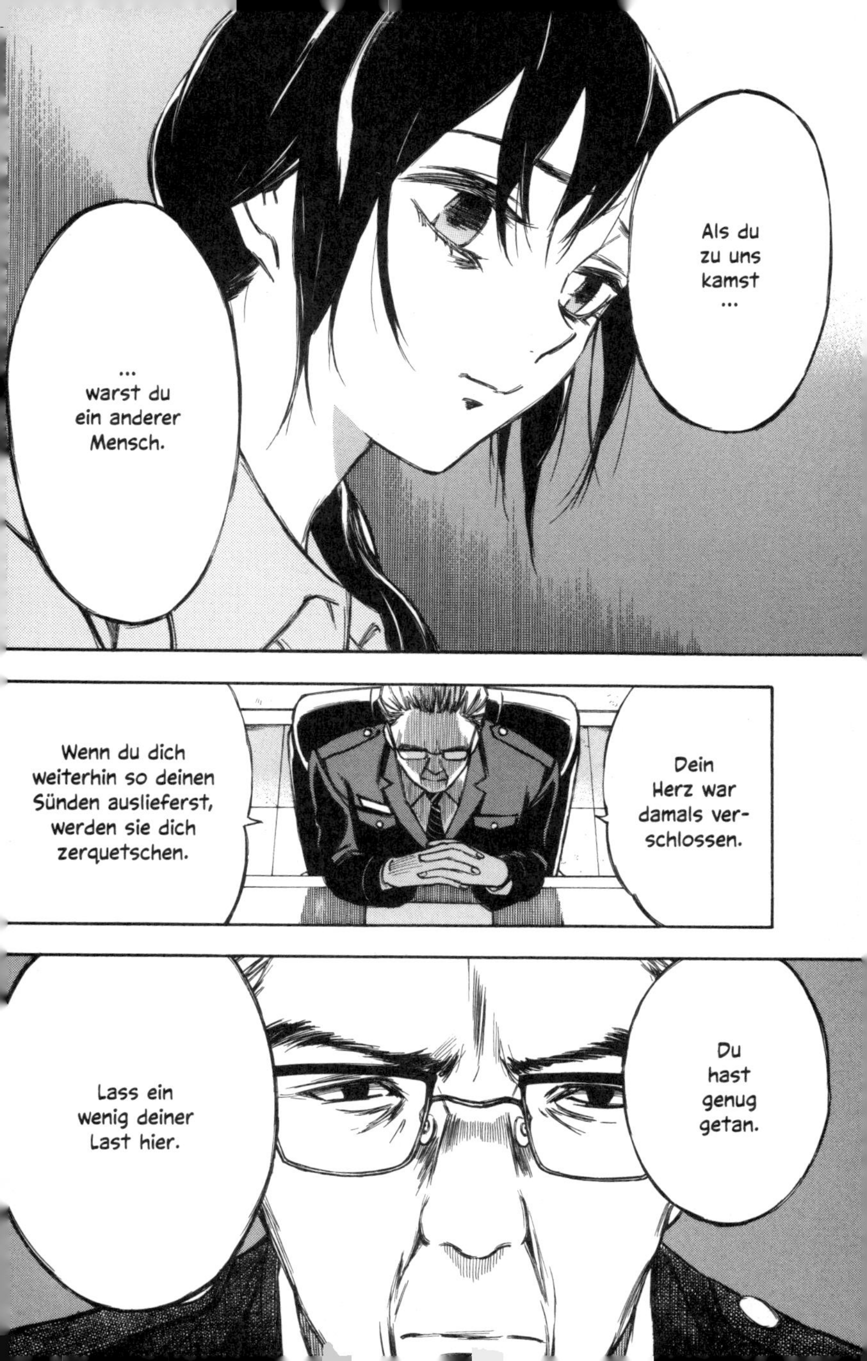
Als du zu uns kamst …
… warst du ein anderer Mensch.
Dein Herz war damals verschlossen.
Wenn du dich weiterhin so deinen Sünden auslieferst, werden sie dich zerquetschen.
Du hast genug getan.
Lass ein wenig deiner Last hier.

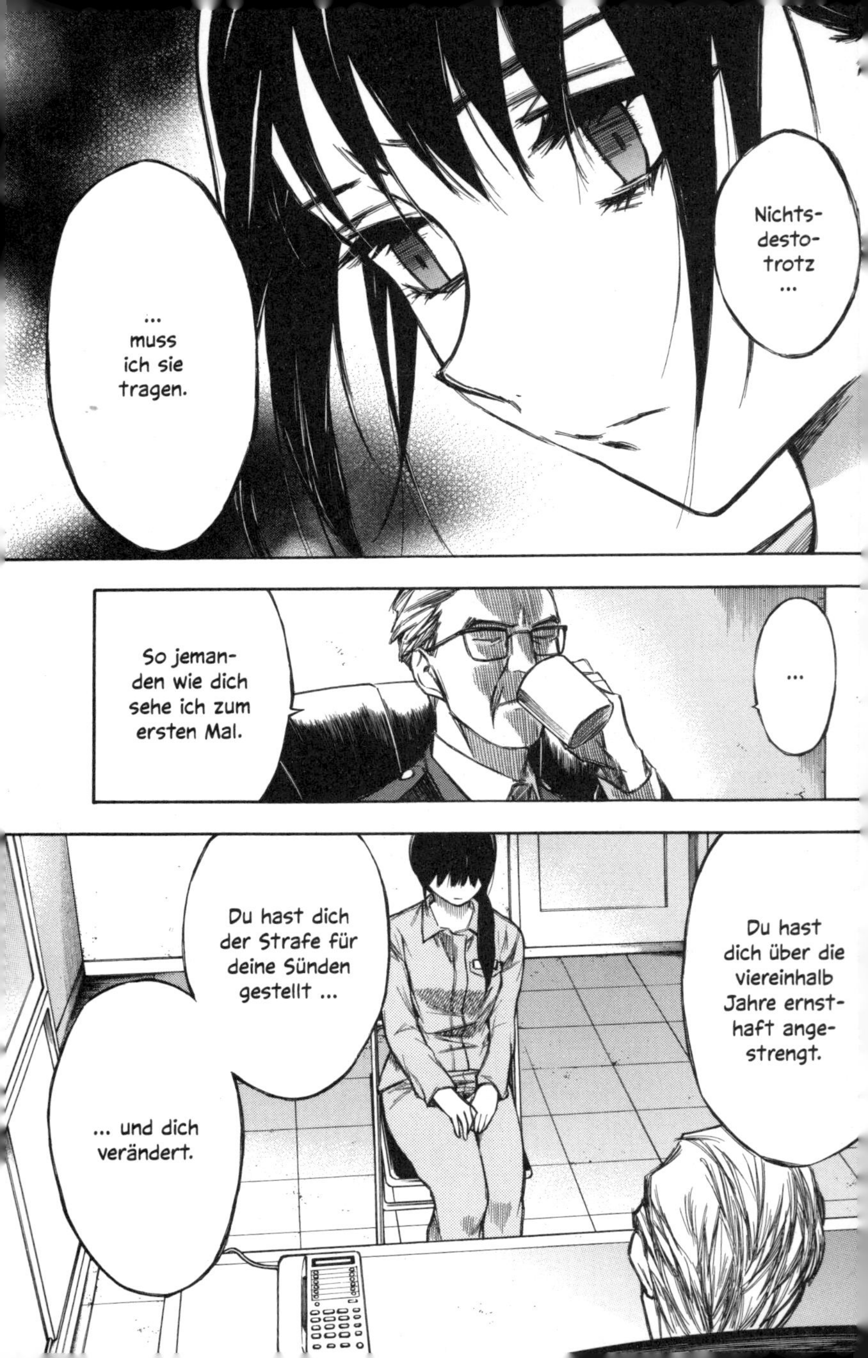
Nichts-desto-trotz ...
... muss ich sie tragen.
...
So jemanden wie dich sehe ich zum ersten Mal.
Du hast dich über die viereinhalb Jahre ernsthaft angestrengt.
Du hast dich der Strafe für deine Sünden gestellt ...
... und dich verändert.

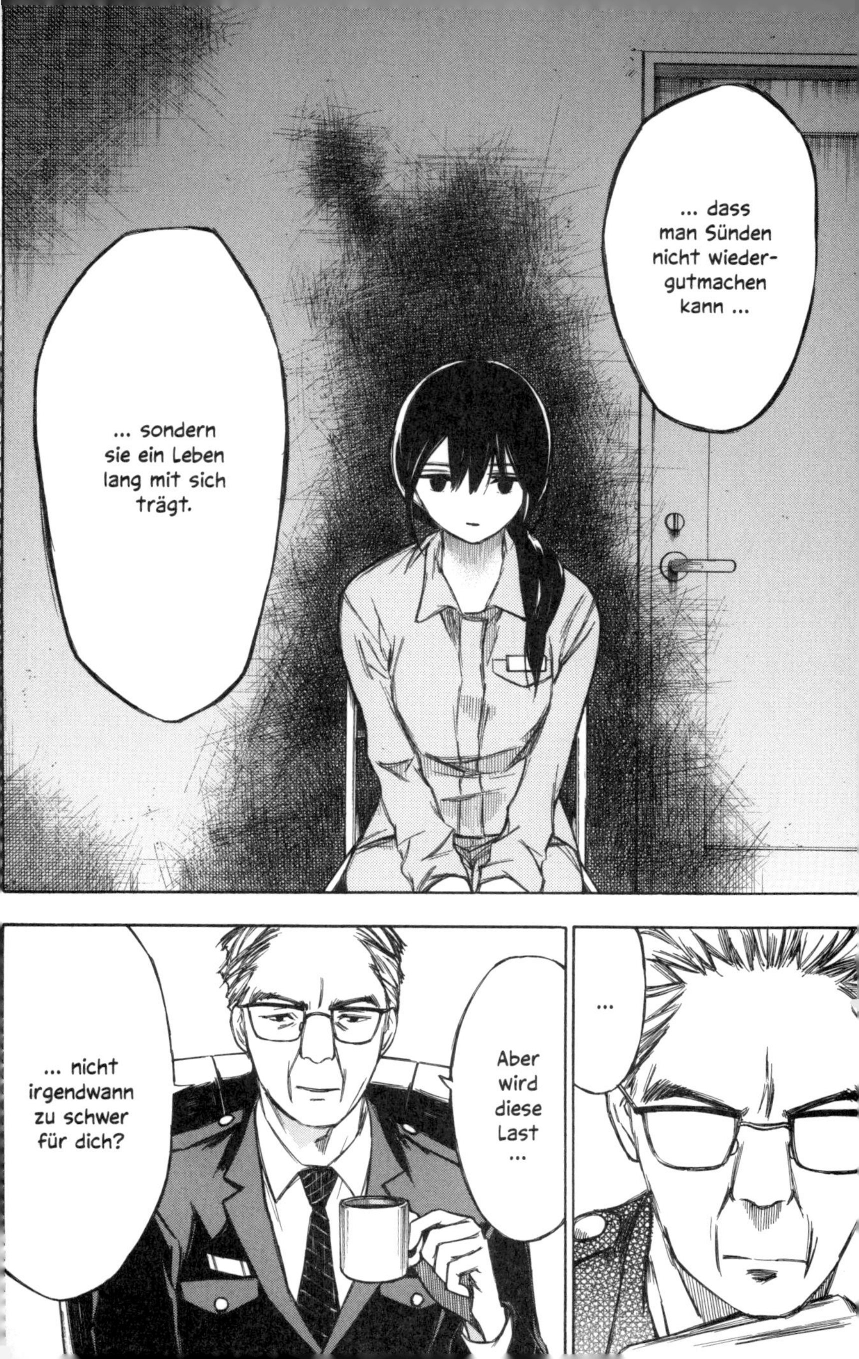
... dass man Sünden nicht wieder-gutmachen kann ...
... sondern sie ein Leben lang mit sich trägt.
...
Aber wird diese Last ...
... nicht irgendwann zu schwer für dich?

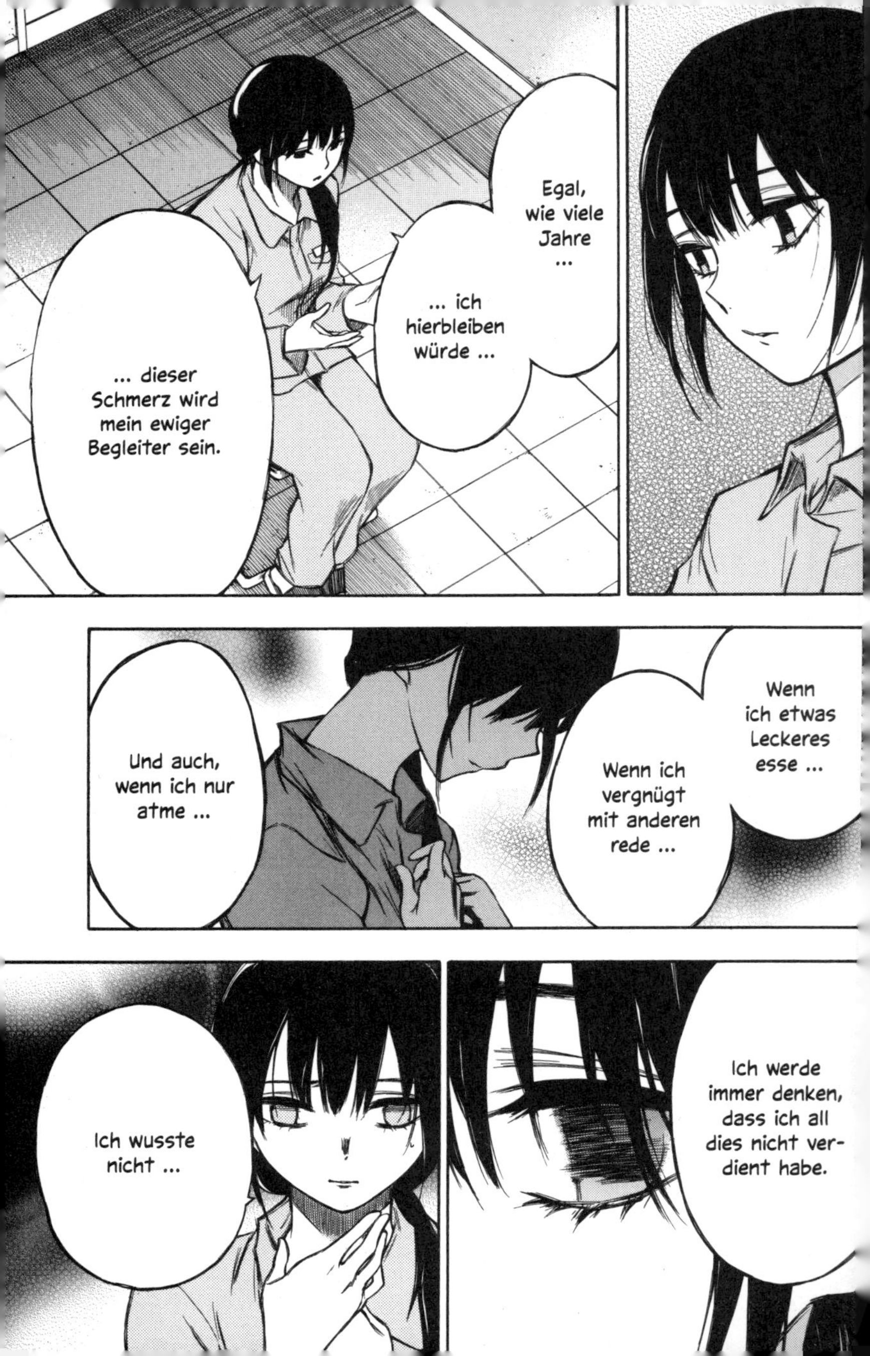

Egal, wie viele Jahre ...
... ich hierbleiben würde ...
... dieser Schmerz wird mein ewiger Begleiter sein.
Wenn ich etwas Leckeres esse ...
Wenn ich vergnügt mit anderen rede ...
Und auch, wenn ich nur atme ...
Ich werde immer denken, dass ich all dies nicht ver-dient habe.
Ich wusste nicht ...

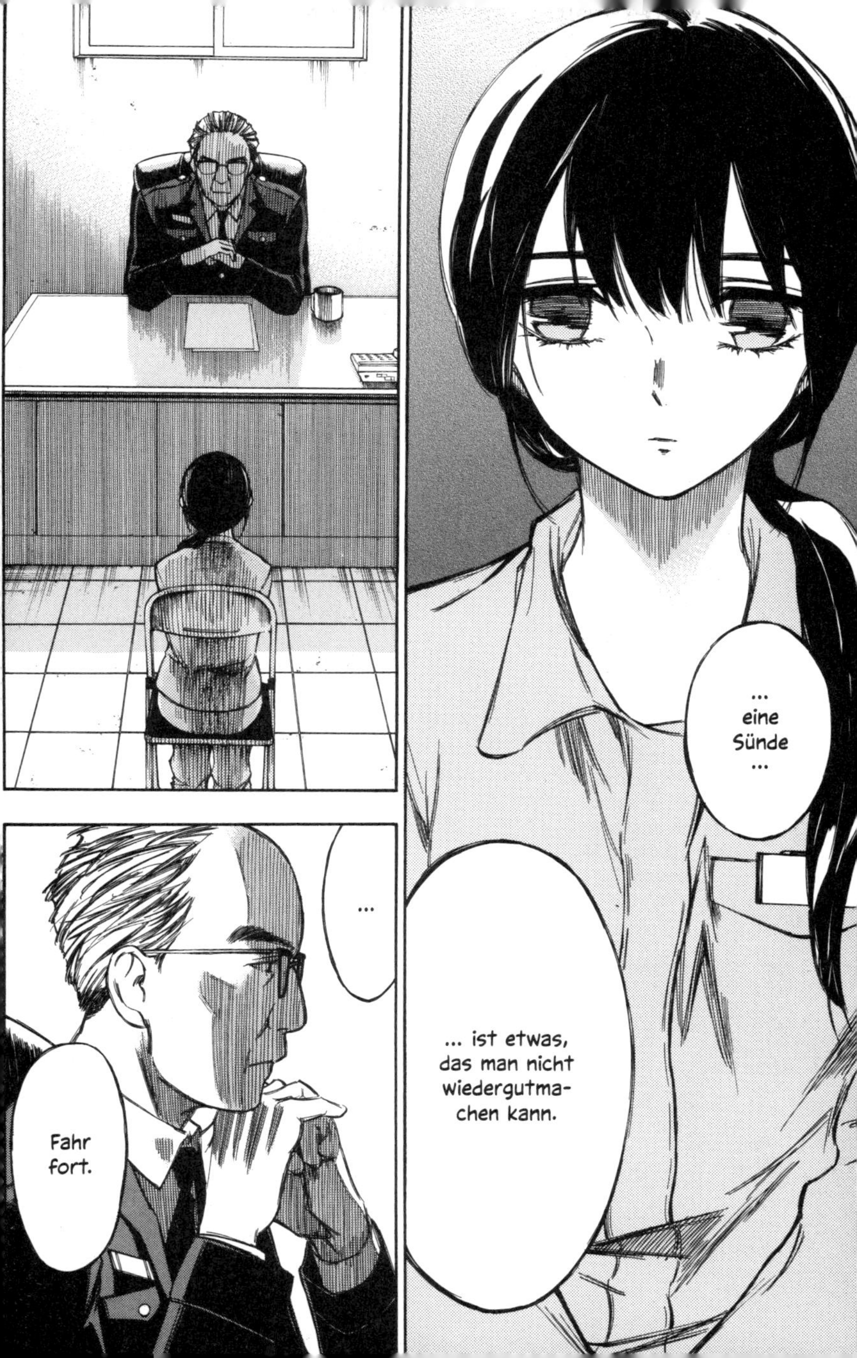
... eine Sünde ...
... ist etwas, das man nicht wiedergutmachen kann.
...
Fahr fort.

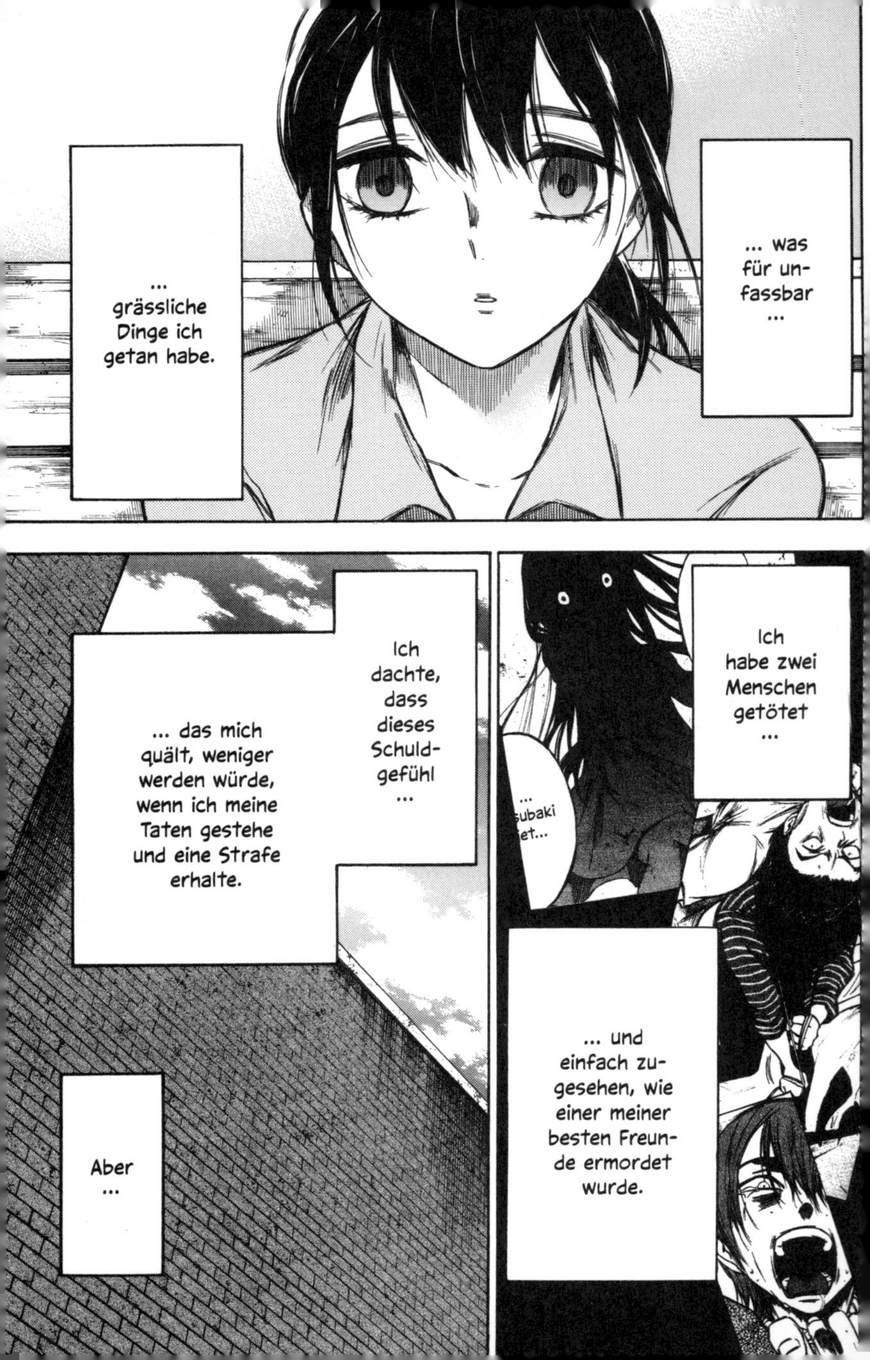

... was für unfassbar ...
... grässliche Dinge ich getan habe.
Ich habe zwei Menschen getötet ...
... und einfach zugesehen, wie einer meiner besten Freunde ermordet wurde.
Ich dachte, dass dieses Schuldgefühl ...
... das mich quält, weniger werden würde, wenn ich meine Taten gestehe und eine Strafe erhalte.
Aber ...

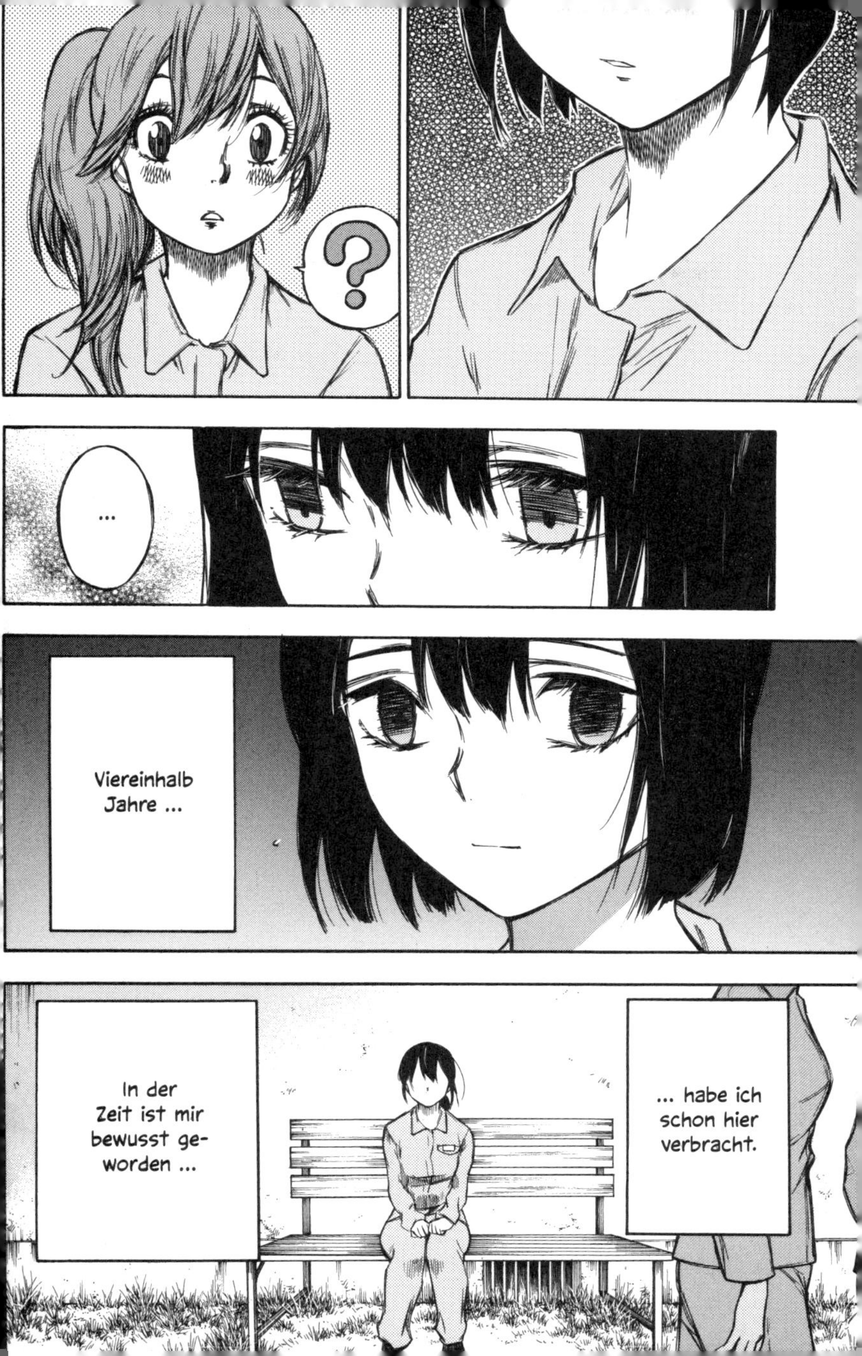
?
...
Viereinhalb Jahre ...
... habe ich schon hier verbracht.
In der Zeit ist mir bewusst geworden ...

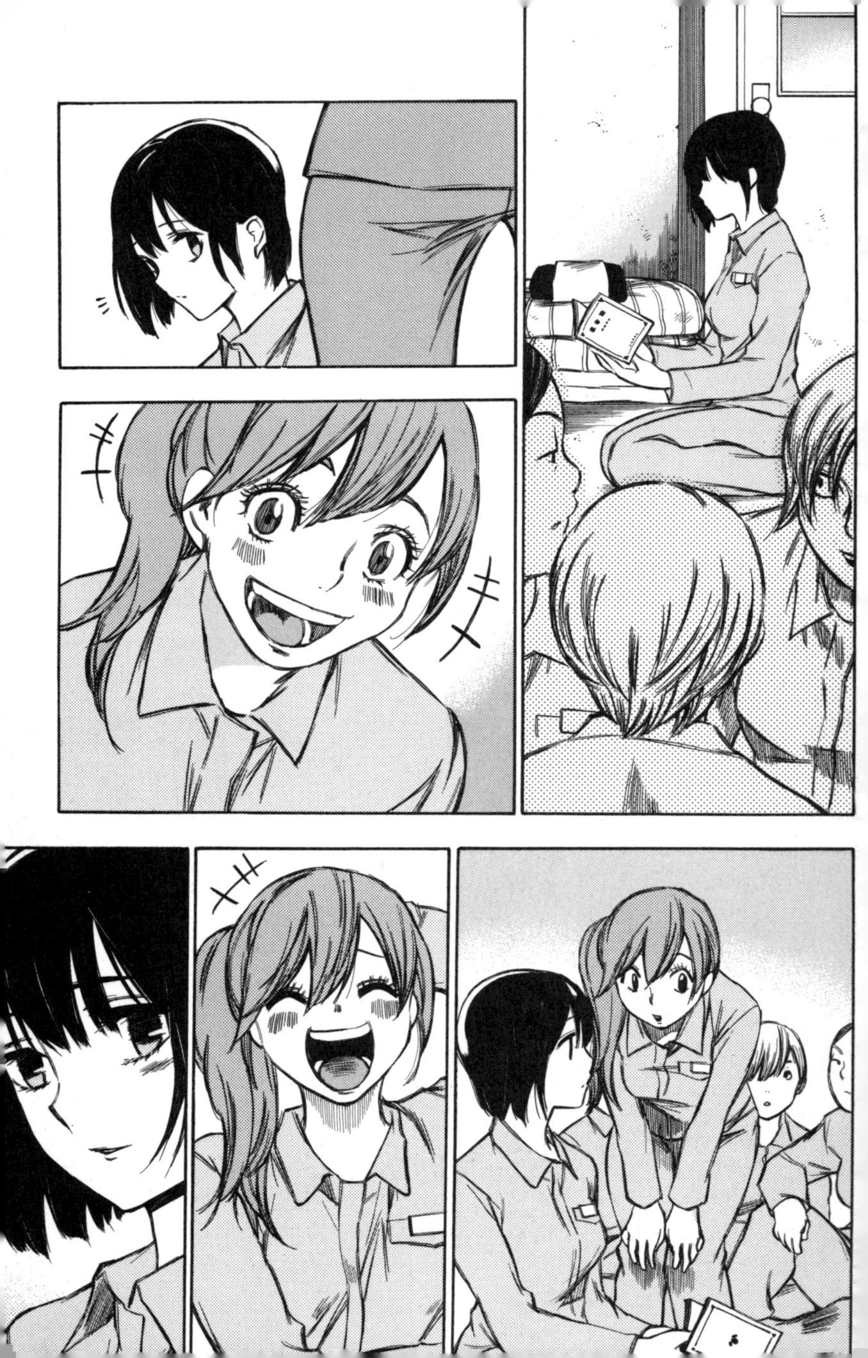

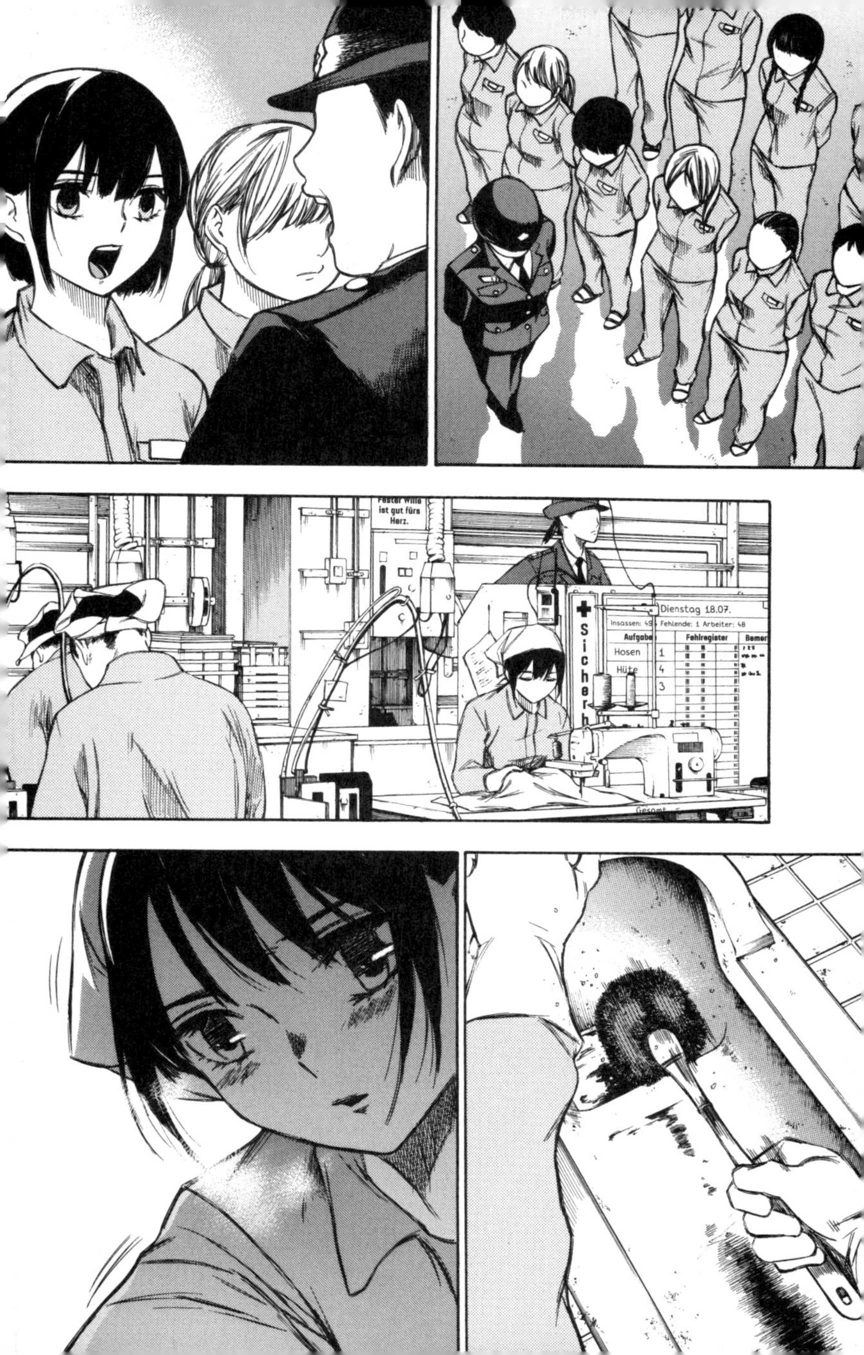
Fester Wille
ist gut fürs
Herz.
Dienstag 18.07.
Insassen: 49 Fehlende: 1 Arbeiter: 48
Aufgaben
Fehlregister
Hosen 1
Hüte 4
3
Sicherh
Gesamt

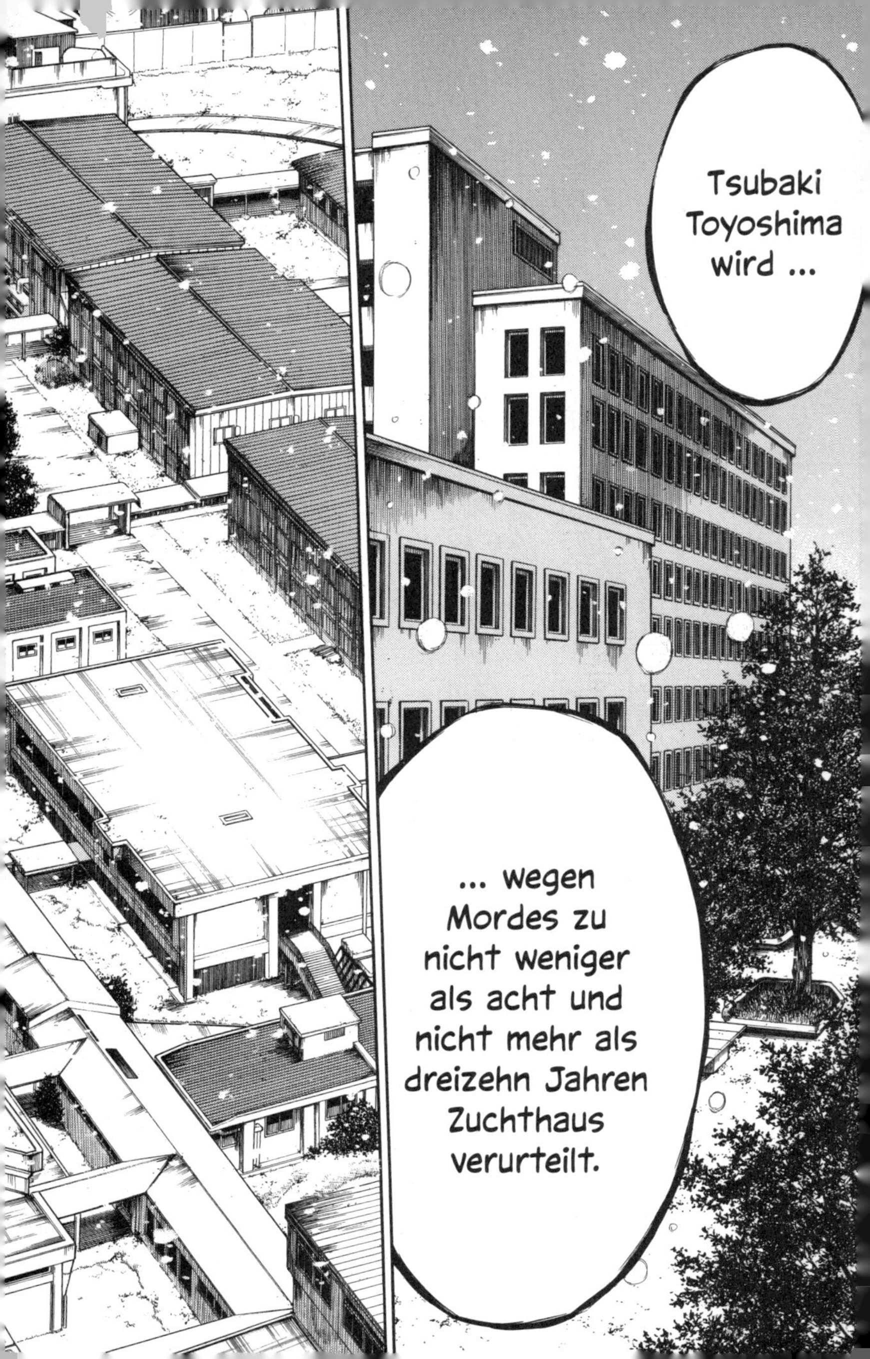
Tsubaki Toyoshima wird ...
... wegen Mordes zu nicht weniger als acht und nicht mehr als dreizehn Jahren Zuchthaus verurteilt.

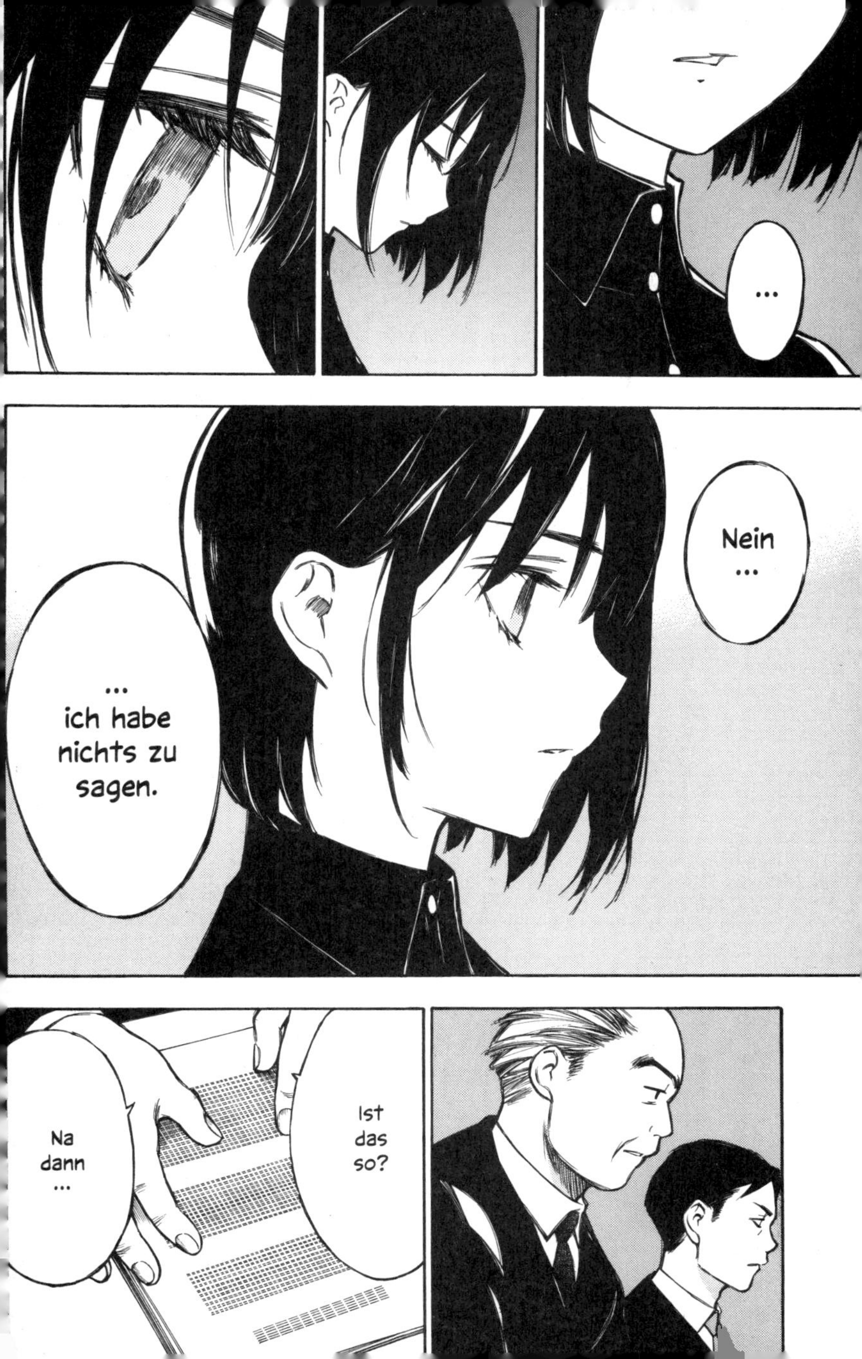
...
Nein ...
... ich habe nichts zu sagen.
Ist das so?
Na dann ...

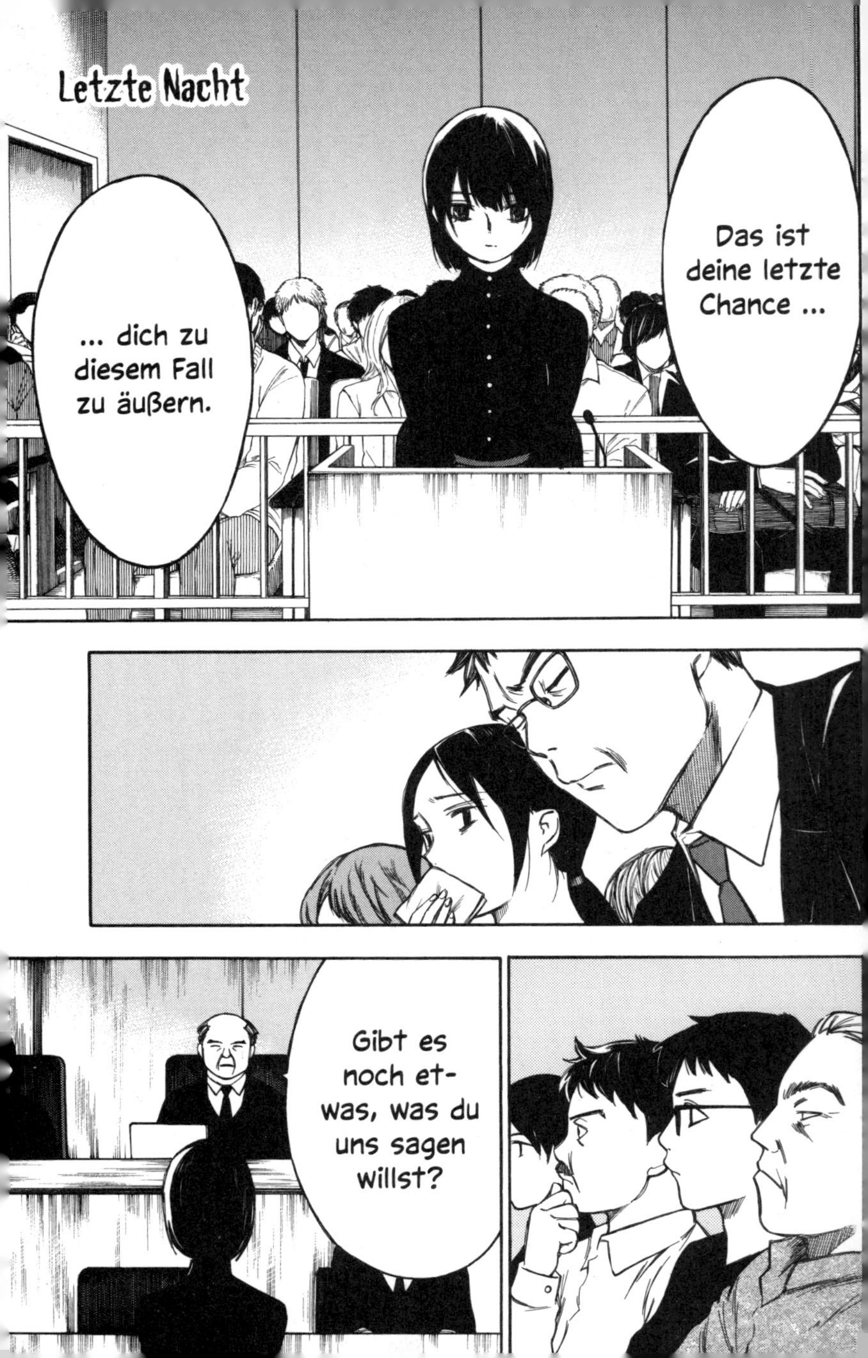

Letzte Nacht
Das ist deine letzte Chance ...
... dich zu diesem Fall zu äußern.
Gibt es noch et-was, was du uns sagen willst?

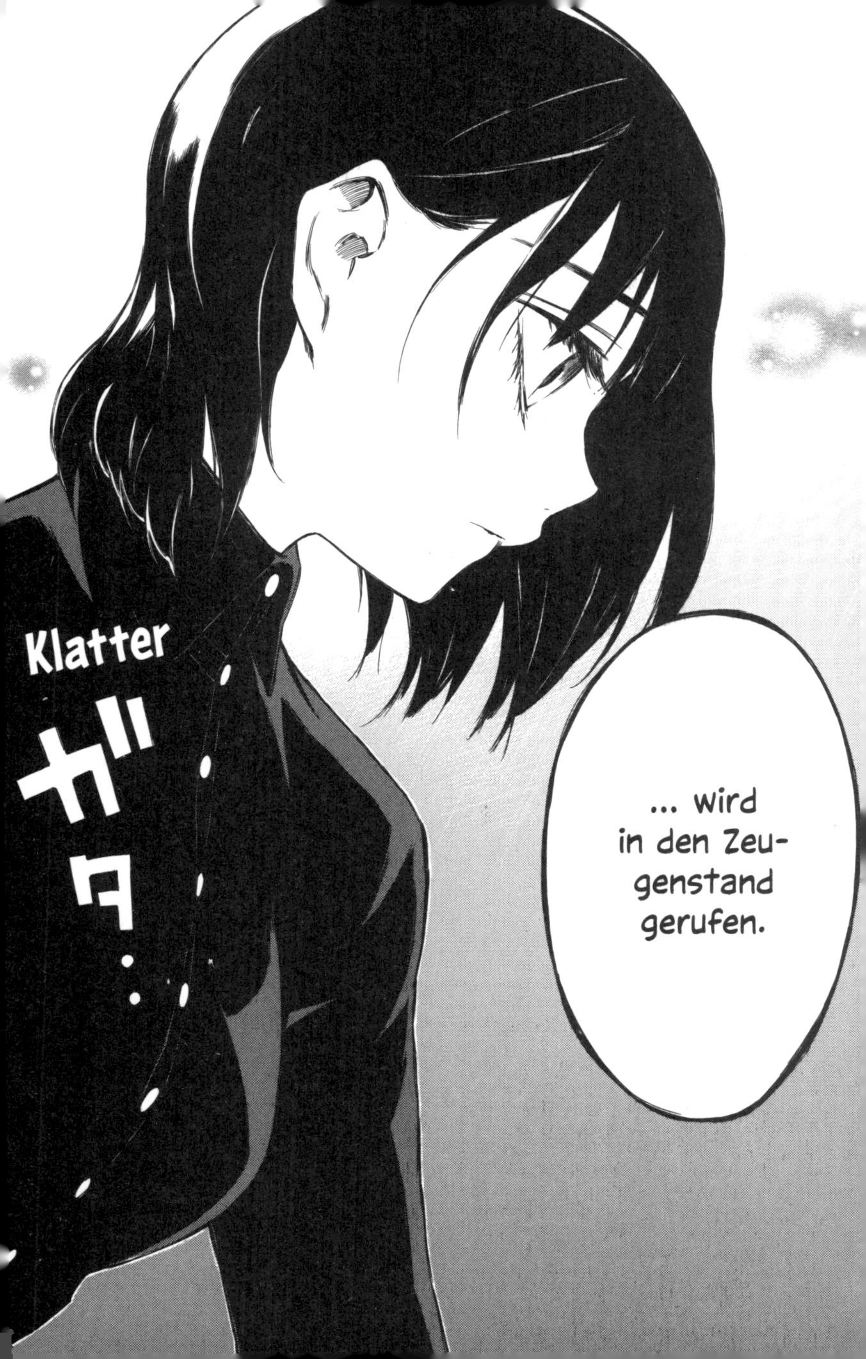
... wird in den Zeu-
genstand
gerufen.
Klatter
ガタ…

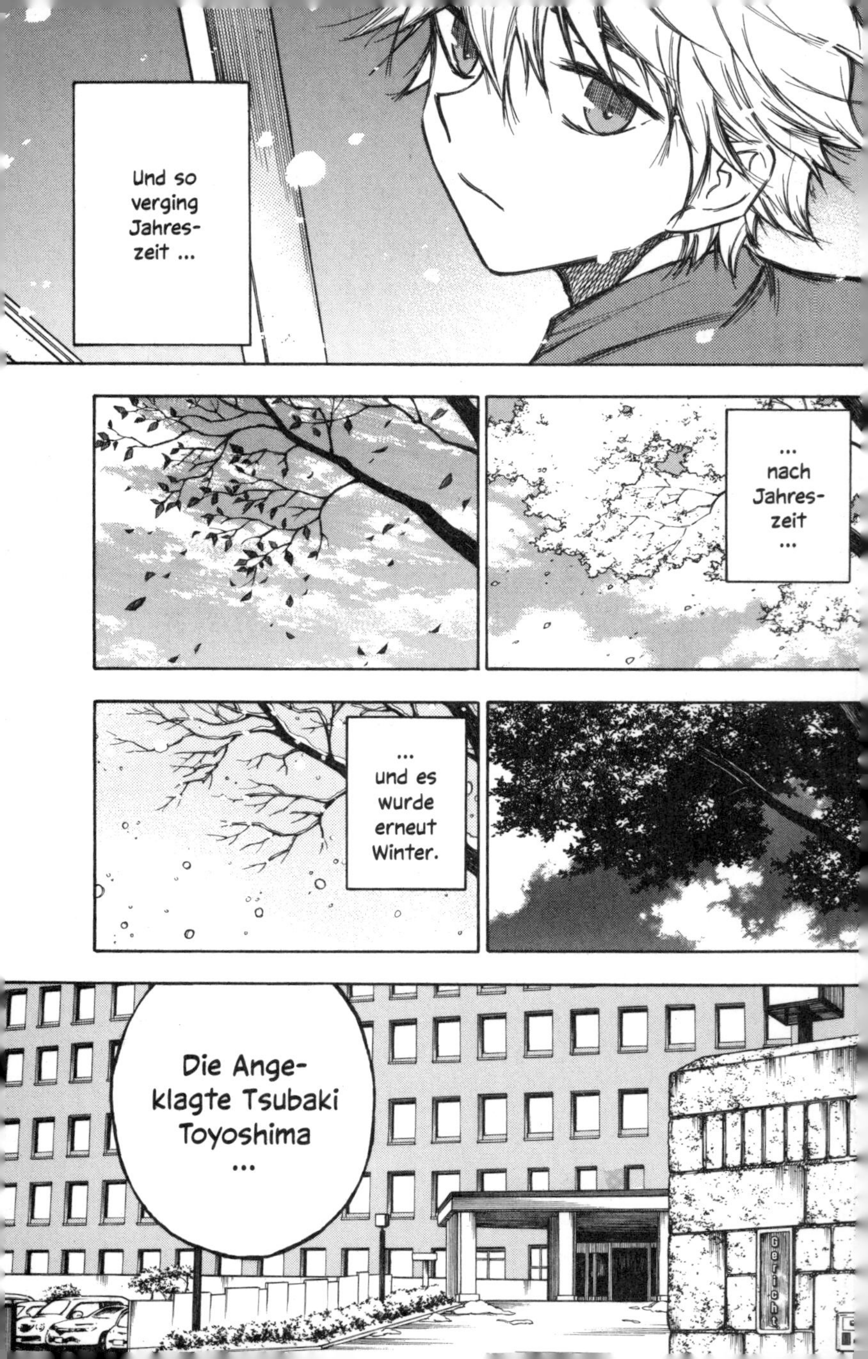
Und so verging Jahres- zeit ...
... nach Jahres- zeit ...
... und es wurde erneut Winter.
Die Ange- klagte Tsubaki Toyoshima ...
Gericht

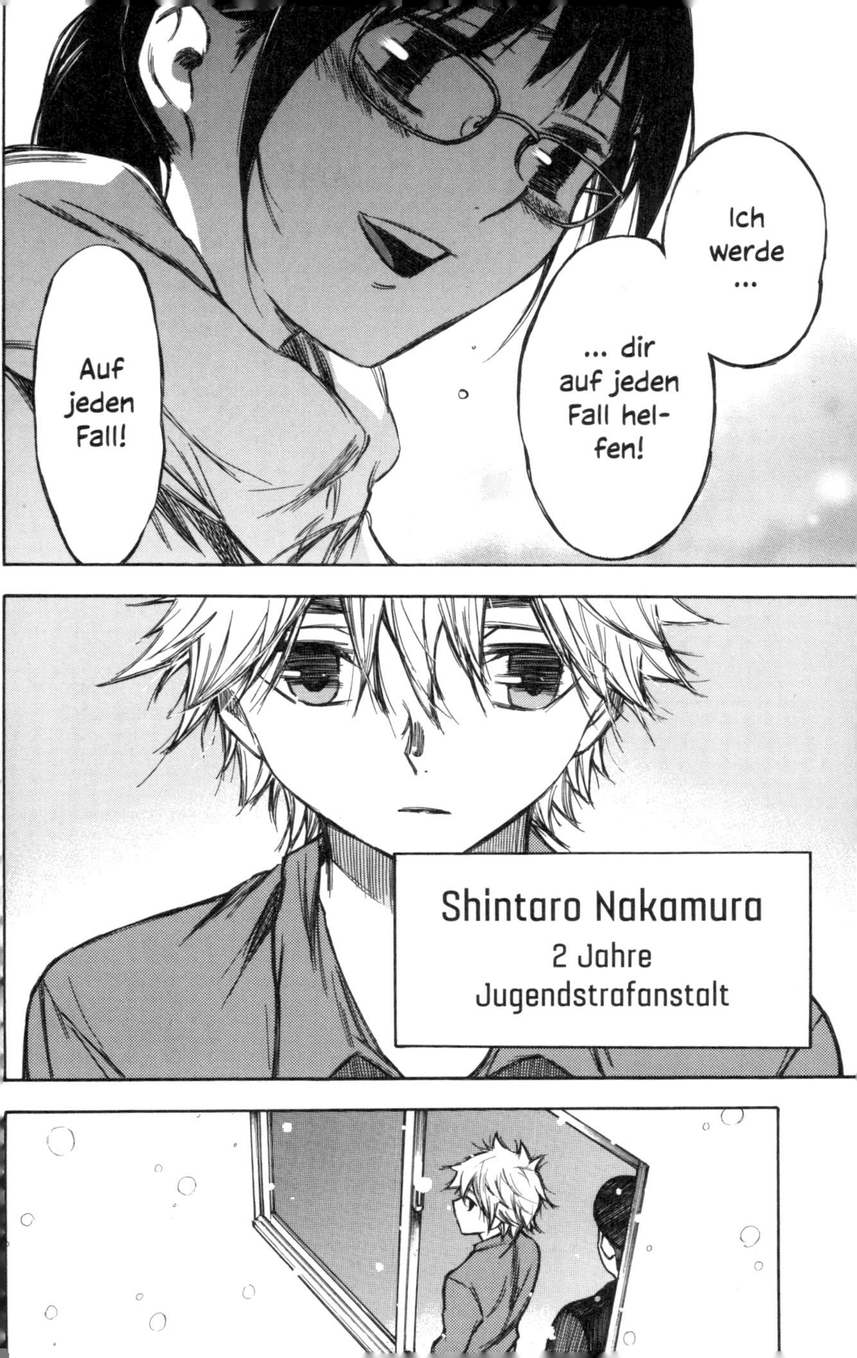
Ich werde ...
... dir auf jeden Fall hel-fen!
Auf jeden Fall!
Shintaro Nakamura
2 Jahre Jugendstrafanstalt

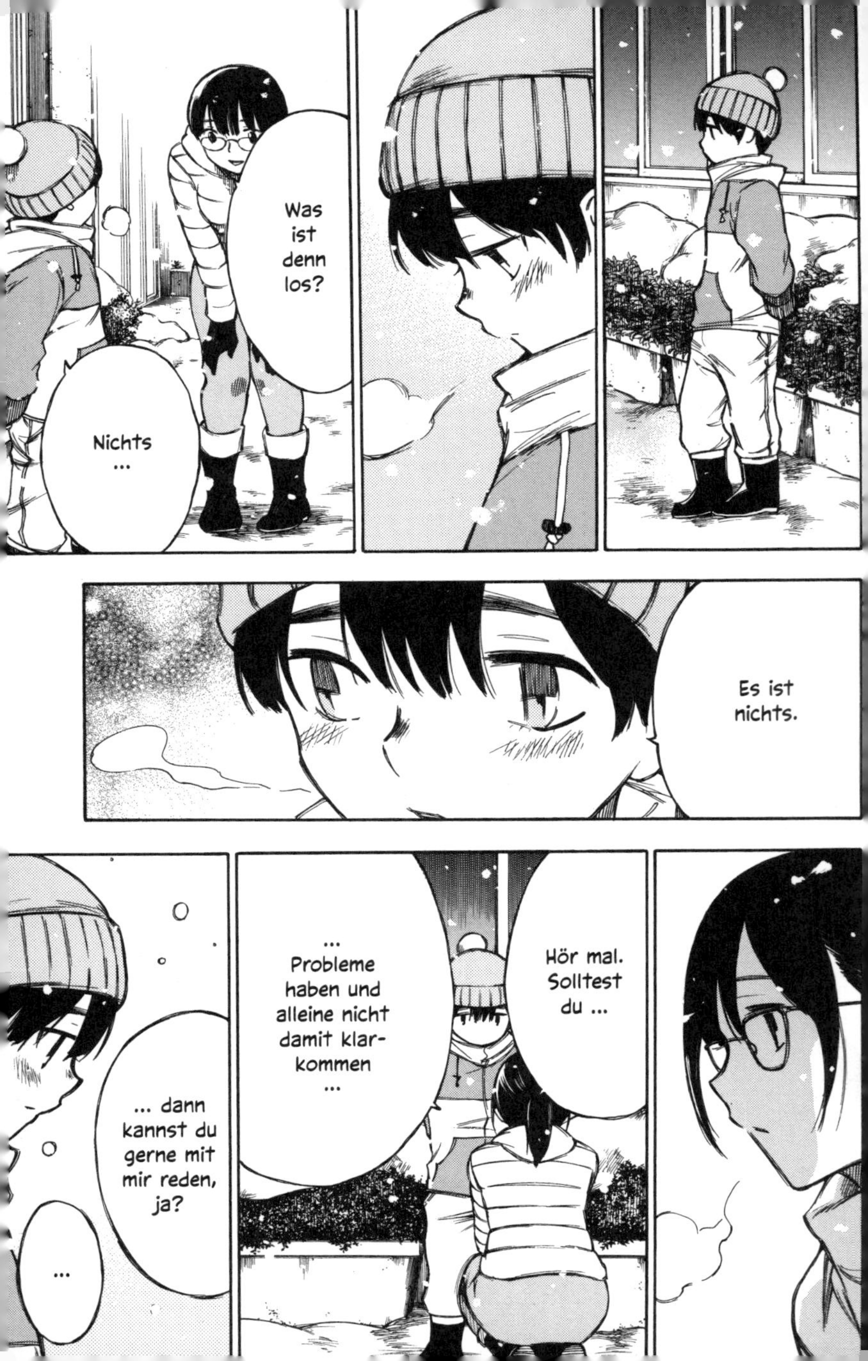
Was ist denn los?
Nichts ...
Es ist nichts.
Hör mal. Solltest du ...
... Probleme haben und alleine nicht damit klar-kommen ...
... dann kannst du gerne mit mir reden, ja?
...

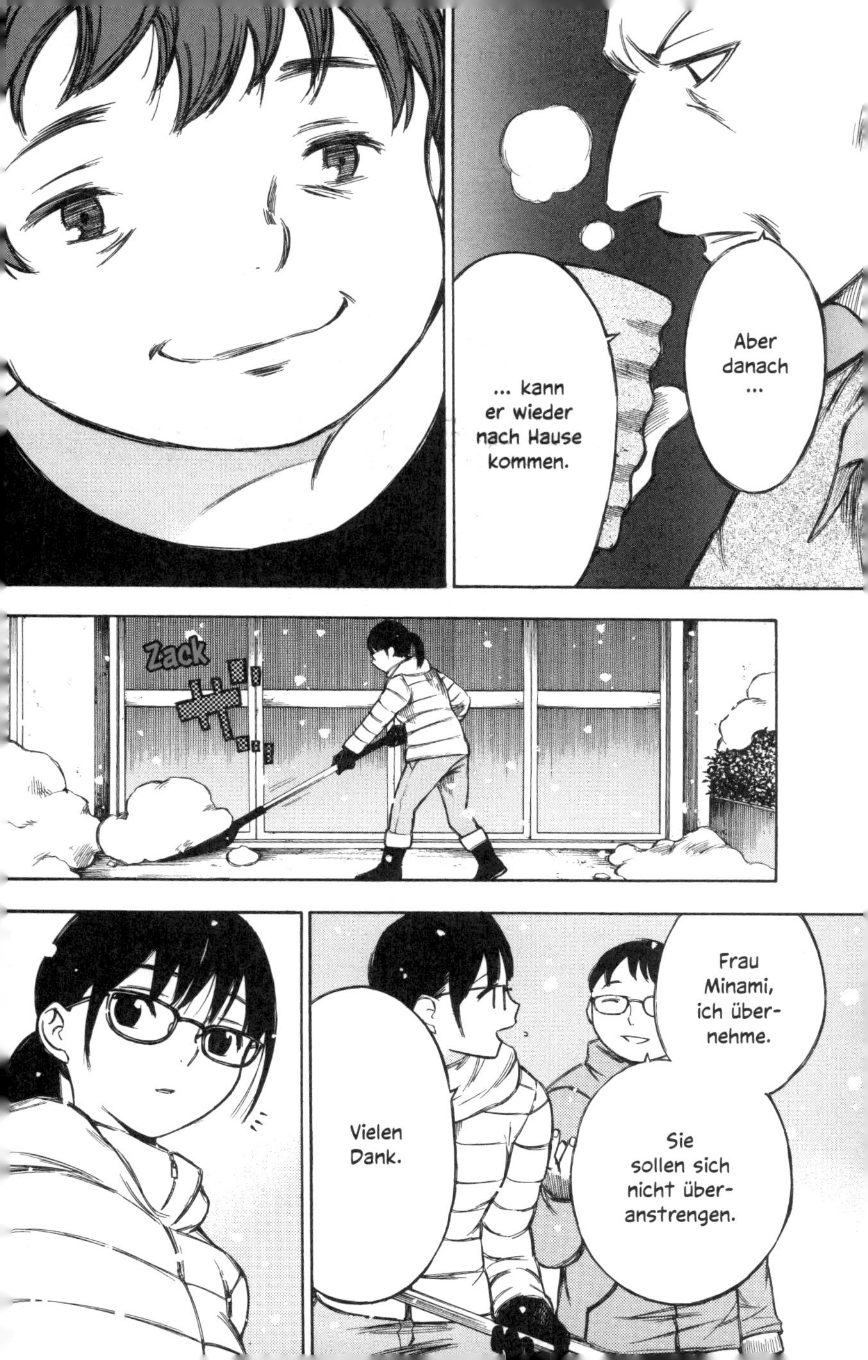
Aber danach ...
... kann er wieder nach Hause kommen.
Zack
Frau Minami, ich übernehme.
Sie sollen sich nicht überanstrengen.
Vielen Dank.

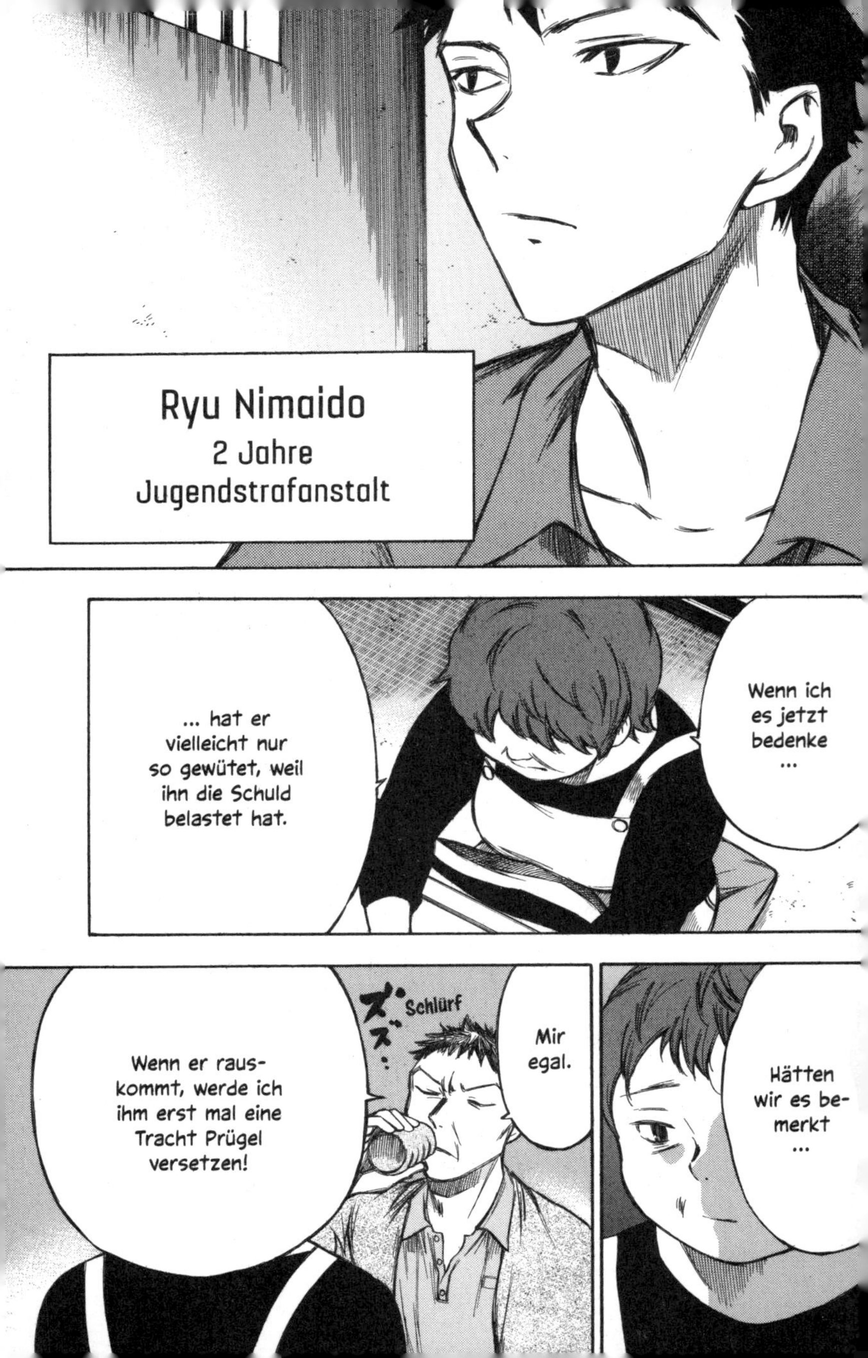
Ryu Nimaido
2 Jahre
Jugendstrafanstalt
Wenn ich es jetzt bedenke ...
... hat er vielleicht nur so gewütet, weil ihn die Schuld belastet hat.
Hätten wir es bemerkt ...
Mir egal.
Schlürf
Wenn er rauskommt, werde ich ihm erst mal eine Tracht Prügel versetzen!

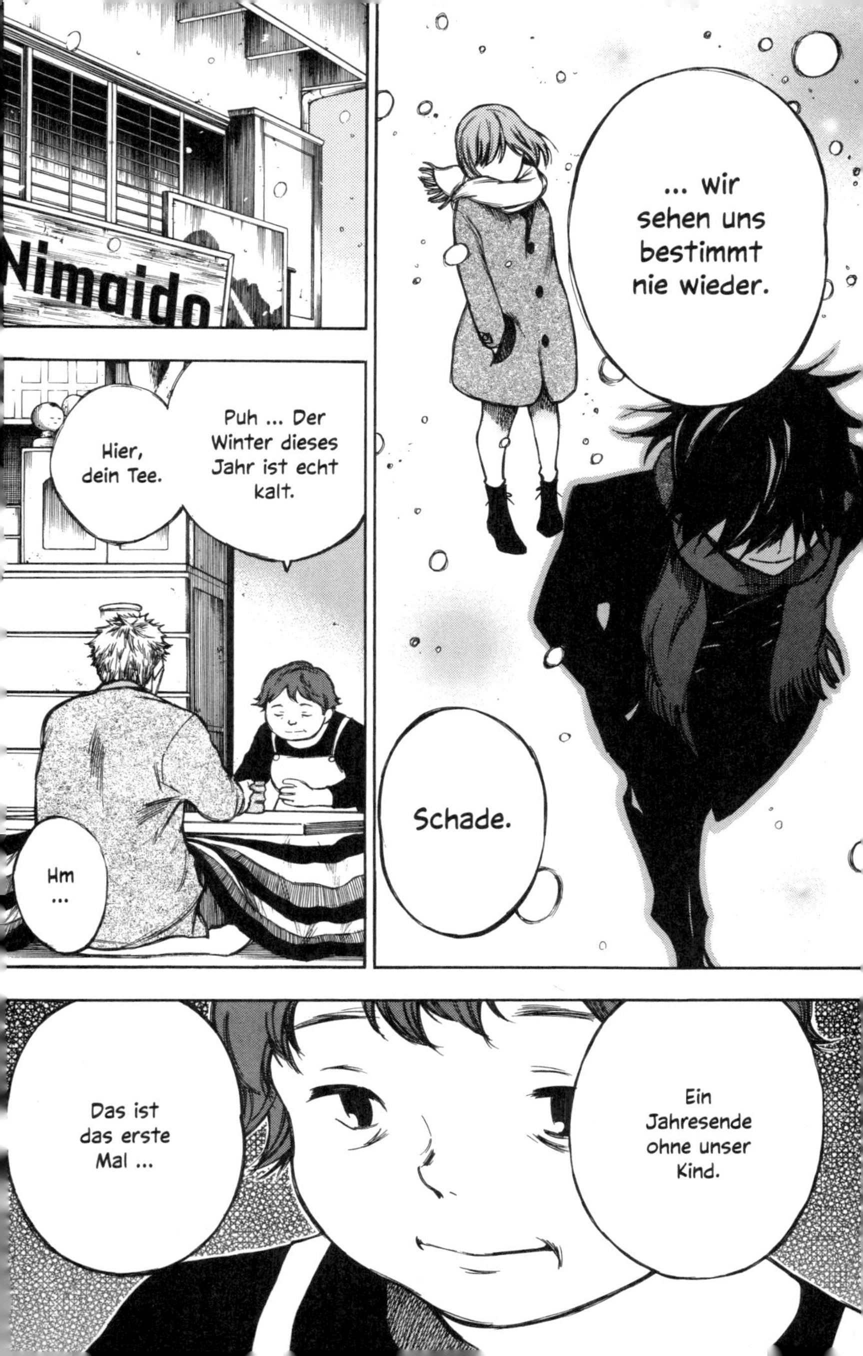
... wir sehen uns bestimmt nie wieder.
Schade.
Nimaido
Puh ... Der Winter dieses Jahr ist echt kalt.
Hier, dein Tee.
Hm ...
Ein Jahresende ohne unser Kind.
Das ist das erste Mal ...

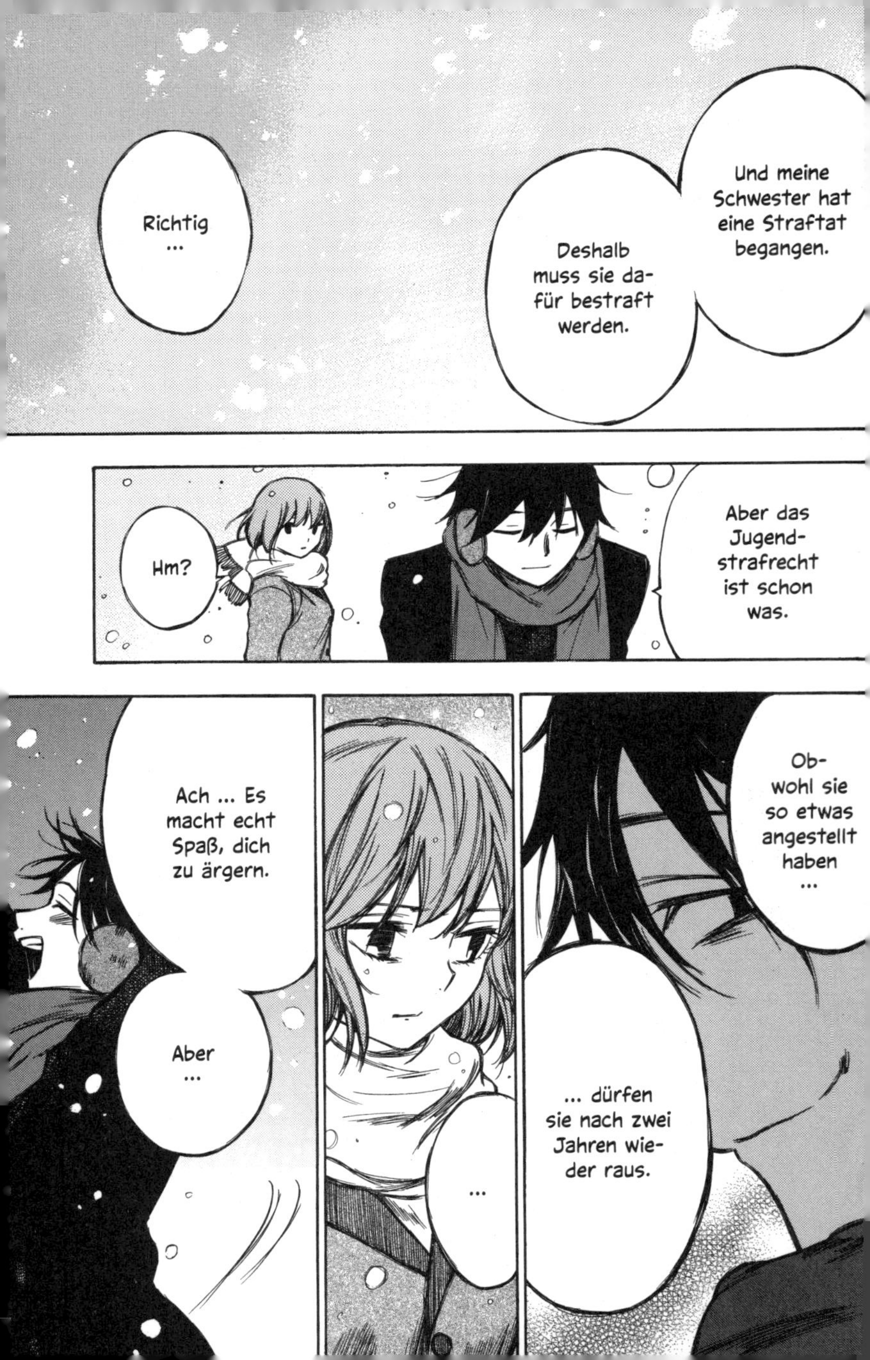
Und meine Schwester hat eine Straftat begangen.
Deshalb muss sie dafür bestraft werden.
Richtig …
Aber das Jugendstrafrecht ist schon was.
Hm?
Obwohl sie so etwas angestellt haben …
… dürfen sie nach zwei Jahren wieder raus.
…
Ach … Es macht echt Spaß, dich zu ärgern.
Aber …

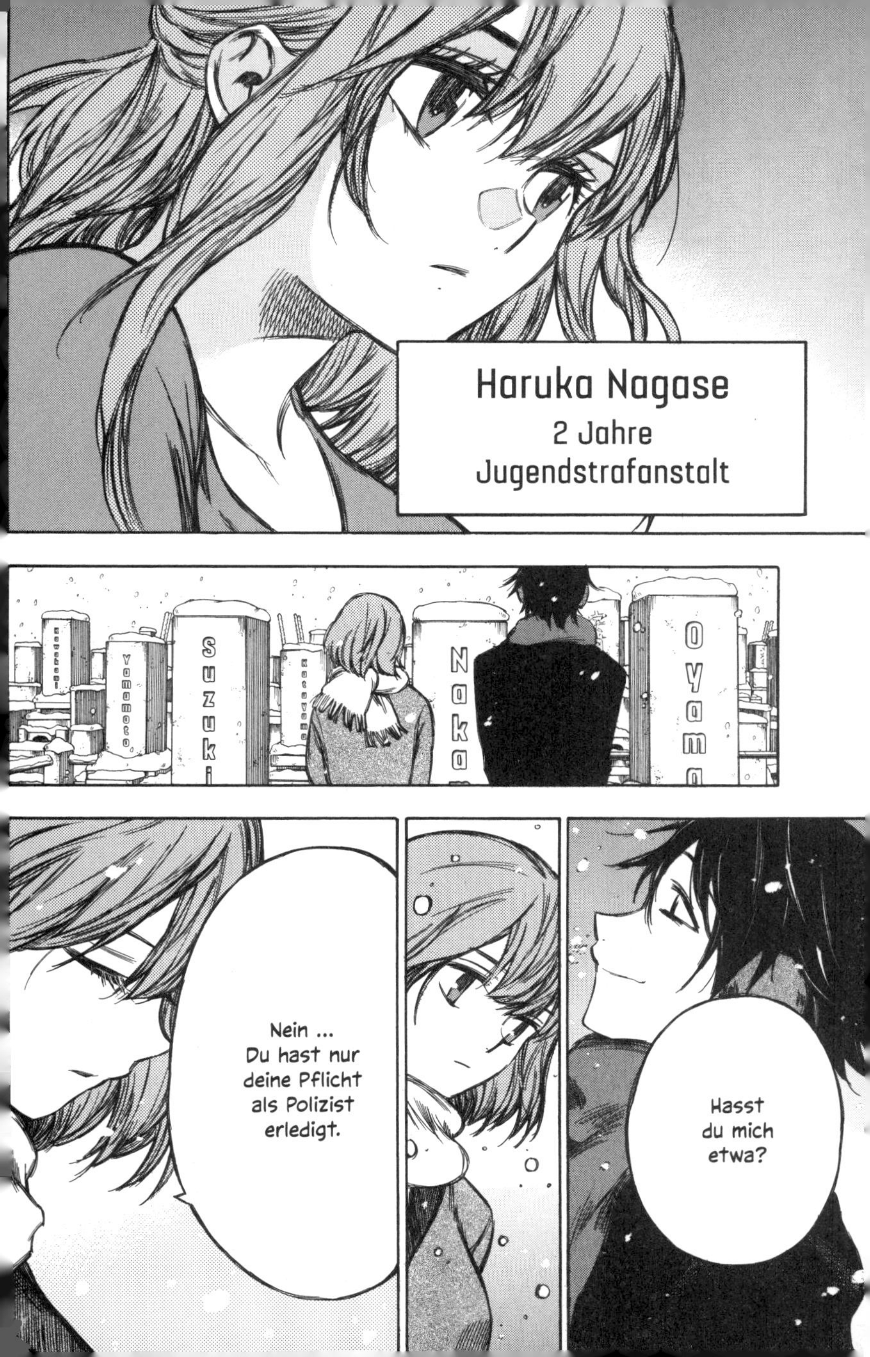
Haruka Nagase
2 Jahre
Jugendstrafanstalt
Oyama
Suzuki
Yamamoto
Hasst du mich etwa?
Nein ... Du hast nur deine Pflicht als Polizist erledigt.

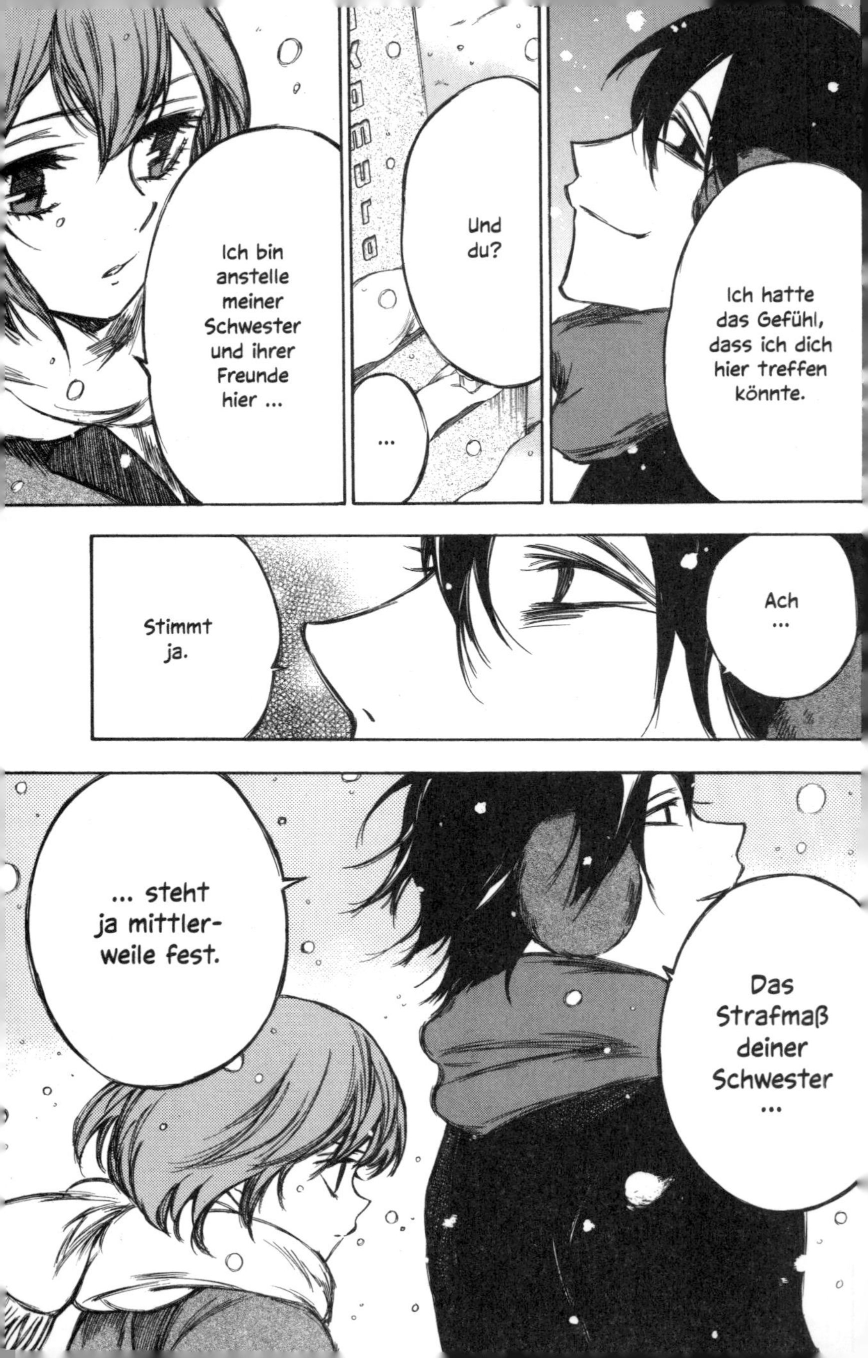
Ich hatte das Gefühl, dass ich dich hier treffen könnte.
Und du?
...
Ich bin anstelle meiner Schwester und ihrer Freunde hier ...
Ach ...
Stimmt ja.
Das Strafmaß deiner Schwester ...
... steht ja mittler-weile fest.

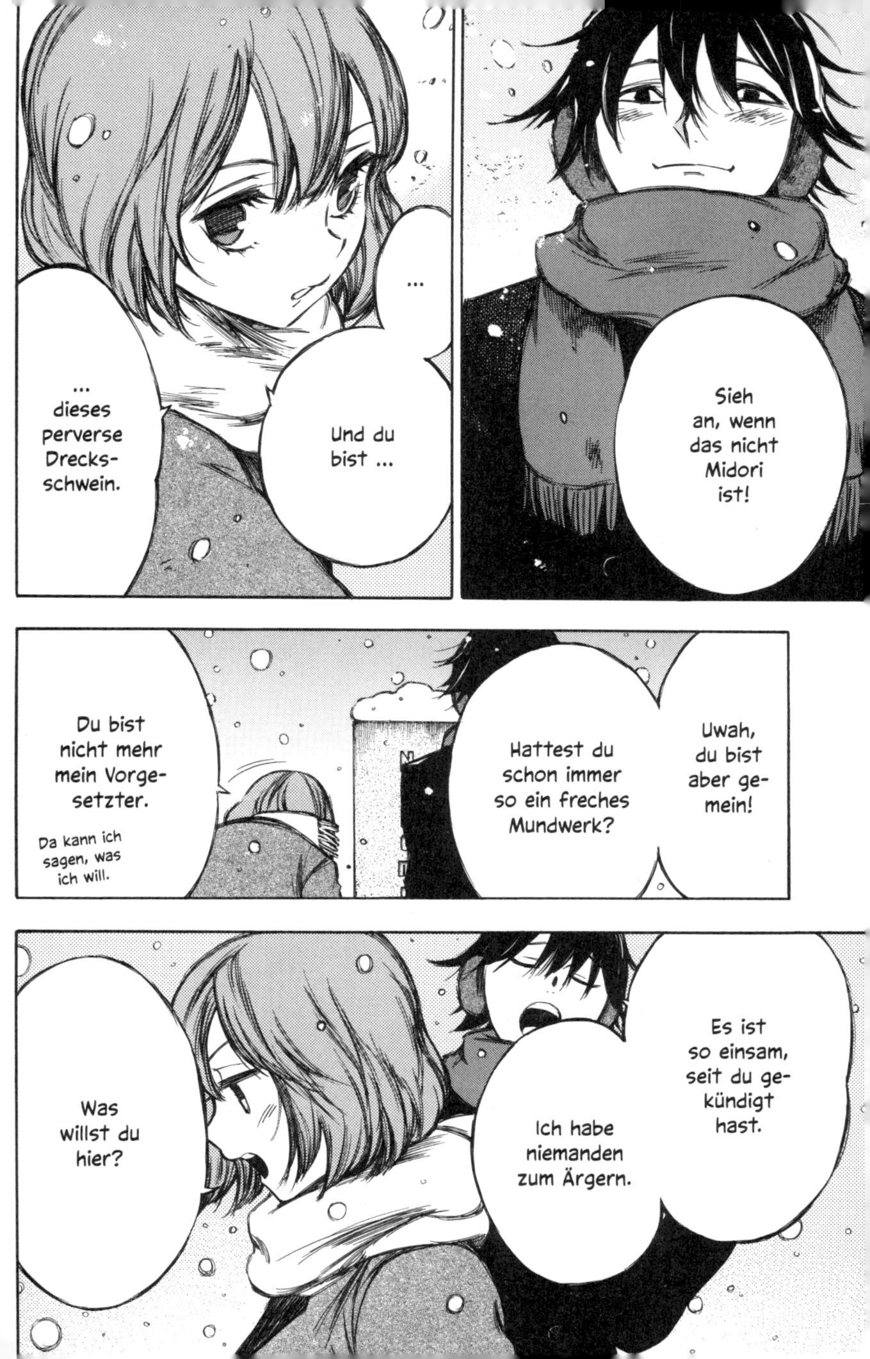
Sieh an, wenn das nicht Midori ist!
...
Und du bist ...
... dieses perverse Drecksschwein.
Uwah, du bist aber gemein!
Hattest du schon immer so ein freches Mundwerk?
Du bist nicht mehr mein Vorgesetzter.
Da kann ich sagen, was ich will.
Es ist so einsam, seit du gekündigt hast.
Ich habe niemanden zum Ärgern.
Was willst du hier?

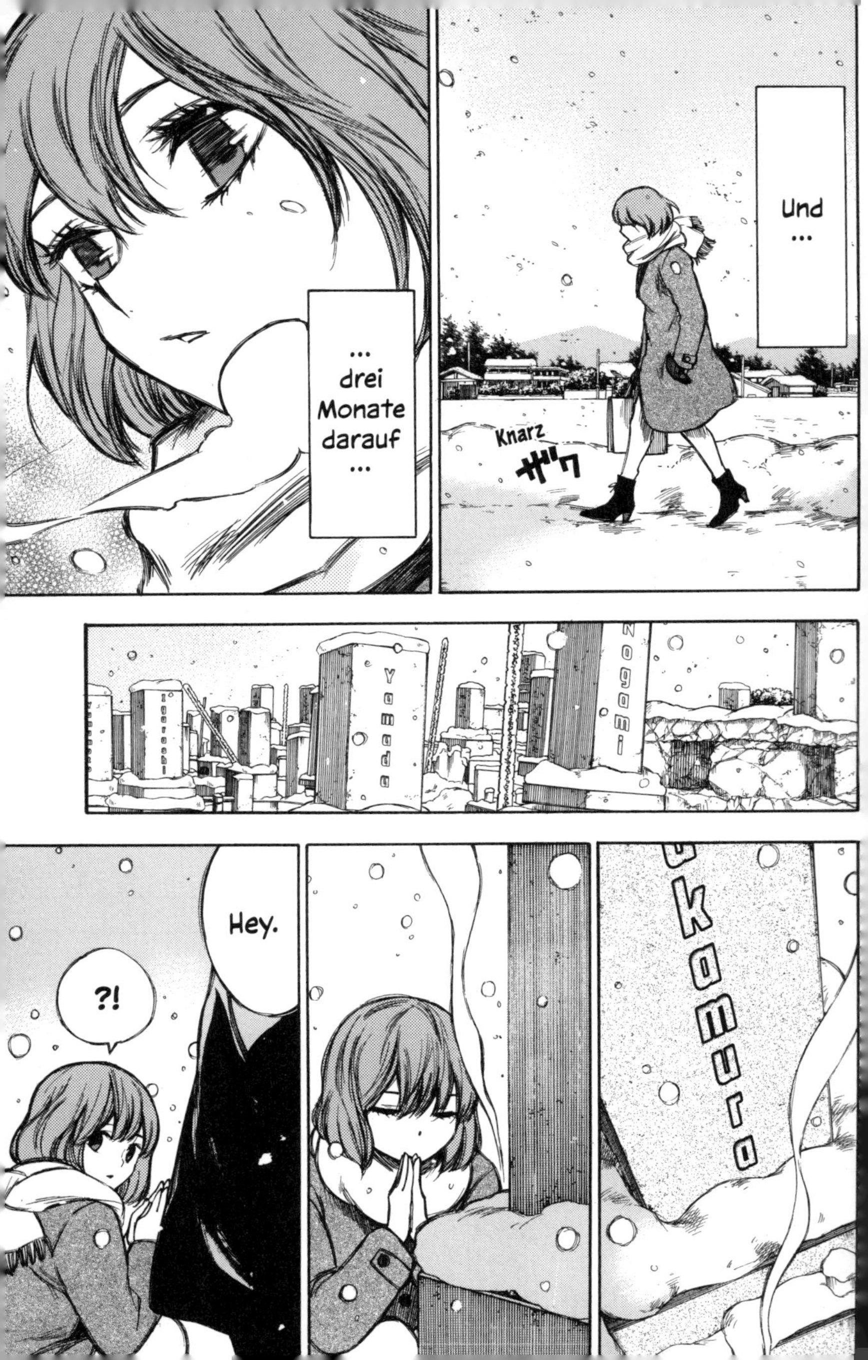
Und ...
Knarz
ザク
... drei Monate darauf ...
Nogomi
Yamada
kamura
Hey.
?!

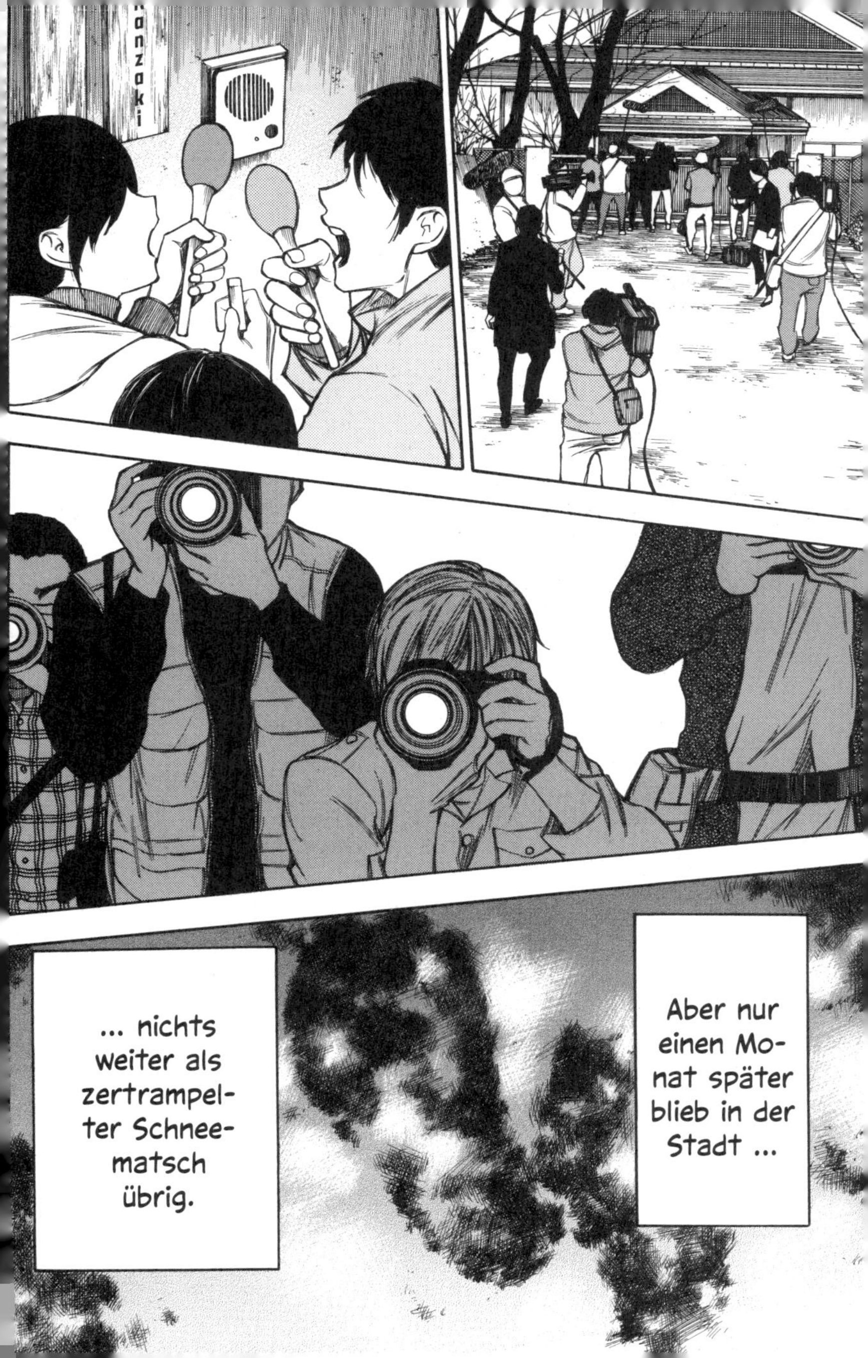
Aber nur einen Mo-nat später blieb in der Stadt ...
... nichts weiter als zertrampel-ter Schnee-matsch übrig.

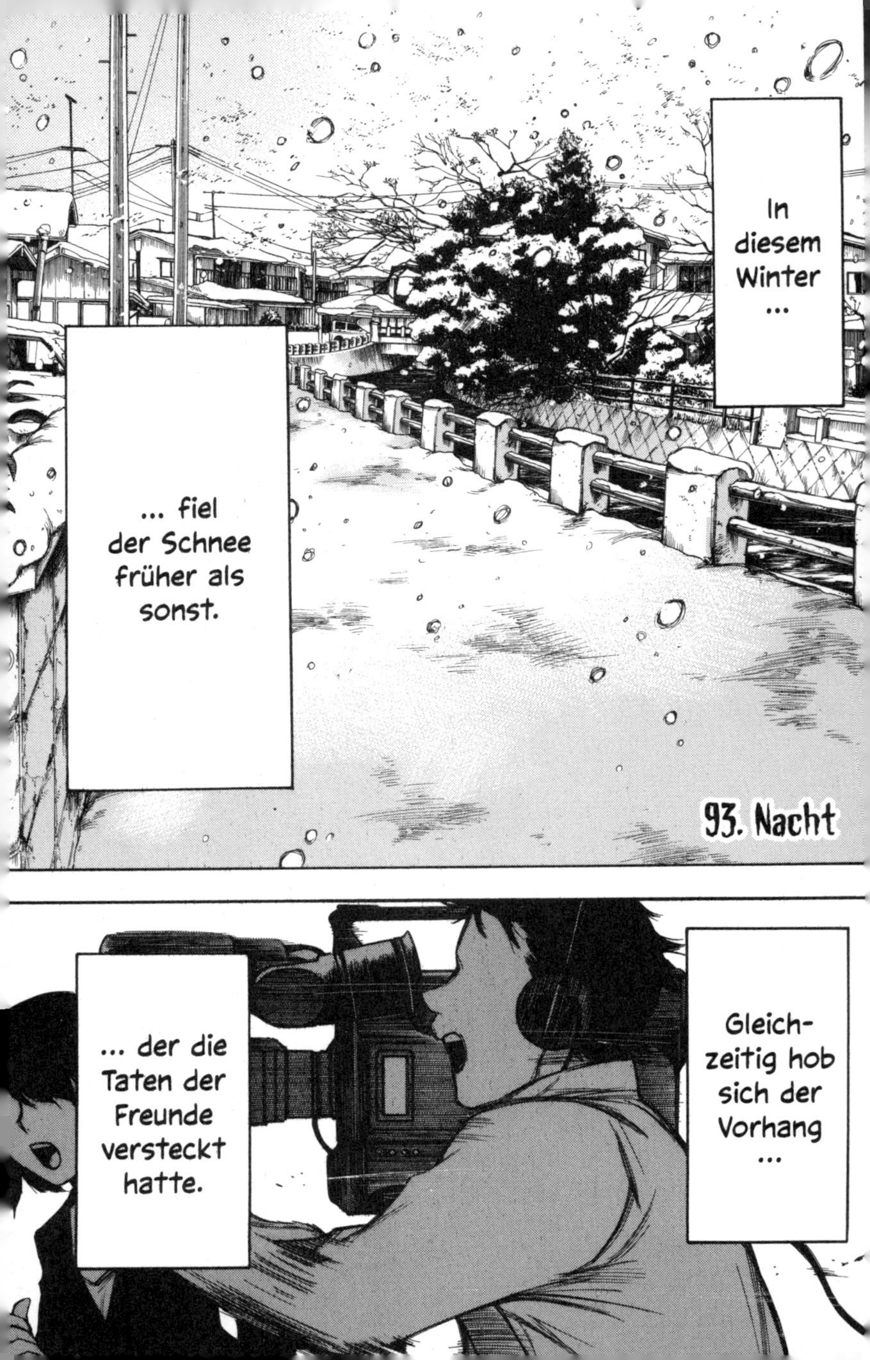
In diesem Winter ...
... fiel der Schnee früher als sonst.
93. Nacht
Gleichzeitig hob sich der Vorhang ...
... der die Taten der Freunde versteckt hatte.

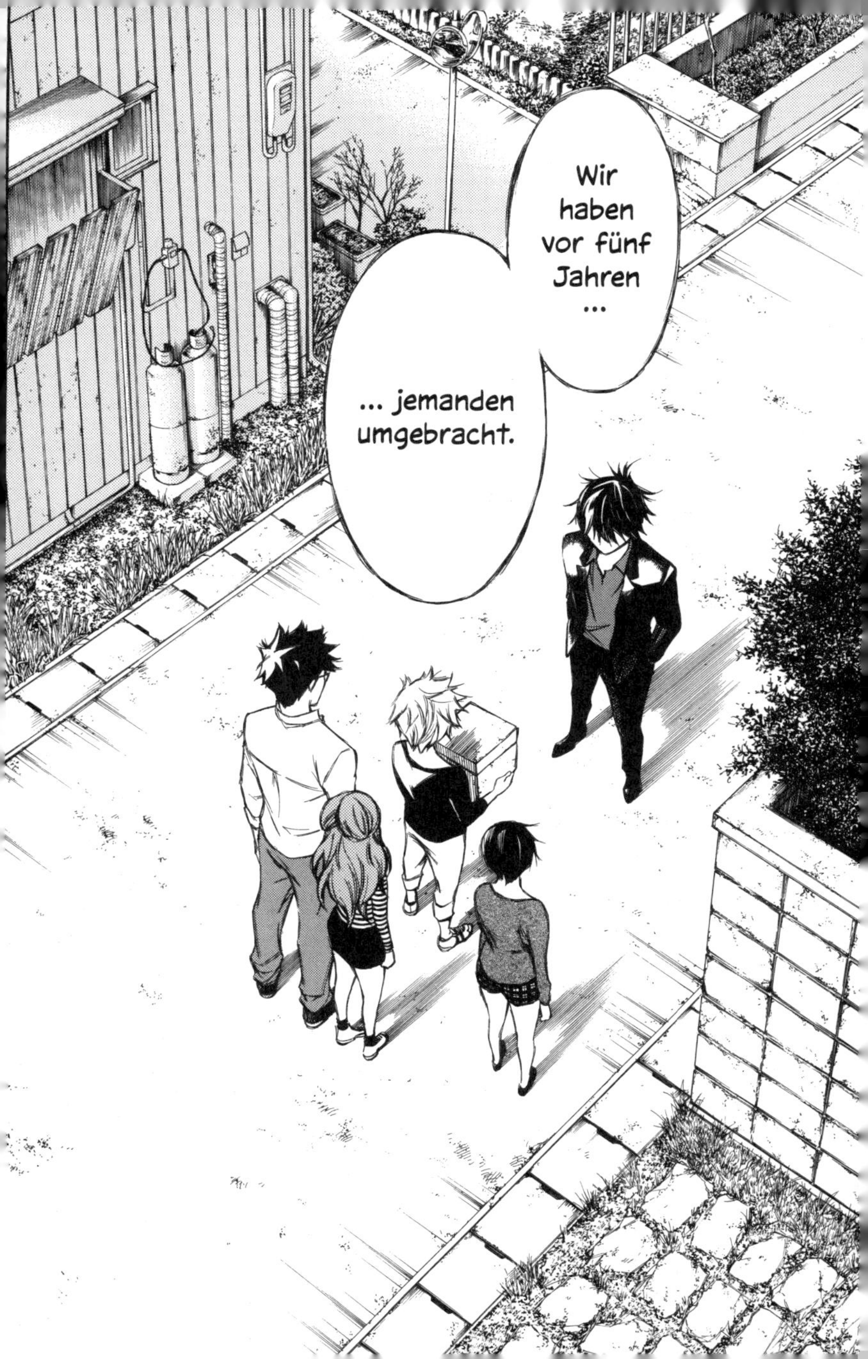
Wir haben vor fünf Jahren ...
... jemanden umgebracht.

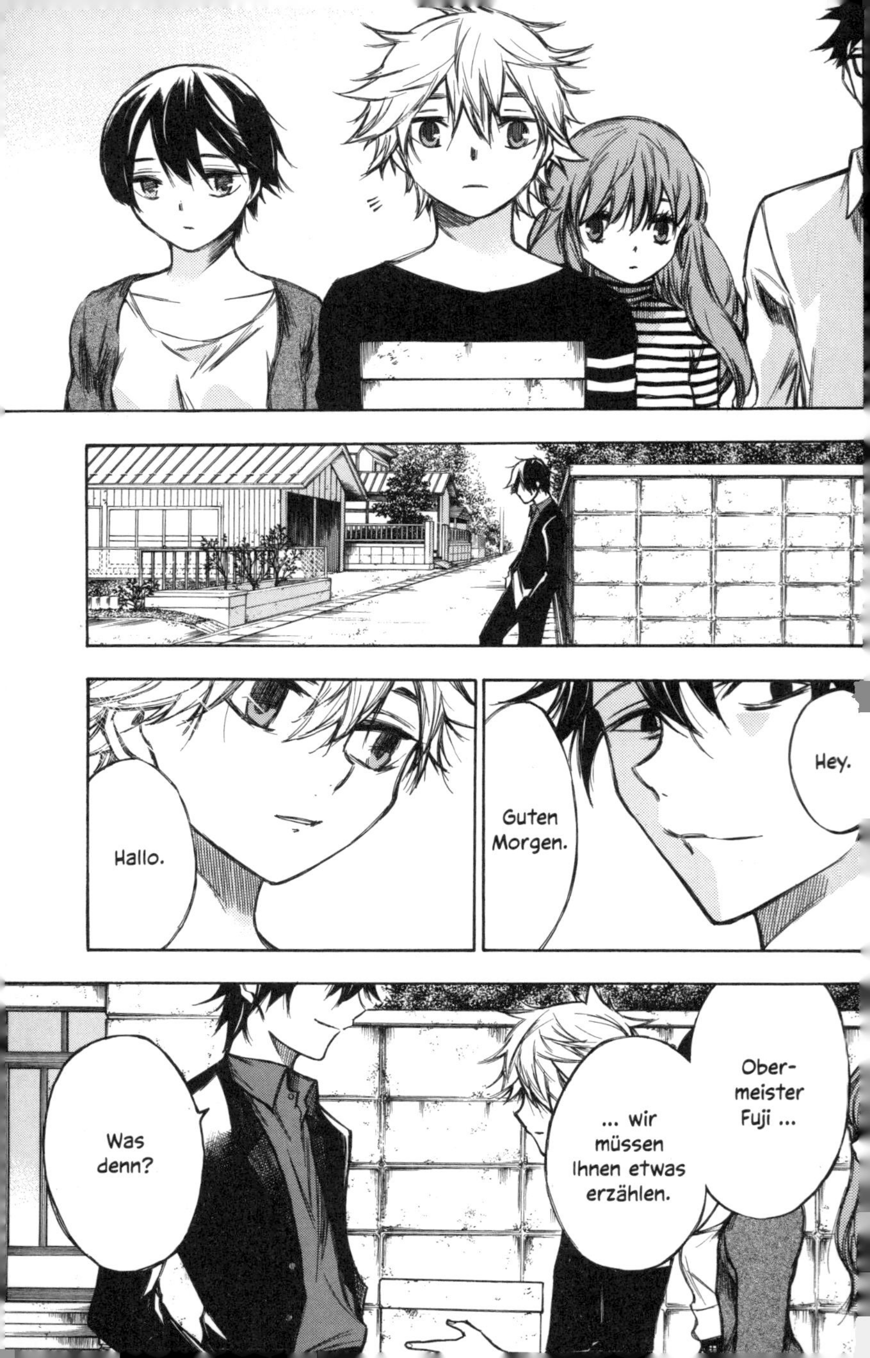
Hey.
Guten Morgen.
Hallo.
Ober-meister Fuji ...
... wir müssen Ihnen etwas erzählen.
Was denn?

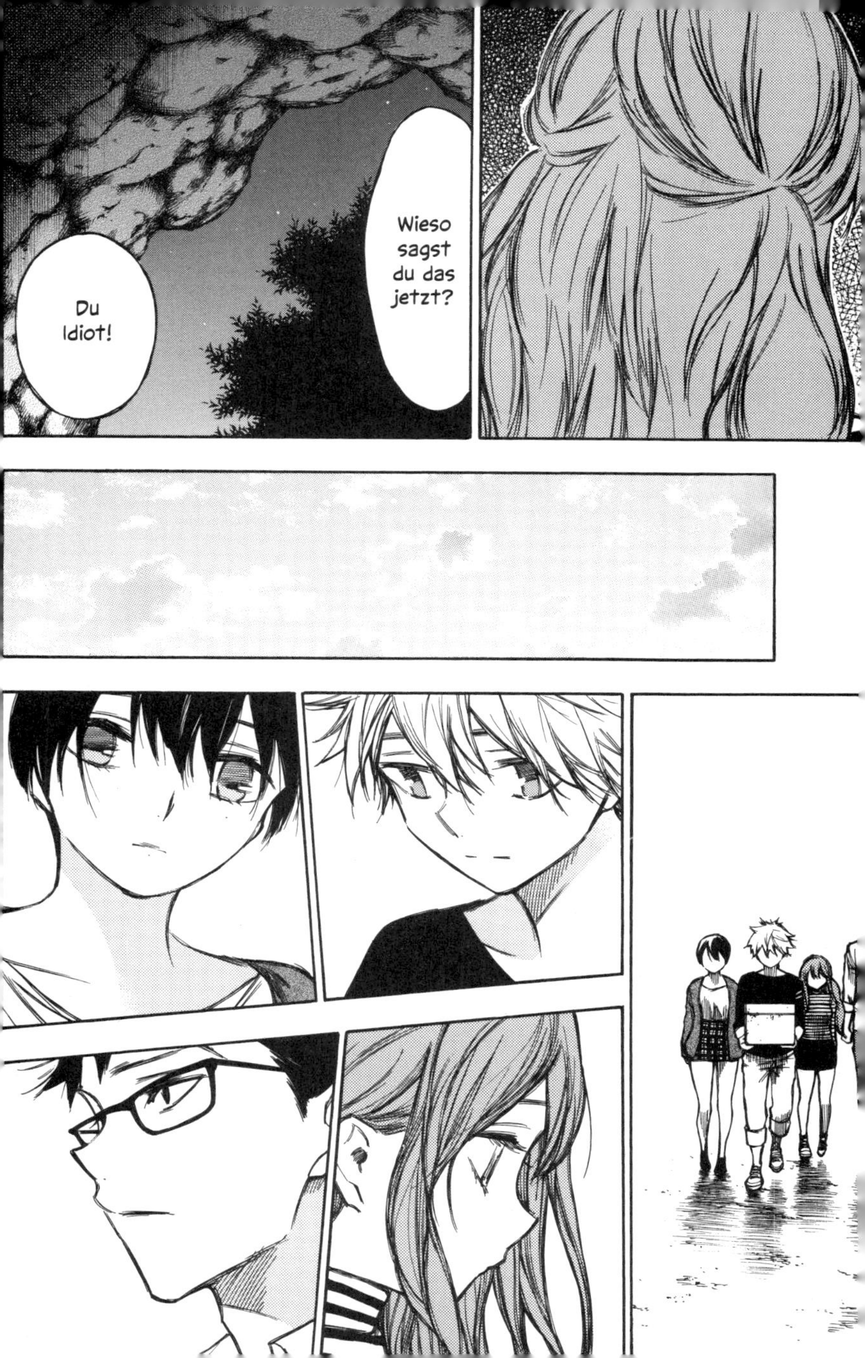
Wieso sagst du das jetzt?
Du Idiot!

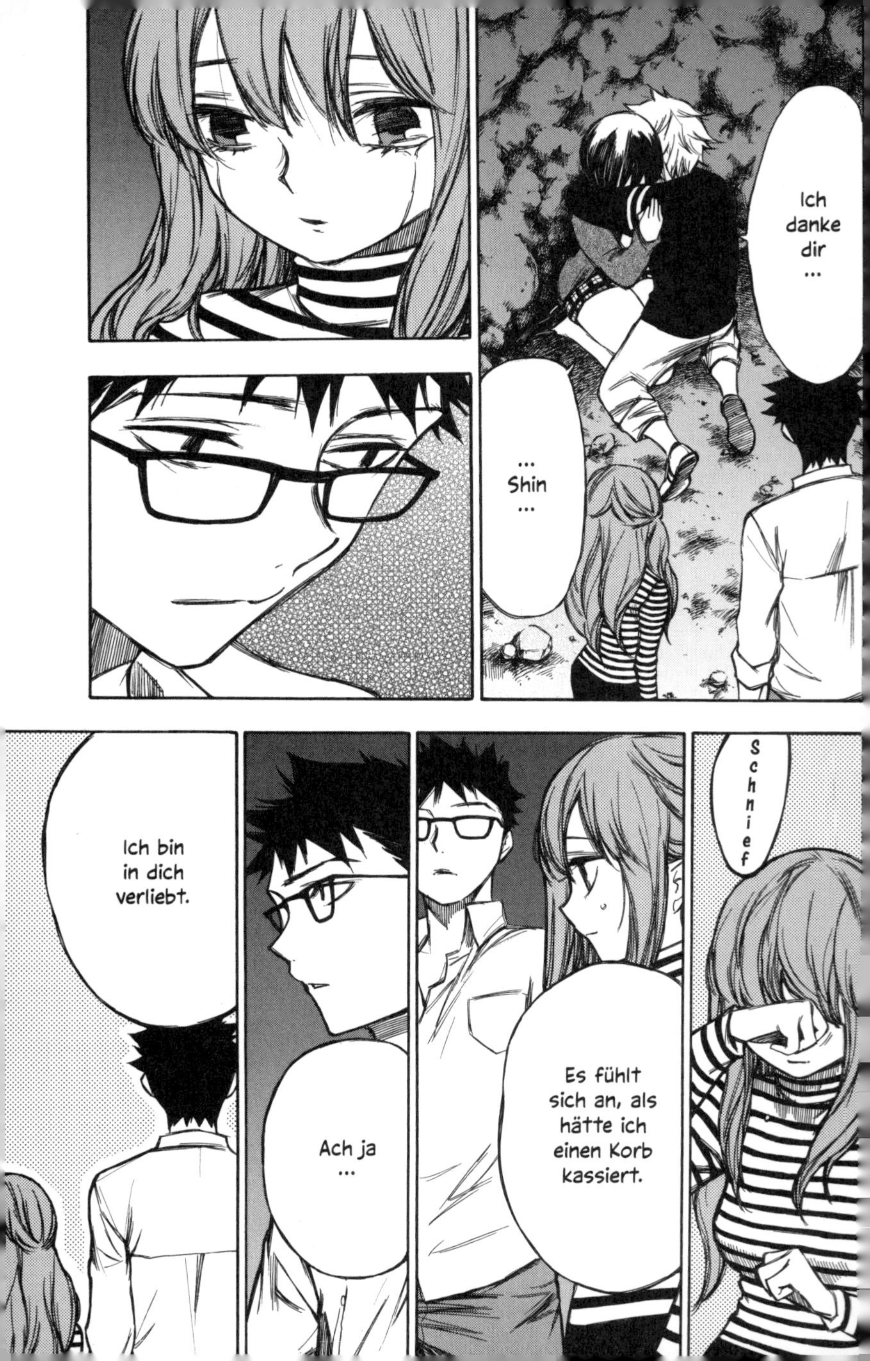
Ich danke dir ...
... Shin ...
Schnief
Es fühlt sich an, als hätte ich einen Korb kassiert.
Ach ja ...
Ich bin in dich verliebt.

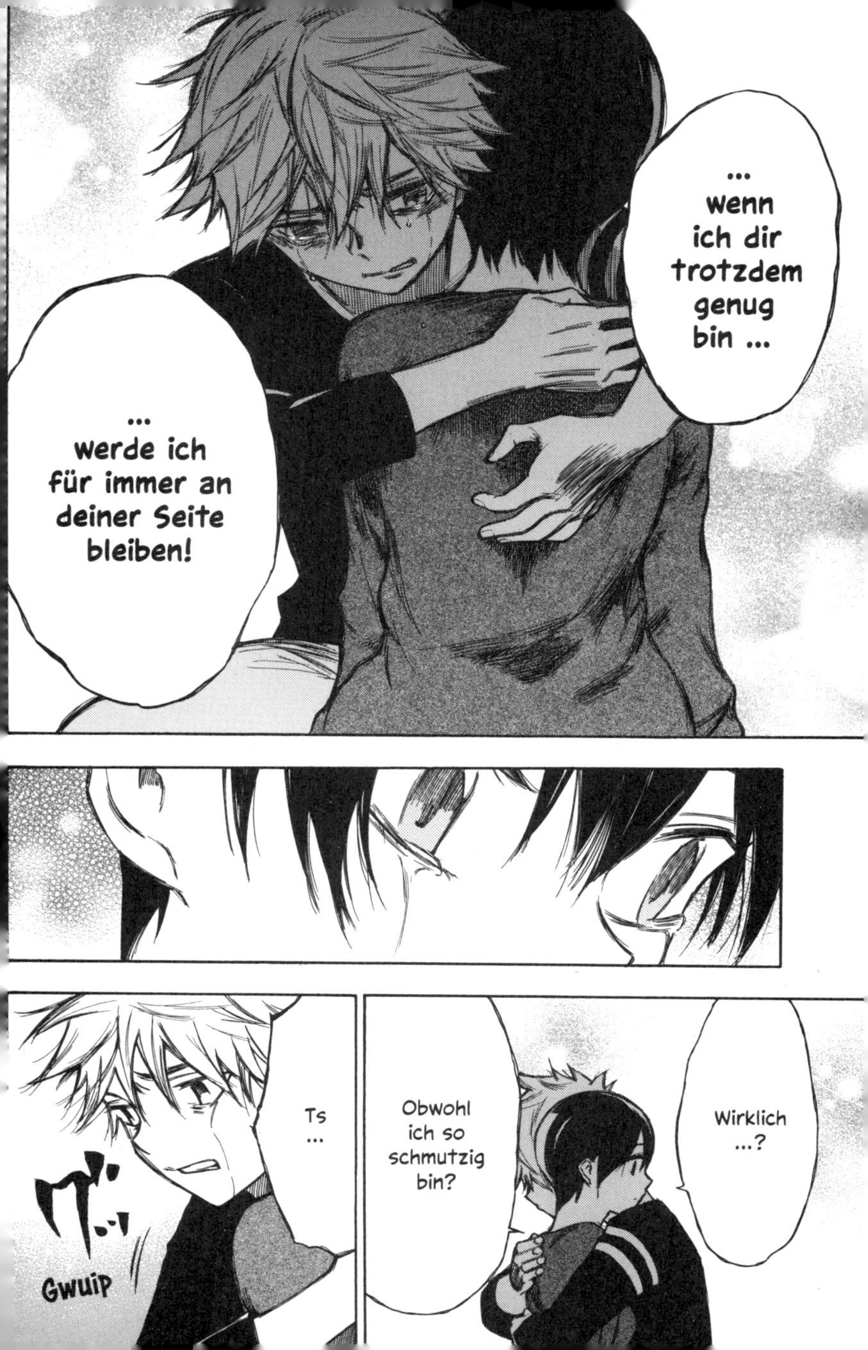
... wenn ich dir trotzdem genug bin ...
... werde ich für immer an deiner Seite bleiben!
Wirklich ...?
Obwohl ich so schmutzig bin?
Ts ...
Gwuip

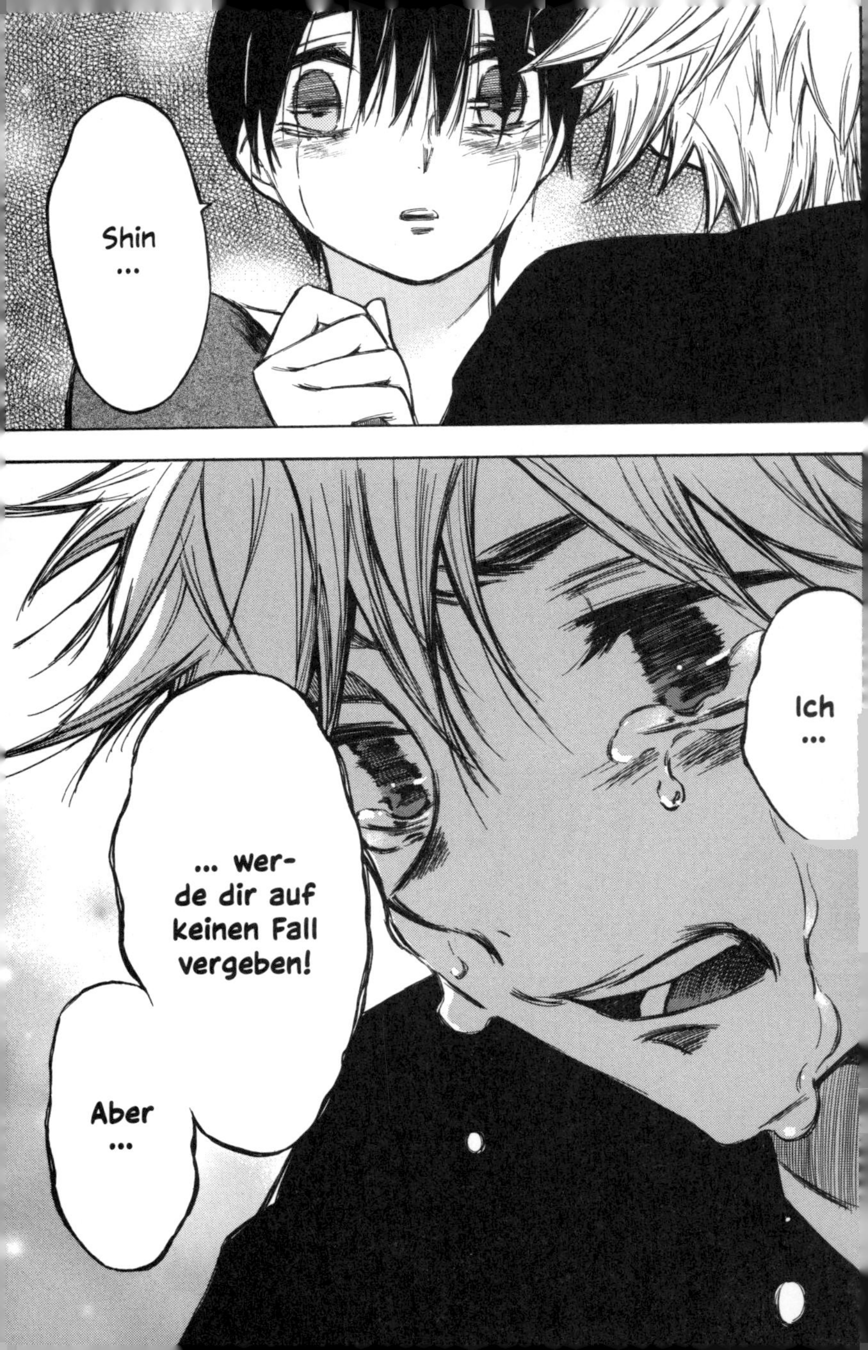
Shin …
Ich …
… werde dir auf keinen Fall vergeben!
Aber …

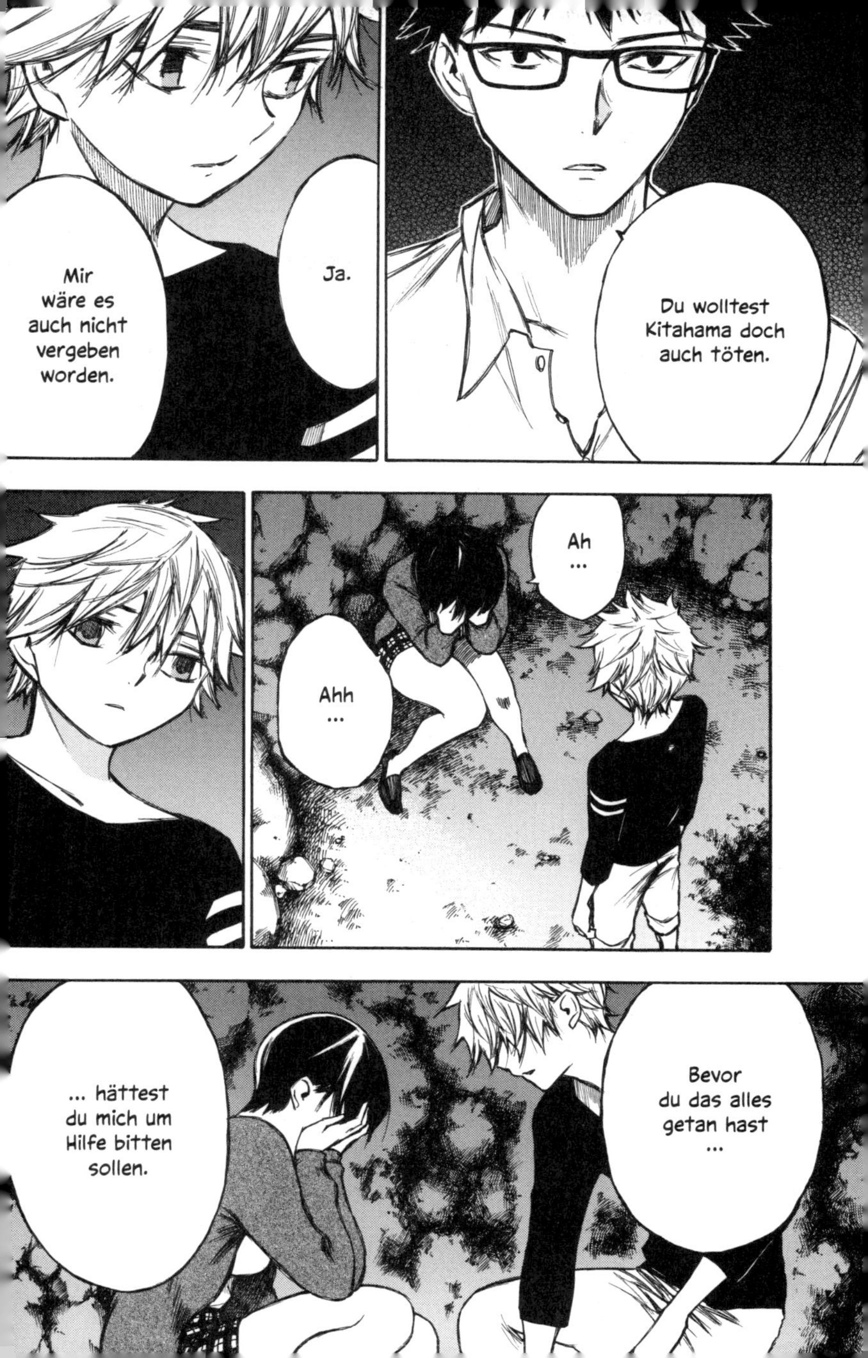
Du wolltest Kitahama doch auch töten.
Ja.
Mir wäre es auch nicht vergeben worden.
Ah ...
Ahh ...
Bevor du das alles getan hast ...
... hättest du mich um Hilfe bitten sollen.

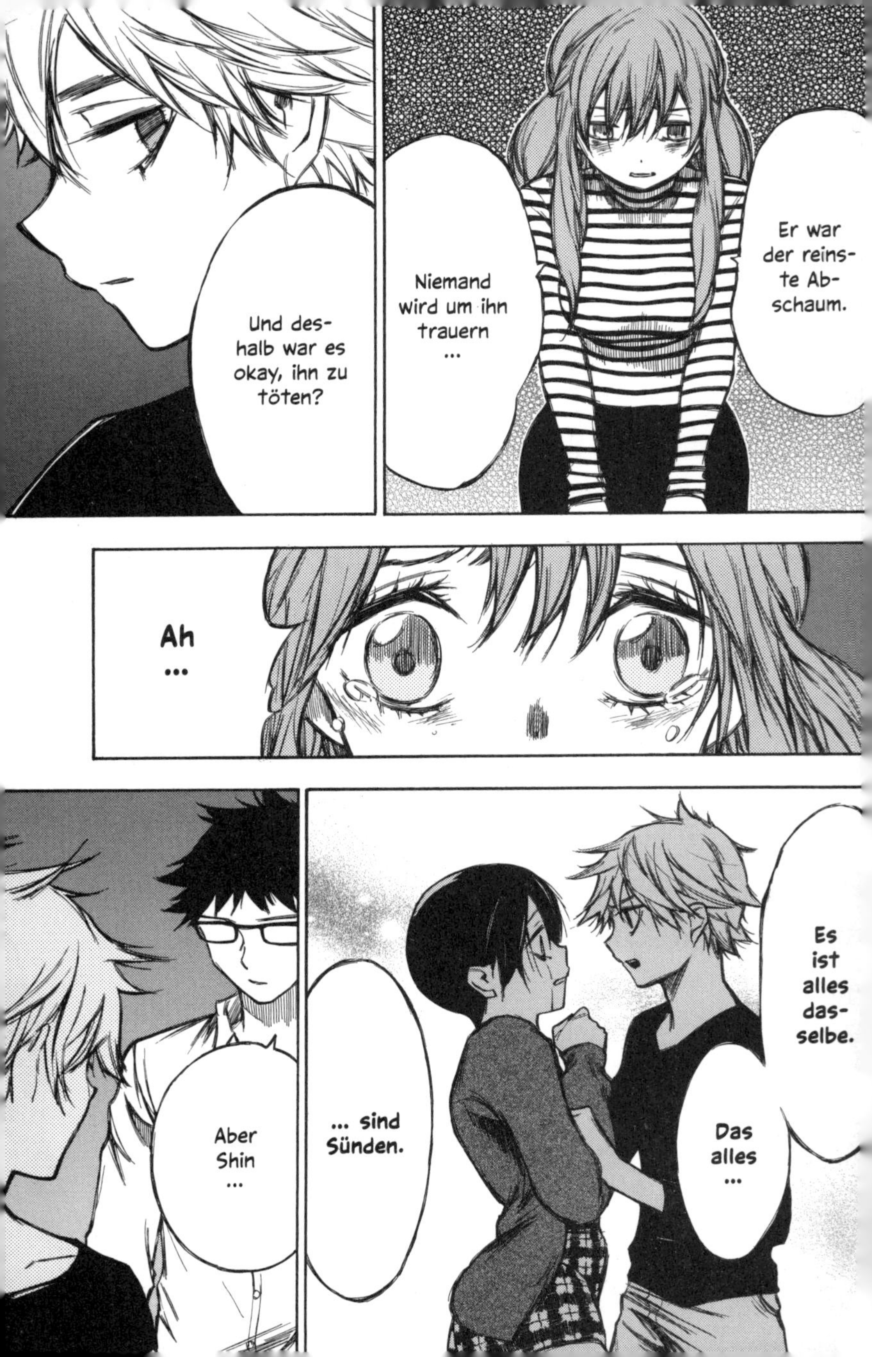
Er war der reinste Abschaum.
Niemand wird um ihn trauern ...
Und deshalb war es okay, ihn zu töten?
Ah ...
Es ist alles dasselbe.
Das alles ...
... sind Sünden.
Aber Shin ...

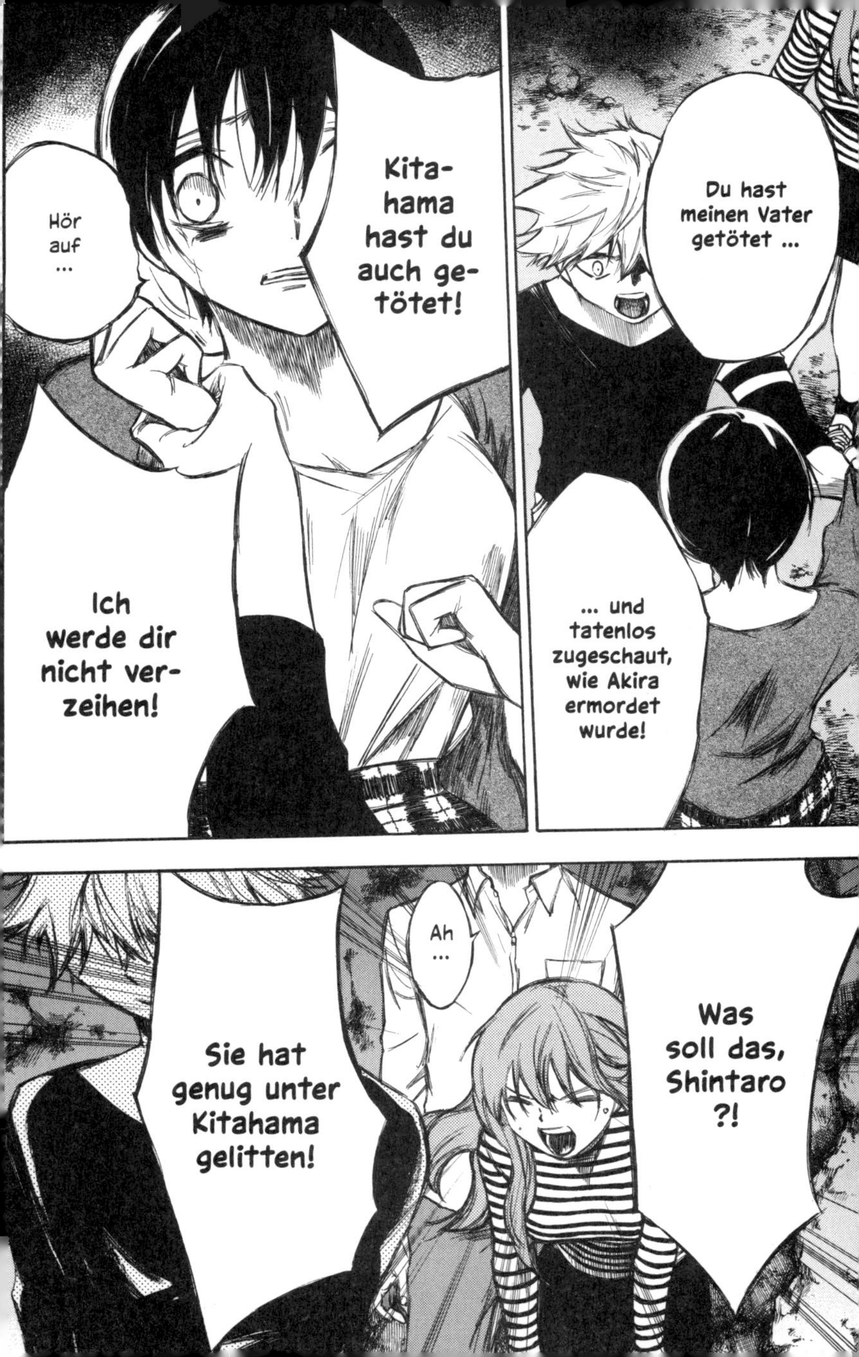
Du hast meinen Vater getötet ...
... und tatenlos zugeschaut, wie Akira ermordet wurde!
Kitahama hast du auch getötet!
Hör auf ...
Ich werde dir nicht verzeihen!
Was soll das, Shintaro ?!
Ah ...
Sie hat genug unter Kitahama gelitten!

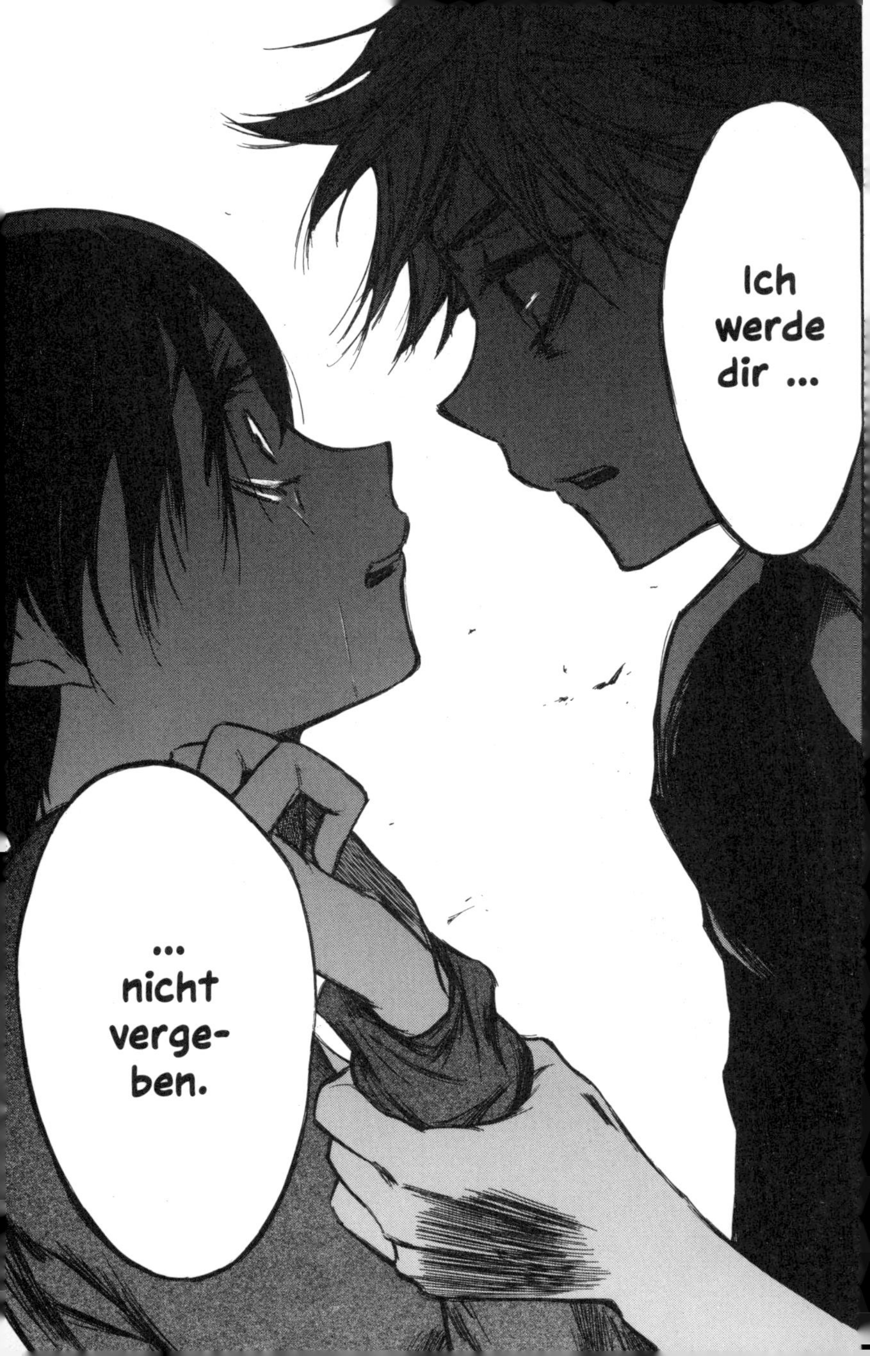
Ich werde dir ...
... nicht verge- ben.

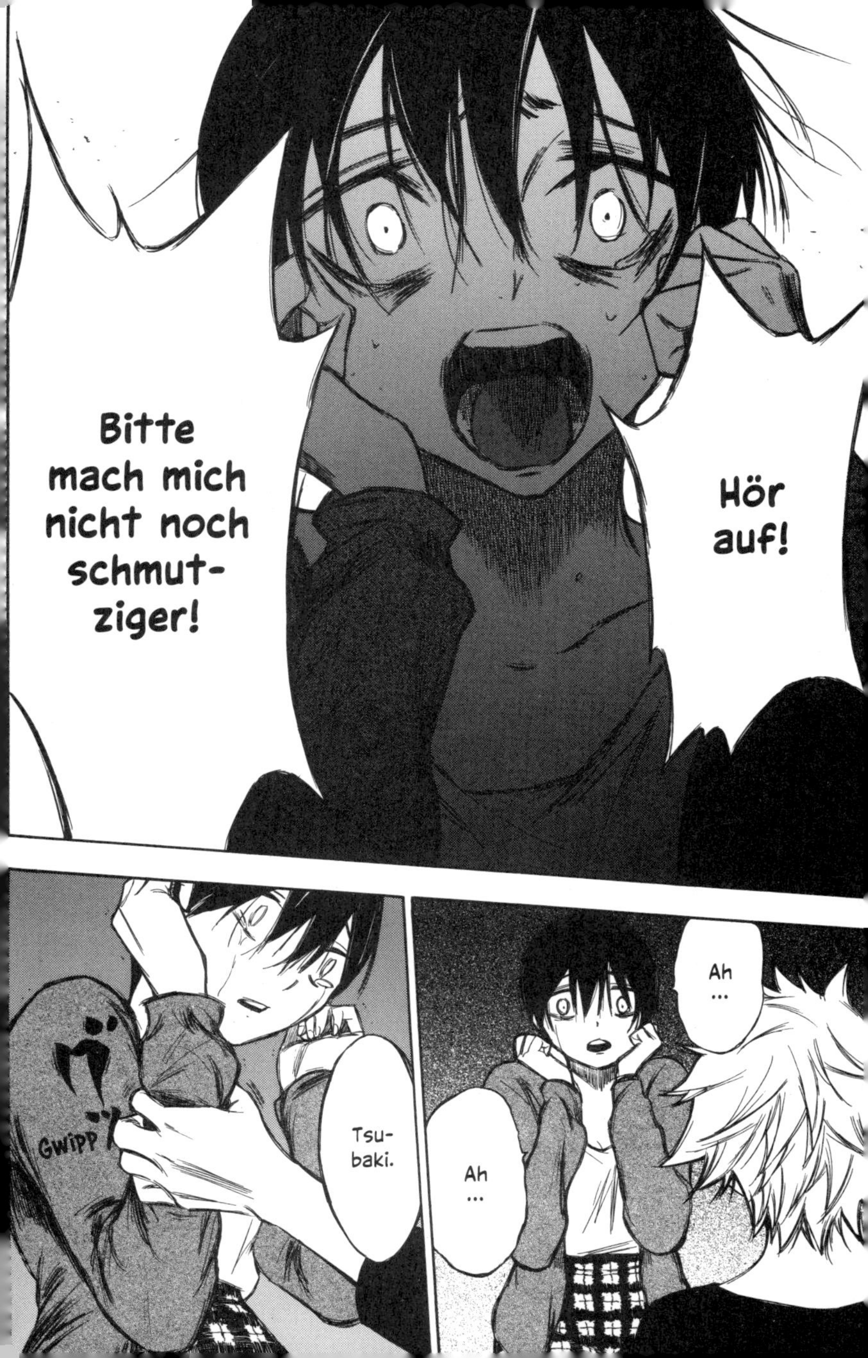
Hör auf!
Bitte mach mich nicht noch schmut-ziger!
Ah …
Ah …
Tsu-baki.
Gwipp

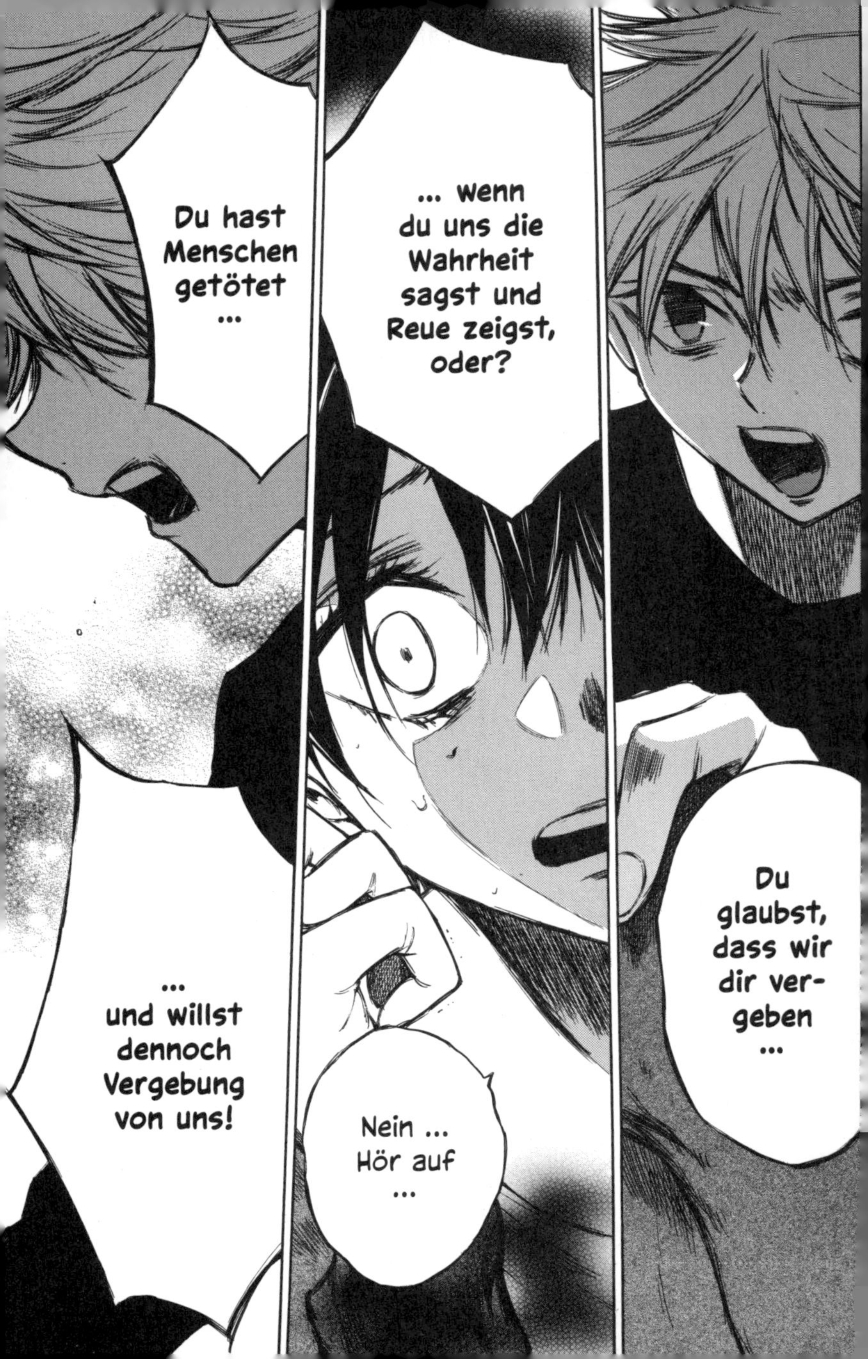
Du glaubst, dass wir dir vergeben ...
... wenn du uns die Wahrheit sagst und Reue zeigst, oder?
Nein ... Hör auf ...
Du hast Menschen getötet ...
... und willst dennoch Vergebung von uns!

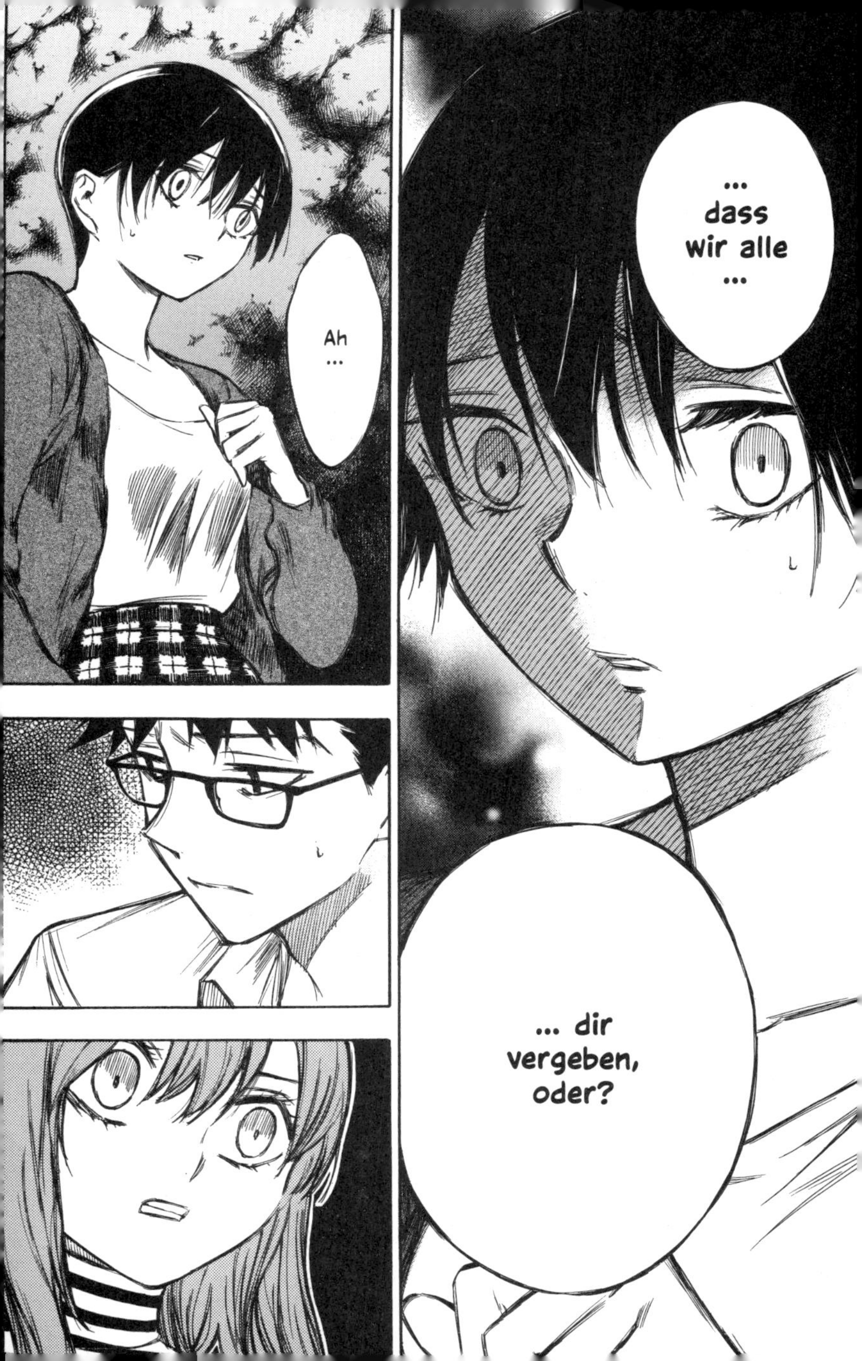

... dass wir alle ...
Ah ...
... dir vergeben, oder?

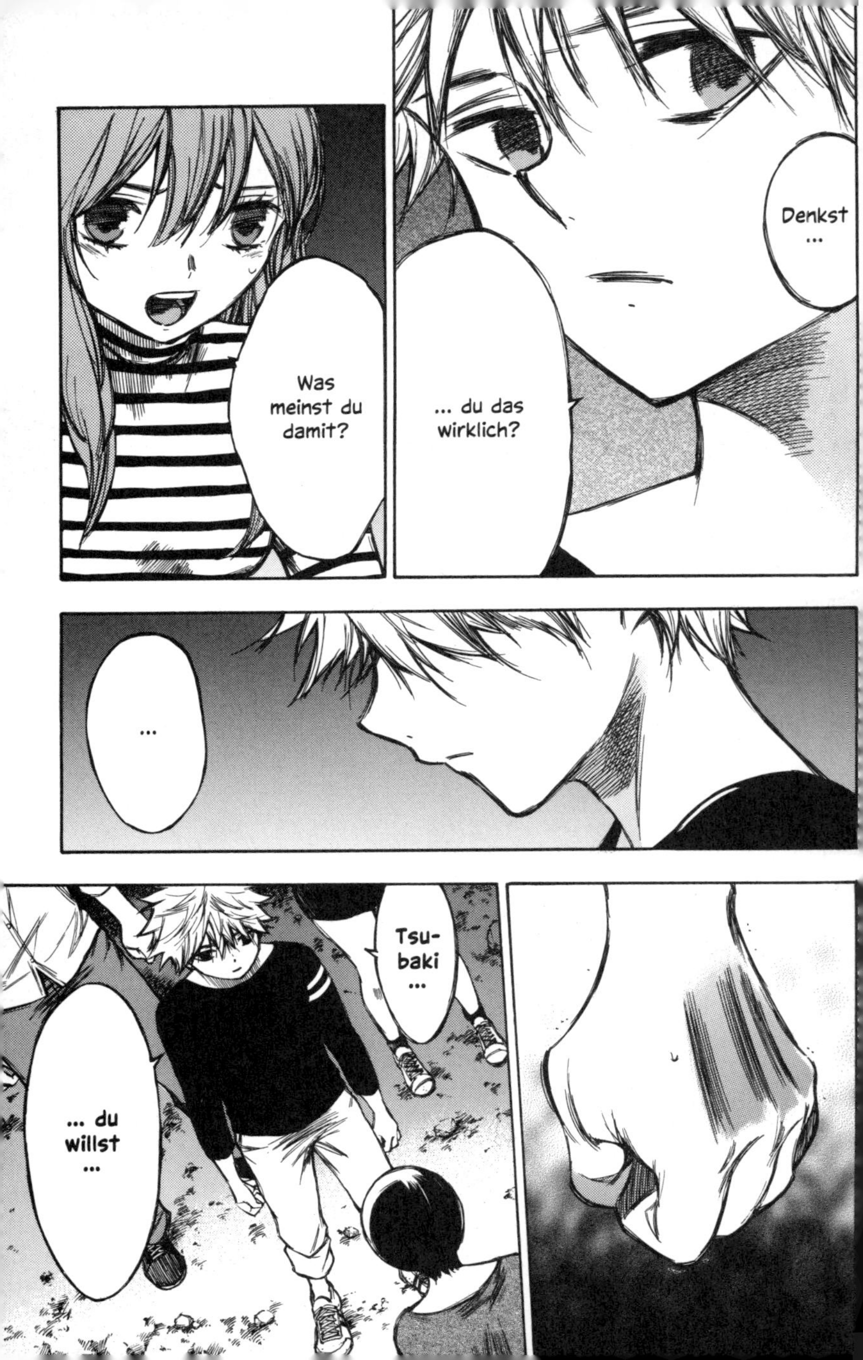
Denkst ...
... du das wirklich?
Was meinst du damit?
...
Tsu-baki ...
... du willst ...

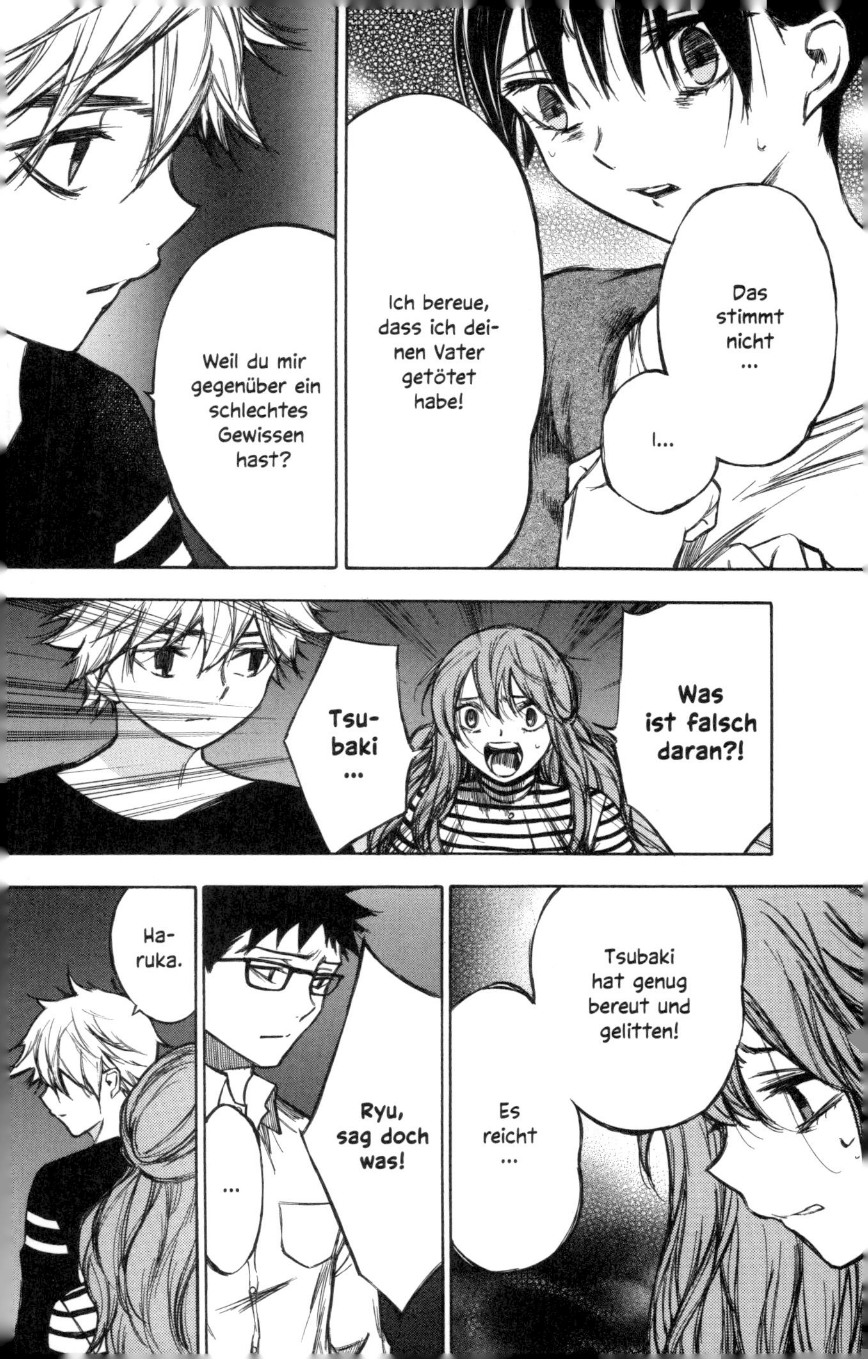

Das stimmt nicht ...
I...
Ich bereue, dass ich dei-nen Vater getötet habe!
Weil du mir gegenüber ein schlechtes Gewissen hast?
Was ist falsch daran?!
Tsu-baki ...
Tsubaki hat genug bereut und gelitten!
Es reicht ...
Ryu, sag doch was!
...
Ha-ruka.

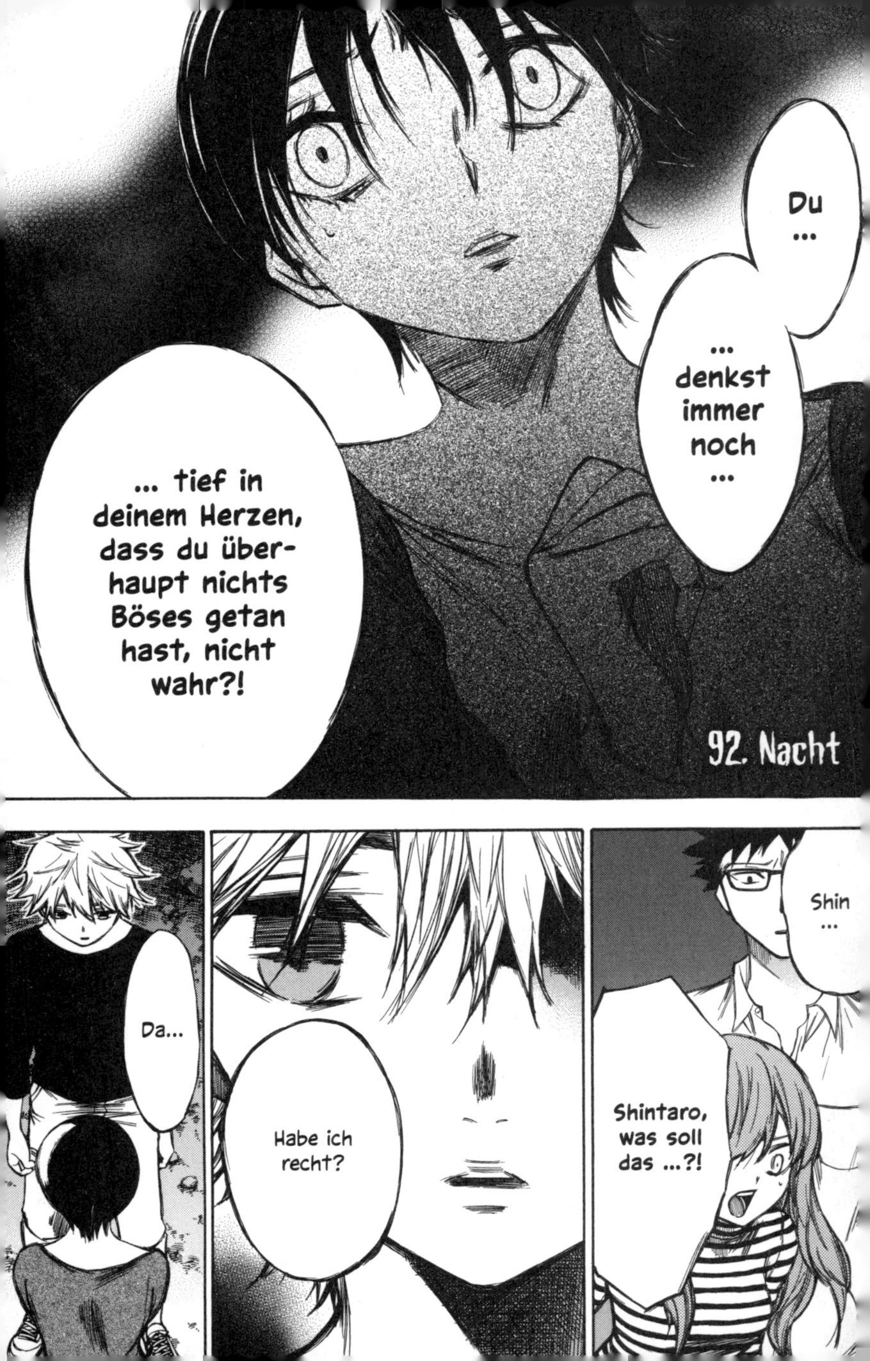
Du ...
... denkst immer noch ...
... tief in deinem Herzen, dass du über-haupt nichts Böses getan hast, nicht wahr?!
92. Nacht
Shin ...
Shintaro, was soll das ...?!
Habe ich recht?
Da...

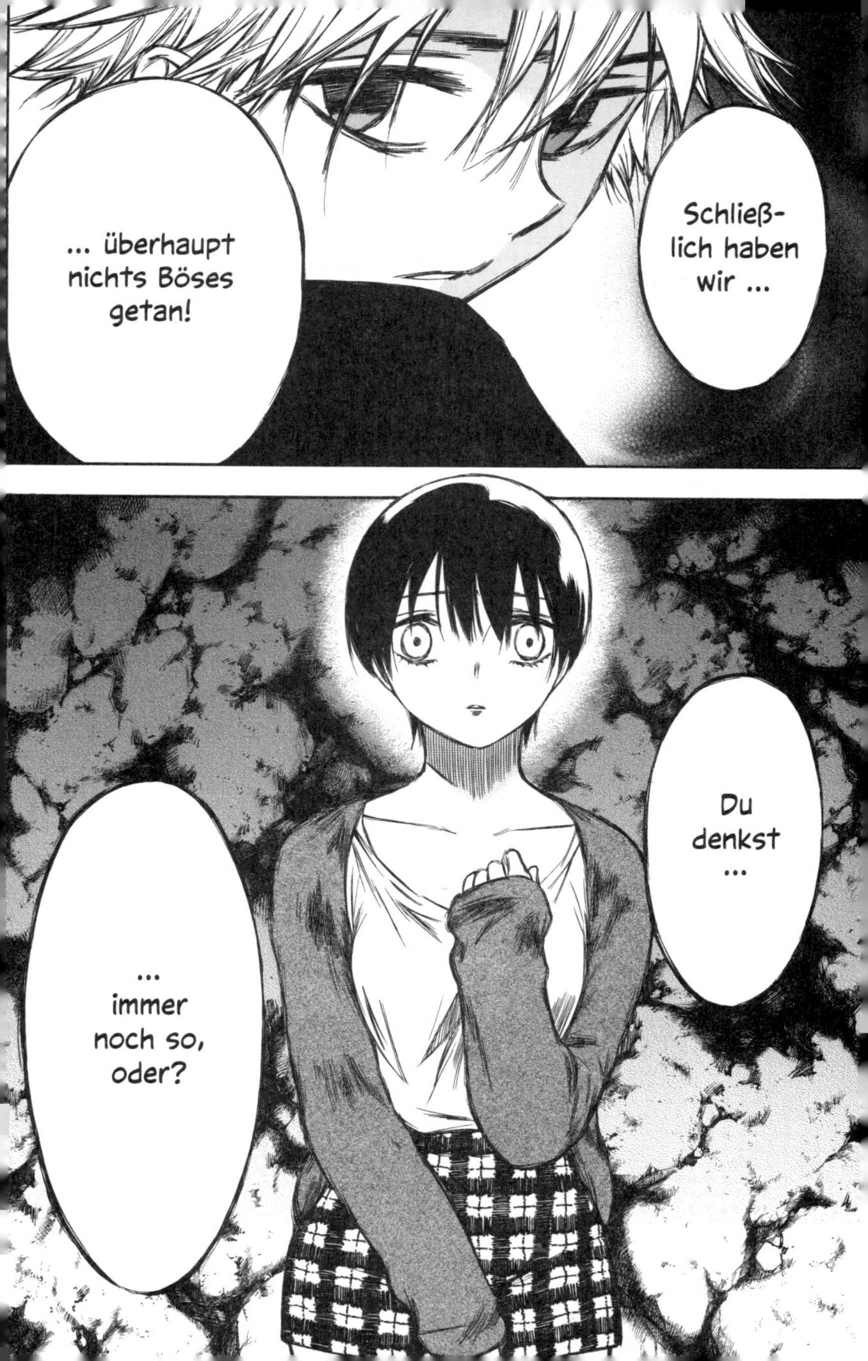
Schließ-lich haben wir ...
... überhaupt nichts Böses getan!
Du denkst ...
... immer noch so, oder?

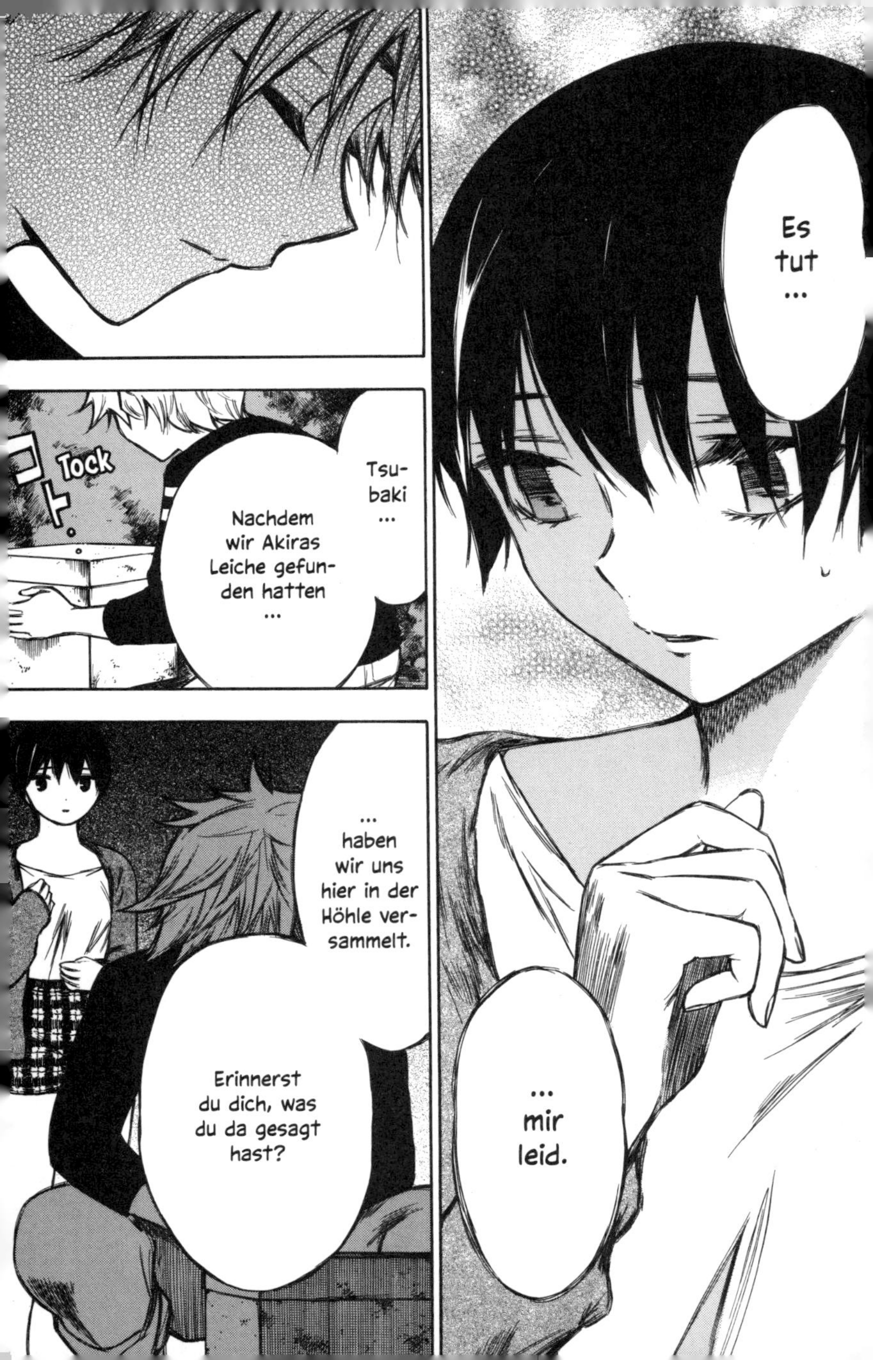

Tsu-
baki
...
Nachdem
wir Akiras
Leiche gefun-
den hatten
...
Tock
... haben wir uns hier in der Höhle ver-sammelt.
Erinnerst du dich, was du da gesagt hast?
Es tut ...
... mir leid.

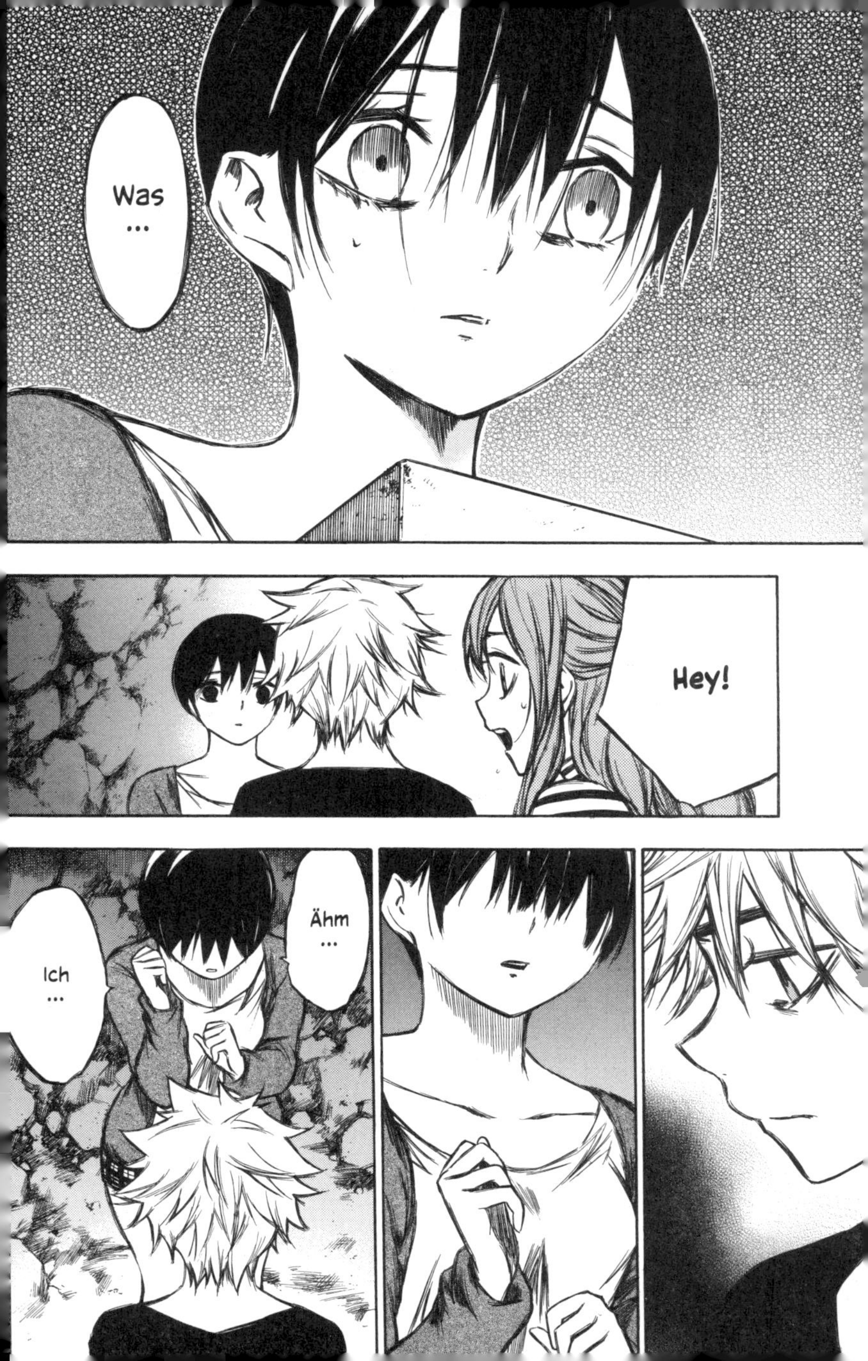
Was ...
Hey!
Ähm ...
Ich ...

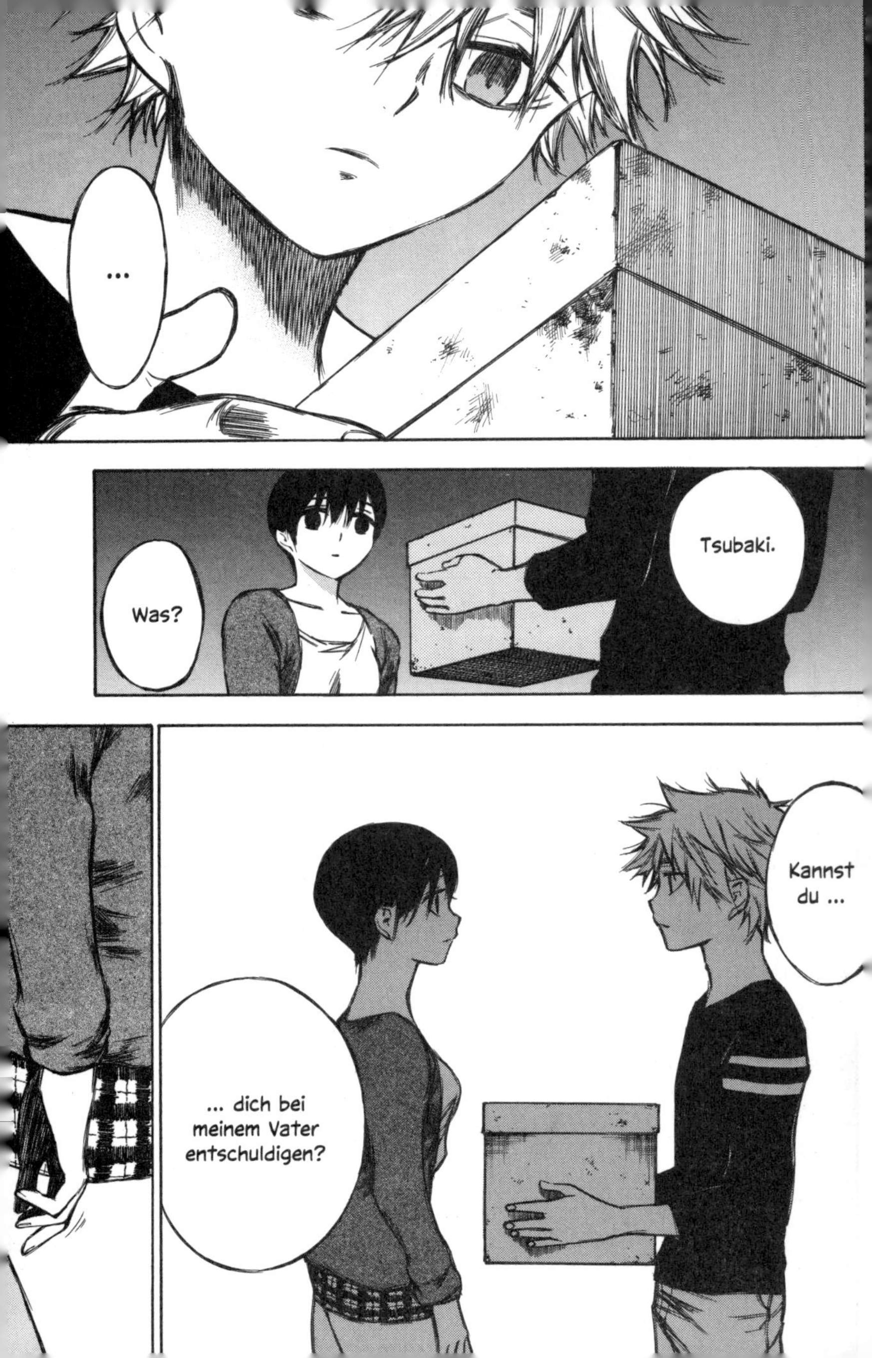
...
Tsubaki.
Was?
Kannst du ...
... dich bei meinem Vater entschuldigen?

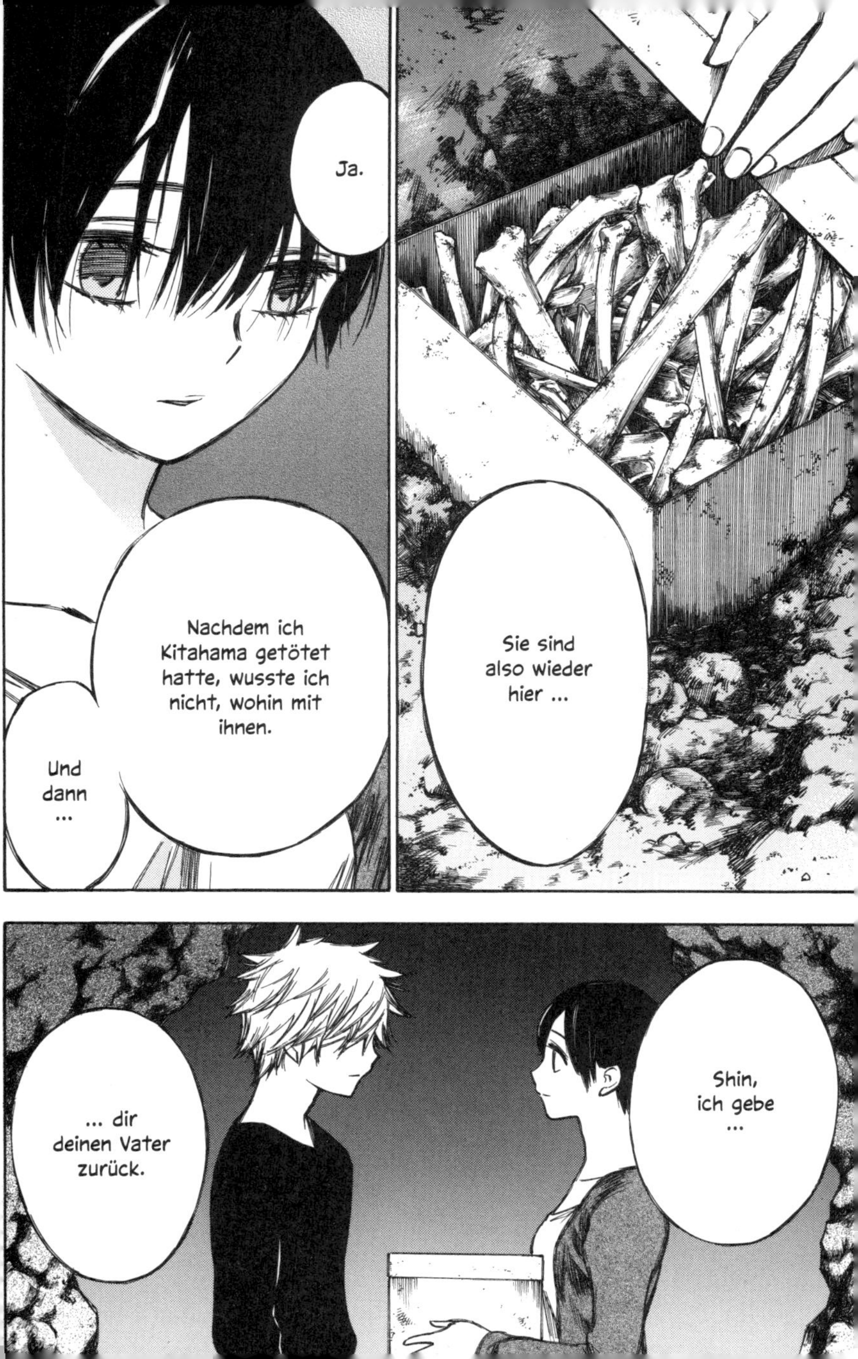
Sie sind also wieder hier ...
Ja.
Nachdem ich Kitahama getötet hatte, wusste ich nicht, wohin mit ihnen.
Und dann ...
Shin, ich gebe ...
... dir deinen Vater zurück.

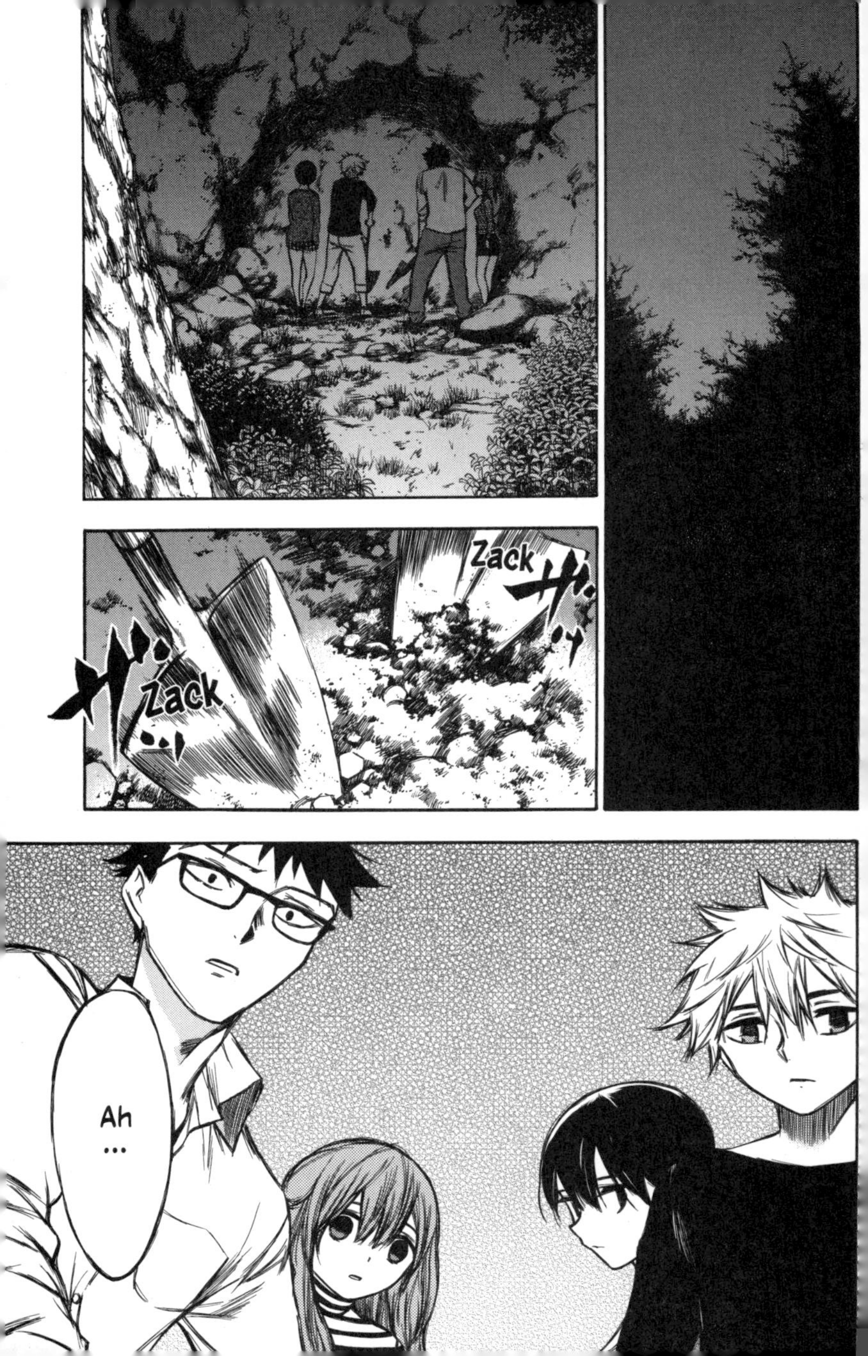
Zack
ザッ
ザッ
Zack
Ah ...

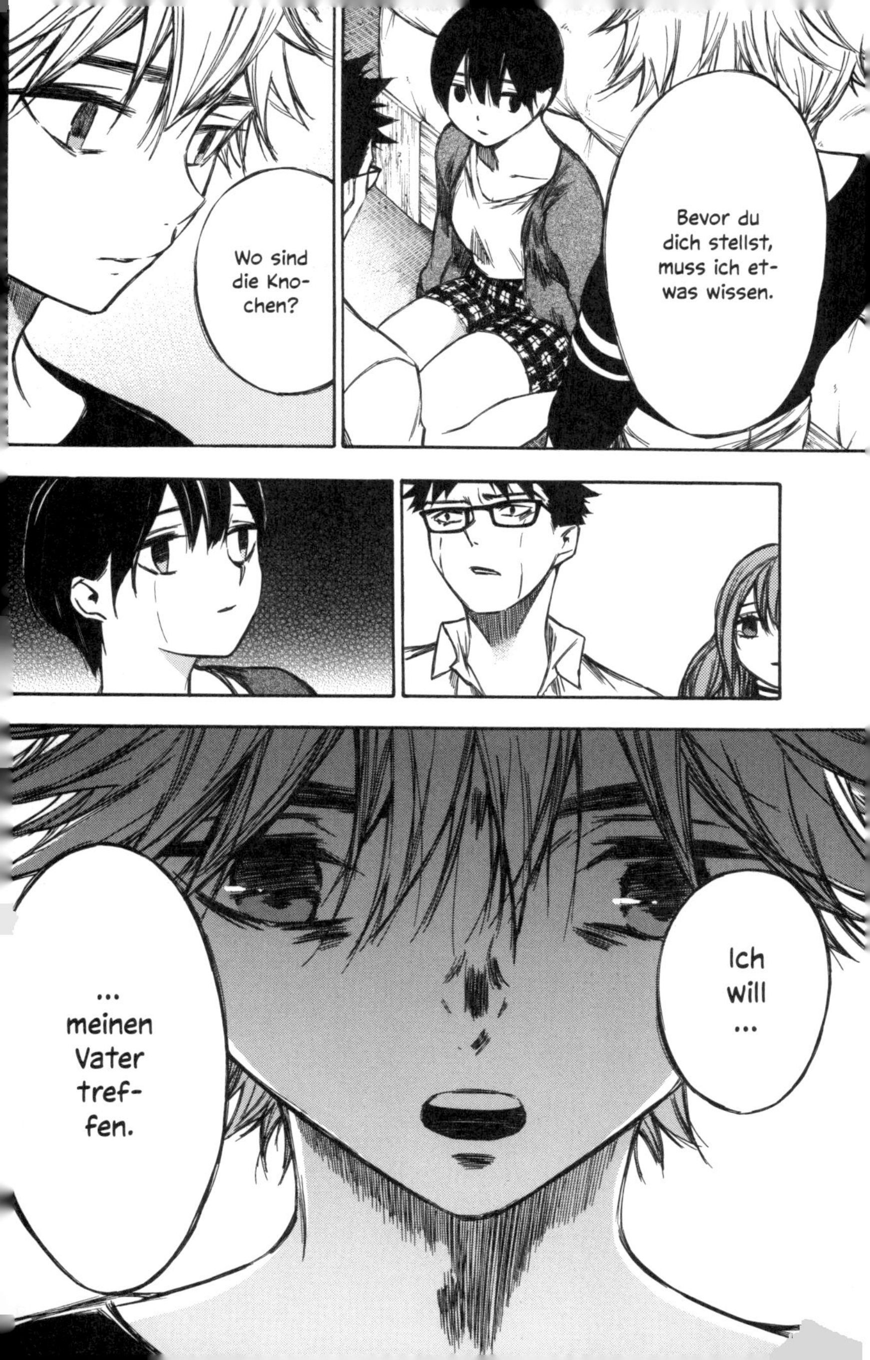
Bevor du dich stellst, muss ich etwas wissen.
Wo sind die Knochen?
Ich will ...
... meinen Vater treffen.

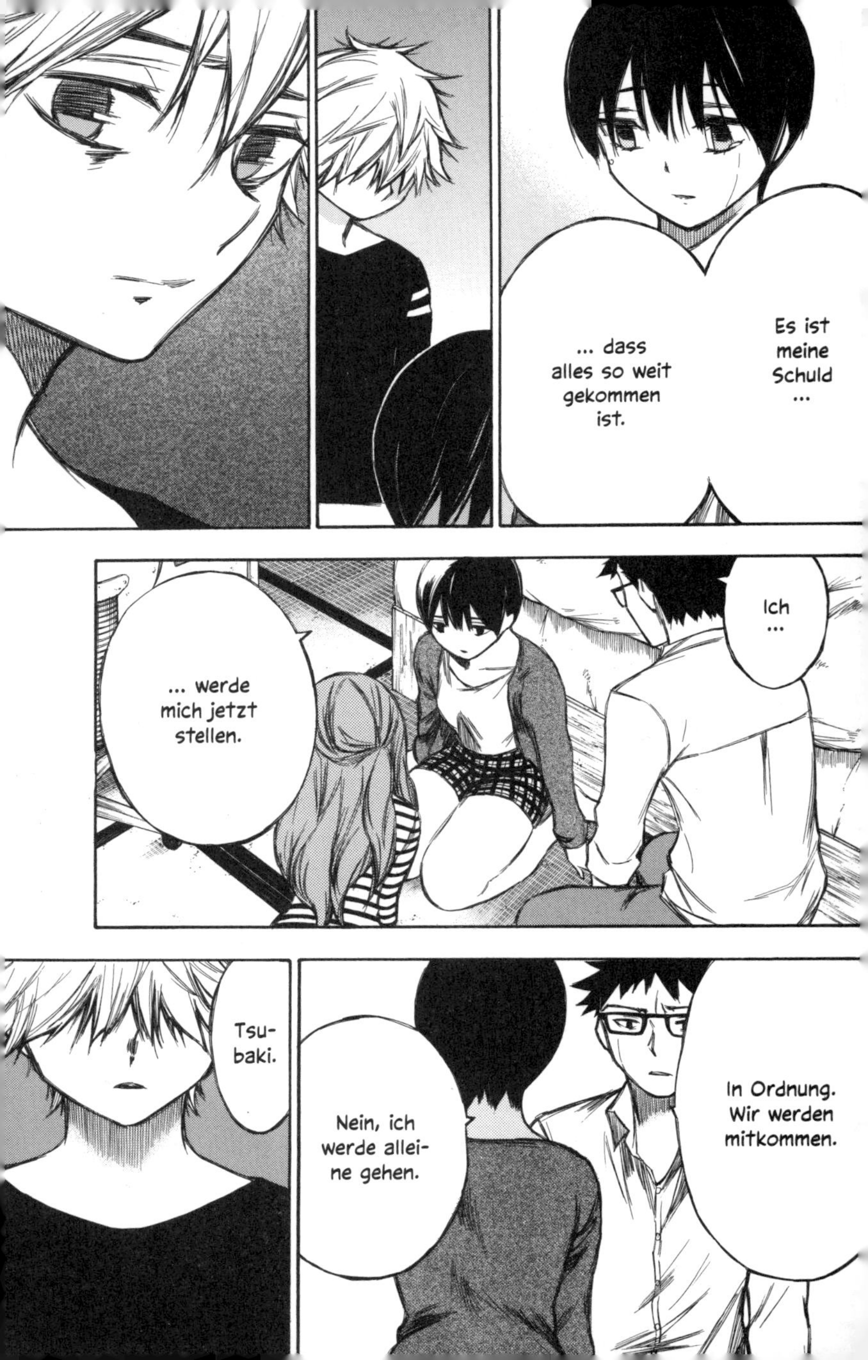
Es ist meine Schuld ...
... dass alles so weit gekommen ist.
Ich ...
... werde mich jetzt stellen.
In Ordnung. Wir werden mitkommen.
Nein, ich werde allei-ne gehen.
Tsu-baki.

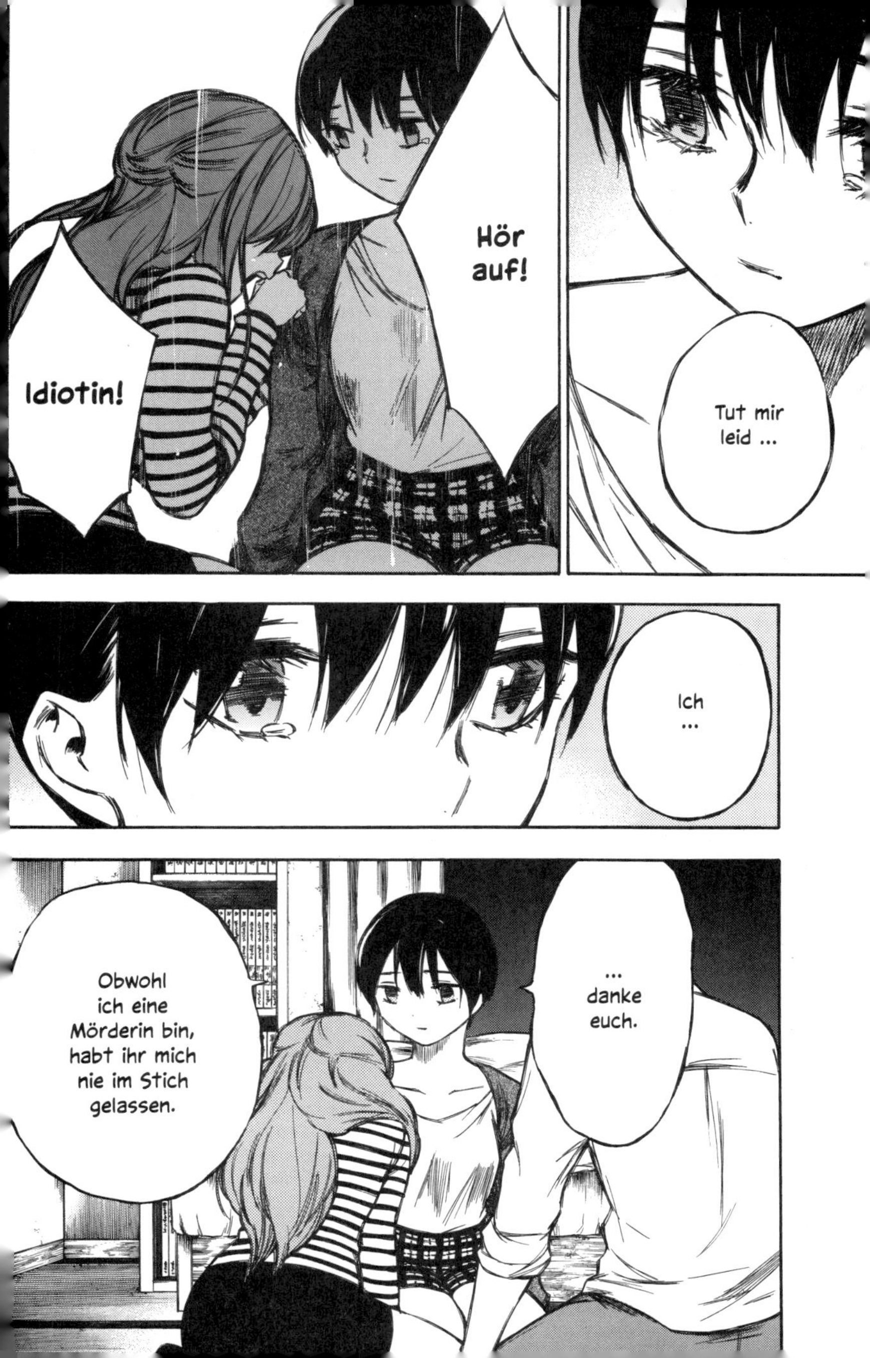
Tut mir leid ...
Hör auf!
Idiotin!
Ich ...
Obwohl ich eine Mörderin bin, habt ihr mich nie im Stich gelassen.
... danke euch.

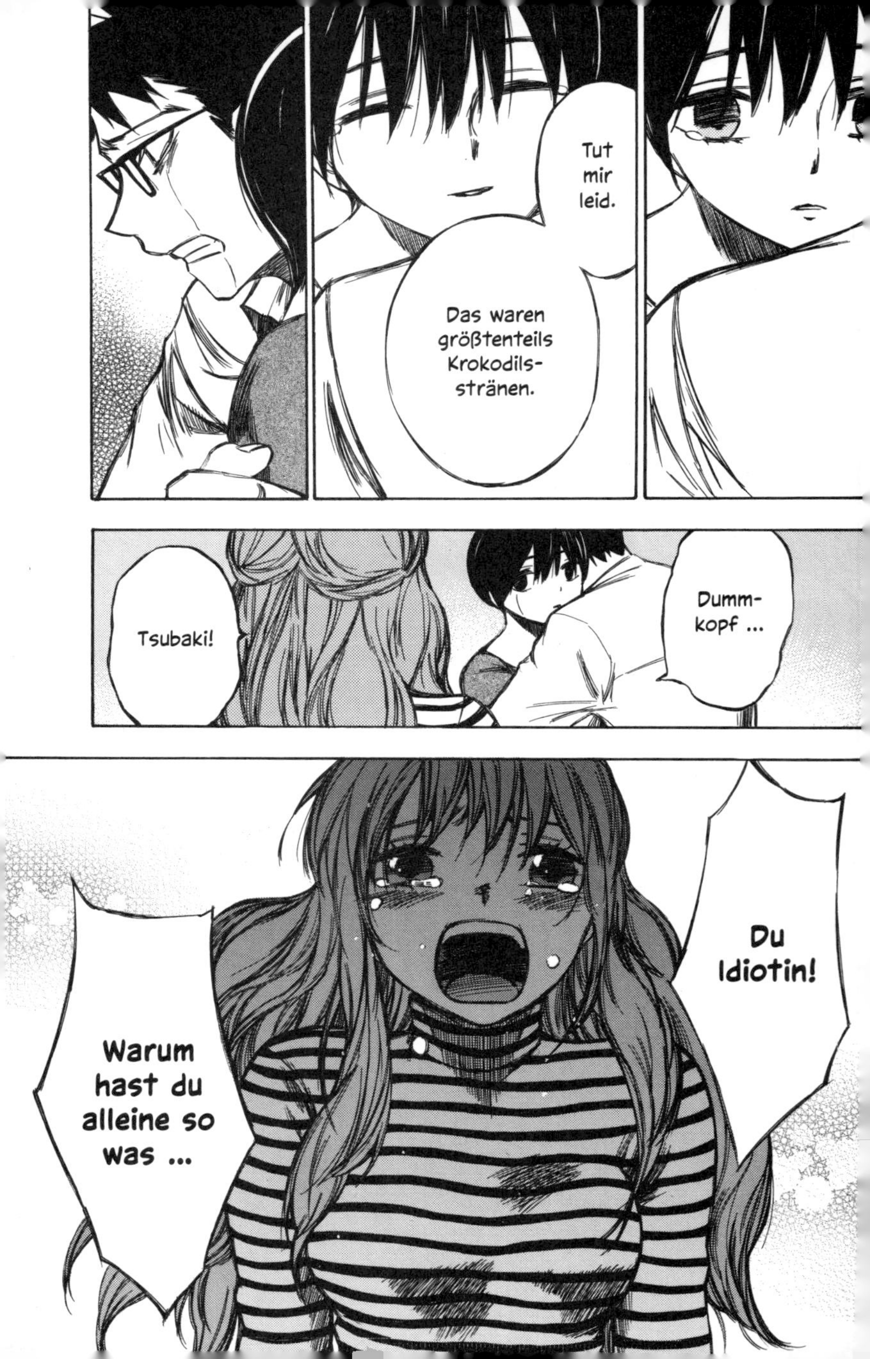
Tut mir leid.
Das waren größtenteils Krokodils-stränen.
Dumm-kopf ...
Tsubaki!
Du Idiotin!
Warum hast du alleine so was ...

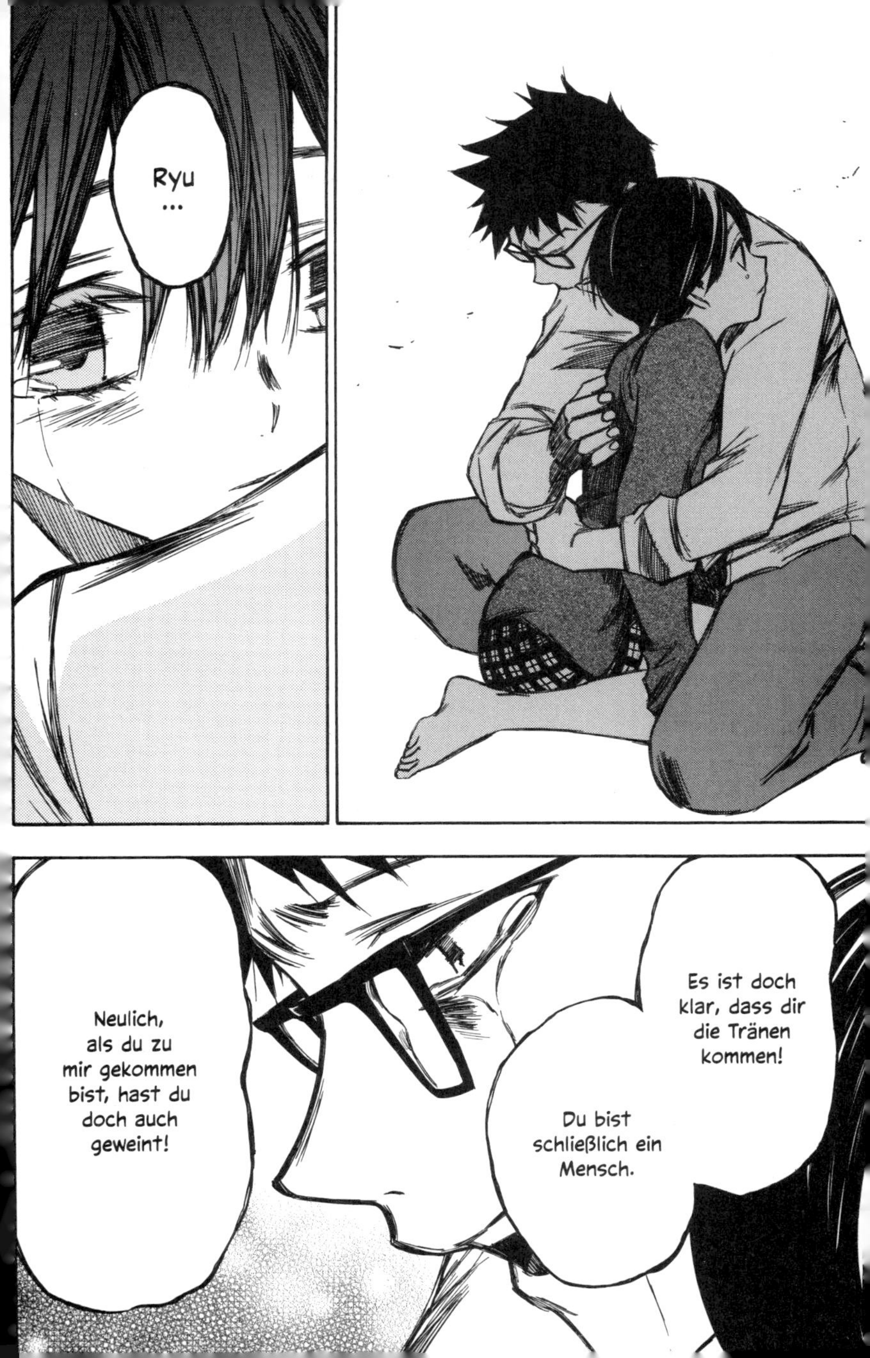
Ryu ...
Es ist doch klar, dass dir die Tränen kommen!
Du bist schließlich ein Mensch.
Neulich, als du zu mir gekommen bist, hast du doch auch geweint!

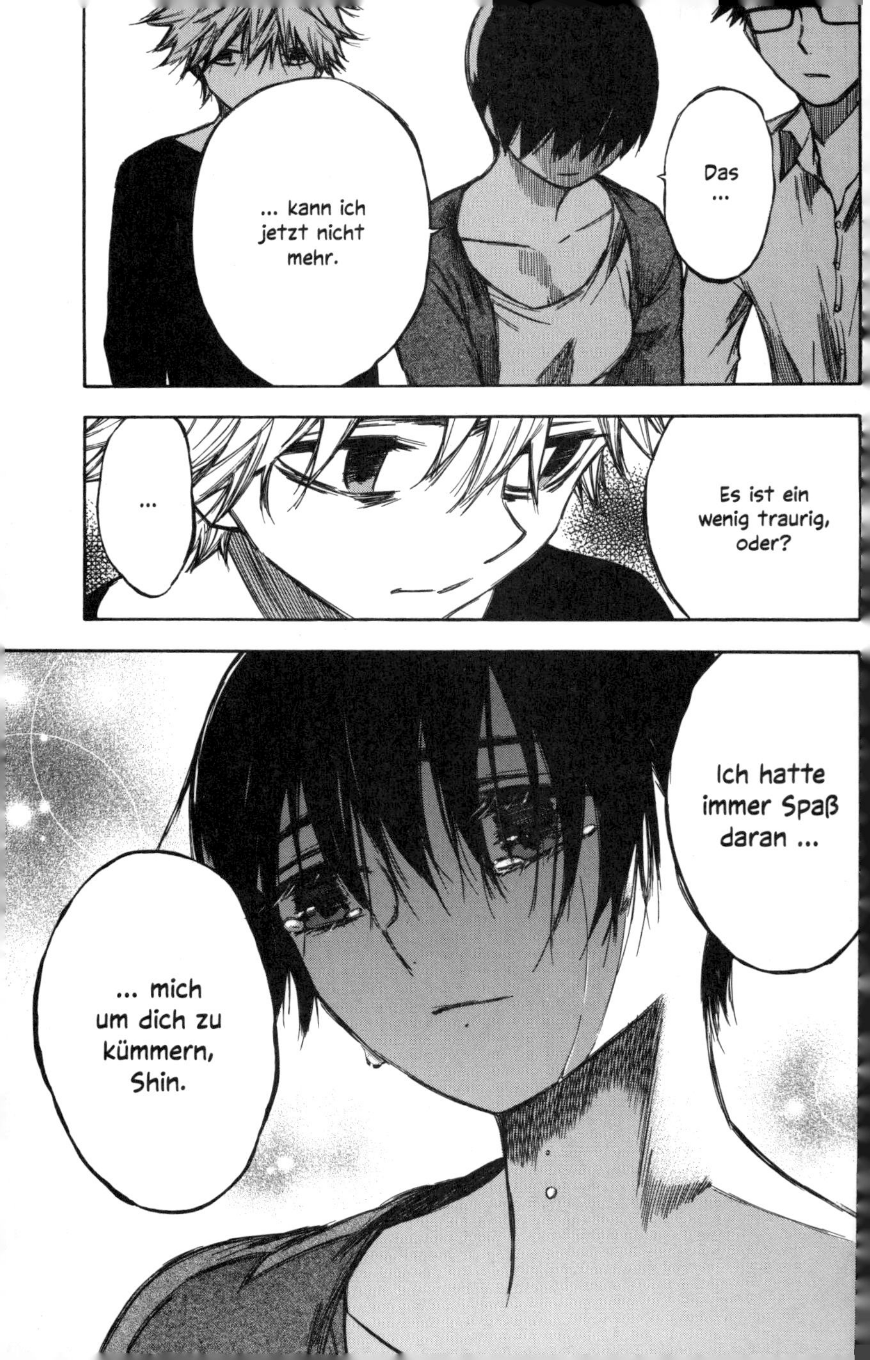
Das ...
... kann ich jetzt nicht mehr.
Es ist ein wenig traurig, oder?
...
Ich hatte immer Spaß daran ...
... mich um dich zu kümmern, Shin.

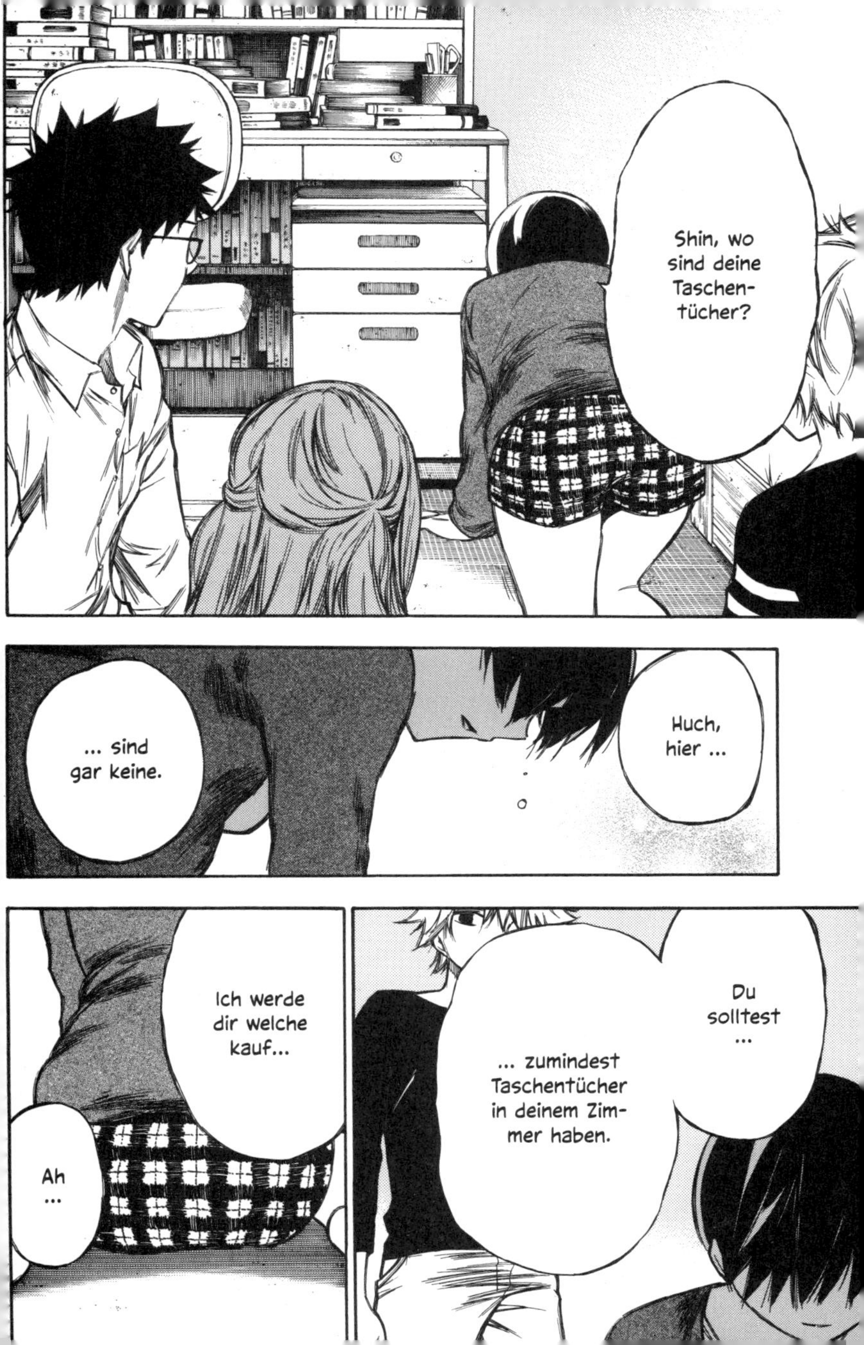
Shin, wo sind deine Taschen-tücher?
Huch, hier ...
... sind gar keine.
Du solltest ...
... zumindest Taschentücher in deinem Zimmer haben.
Ich werde dir welche kauf...
Ah ...

91. Nacht

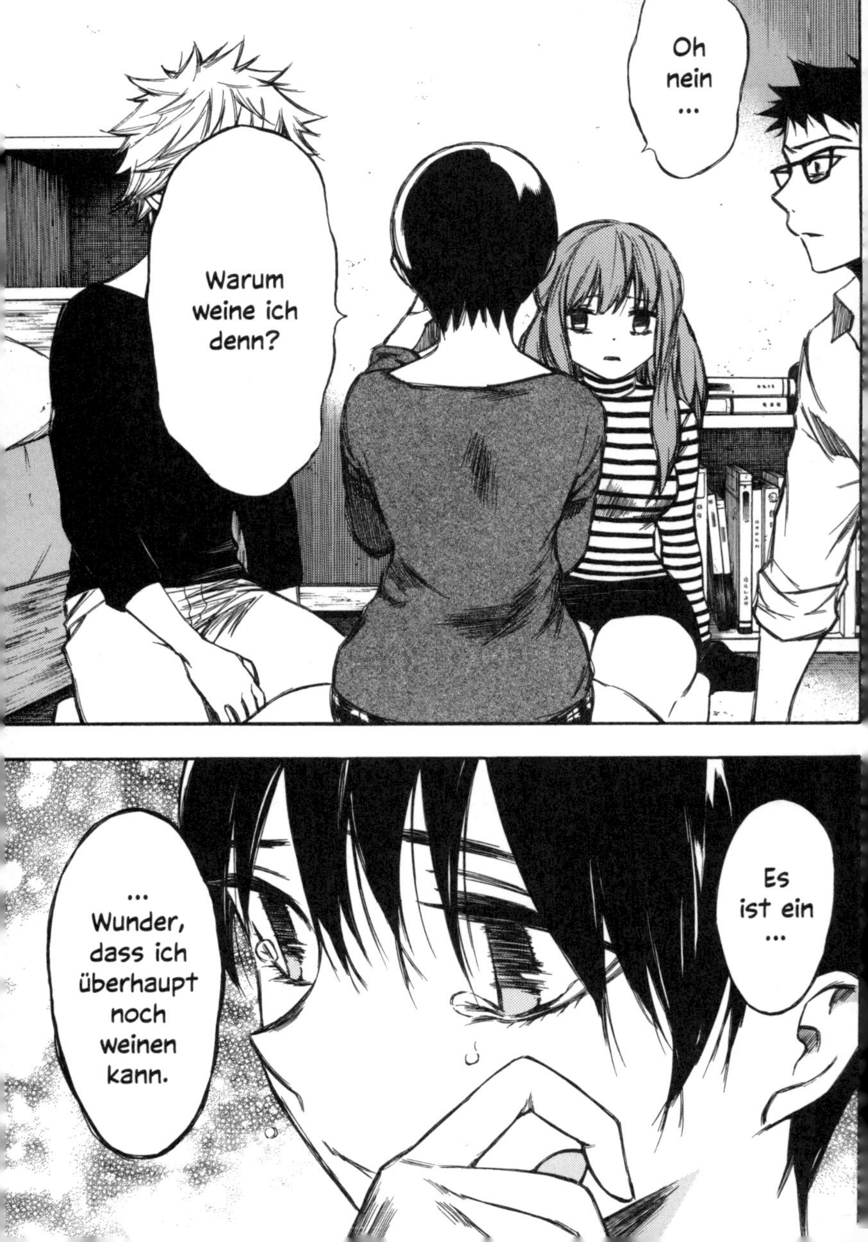
Oh nein ...
Warum weine ich denn?
Es ist ein ...
... Wunder, dass ich überhaupt noch weinen kann.

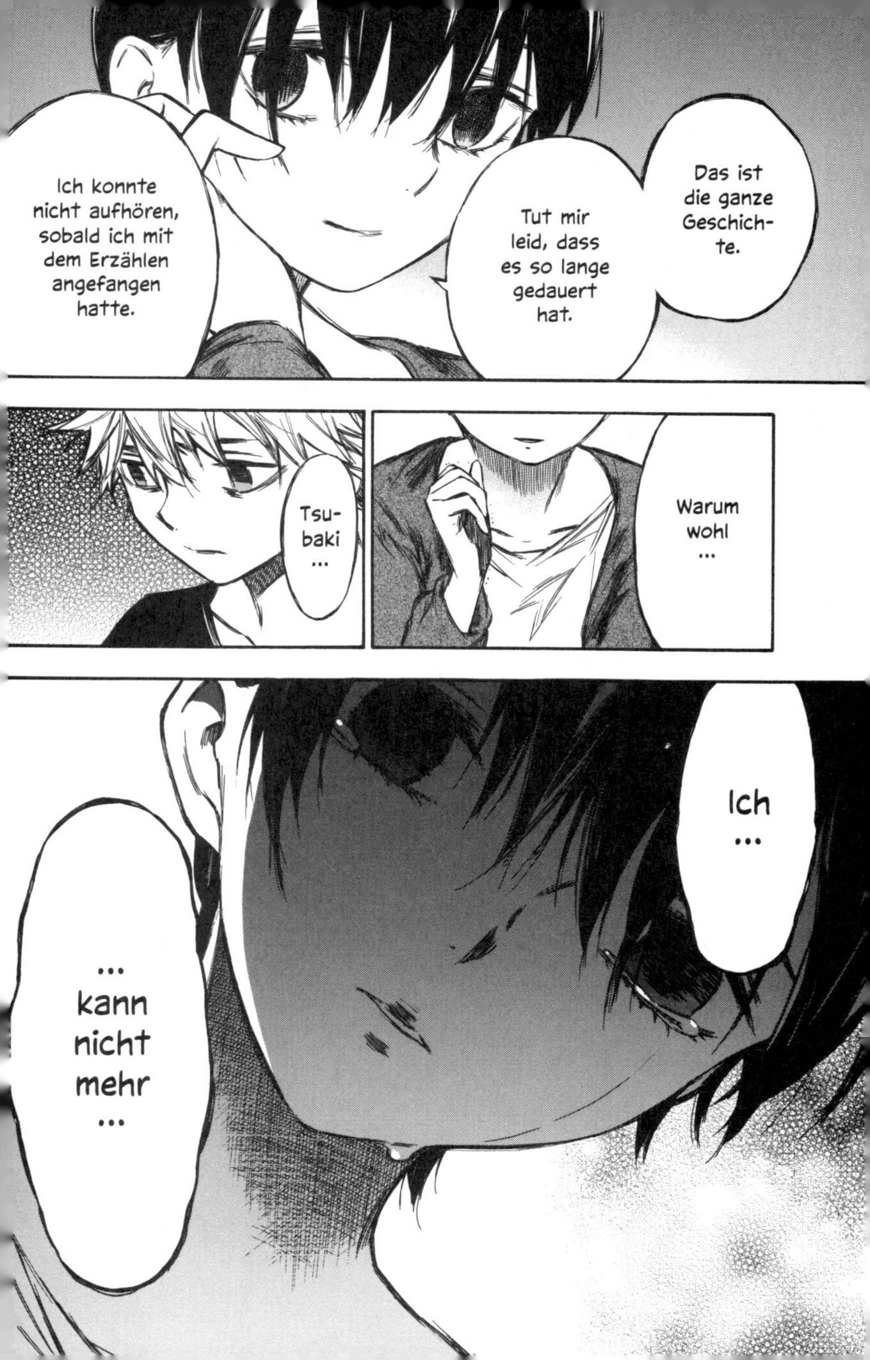
Das ist die ganze Geschichte.
Tut mir leid, dass es so lange gedauert hat.
Ich konnte nicht aufhören, sobald ich mit dem Erzählen angefangen hatte.
Warum wohl ...
Tsubaki ...
Ich ...
... kann nicht mehr ...

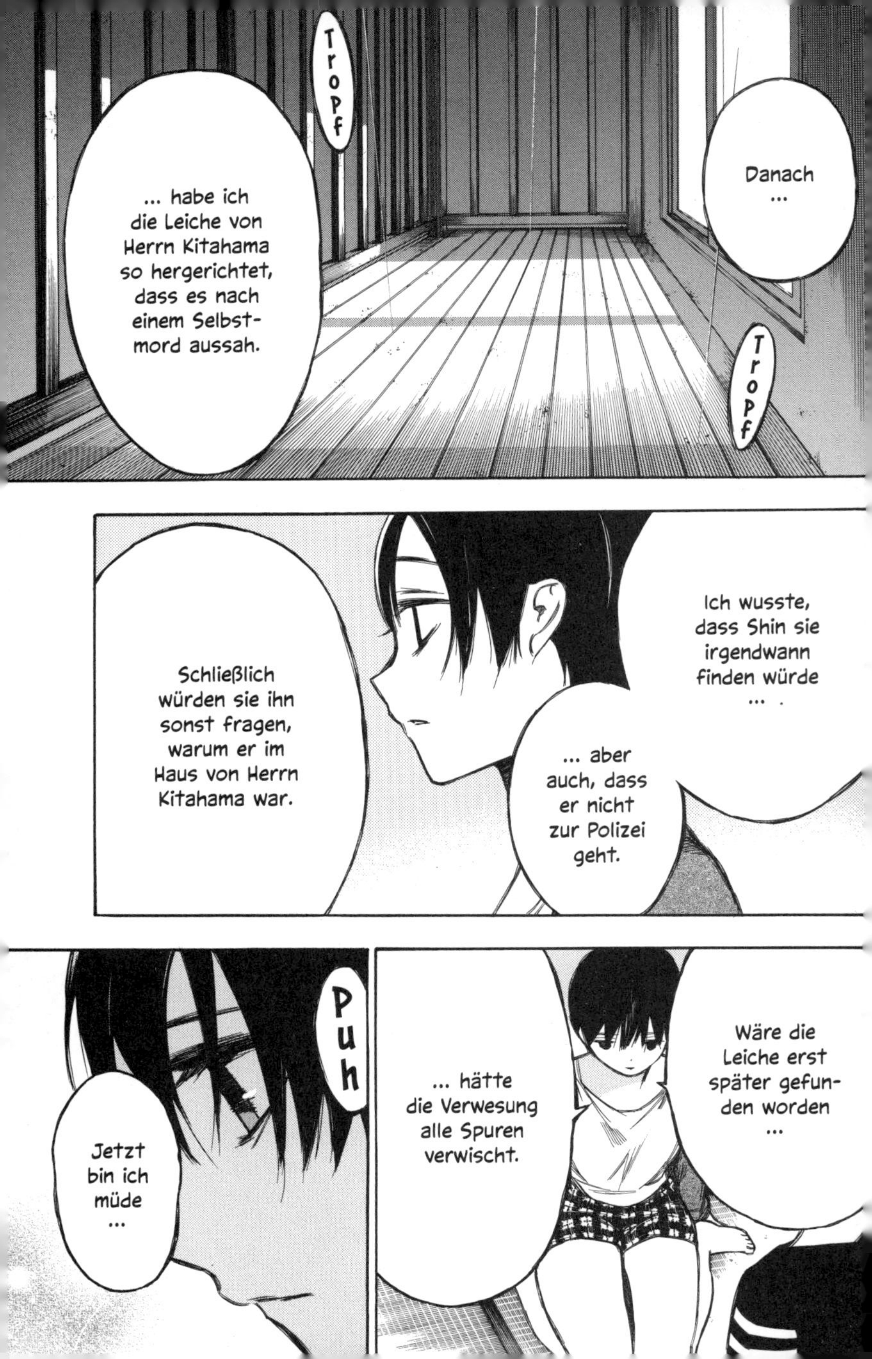
Danach ...
Tropf
Tropf
... habe ich die Leiche von Herrn Kitahama so hergerichtet, dass es nach einem Selbstmord aussah.
Ich wusste, dass Shin sie irgendwann finden würde ... .
... aber auch, dass er nicht zur Polizei geht.
Schließlich würden sie ihn sonst fragen, warum er im Haus von Herrn Kitahama war.
Wäre die Leiche erst später gefunden worden ...
... hätte die Verwesung alle Spuren verwischt.
Puh
Jetzt bin ich müde ...

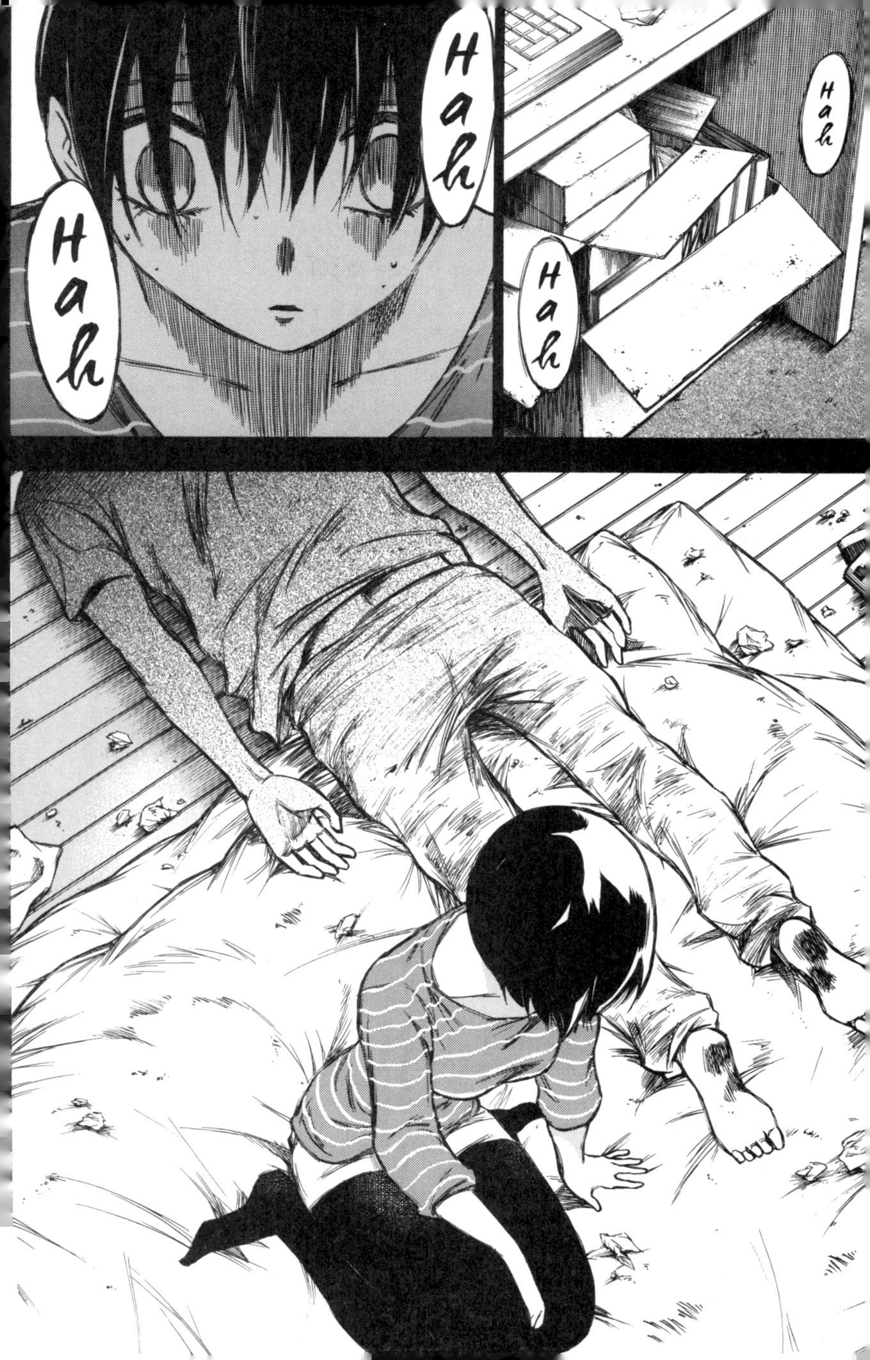
Hah
Hah
Hah
Hah

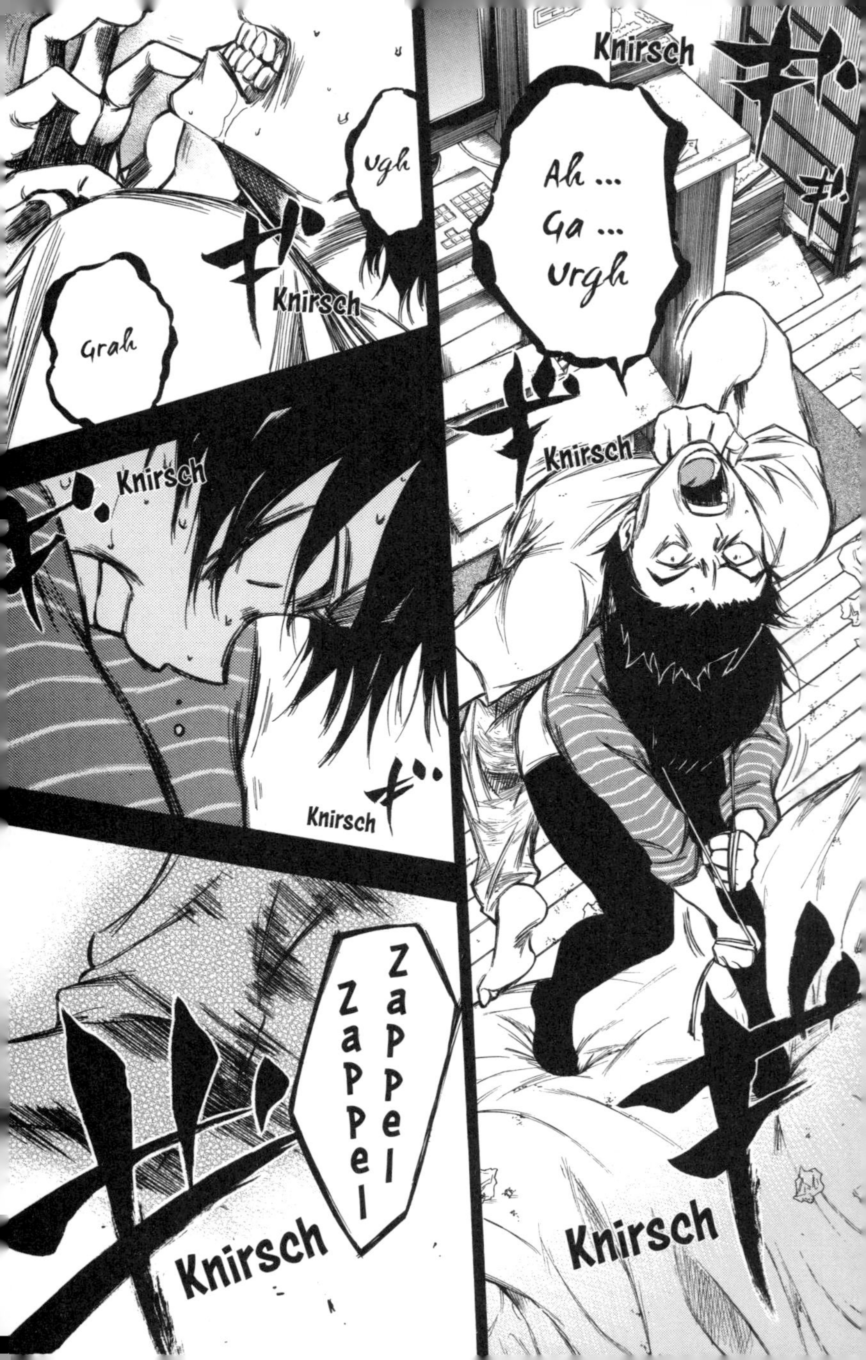
Knirsch
Ah ...
Ga ...
Urgh
Knirsch
Knirsch
Ugh
Knirsch
Grah
Knirsch
Knirsch
Zappel
Zappel
Knirsch

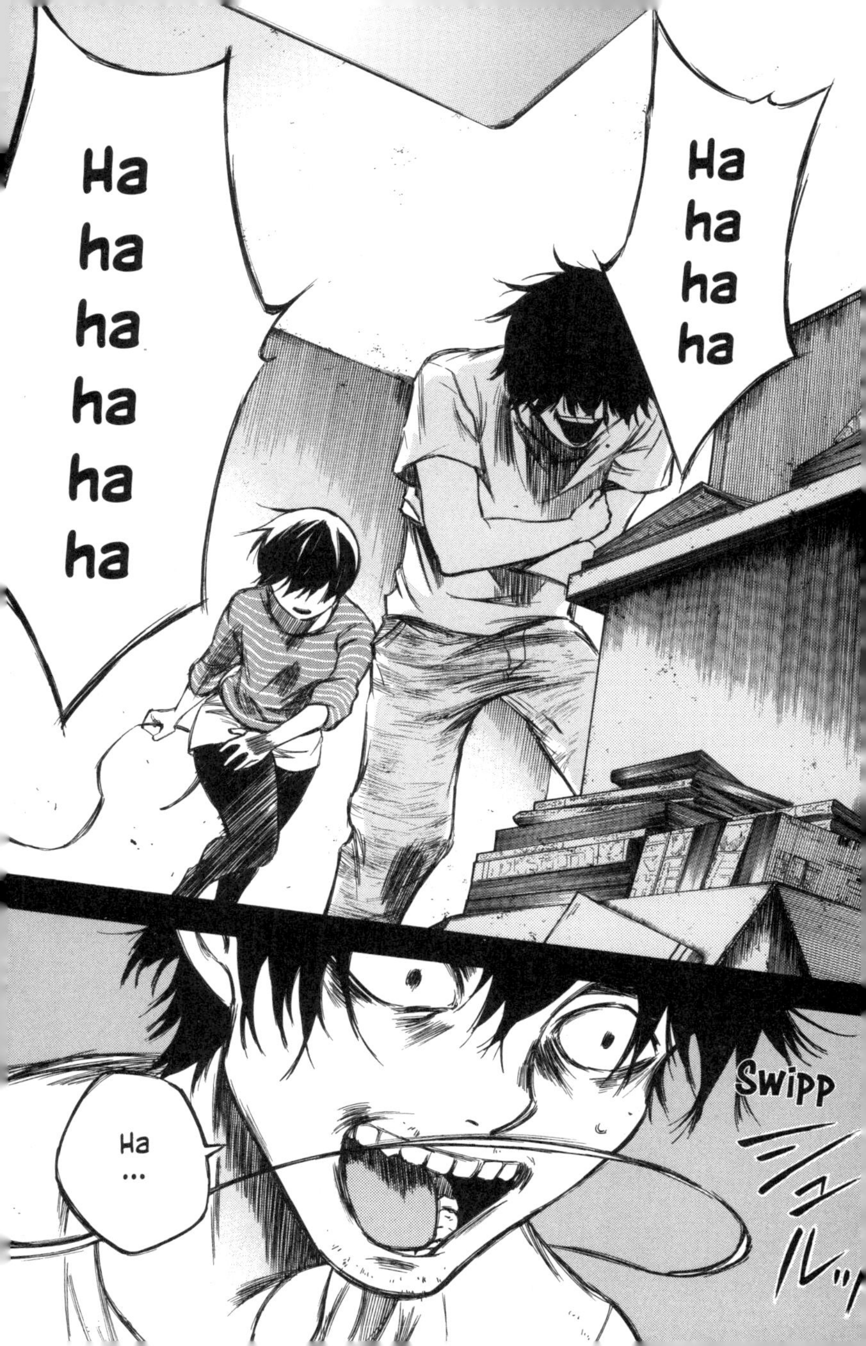
Ha ha ha ha
Ha ha ha ha ha ha
Swipp
シュルッ
Ha ...

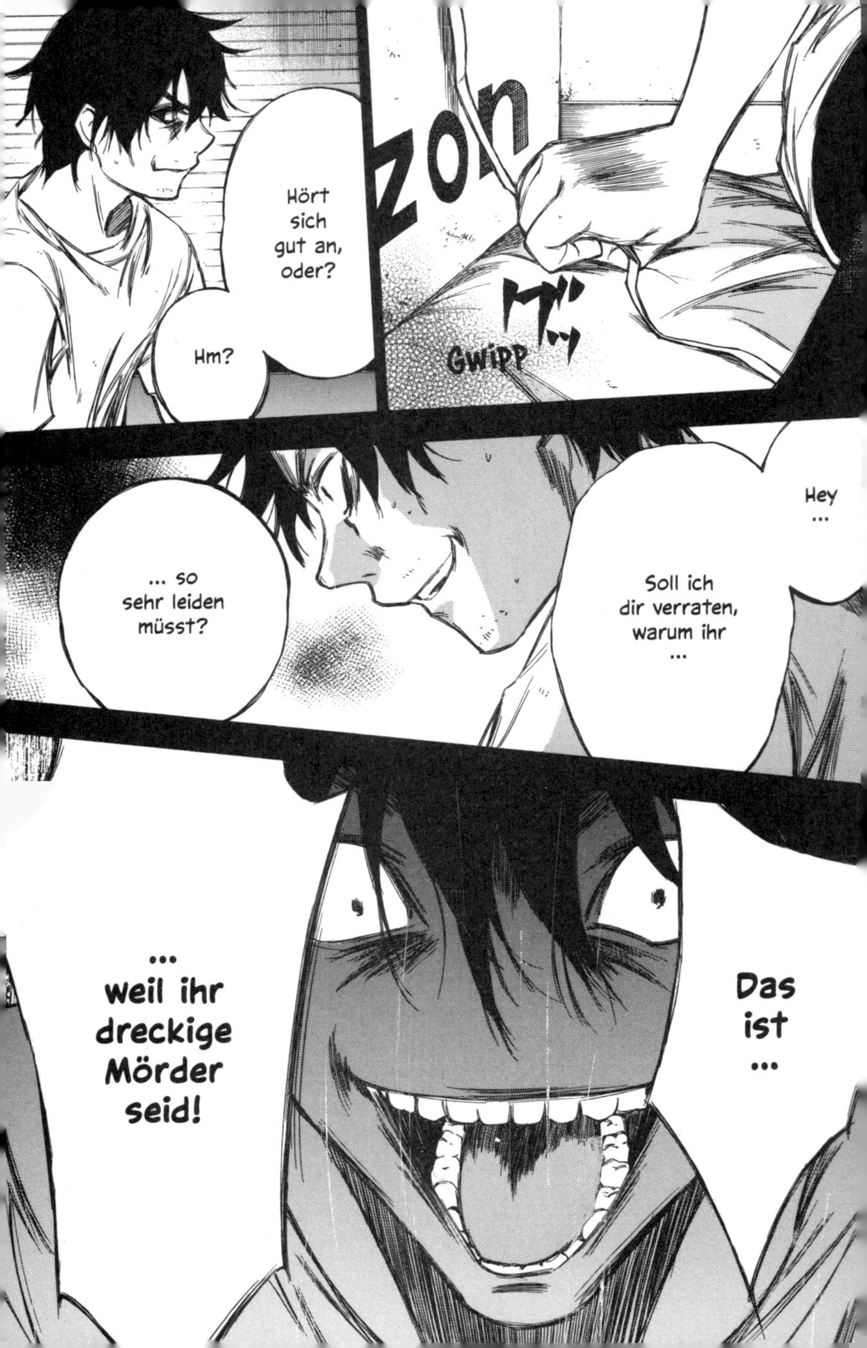
zon
GWIPP
Hört sich gut an, oder?
Hm?
Hey …
Soll ich dir verraten, warum ihr …
… so sehr leiden müsst?
Das ist …
… weil ihr dreckige Mörder seid!

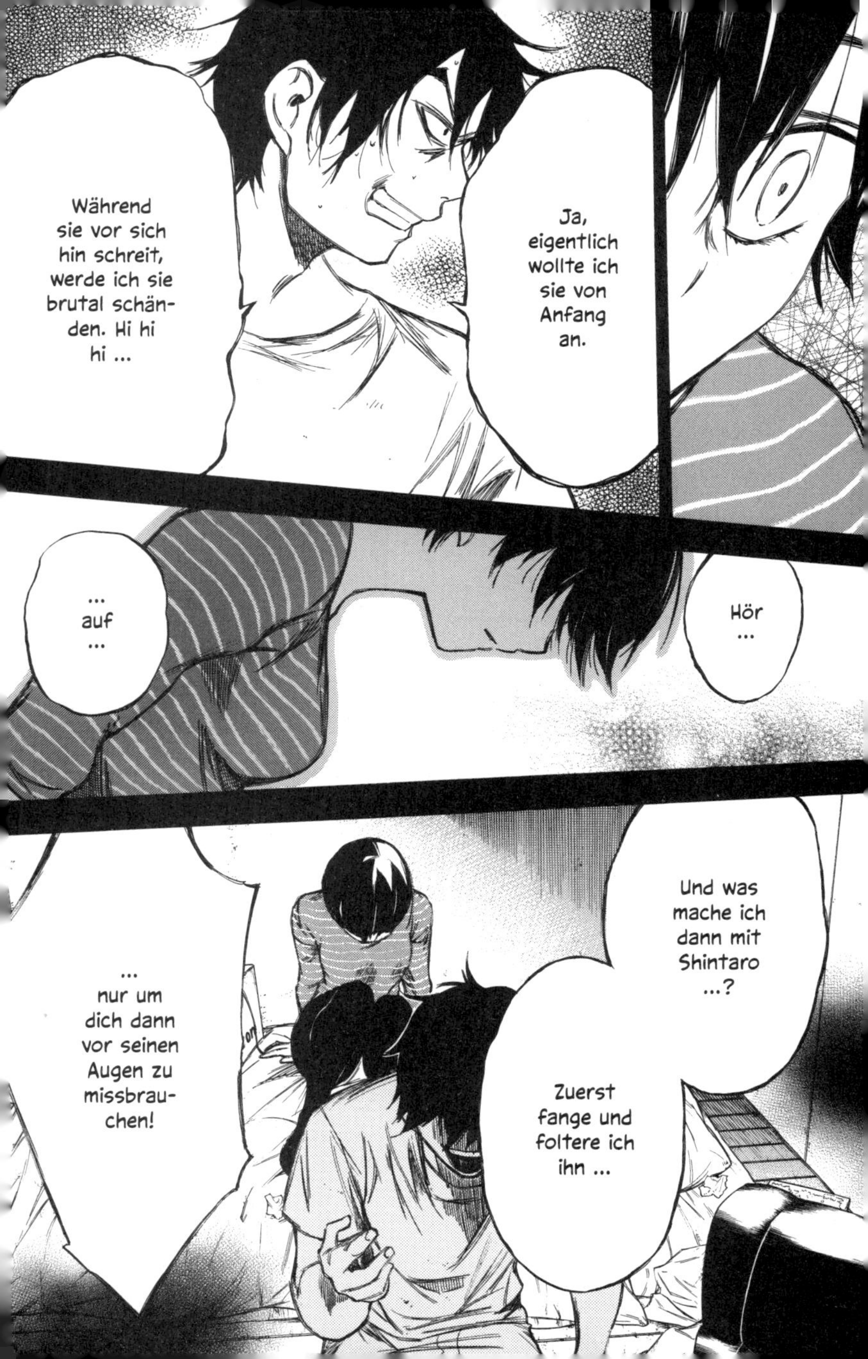
Ja, eigentlich wollte ich sie von Anfang an.
Während sie vor sich hin schreit, werde ich sie brutal schänden. Hi hi hi ...
Hör ...
... auf ...
Und was mache ich dann mit Shintaro ...?
Zuerst fange und foltere ich ihn ...
... nur um dich dann vor seinen Augen zu missbrauchen!

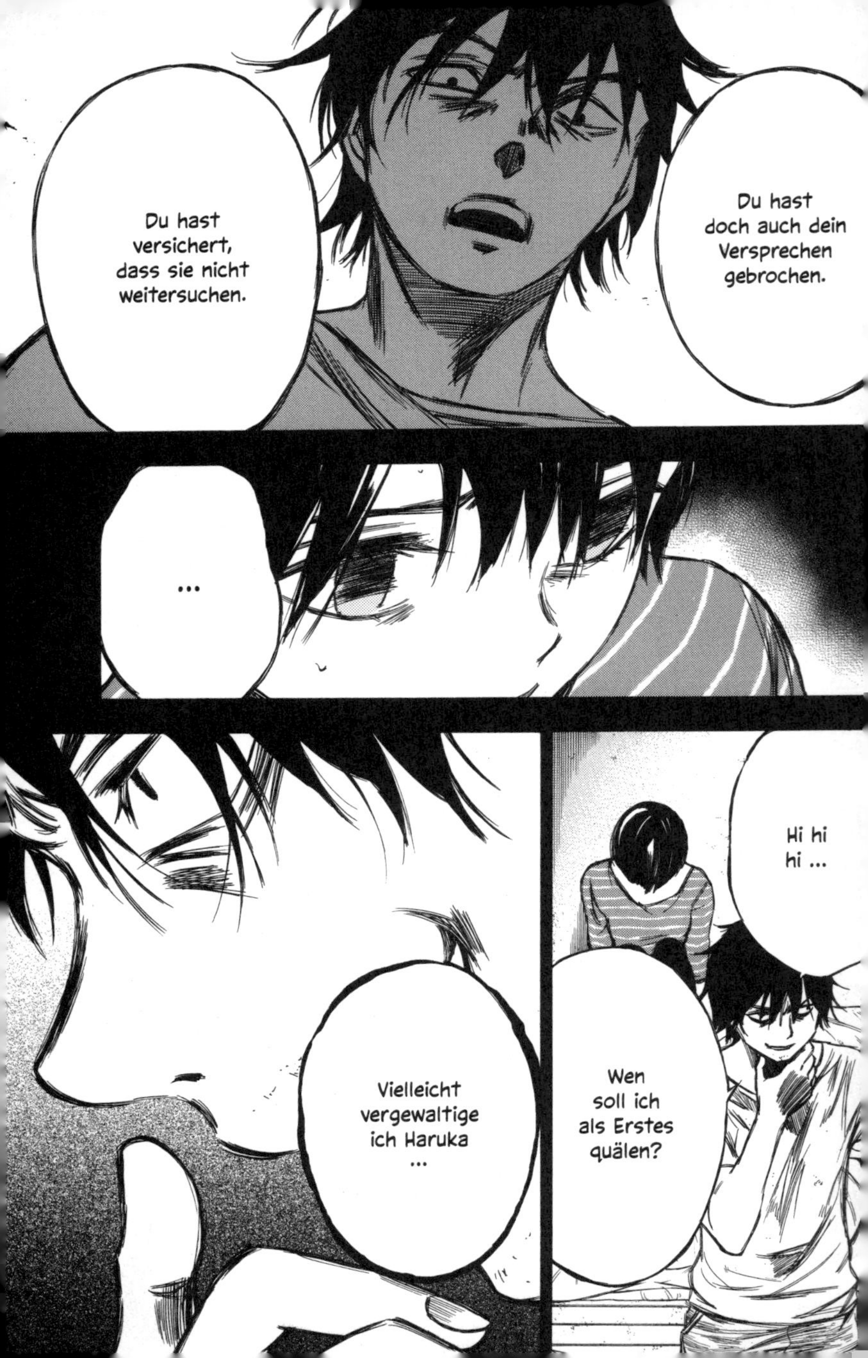
Du hast doch auch dein Versprechen gebrochen.
Du hast versichert, dass sie nicht weitersuchen.
...
Hi hi hi ...
Wen soll ich als Erstes quälen?
Vielleicht vergewaltige ich Haruka ...

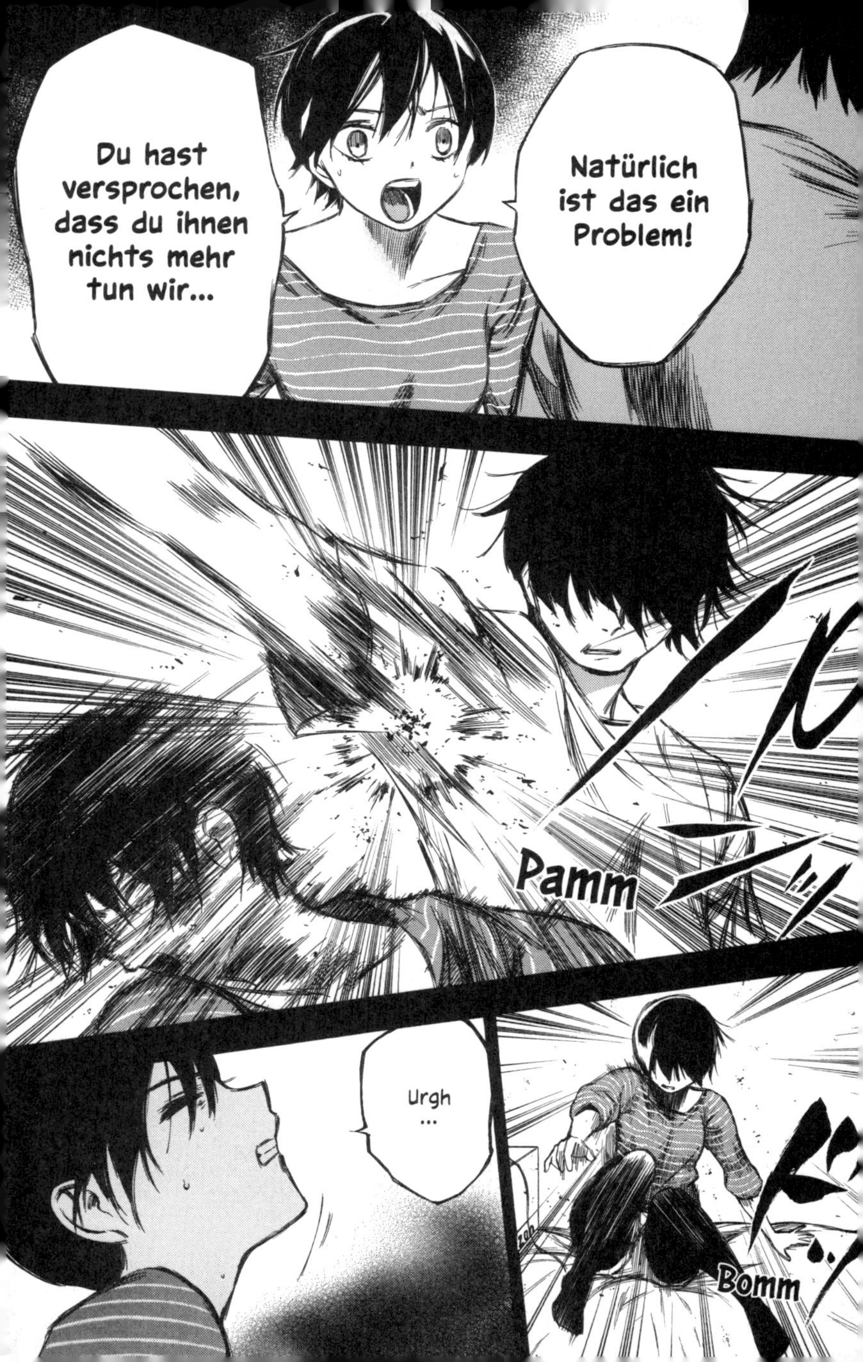
Natürlich ist das ein Problem!
Du hast versprochen, dass du ihnen nichts mehr tun wir...
Pamm
Urgh ...
Bomm

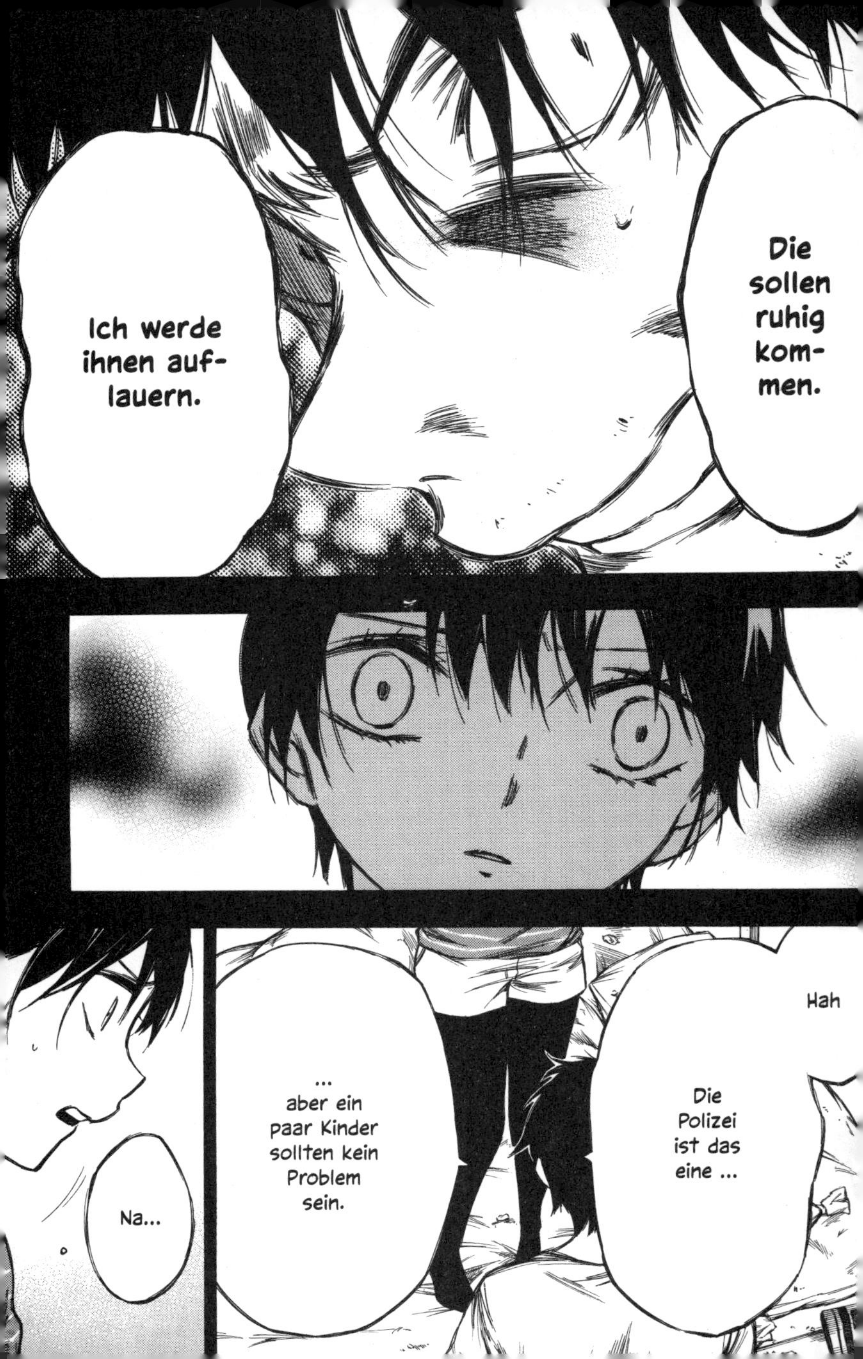
Die sollen ruhig kom-men.
Ich werde ihnen auf-lauern.
Hah
Die Polizei ist das eine ...
... aber ein paar Kinder sollten kein Problem sein.
Na...

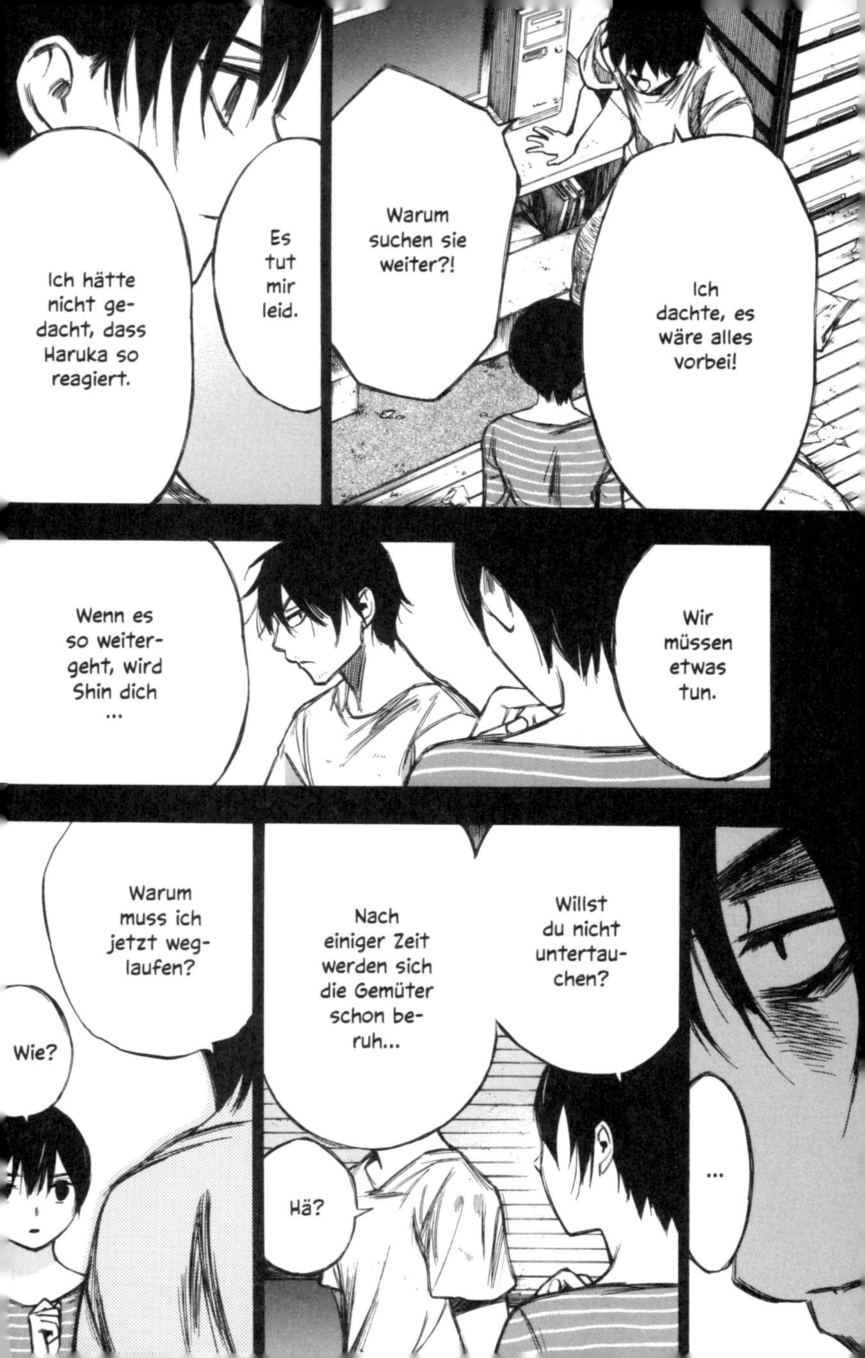
Ich dachte, es wäre alles vorbei!
Warum suchen sie weiter?!
Es tut mir leid.
Ich hätte nicht gedacht, dass Haruka so reagiert.
Wir müssen etwas tun.
Wenn es so weitergeht, wird Shin dich ...
...
Willst du nicht untertauchen?
Nach einiger Zeit werden sich die Gemüter schon beruh...
Hä?
Warum muss ich jetzt weglaufen?
Wie?

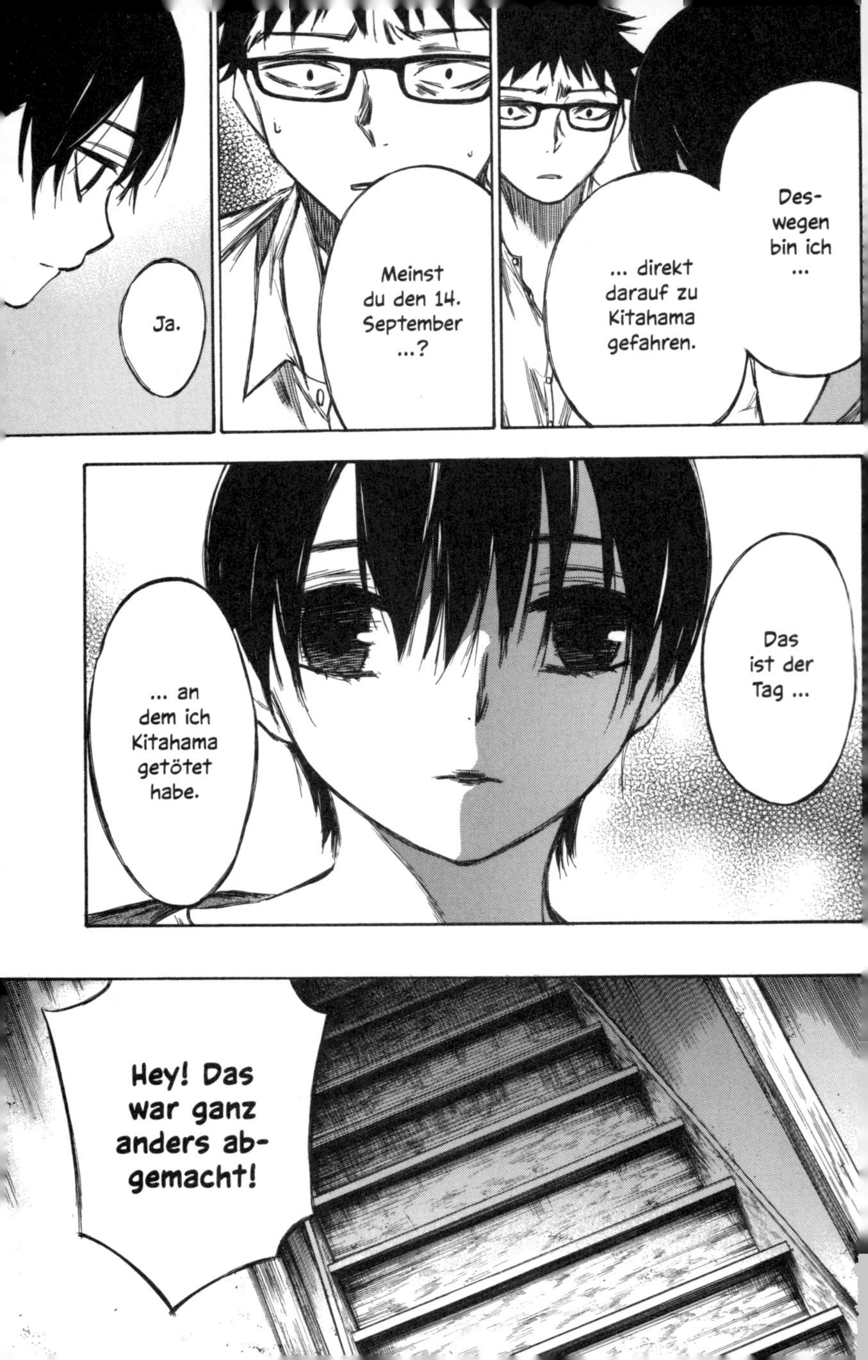
Des-
wegen
bin ich
...
... direkt
darauf zu
Kitahama
gefahren.
Meinst
du den 14.
September
...?
Ja.
Das
ist der
Tag ...
... an
dem ich
Kitahama
getötet
habe.
Hey! Das
war ganz
anders ab-
gemacht!

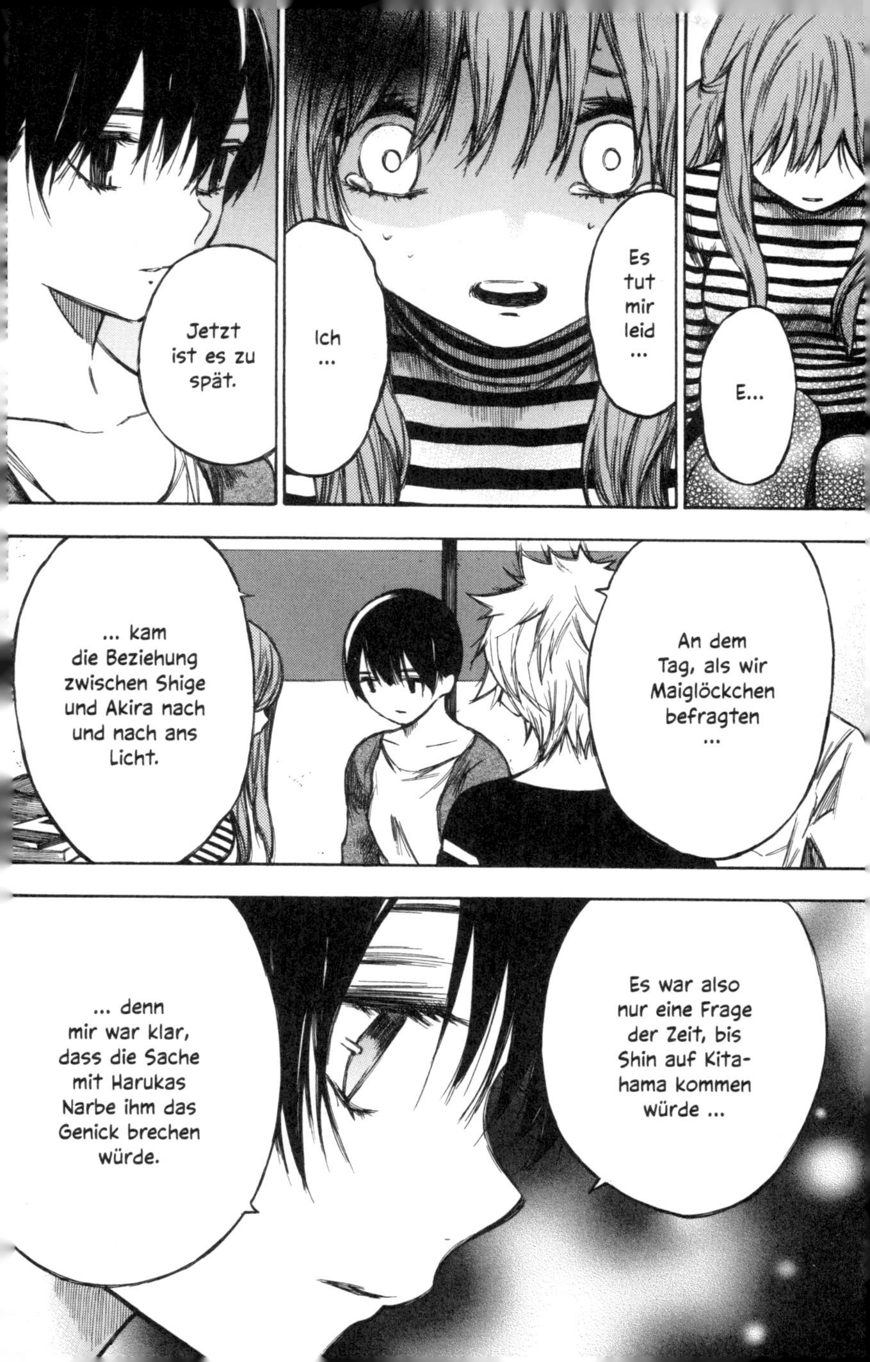
E...
Es tut mir leid ...
Ich ...
Jetzt ist es zu spät.
An dem Tag, als wir Maiglöckchen befragten ...
... kam die Beziehung zwischen Shige und Akira nach und nach ans Licht.
Es war also nur eine Frage der Zeit, bis Shin auf Kitahama kommen würde ...
... denn mir war klar, dass die Sache mit Harukas Narbe ihm das Genick brechen würde.

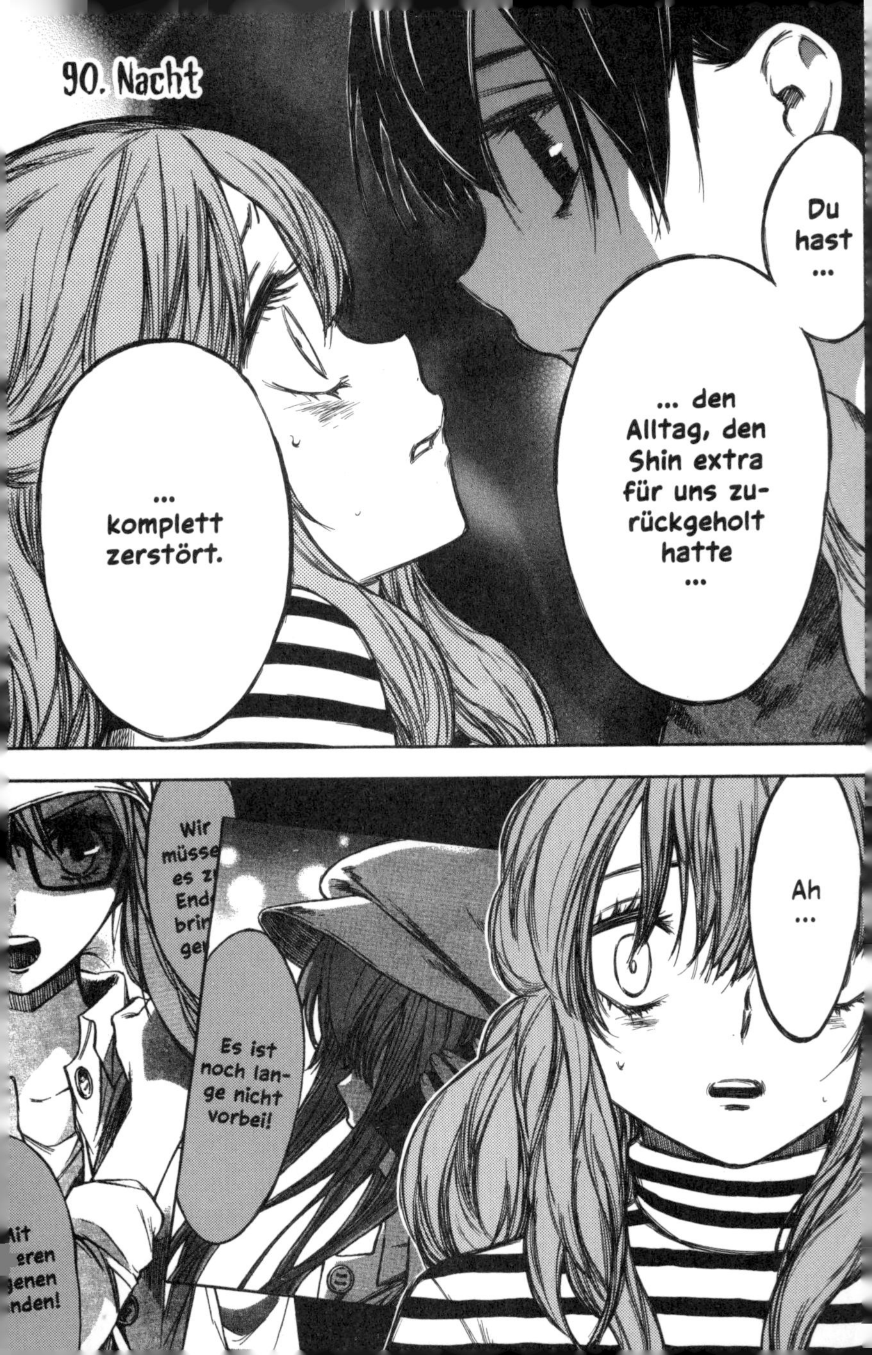
90. Nacht
Du hast ...
... den Alltag, den Shin extra für uns zurückgeholt hatte ...
... komplett zerstört.
Ah ...
Es ist noch lange nicht vorbei!
Wir müsse es z End brin ge
Mit eren genen nden!

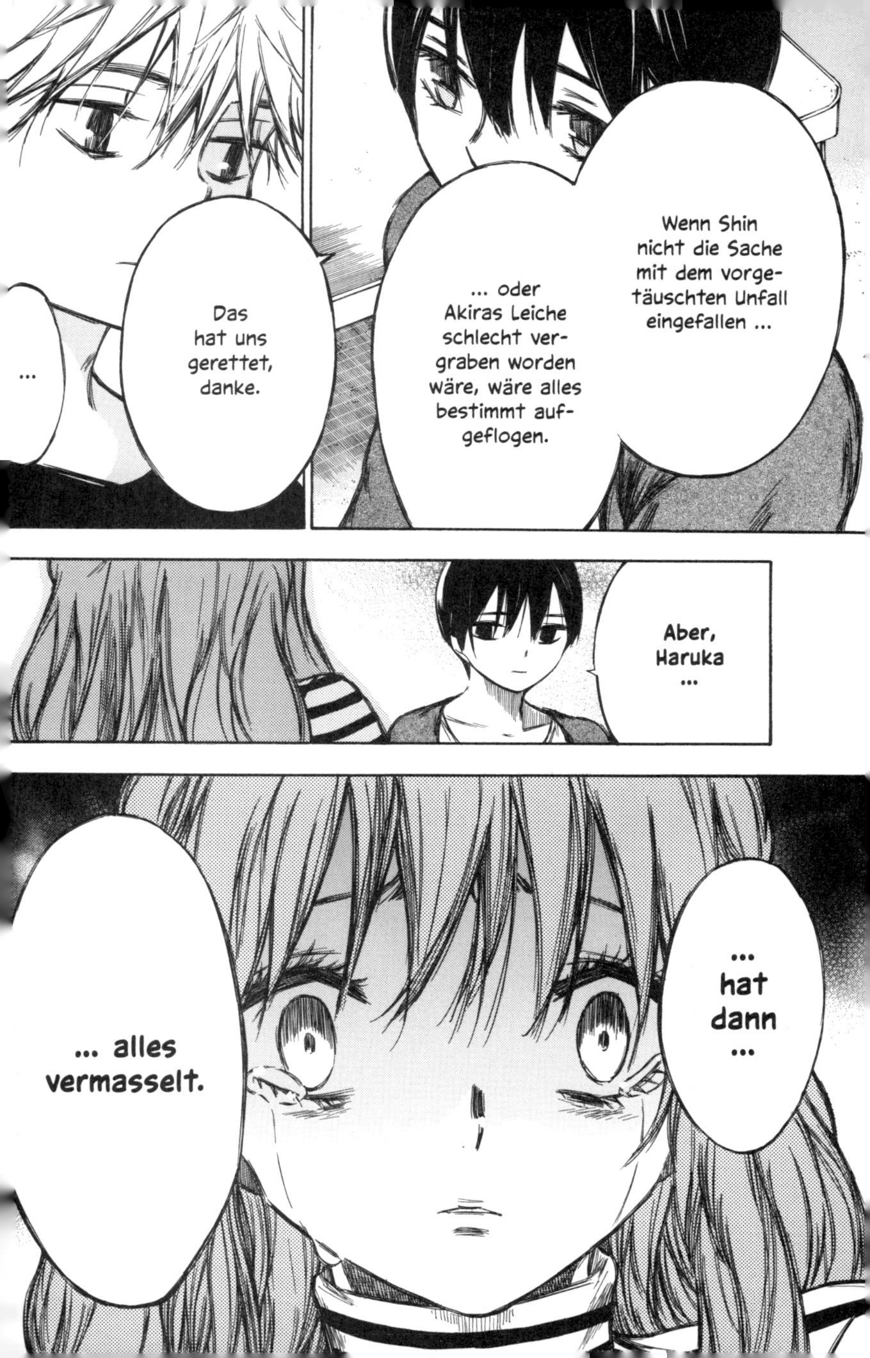
Wenn Shin nicht die Sache mit dem vorgetäuschten Unfall eingefallen ...
... oder Akiras Leiche schlecht vergraben worden wäre, wäre alles bestimmt aufgeflogen.
Das hat uns gerettet, danke.
...
Aber, Haruka ...
... hat dann ...
... alles vermasselt.

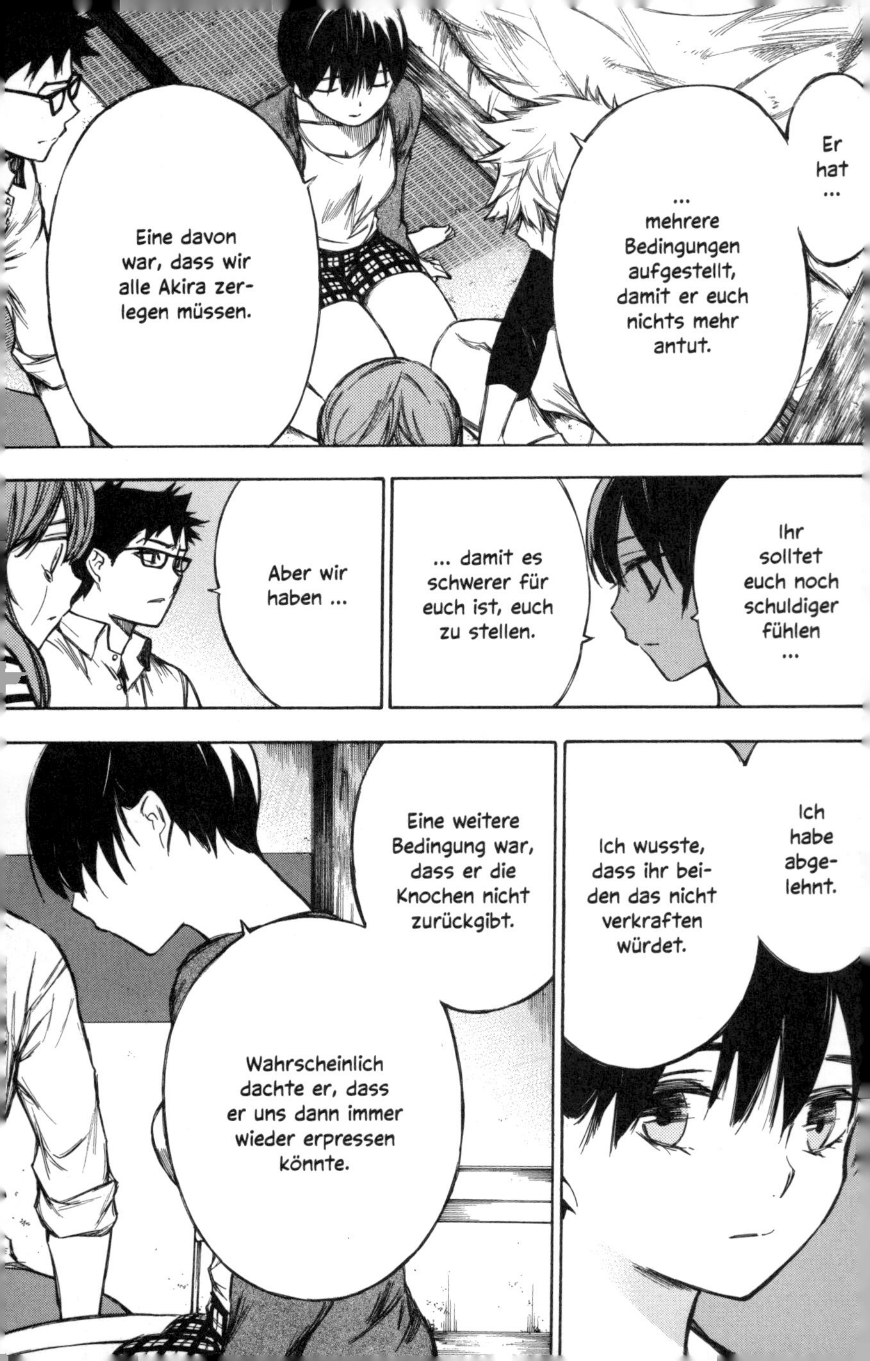
Er hat ...
... mehrere Bedingungen aufgestellt, damit er euch nichts mehr antut.
Eine davon war, dass wir alle Akira zer-legen müssen.
Ihr solltet euch noch schuldiger fühlen ...
... damit es schwerer für euch ist, euch zu stellen.
Aber wir haben ...
Ich habe abge-lehnt.
Ich wusste, dass ihr bei-den das nicht verkraften würdet.
Eine weitere Bedingung war, dass er die Knochen nicht zurückgibt.
Wahrscheinlich dachte er, dass er uns dann immer wieder erpressen könnte.

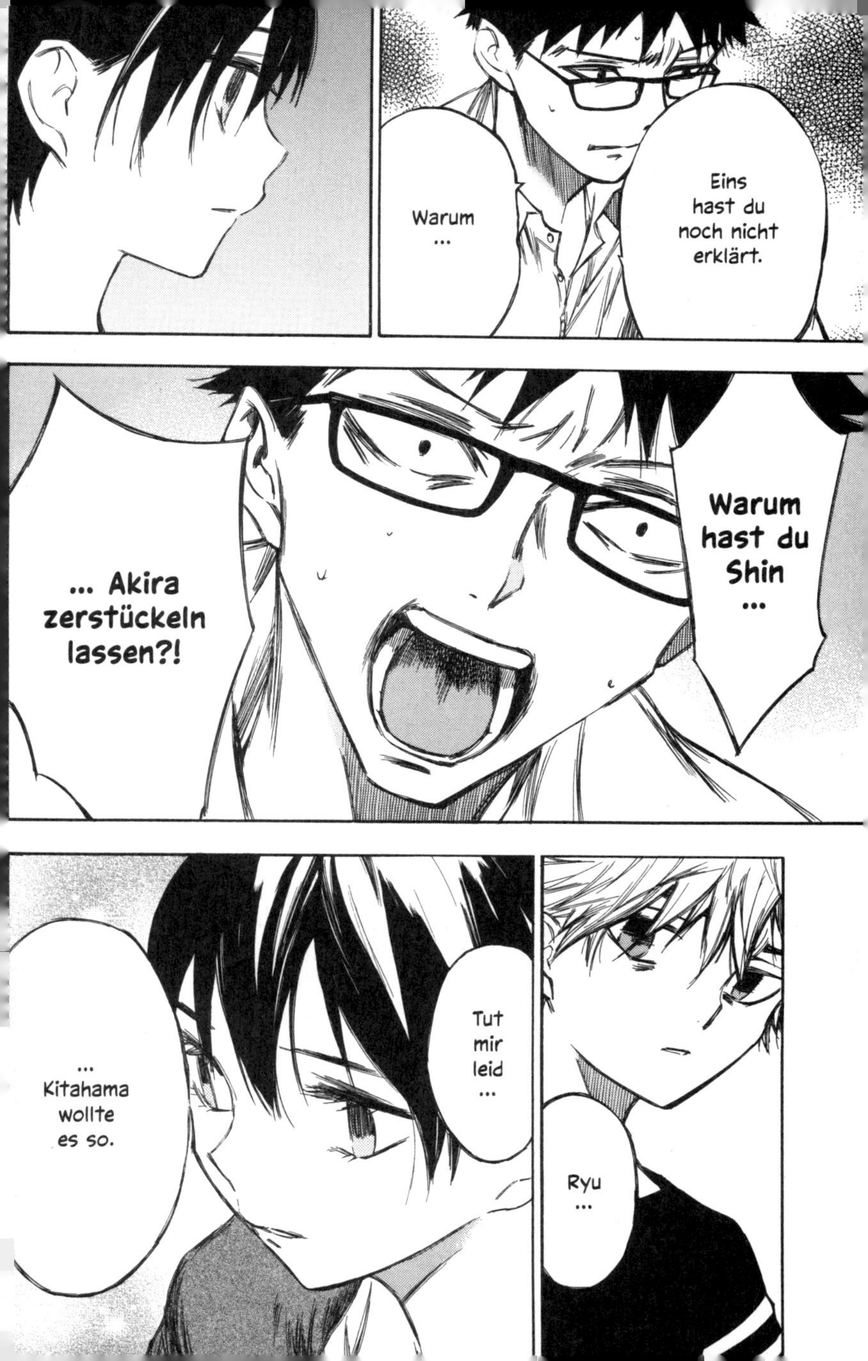
Eins hast du noch nicht erklärt.
Warum ...
Warum hast du Shin ...
... Akira zerstückeln lassen?!
Ryu ...
Tut mir leid ...
... Kitahama wollte es so.

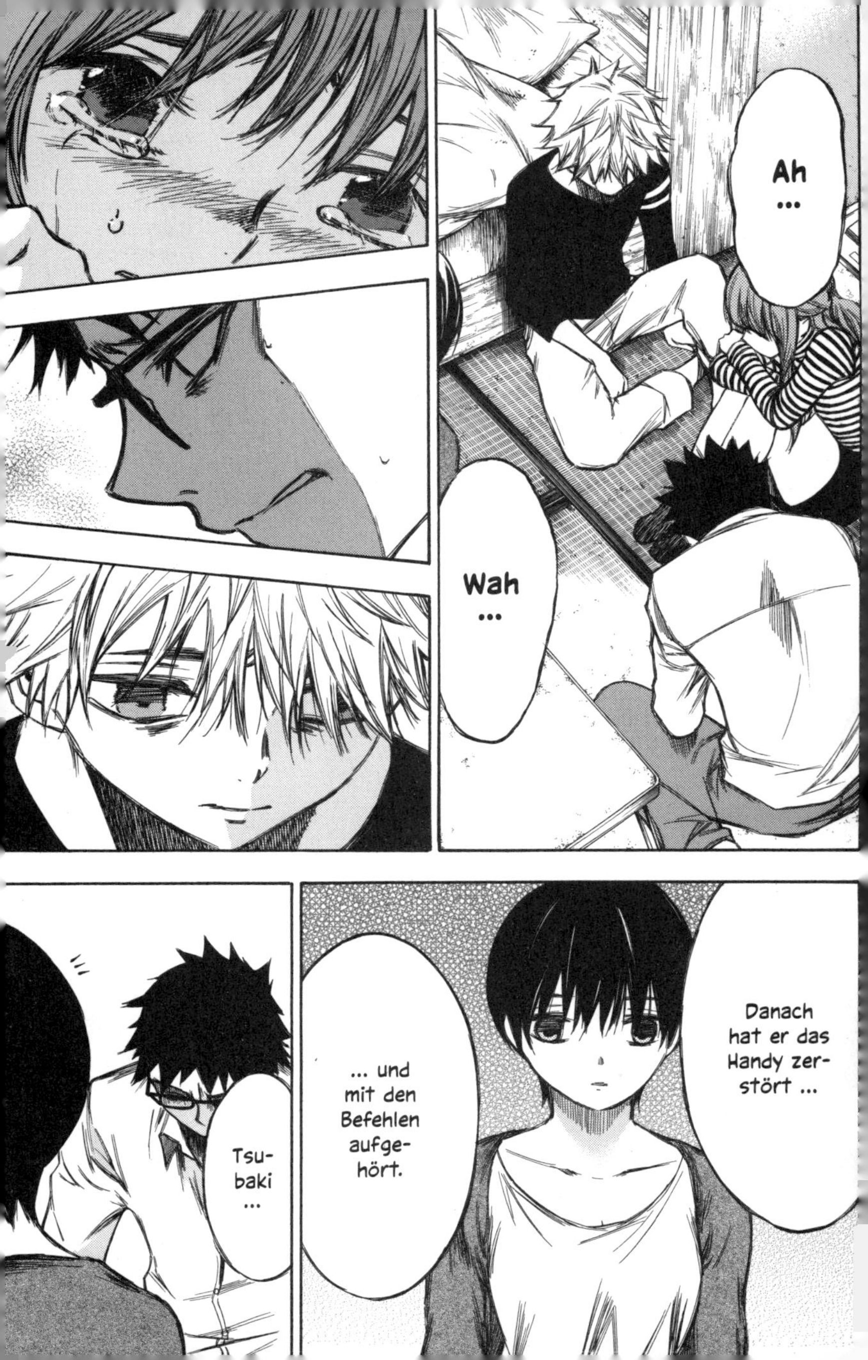
Ah ...
Wah ...
Danach hat er das Handy zer-stört ...
... und mit den Befehlen aufge-hört.
Tsu-baki ...

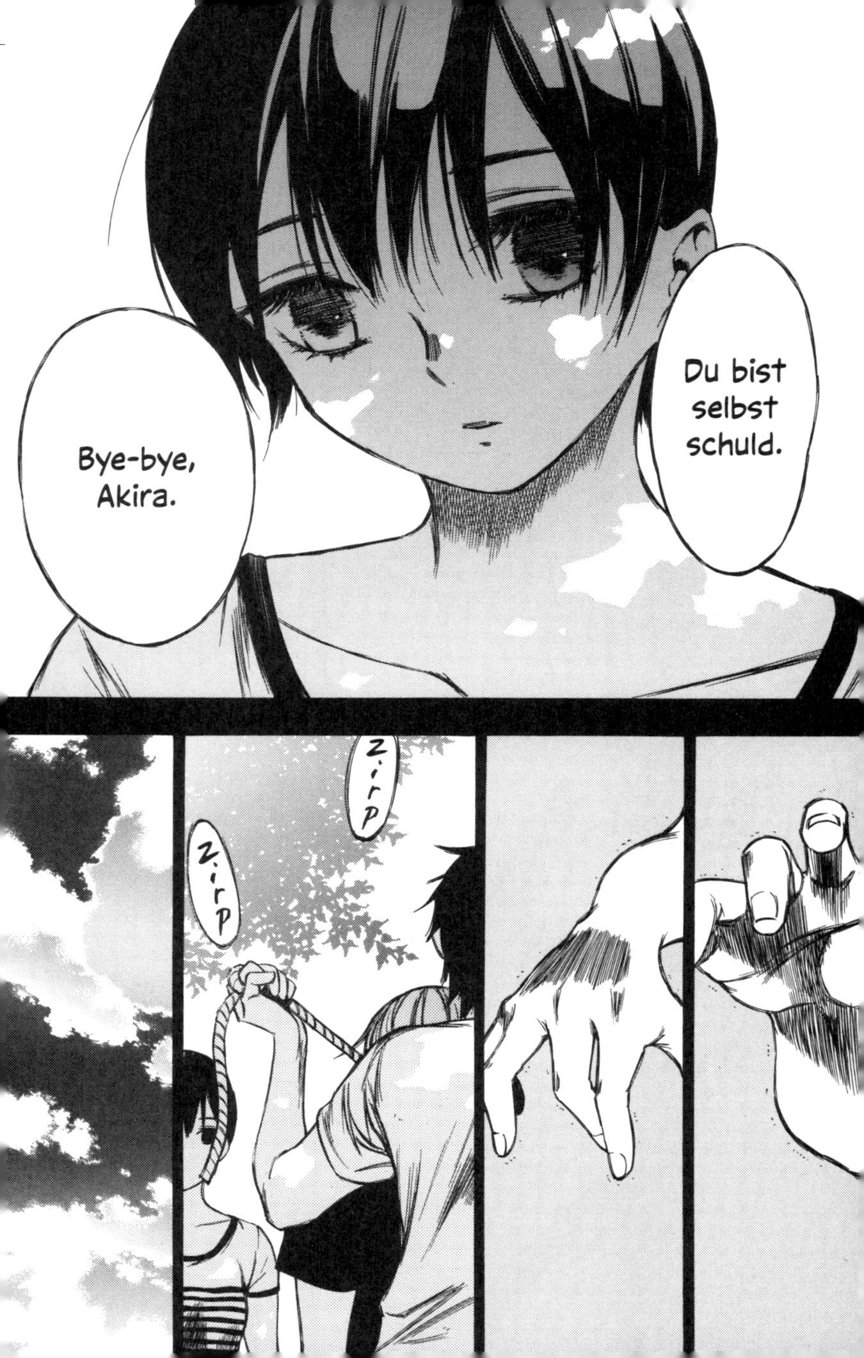
Du bist selbst schuld.
Bye-bye, Akira.
Zirp
Zirp

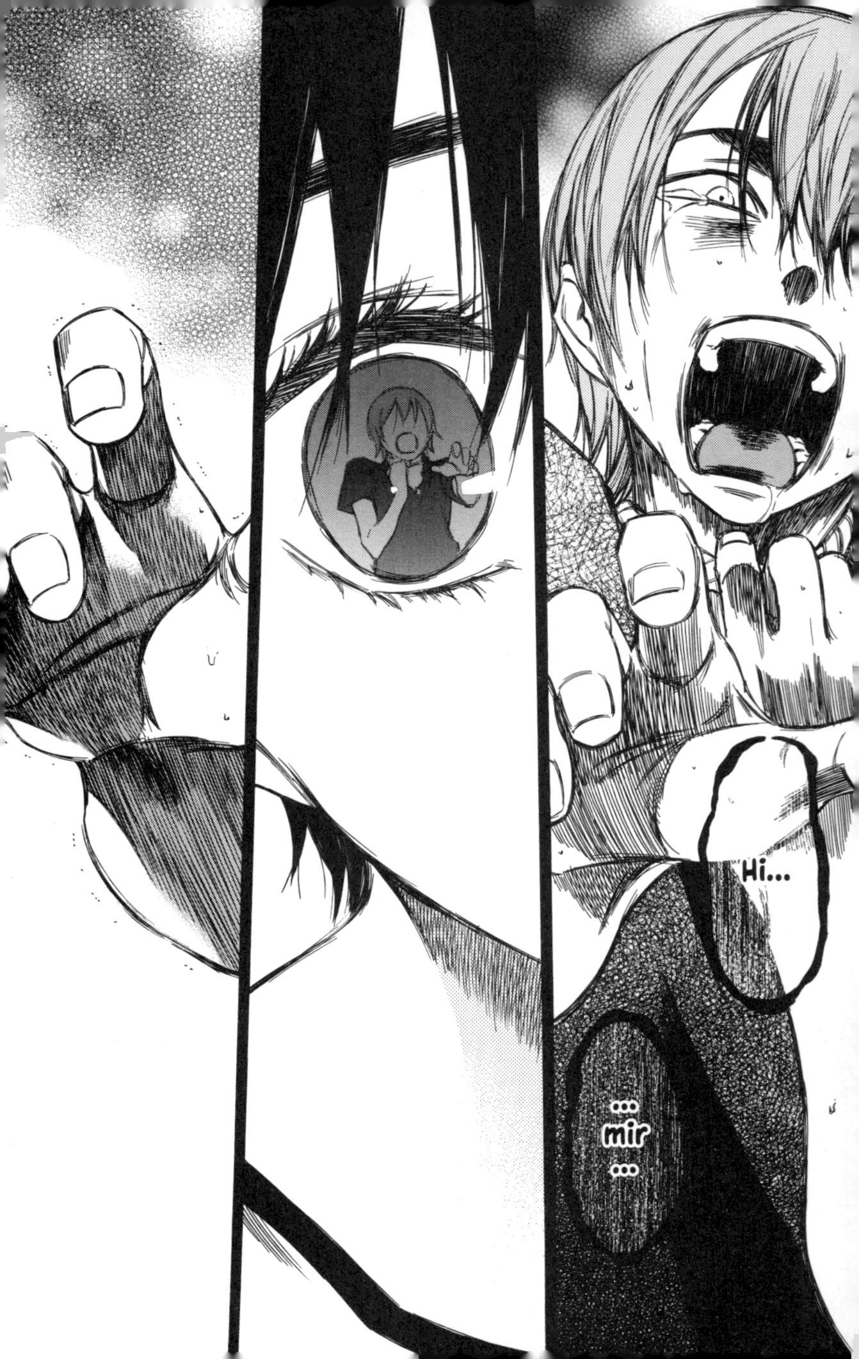
Hi...
...mir...

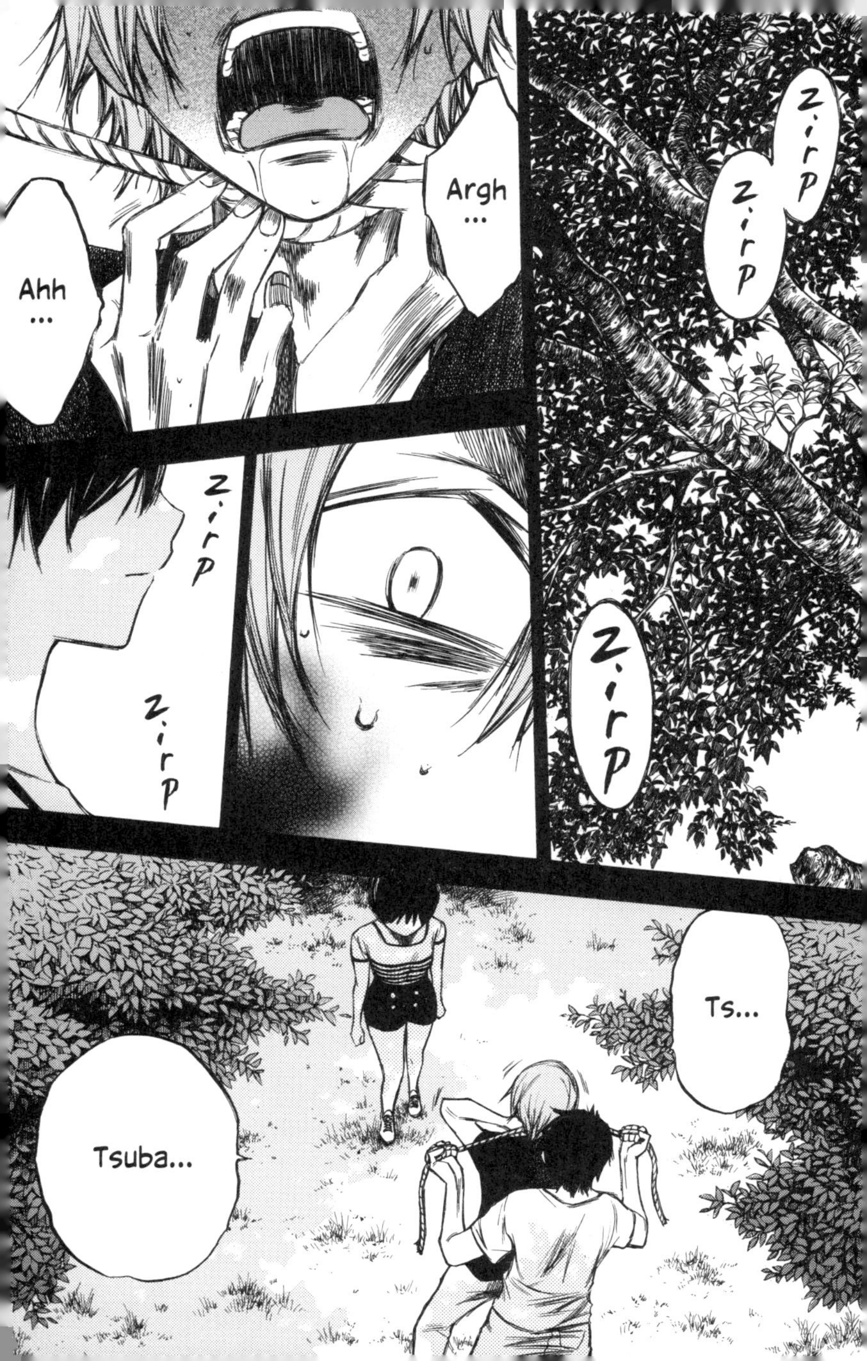
Zirp
Zirp
Argh...
Ahh...
Zirp
Zirp
Zirp
Ts...
Tsuba...

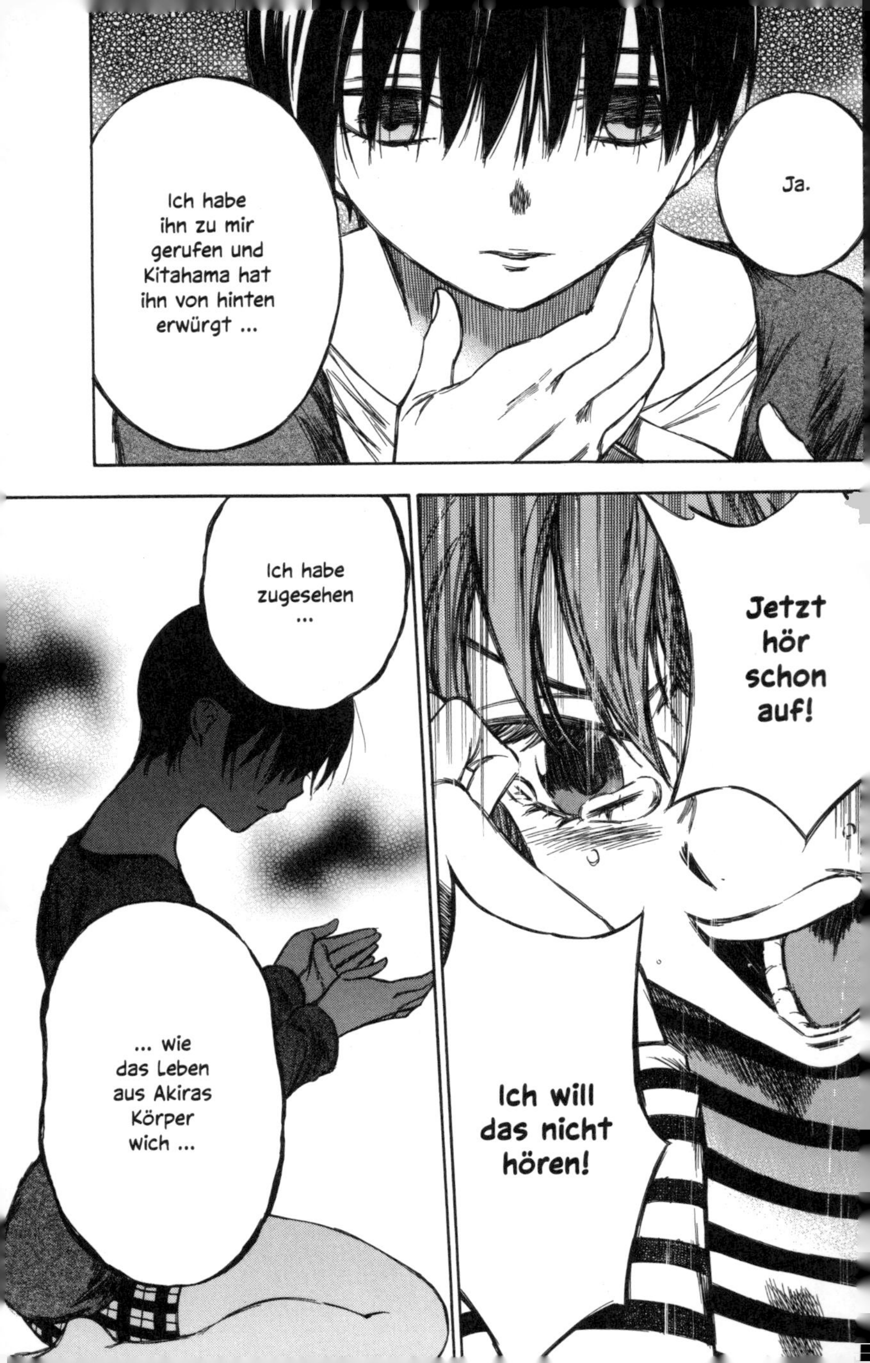
Ja.
Ich habe ihn zu mir gerufen und Kitahama hat ihn von hinten erwürgt ...
Jetzt hör schon auf!
Ich will das nicht hören!
Ich habe zugesehen ...
... wie das Leben aus Akiras Körper wich ...

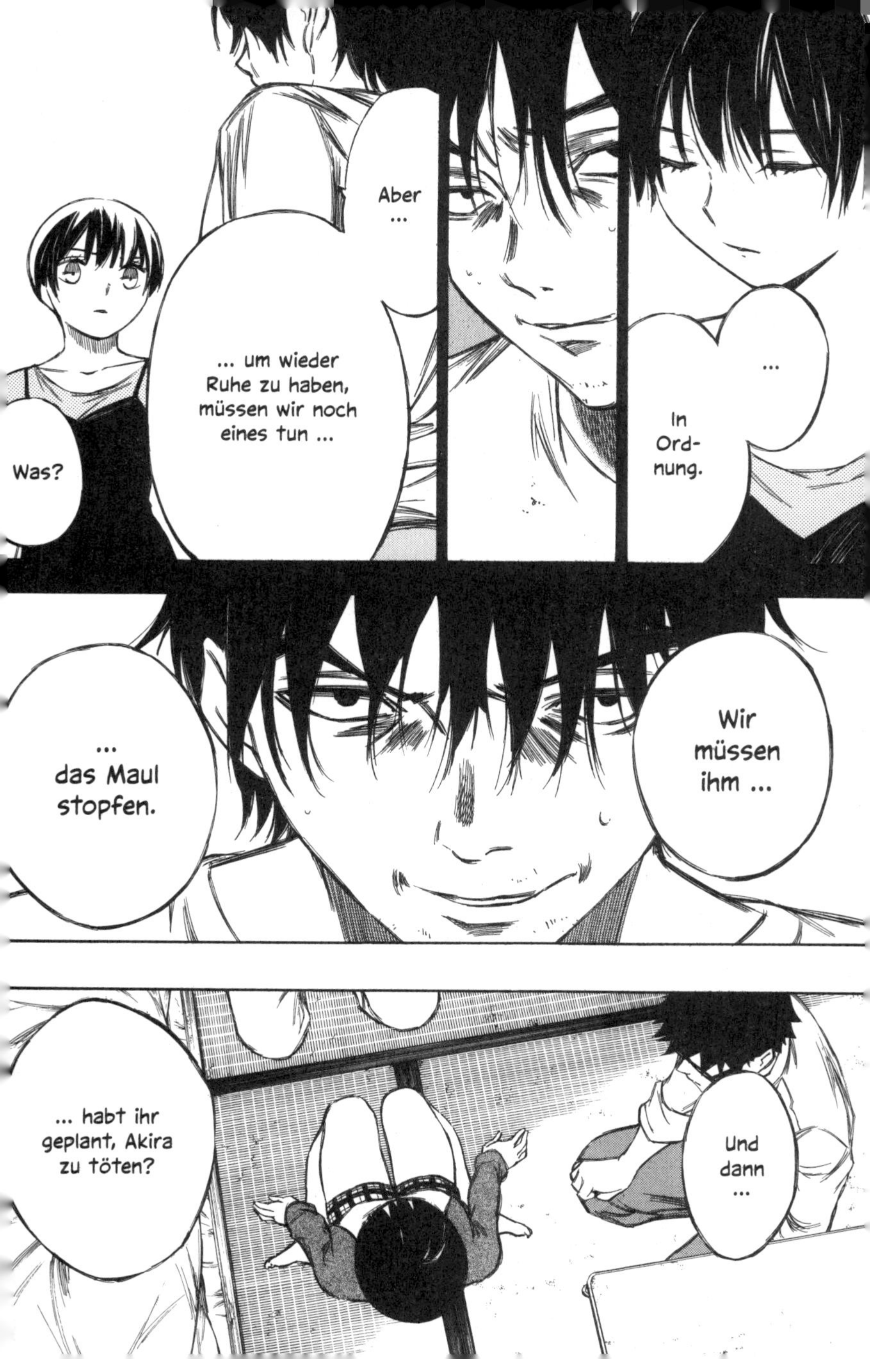
... In Ordnung.
Aber ...
... um wieder Ruhe zu haben, müssen wir noch eines tun ...
Was?
Wir müssen ihm ...
... das Maul stopfen.
Und dann ...
... habt ihr geplant, Akira zu töten?

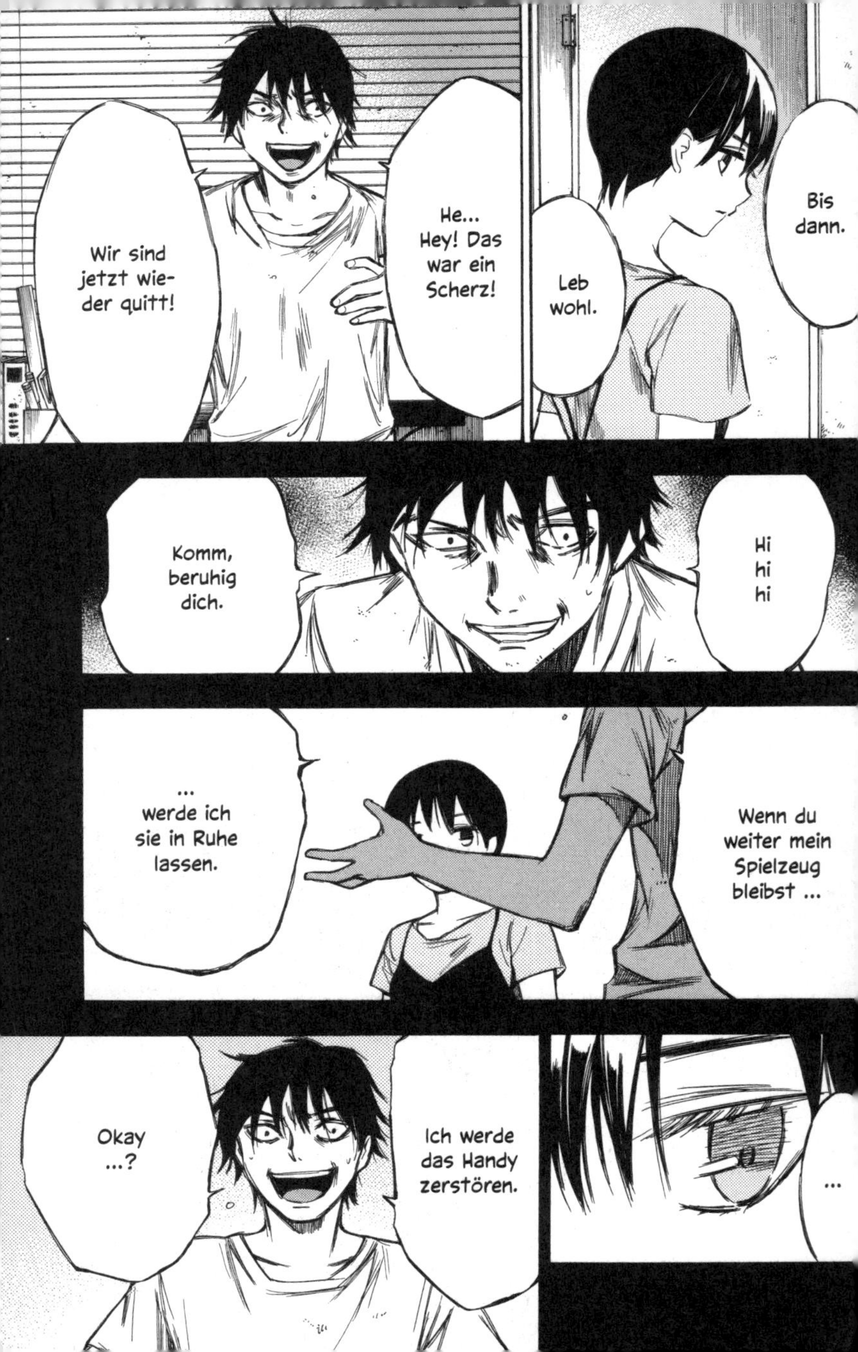
Bis dann.
Leb wohl.
He... Hey! Das war ein Scherz!
Wir sind jetzt wie-der quitt!
Hi hi hi
Komm, beruhig dich.
Wenn du weiter mein Spielzeug bleibst ...
... werde ich sie in Ruhe lassen.
...
Ich werde das Handy zerstören.
Okay ...?

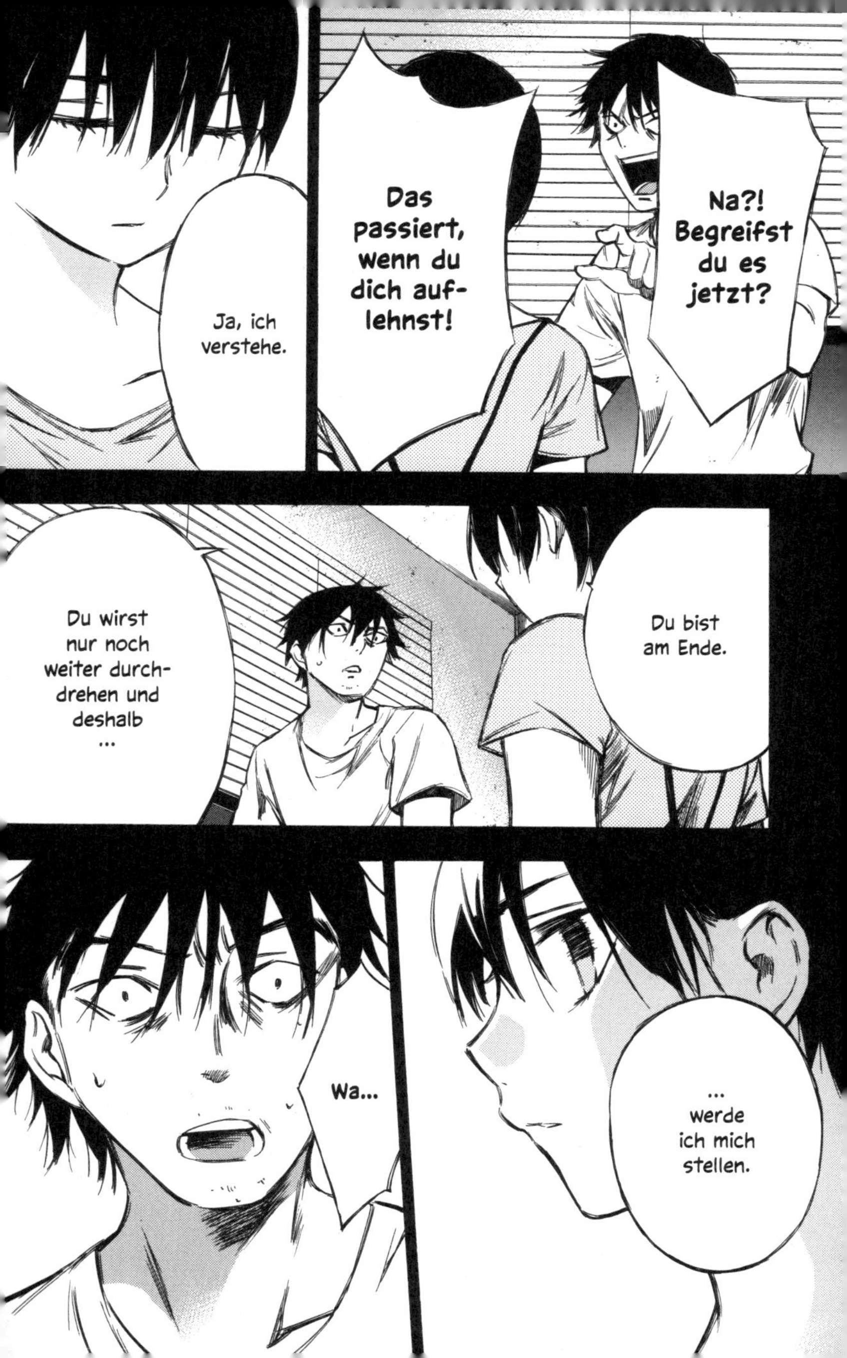
Na?! Begreifst du es jetzt?
Das passiert, wenn du dich auf-lehnst!
Ja, ich verstehe.
Du bist am Ende.
Du wirst nur noch weiter durch-drehen und deshalb ...
... werde ich mich stellen.
Wa...

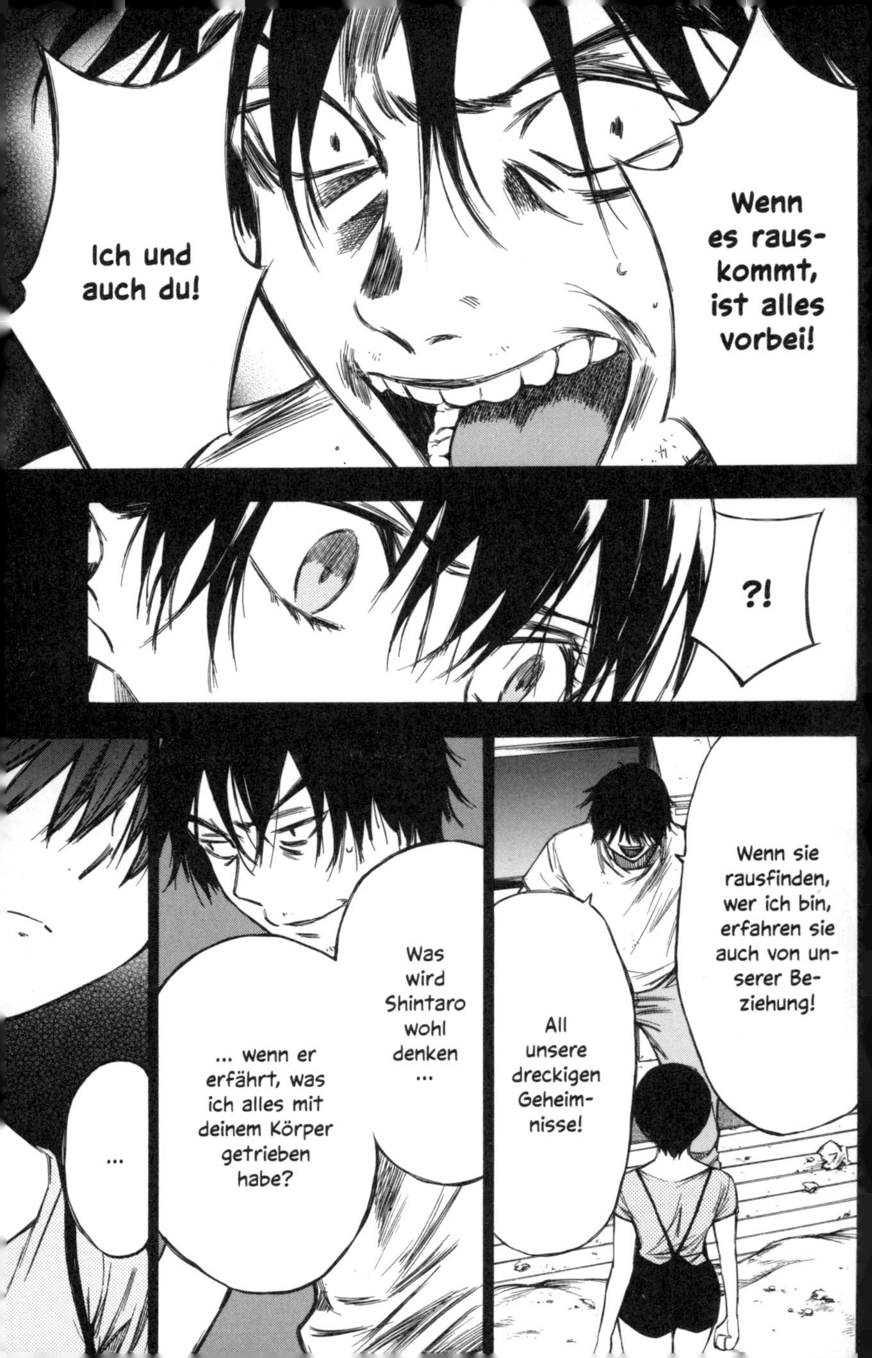
Wenn es rauskommt, ist alles vorbei!
Ich und auch du!
?!
Wenn sie rausfinden, wer ich bin, erfahren sie auch von unserer Beziehung!
All unsere dreckigen Geheimnisse!
Was wird Shintaro wohl denken ...
... wenn er erfährt, was ich alles mit deinem Körper getrieben habe?
...

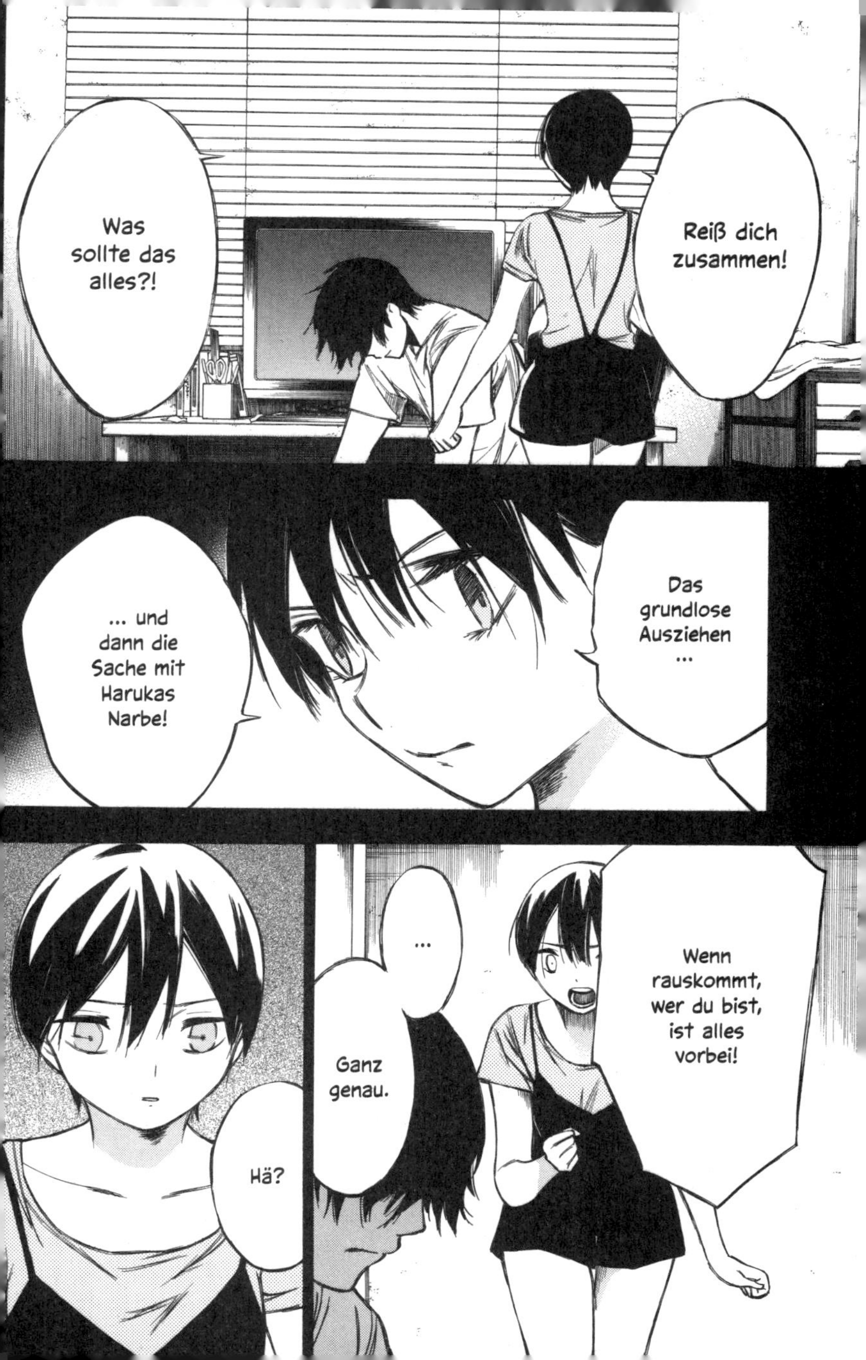
Reiß dich zusammen!
Was sollte das alles?!
Das grundlose Ausziehen ...
... und dann die Sache mit Harukas Narbe!
Wenn rauskommt, wer du bist, ist alles vorbei!
...
Ganz genau.
Hä?

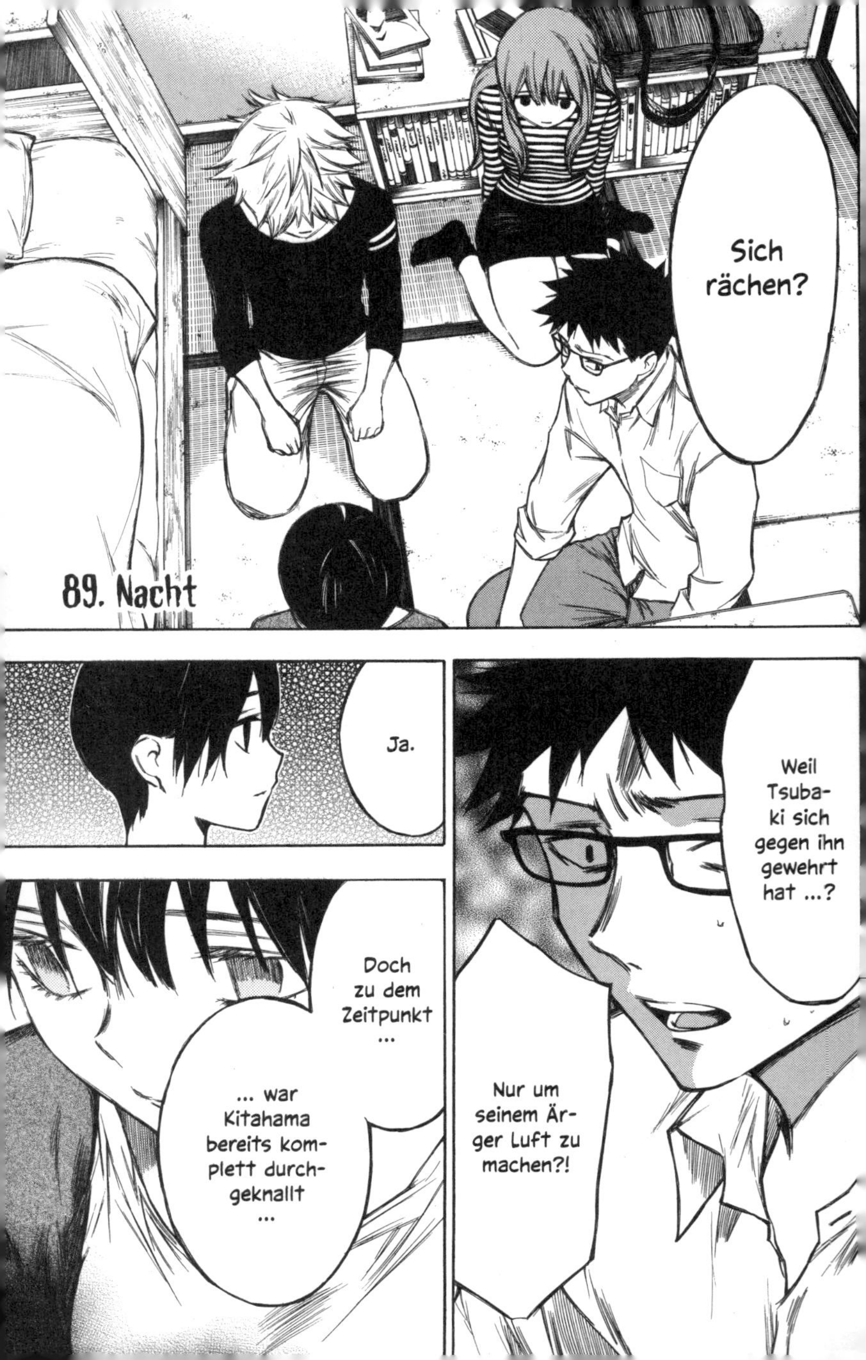
89. Nacht
Sich rächen?
Weil Tsubaki sich gegen ihn gewehrt hat ...?
Nur um seinem Ärger Luft zu machen?!
Ja.
Doch zu dem Zeitpunkt ...
... war Kitahama bereits komplett durchgeknallt ...

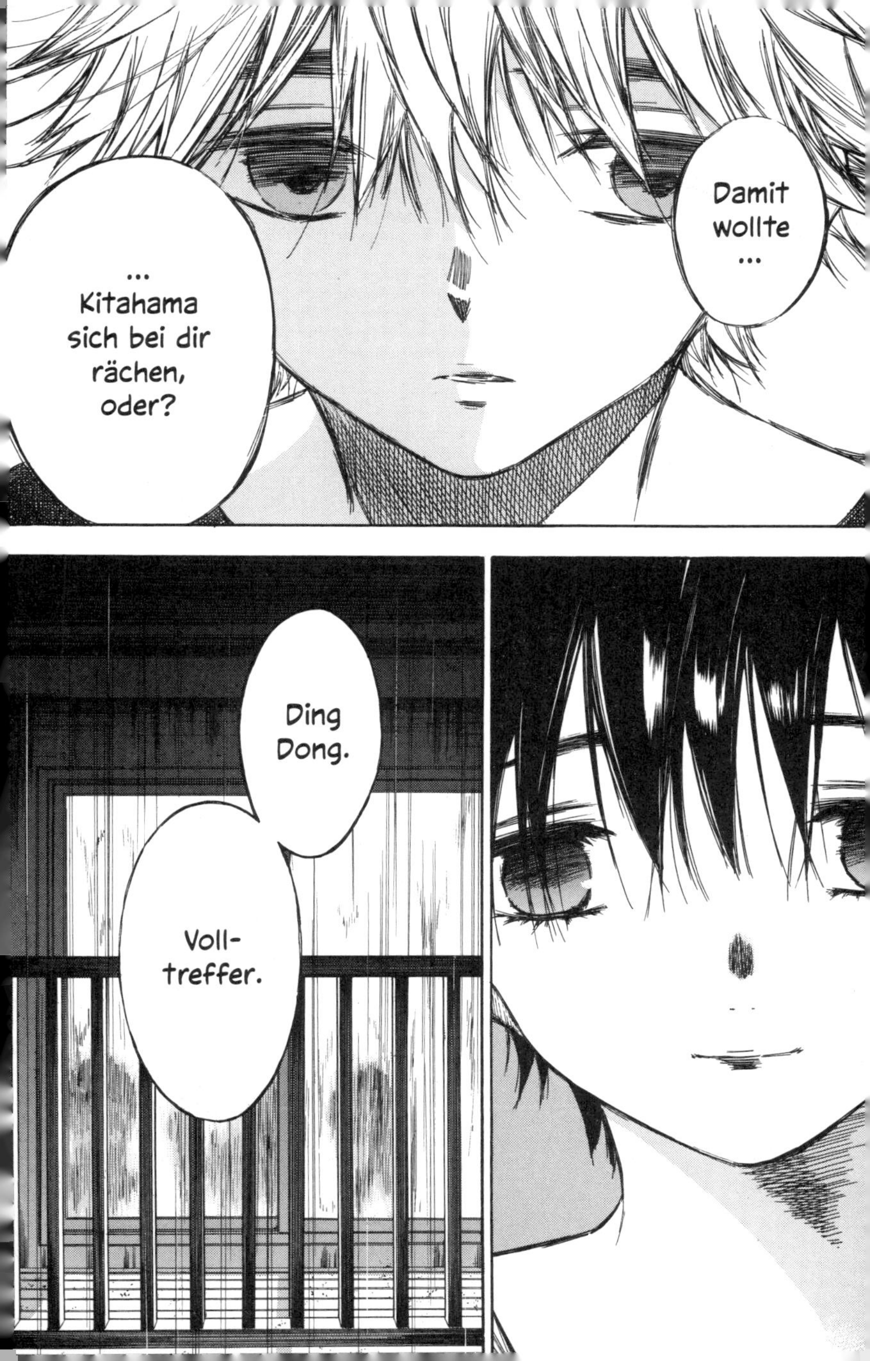
Damit wollte ...
... Kitahama sich bei dir rächen, oder?
Ding Dong.
Voll-treffer.

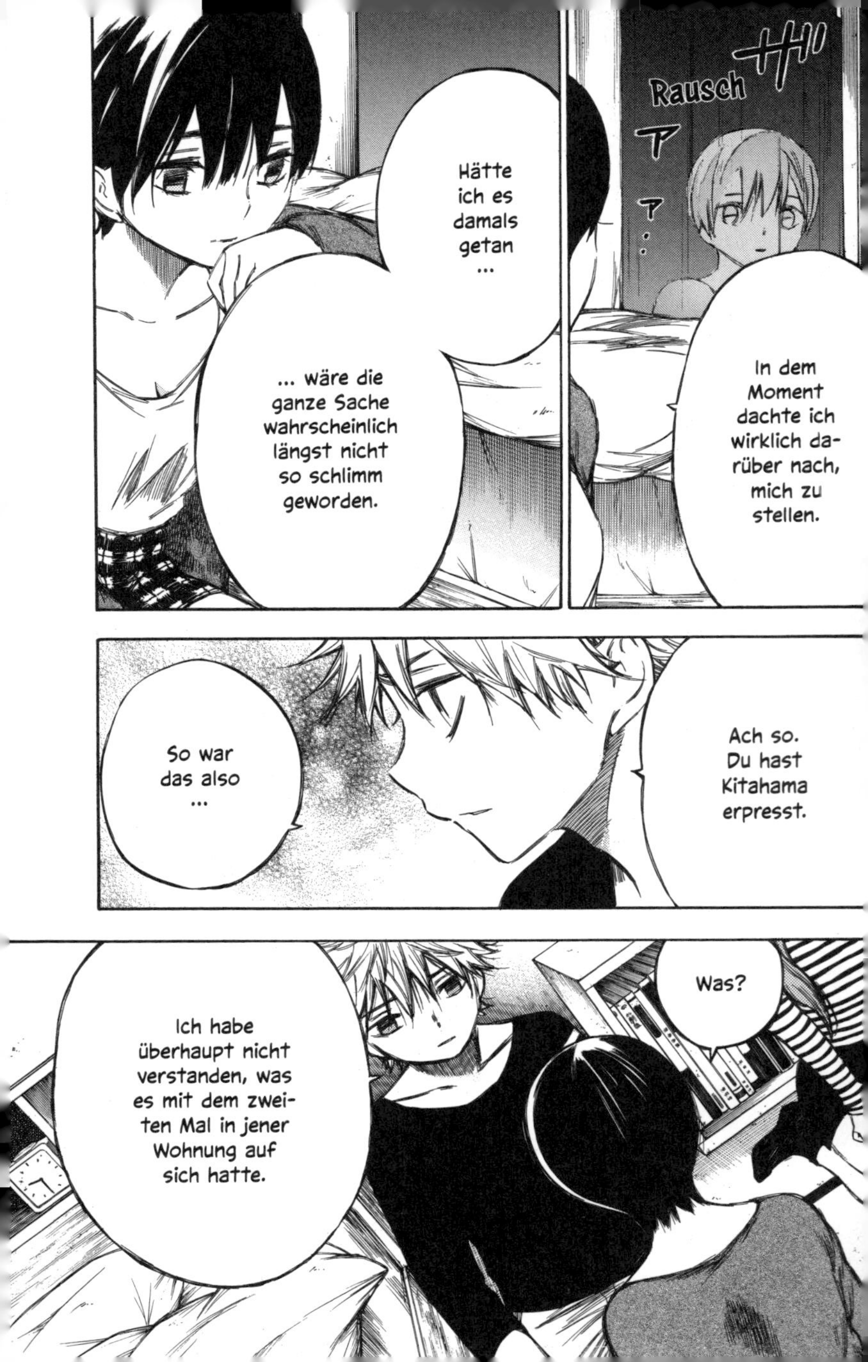
Rausch
In dem Moment dachte ich wirklich darüber nach, mich zu stellen.
Hätte ich es damals getan ...
... wäre die ganze Sache wahrscheinlich längst nicht so schlimm geworden.
Ach so. Du hast Kitahama erpresst.
So war das also ...
Was?
Ich habe überhaupt nicht verstanden, was es mit dem zweiten Mal in jener Wohnung auf sich hatte.

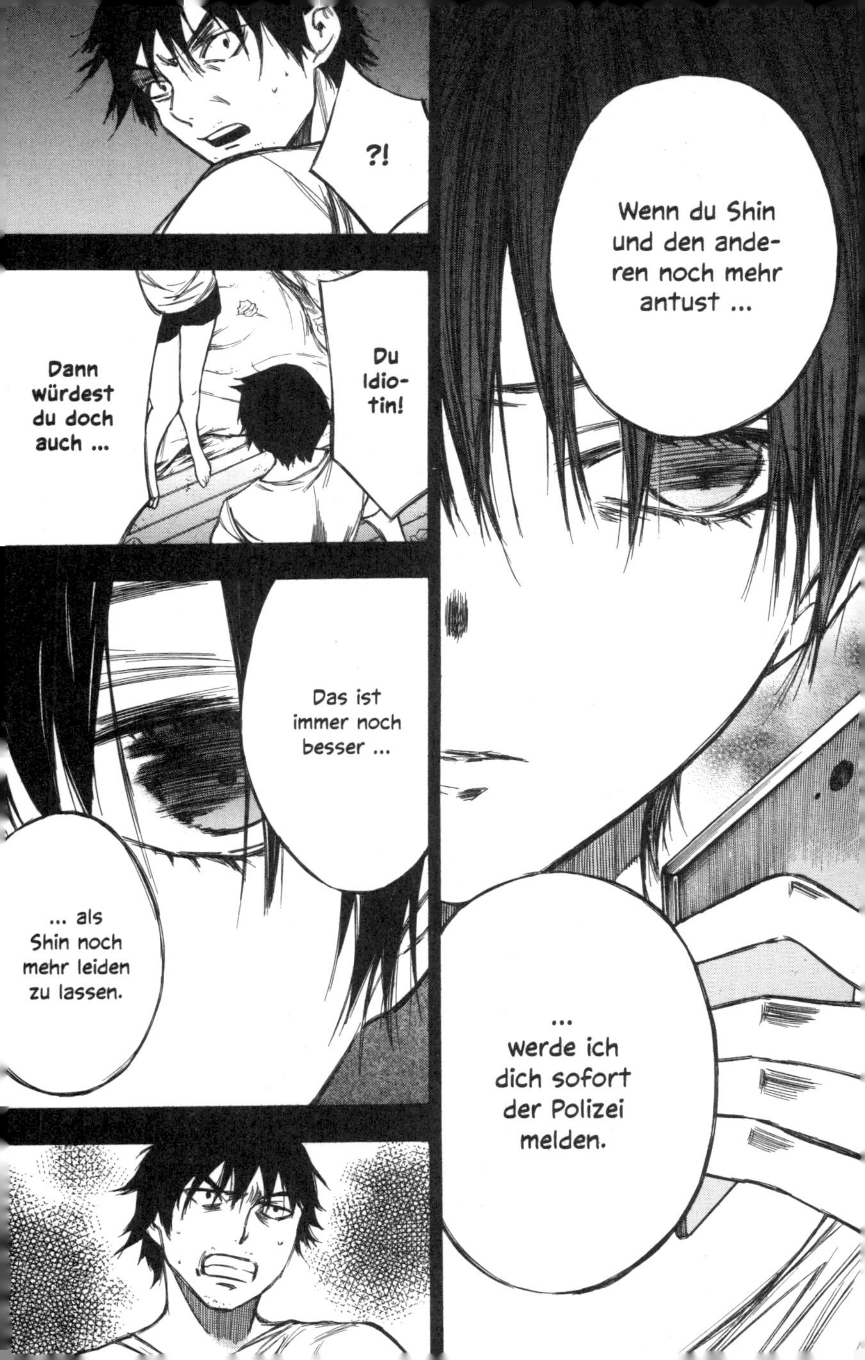
Wenn du Shin und den anderen noch mehr antust ...
?!
Du Idiotin!
Dann würdest du doch auch ...
Das ist immer noch besser ...
... als Shin noch mehr leiden zu lassen.
... werde ich dich sofort der Polizei melden.

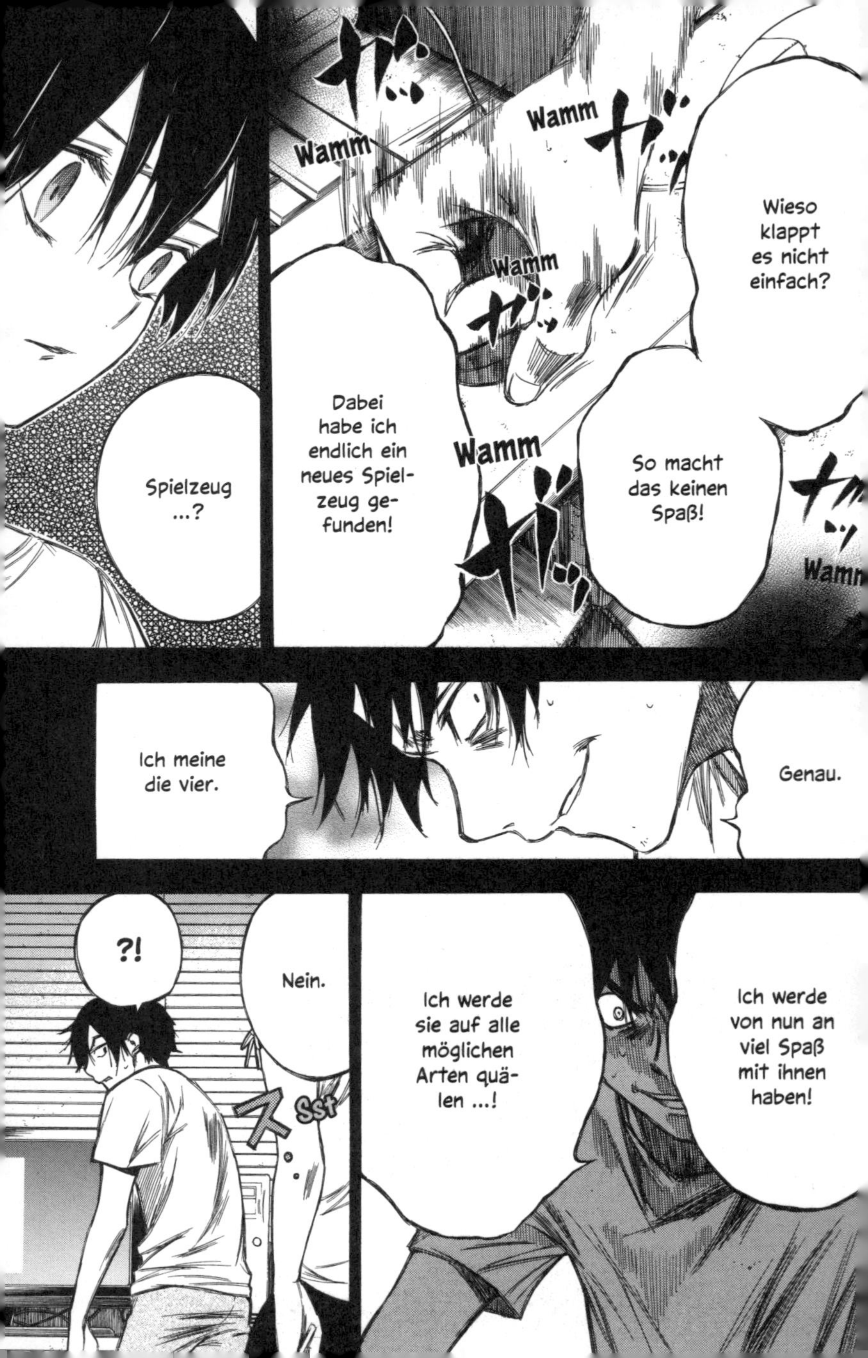

Wamm
Wamm
Wieso klappt es nicht einfach?
Wamm
Dabei habe ich endlich ein neues Spielzeug gefunden!
Wamm
So macht das keinen Spaß!
Wamm
Spielzeug ...?
Genau.
Ich meine die vier.
Ich werde von nun an viel Spaß mit ihnen haben!
Ich werde sie auf alle möglichen Arten quälen ...!
Nein.
Sst
?!

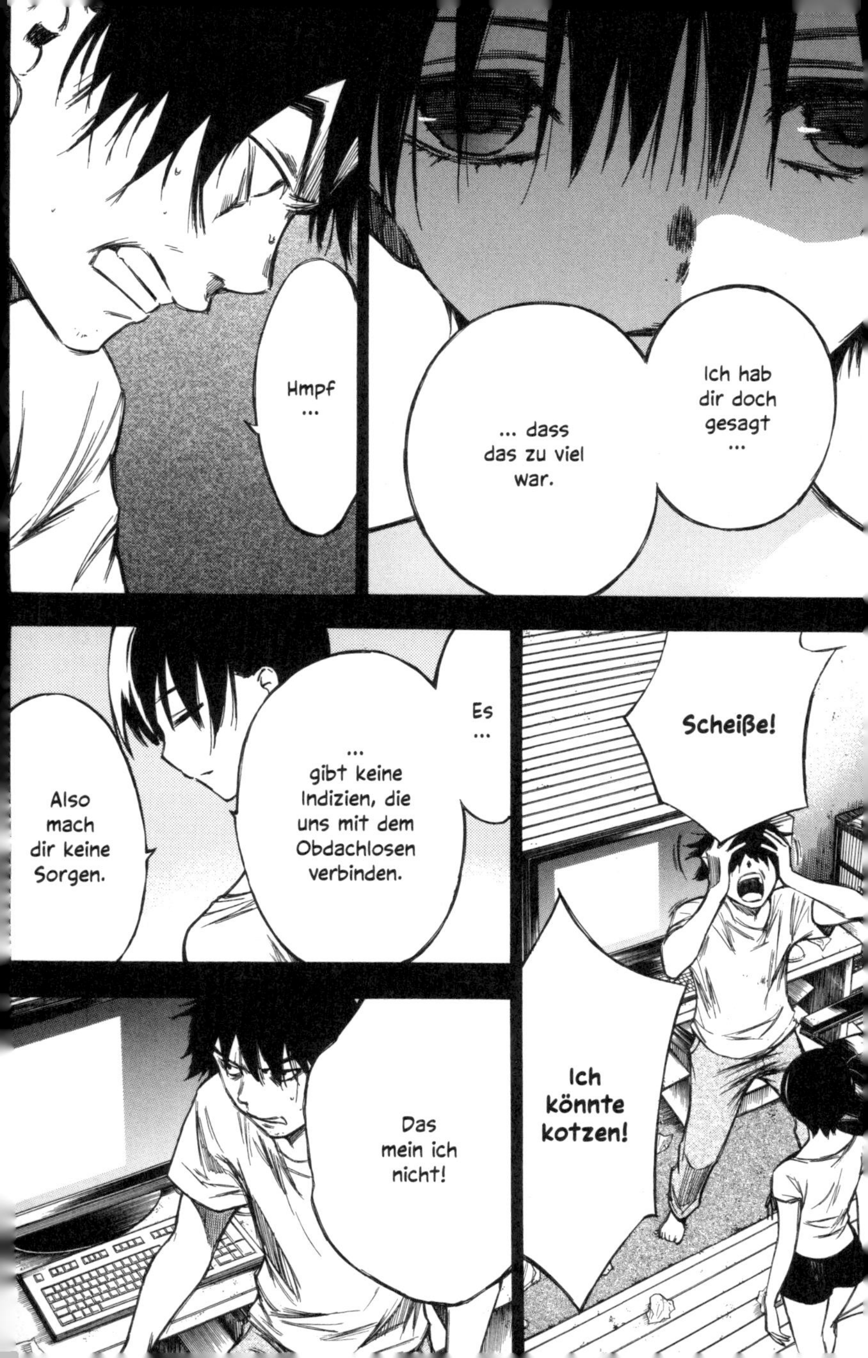
Ich hab dir doch gesagt ...
... dass das zu viel war.
Hmpf ...
Es ...
... gibt keine Indizien, die uns mit dem Obdachlosen verbinden.
Also mach dir keine Sorgen.
Das mein ich nicht!
Scheiße!
Ich könnte kotzen!

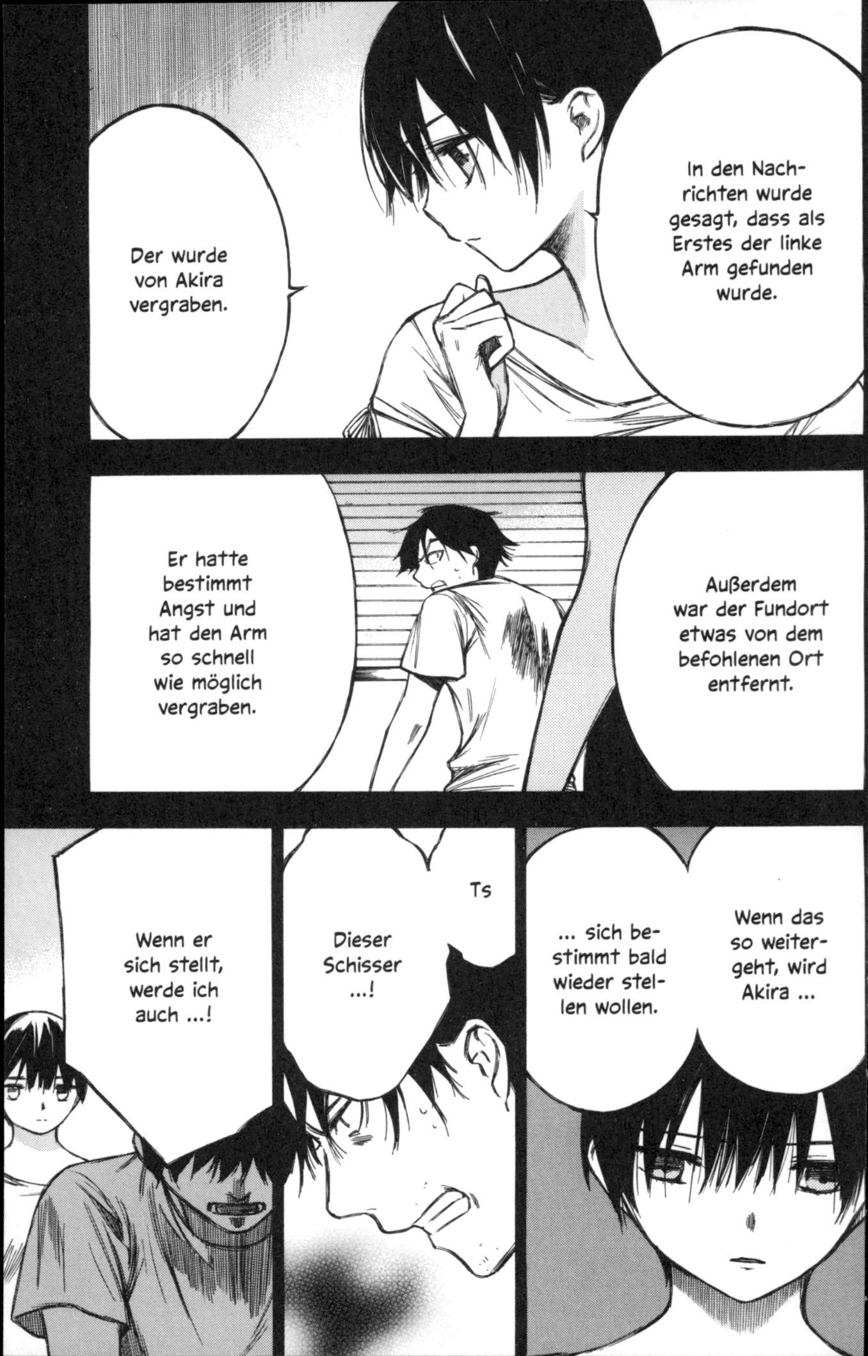
In den Nachrichten wurde gesagt, dass als Erstes der linke Arm gefunden wurde.
Der wurde von Akira vergraben.
Außerdem war der Fundort etwas von dem befohlenen Ort entfernt.
Er hatte bestimmt Angst und hat den Arm so schnell wie möglich vergraben.
Wenn das so weitergeht, wird Akira ...
... sich bestimmt bald wieder stellen wollen.
Ts
Dieser Schisser ...!
Wenn er sich stellt, werde ich auch ...!

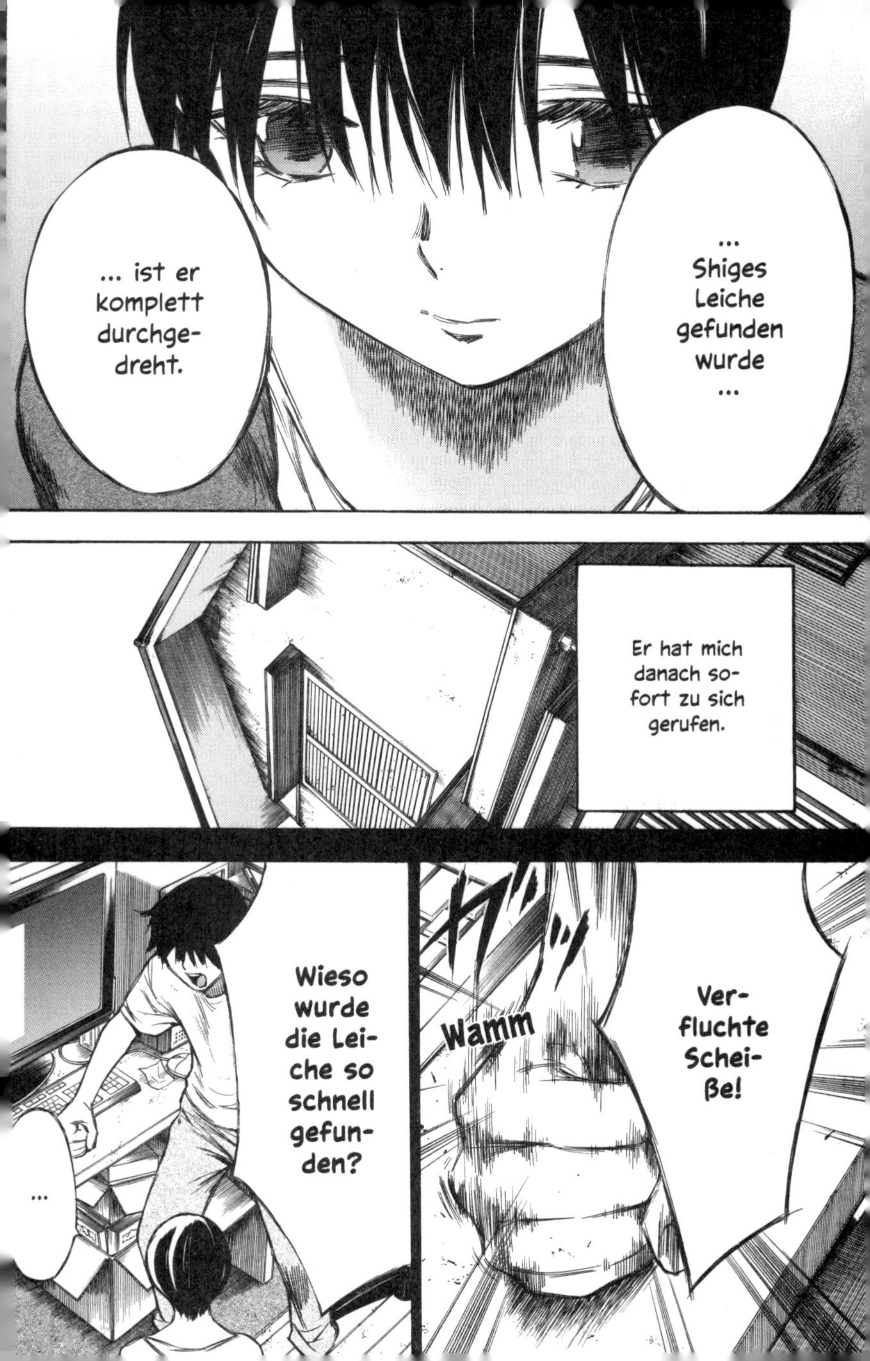
... Shiges Leiche gefunden wurde ...
... ist er komplett durchgedreht.
Er hat mich danach sofort zu sich gerufen.
Verfluchte Scheiße!
Wamm
Wieso wurde die Leiche so schnell gefunden?
...

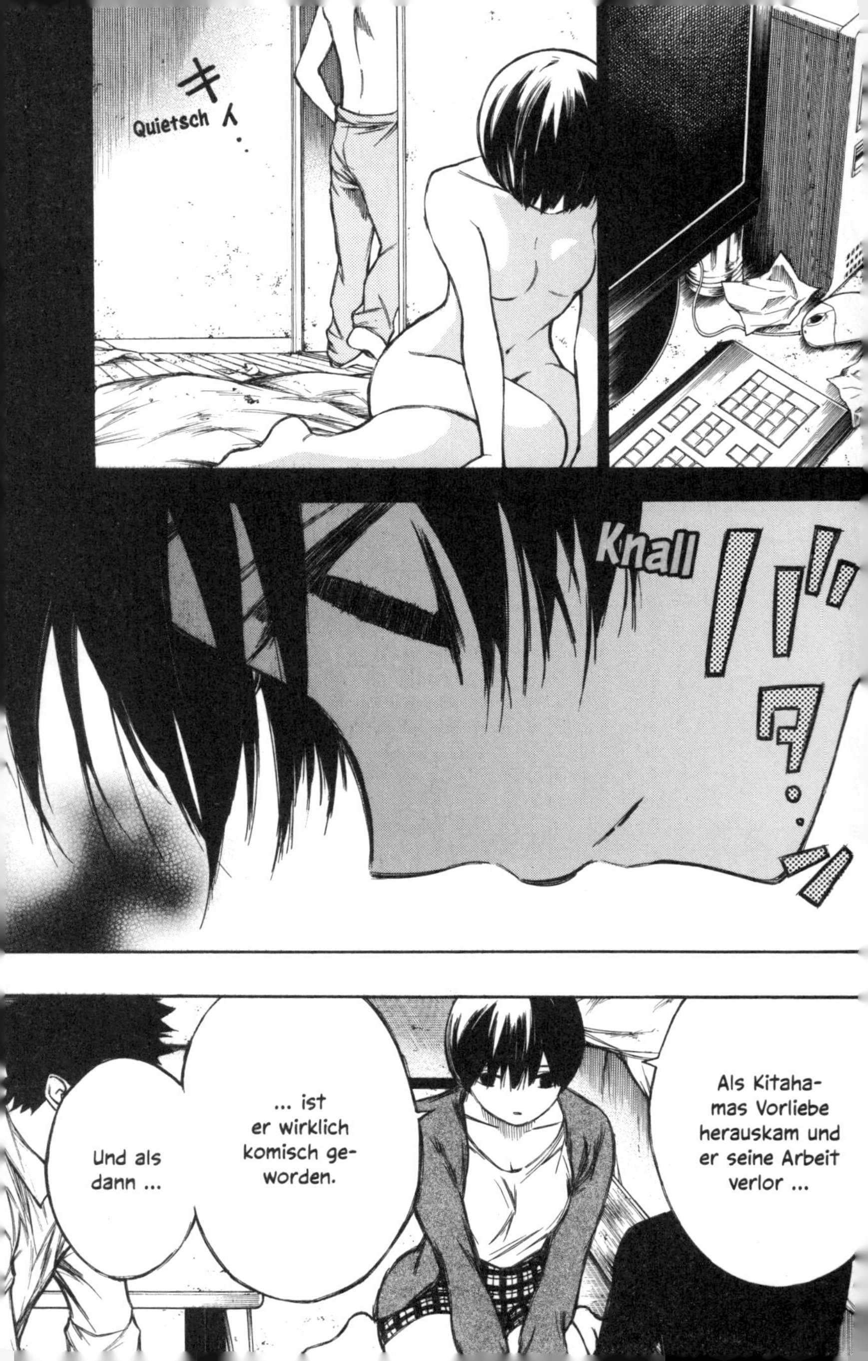

Quietsch キィ
Knall バタン
Als Kitahamas Vorliebe herauskam und er seine Arbeit verlor ...
... ist er wirklich komisch geworden.
Und als dann ...

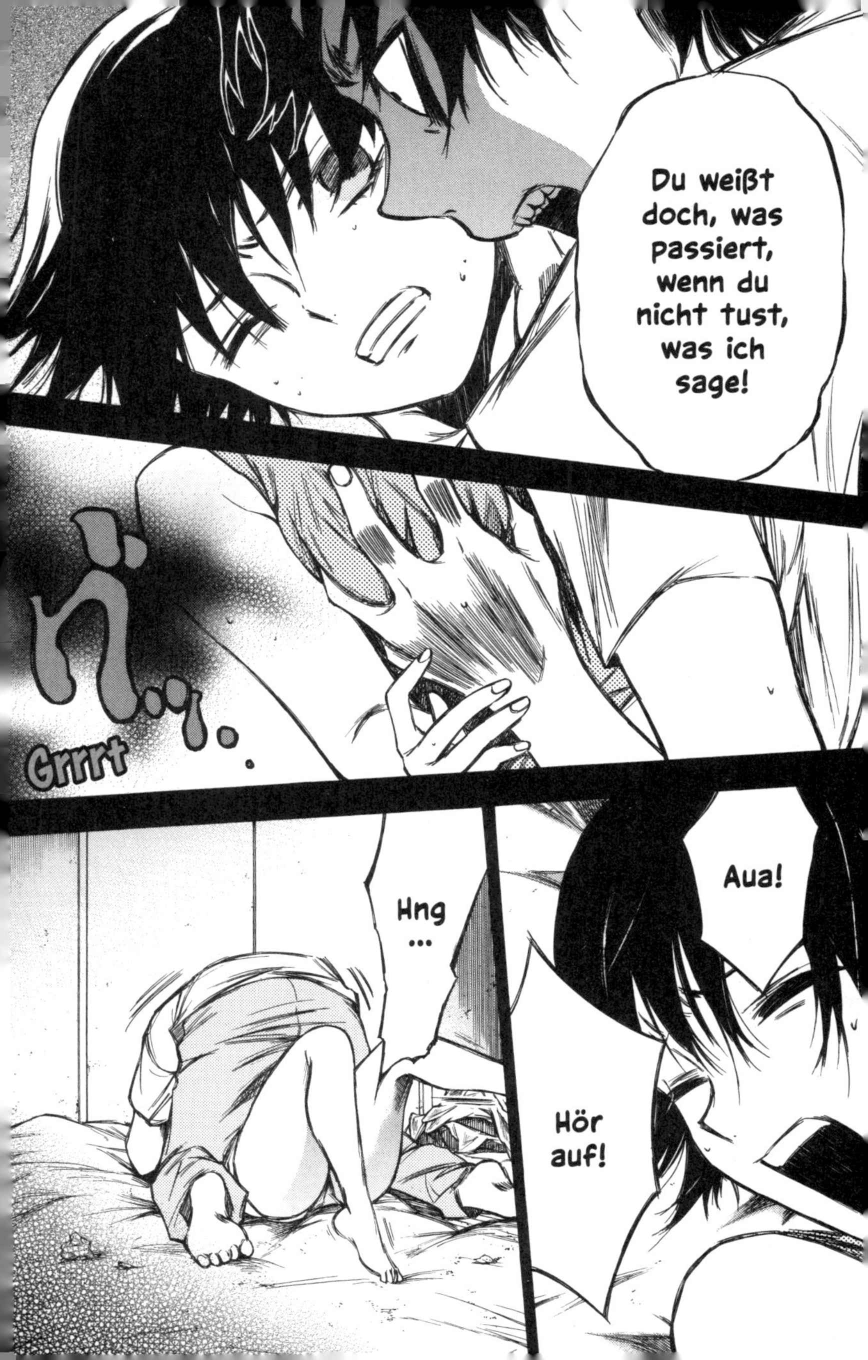
Du weißt doch, was passiert, wenn du nicht tust, was ich sage!
Grrrt
Aua!
Hör auf!
Hng …

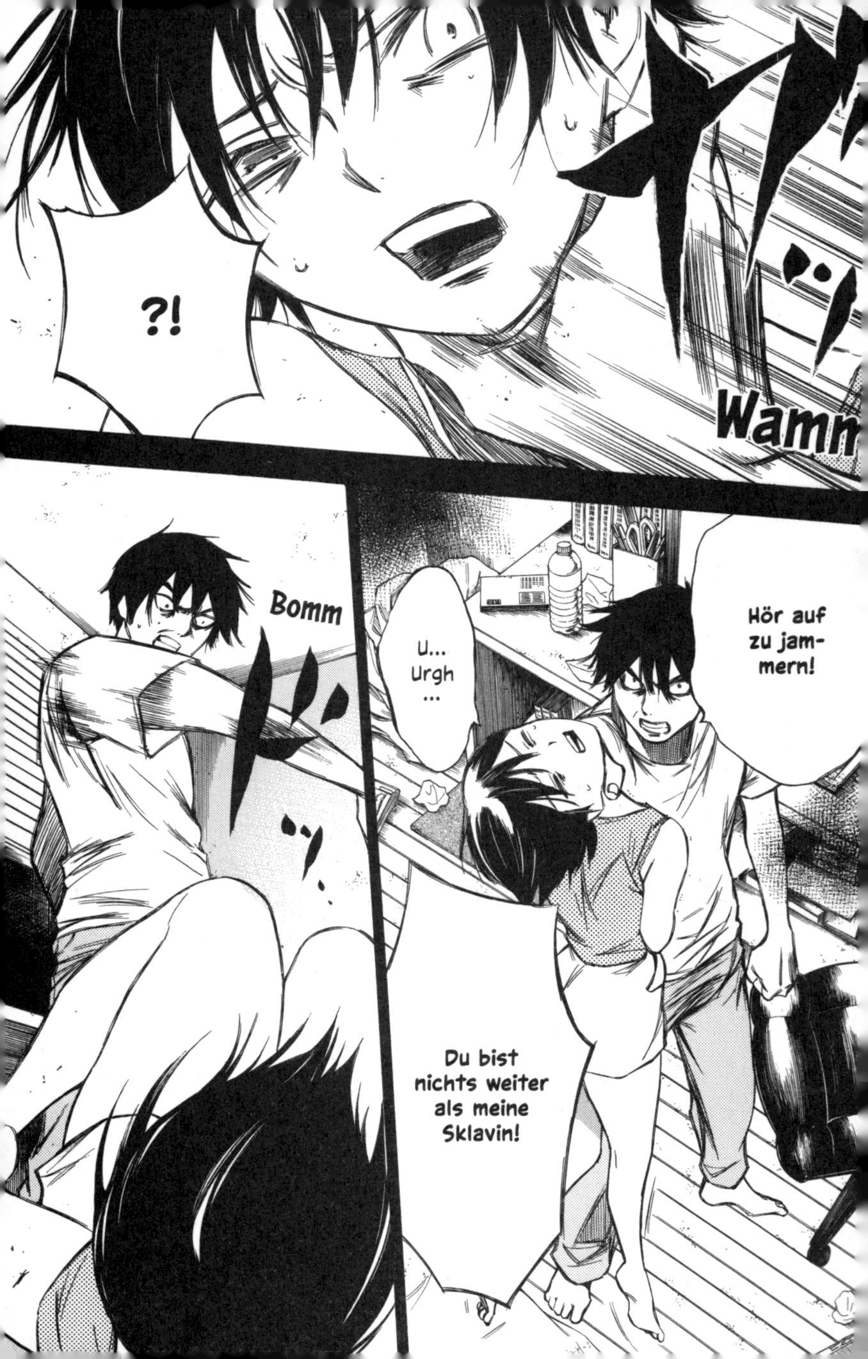
?!
Wamm
Bomm
Hör auf zu jammern!
U... Urgh ...
Du bist nichts weiter als meine Sklavin!

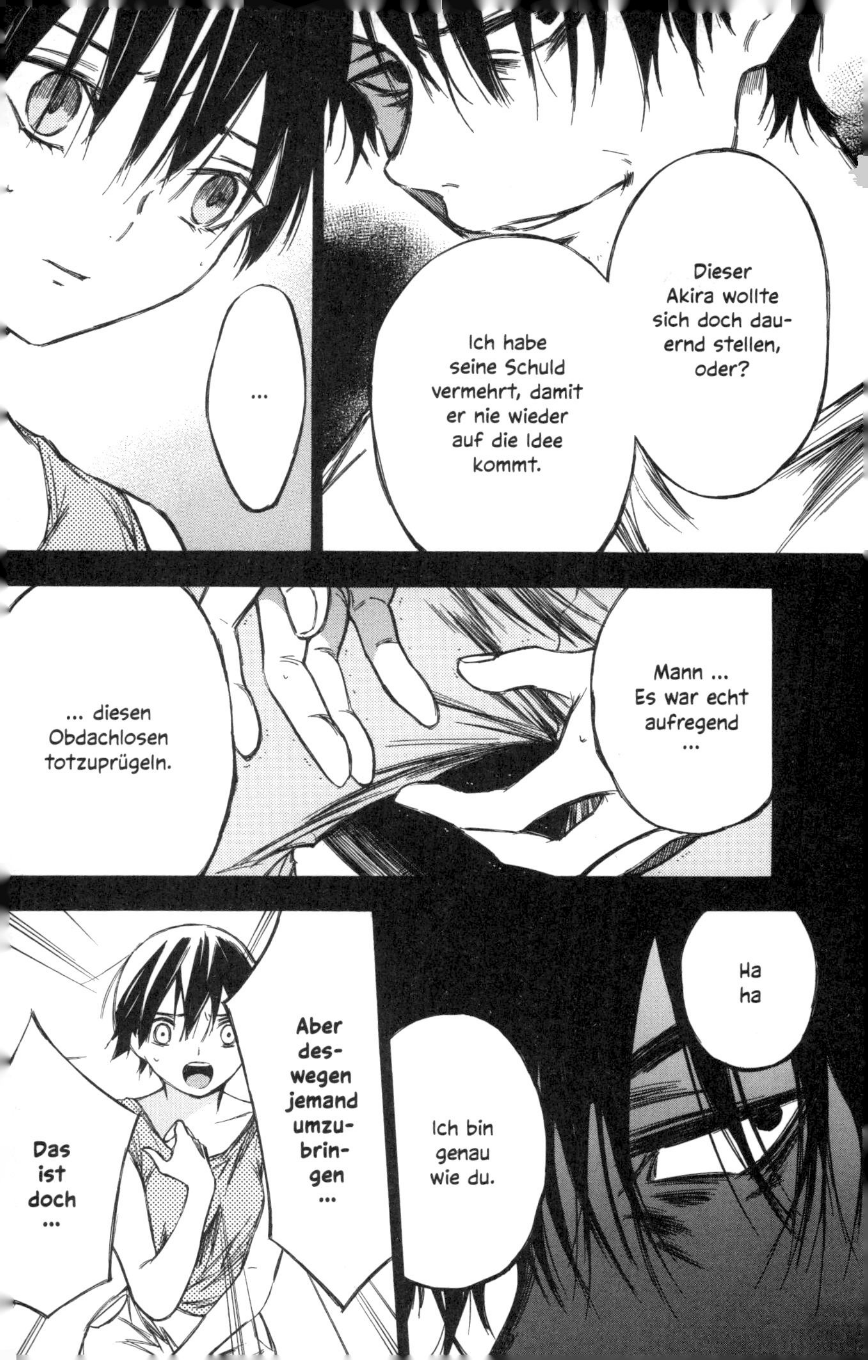
Dieser Akira wollte sich doch dau-ernd stellen, oder?
Ich habe seine Schuld vermehrt, damit er nie wieder auf die Idee kommt.
...
Mann ... Es war echt aufregend ...
... diesen Obdachlosen totzuprügeln.
Ha ha
Ich bin genau wie du.
Aber des-wegen jemand umzu-brin-gen ...
Das ist doch ...

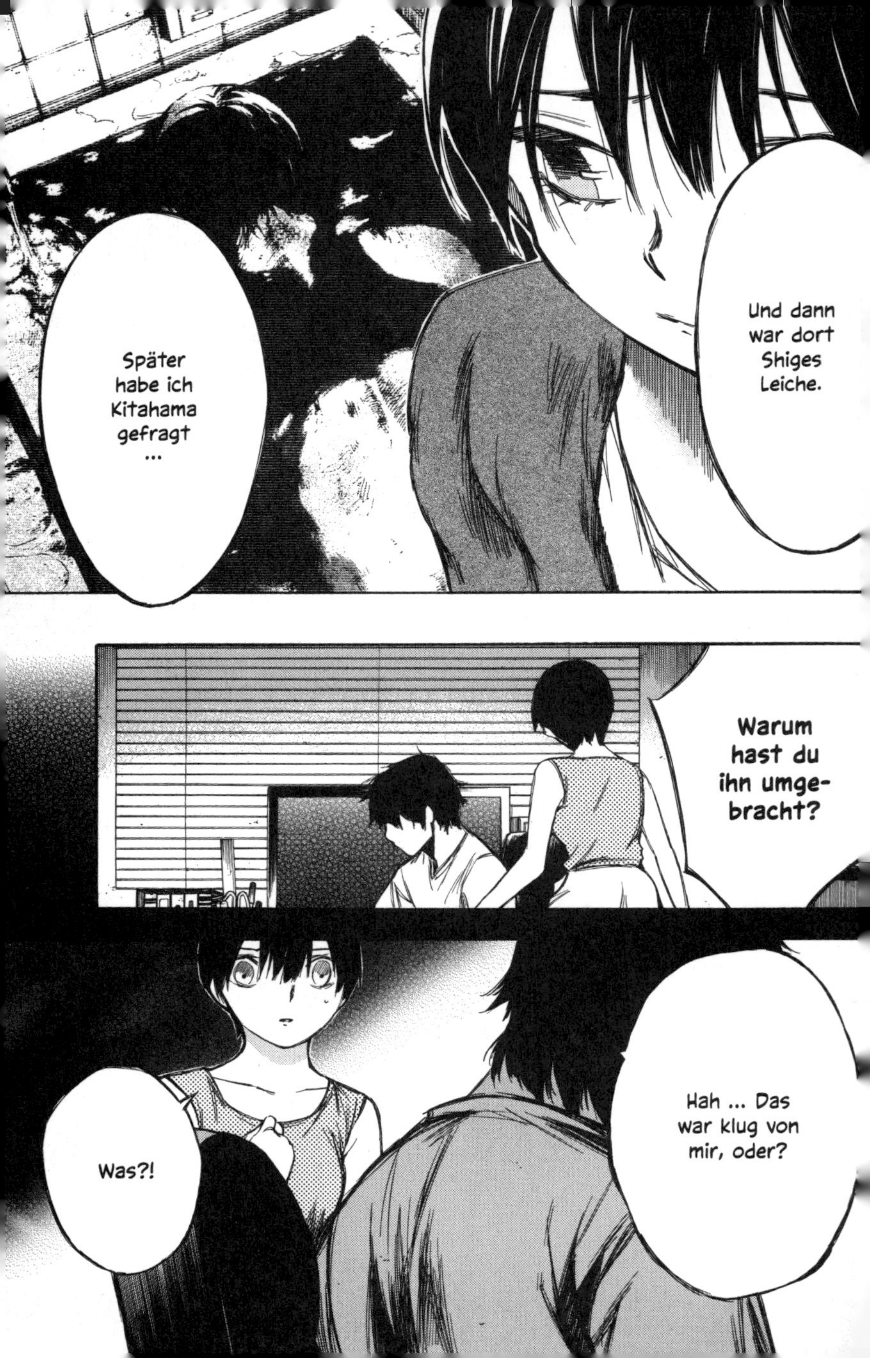
Und dann war dort Shiges Leiche.
Später habe ich Kitahama gefragt ...
Warum hast du ihn umgebracht?
Hah ... Das war klug von mir, oder?
Was?!

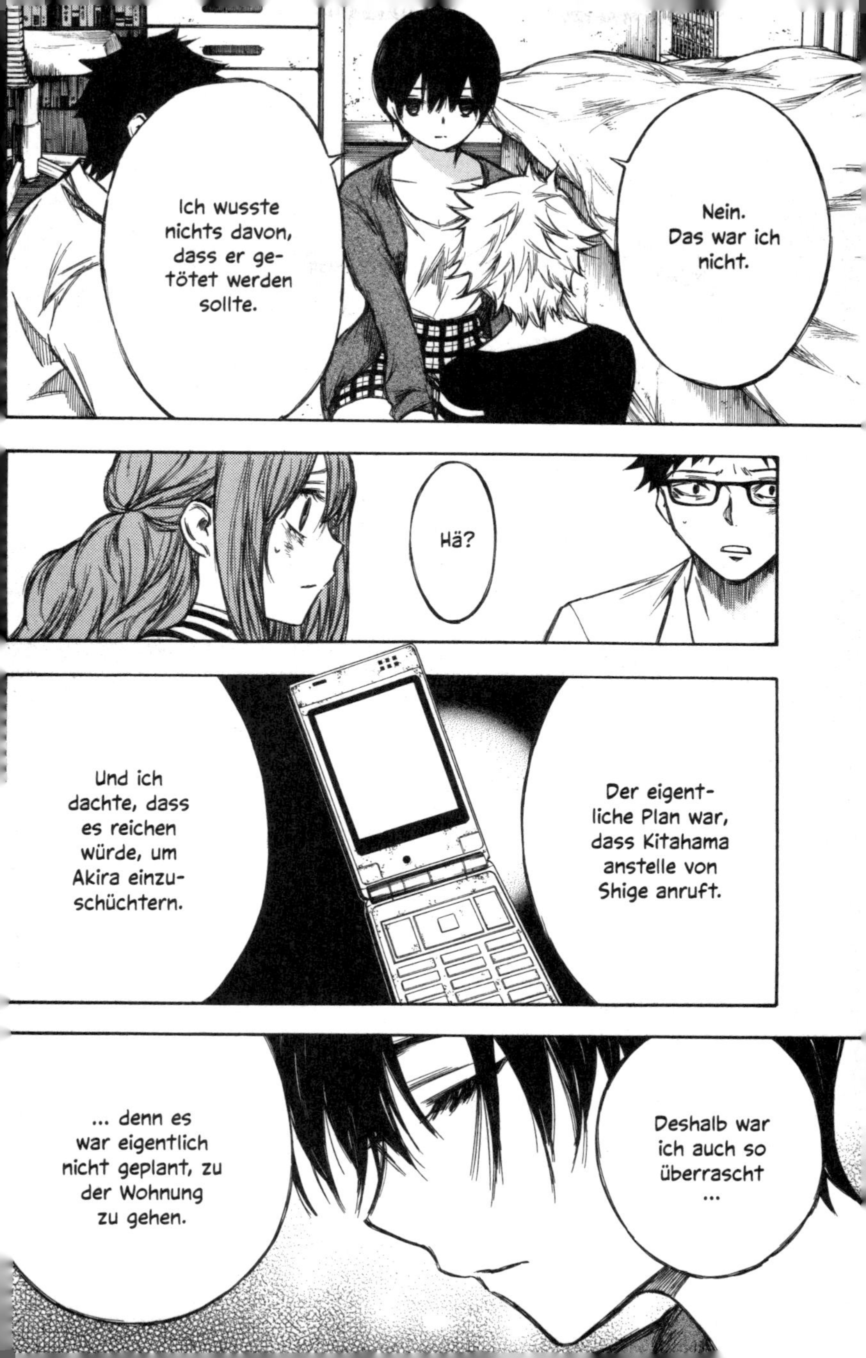
Nein.
Das war ich nicht.
Ich wusste nichts davon, dass er getötet werden sollte.
Hä?
Der eigentliche Plan war, dass Kitahama anstelle von Shige anruft.
Und ich dachte, dass es reichen würde, um Akira einzuschüchtern.
Deshalb war ich auch so überrascht ...
... denn es war eigentlich nicht geplant, zu der Wohnung zu gehen.

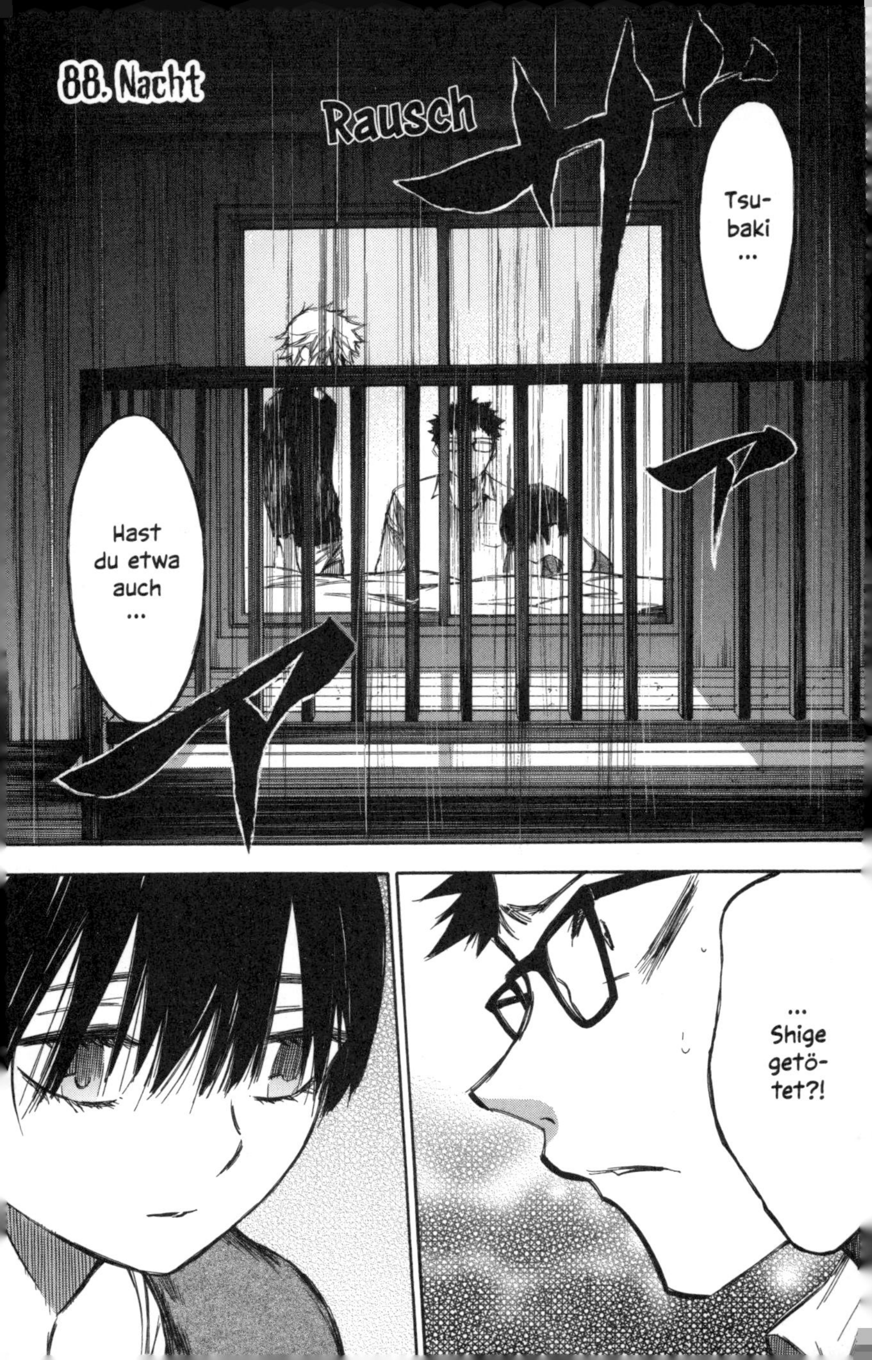
88. Nacht
Rausch
Tsu-
baki
...
Hast
du etwa
auch
...
...
Shige
getö-
tet?!

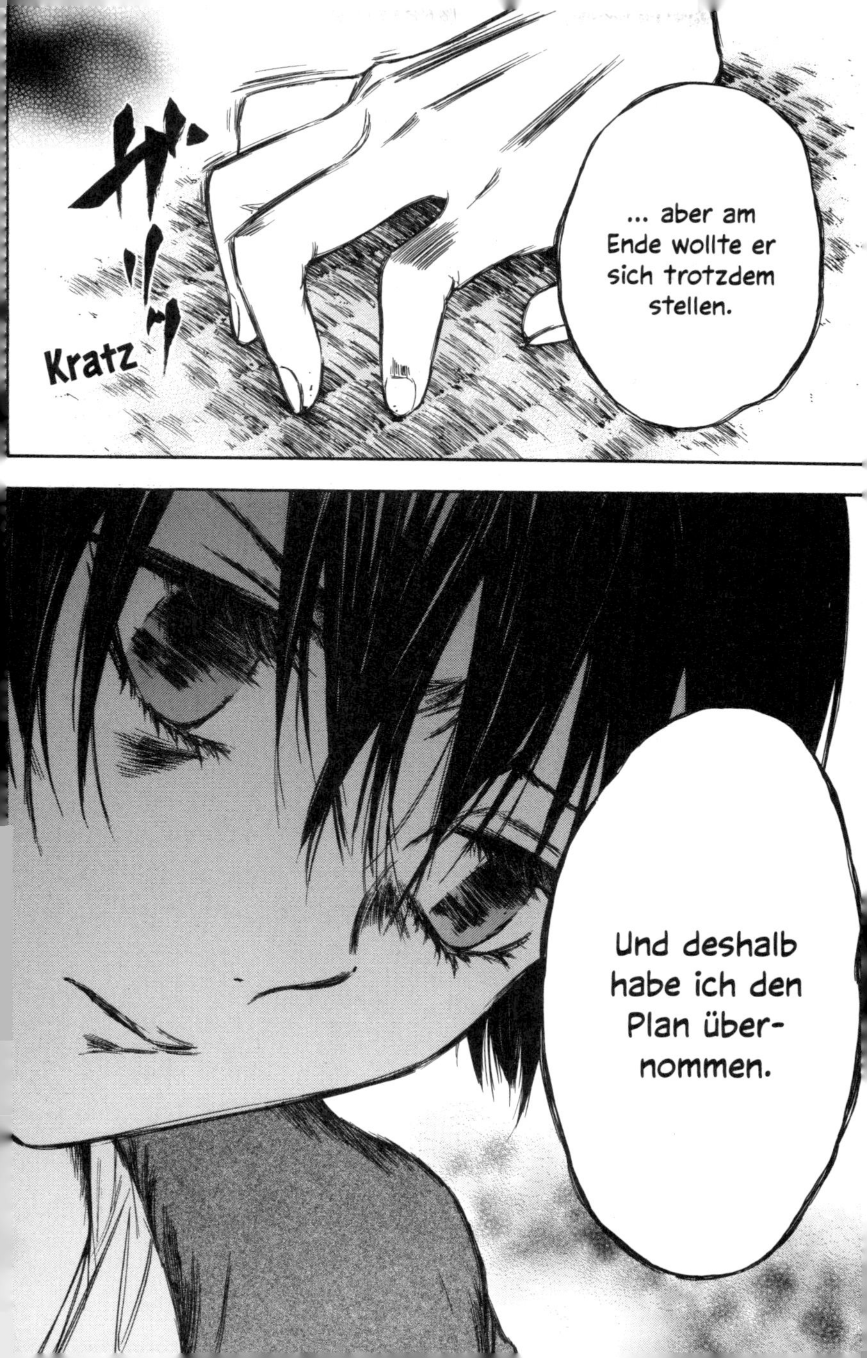
... aber am Ende wollte er sich trotzdem stellen.
Kratz
Und deshalb habe ich den Plan über-nommen.

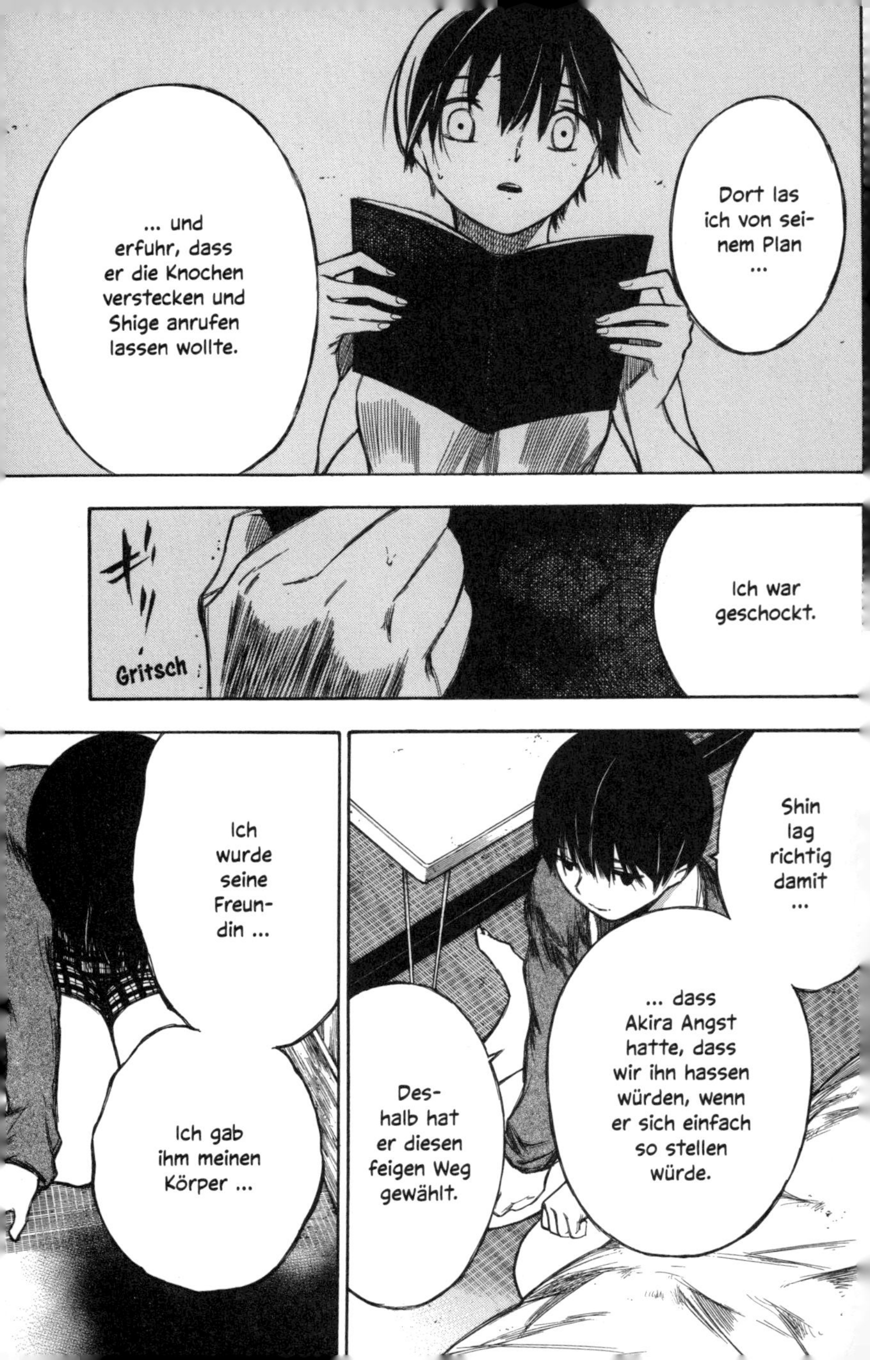

Dort las ich von sei-nem Plan ...
... und erfuhr, dass er die Knochen verstecken und Shige anrufen lassen wollte.
Ich war geschockt.
ギリ
Gritsch
Shin lag richtig damit ...
... dass Akira Angst hatte, dass wir ihn hassen würden, wenn er sich einfach so stellen würde.
Des-halb hat er diesen feigen Weg gewählt.
Ich wurde seine Freun-din ...
Ich gab ihm meinen Körper ...

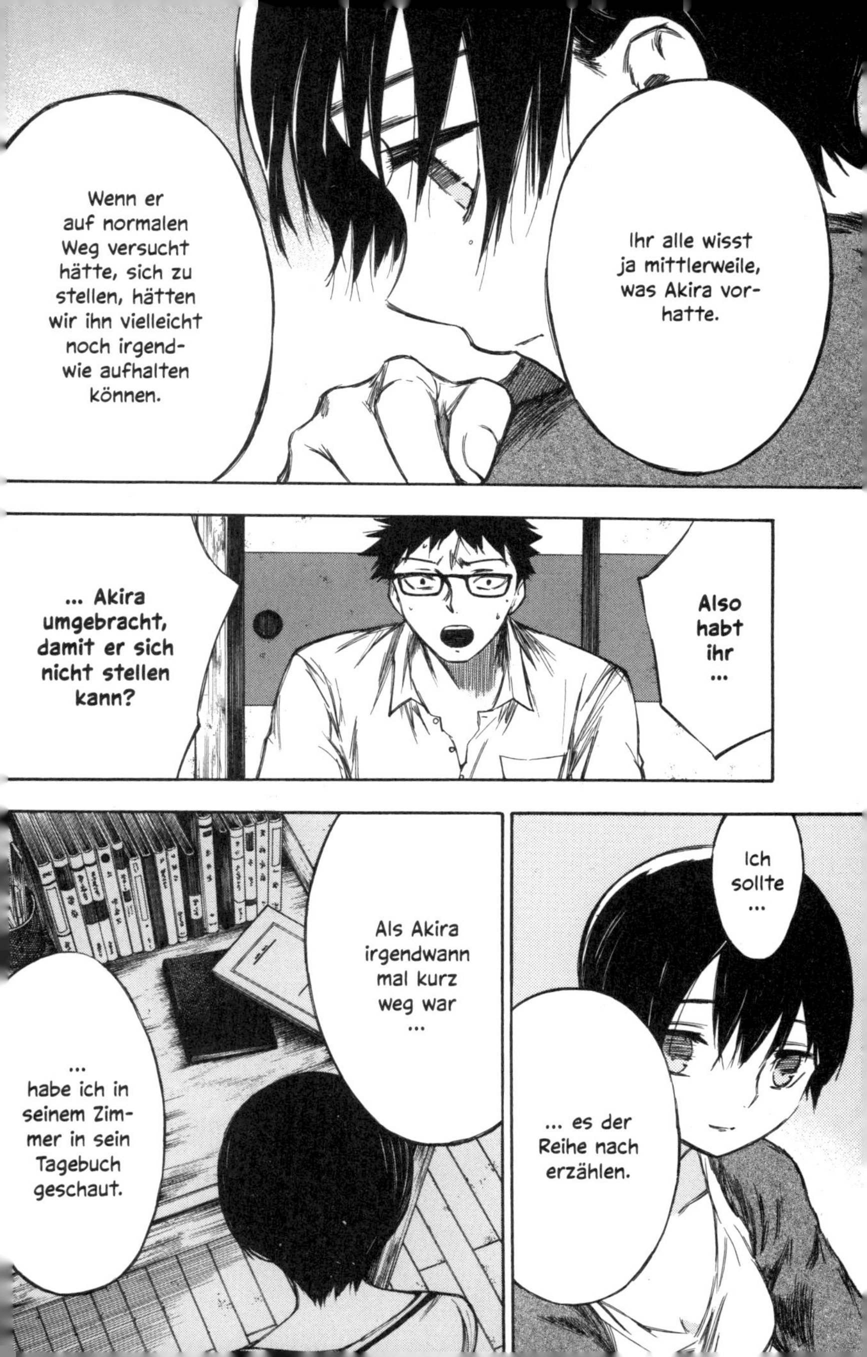
Ihr alle wisst ja mittlerweile, was Akira vorhatte.
Wenn er auf normalen Weg versucht hätte, sich zu stellen, hätten wir ihn vielleicht noch irgendwie aufhalten können.
Also habt ihr ...
... Akira umgebracht, damit er sich nicht stellen kann?
Ich sollte ...
... es der Reihe nach erzählen.
Als Akira irgendwann mal kurz weg war ...
... habe ich in seinem Zimmer in sein Tagebuch geschaut.

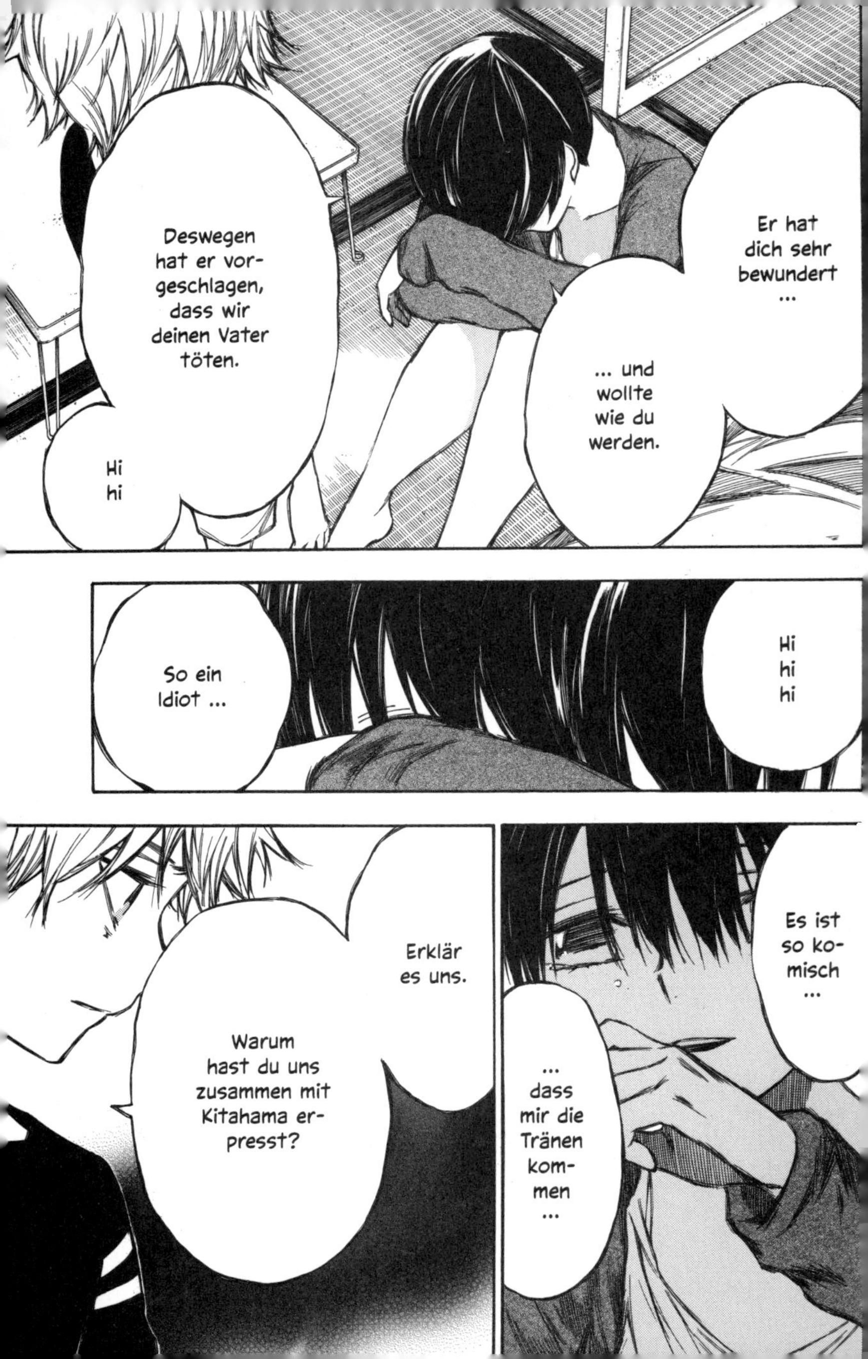
Er hat dich sehr bewundert ...
... und wollte wie du werden.
Deswegen hat er vorgeschlagen, dass wir deinen Vater töten.
Hi hi
Hi hi hi
So ein Idiot ...
Es ist so komisch ...
... dass mir die Tränen kommen ...
Erklär es uns.
Warum hast du uns zusammen mit Kitahama erpresst?

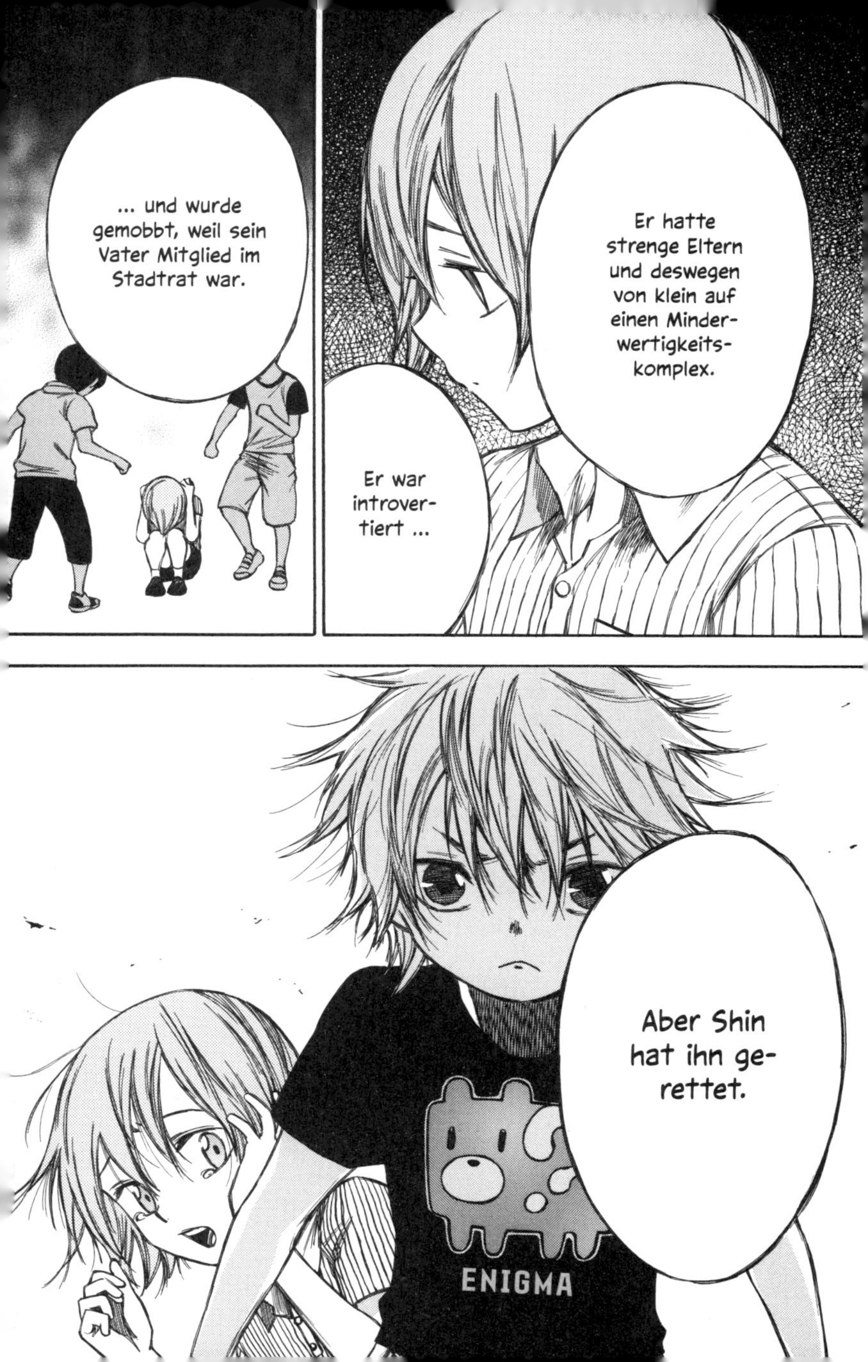
Er hatte strenge Eltern und deswegen von klein auf einen Minderwertigkeitskomplex.
Er war introvertiert ...
... und wurde gemobbt, weil sein Vater Mitglied im Stadtrat war.
Aber Shin hat ihn gerettet.
ENIGMA

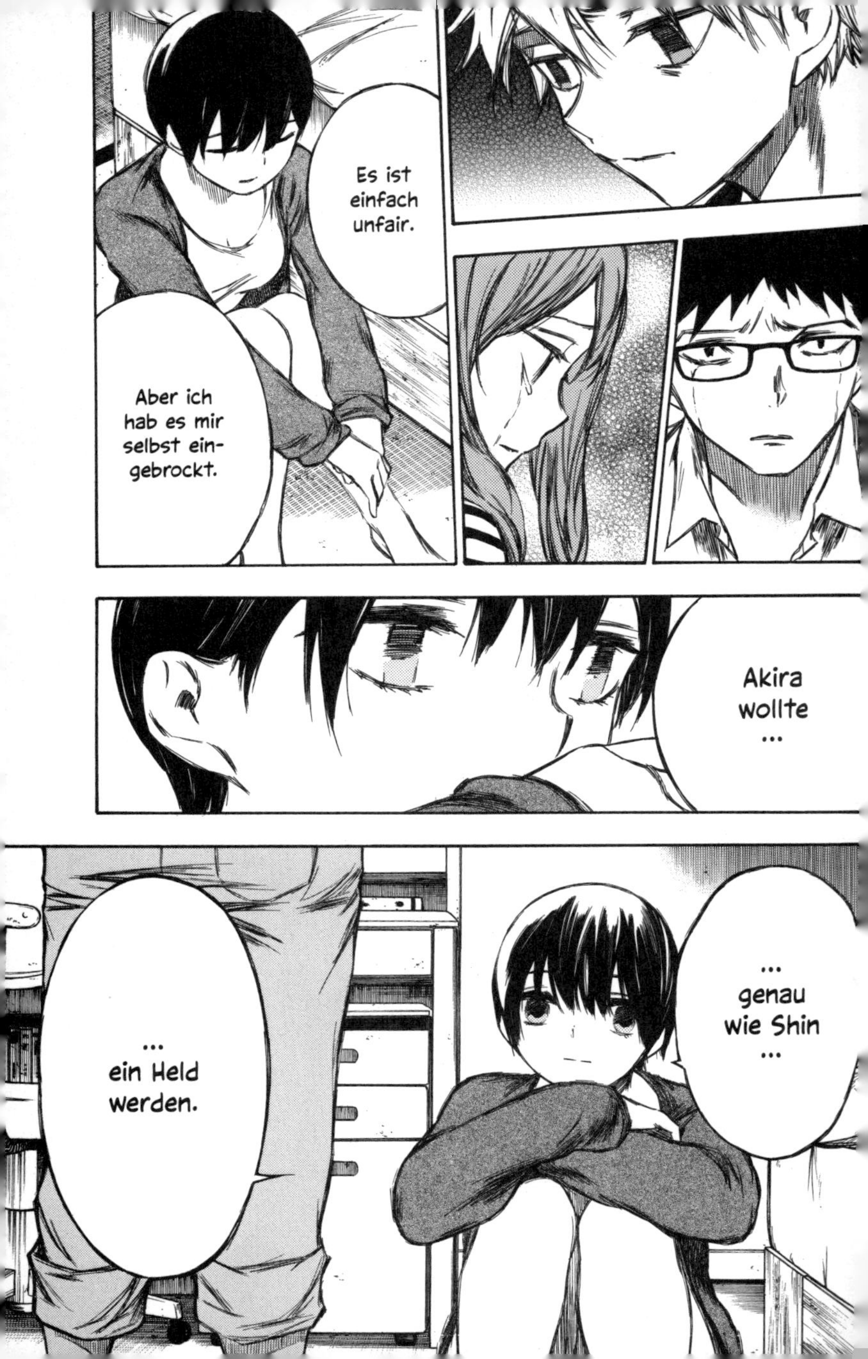
Es ist einfach unfair.
Aber ich hab es mir selbst eingebrockt.
Akira wollte ...
... genau wie Shin ...
... ein Held werden.

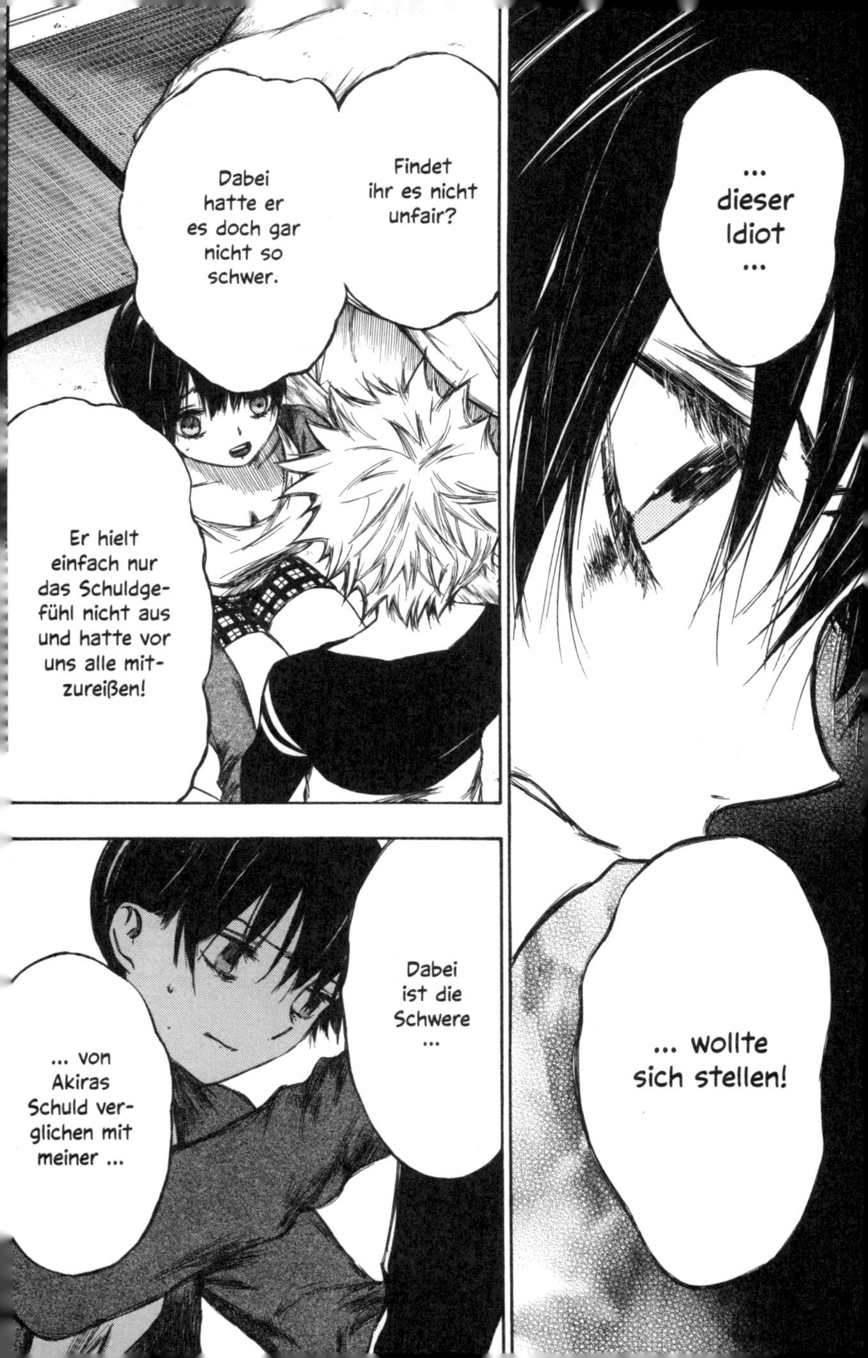
... dieser Idiot ...
... wollte sich stellen!
Findet ihr es nicht unfair?
Dabei hatte er es doch gar nicht so schwer.
Er hielt einfach nur das Schuldgefühl nicht aus und hatte vor uns alle mitzureißen!
Dabei ist die Schwere ...
... von Akiras Schuld verglichen mit meiner ...

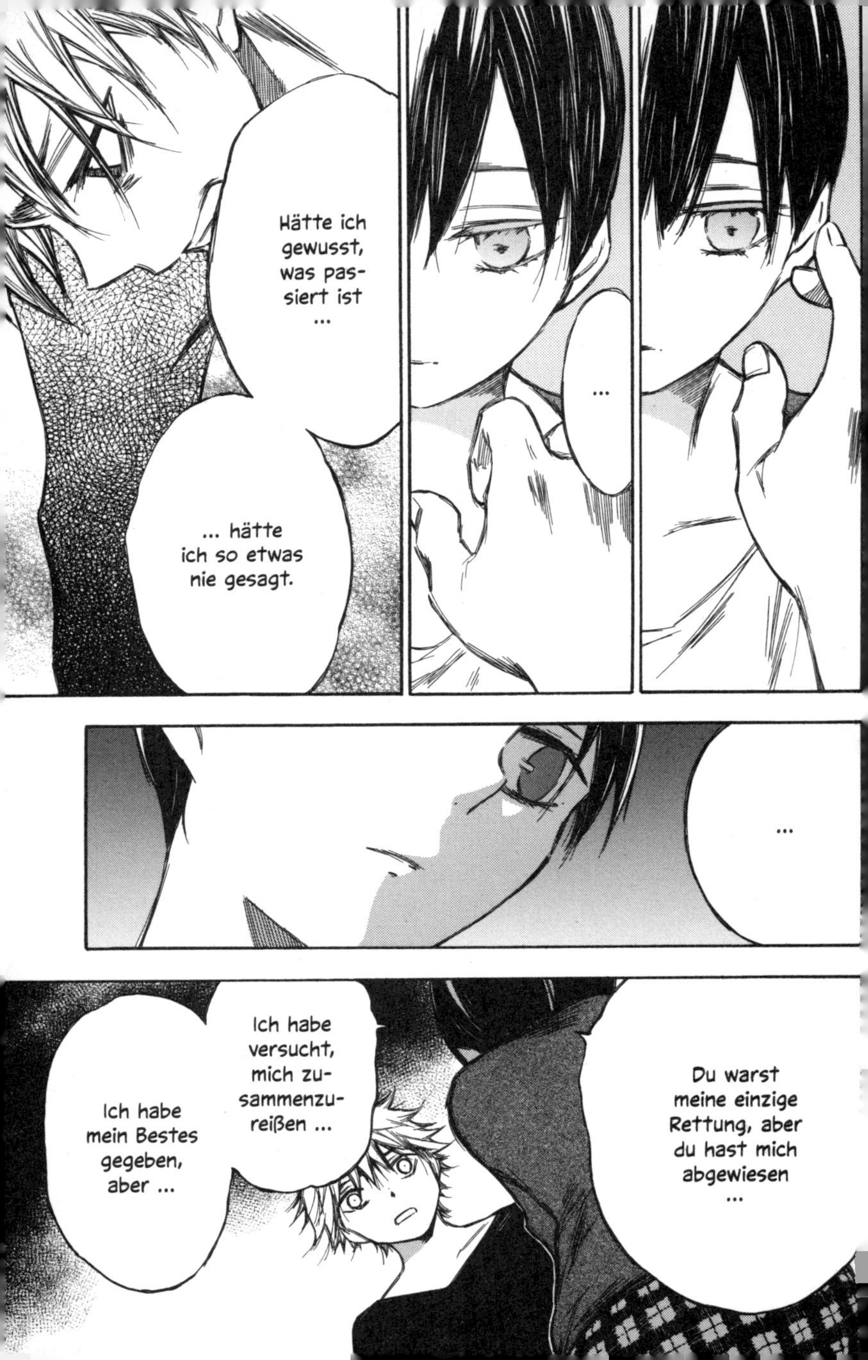
...
Hätte ich gewusst, was passiert ist ...
... hätte ich so etwas nie gesagt.
...
Du warst meine einzige Rettung, aber du hast mich abgewiesen ...
Ich habe versucht, mich zusammenzureißen ...
Ich habe mein Bestes gegeben, aber ...

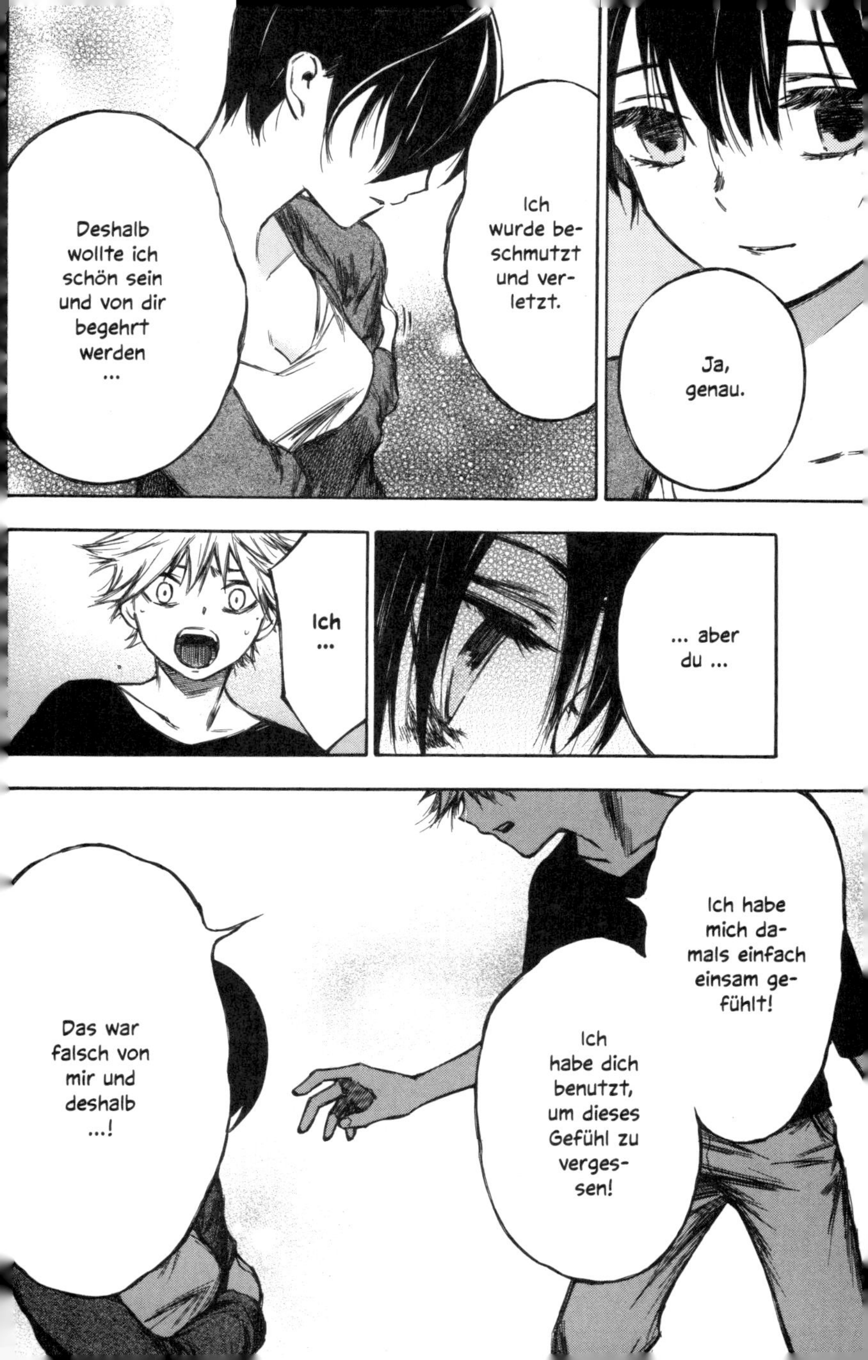
Ja, genau.
Ich wurde beschmutzt und verletzt.
Deshalb wollte ich schön sein und von dir begehrt werden ...
... aber du ...
Ich ...
Ich habe mich damals einfach einsam gefühlt!
Ich habe dich benutzt, um dieses Gefühl zu vergessen!
Das war falsch von mir und deshalb ...!

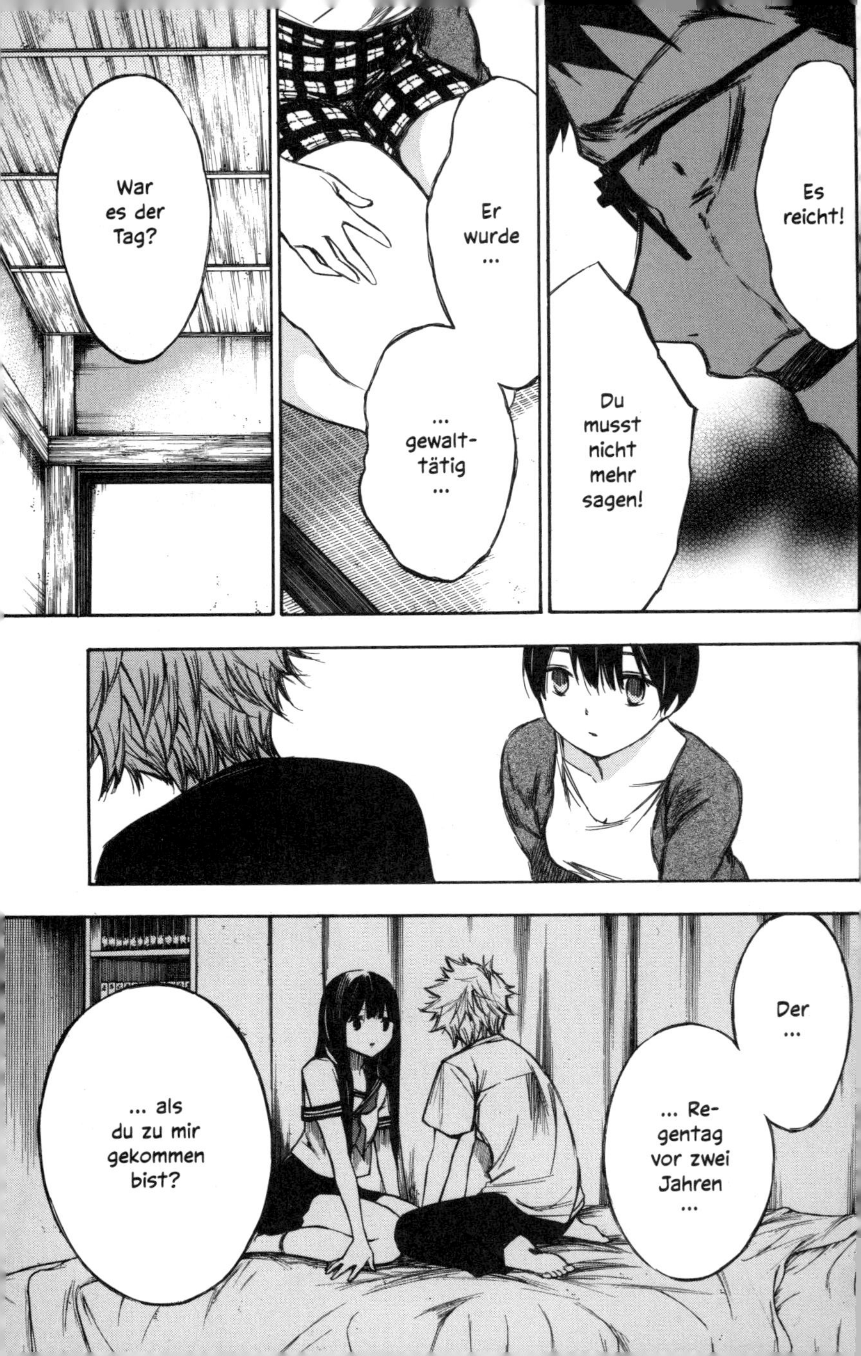

Es reicht!
Du musst nicht mehr sagen!
Er wurde ...
... gewalttätig ...
War es der Tag?
Der ...
... Regentag vor zwei Jahren ...
... als du zu mir gekommen bist?

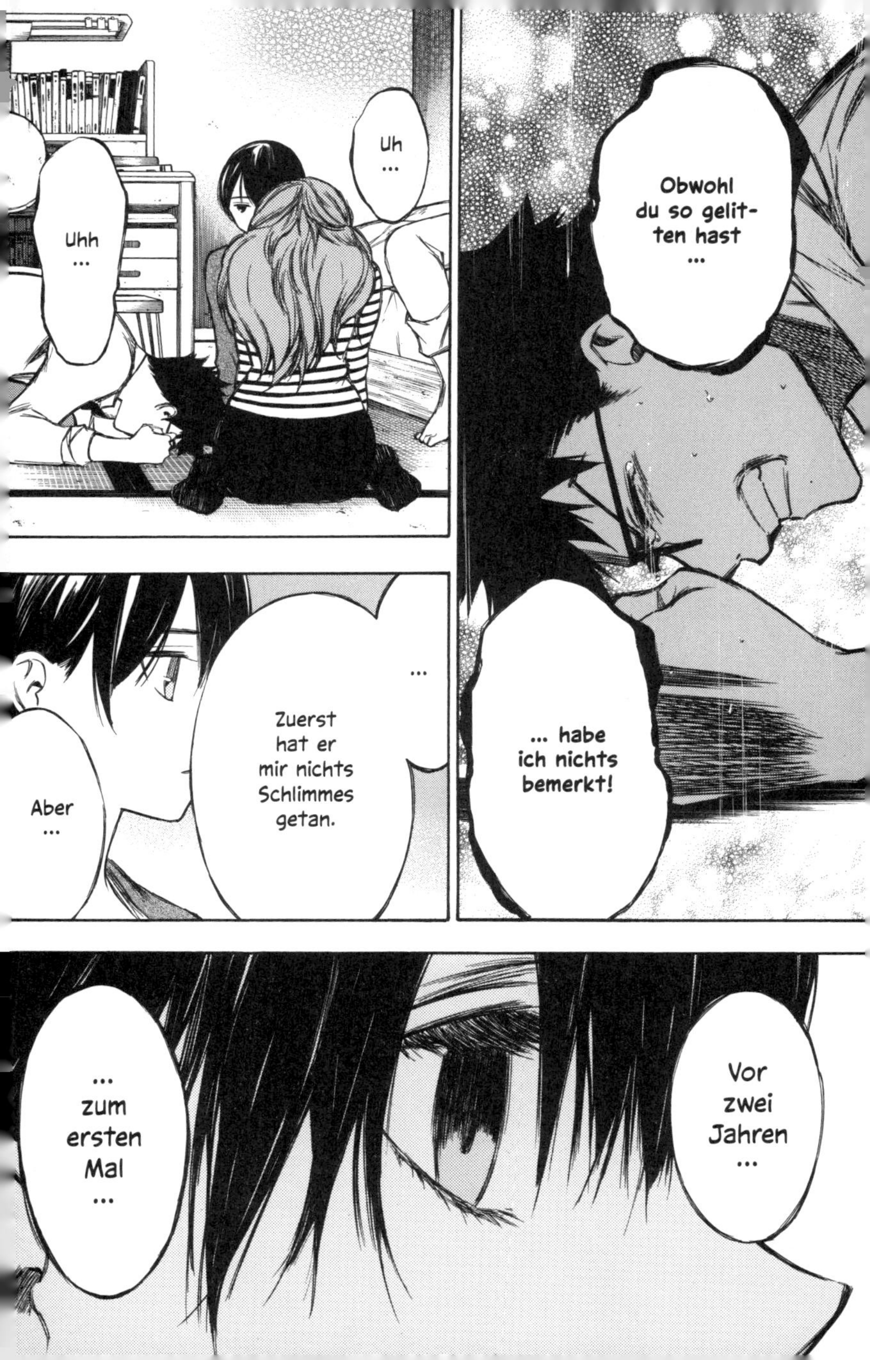
Obwohl du so gelitten hast ...
... habe ich nichts bemerkt!
Uh ...
Uhh ...
...
Zuerst hat er mir nichts Schlimmes getan.
Aber ...
Vor zwei Jahren ...
... zum ersten Mal ...

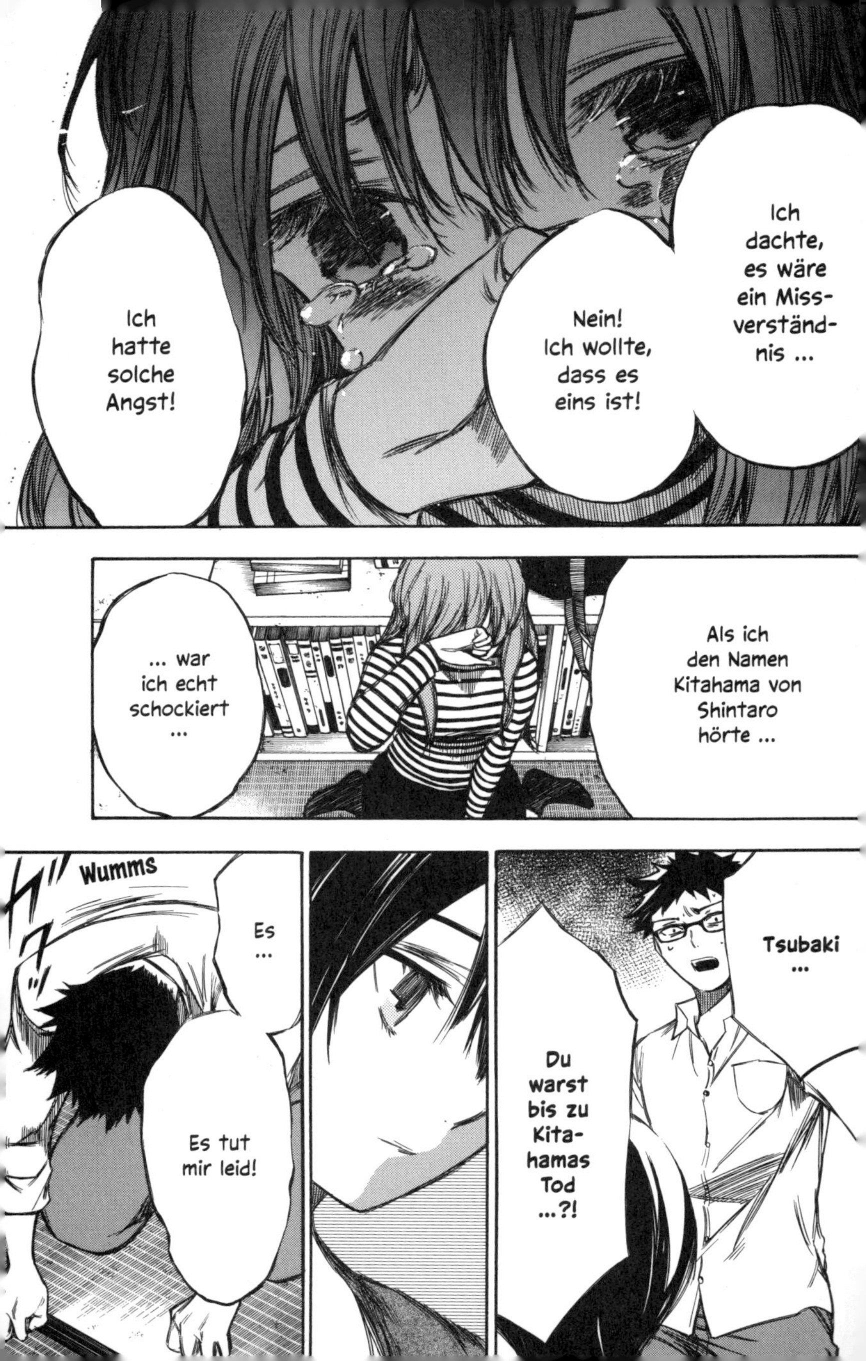
Ich dachte, es wäre ein Missverständnis ...
Nein! Ich wollte, dass es eins ist!
Ich hatte solche Angst!
Als ich den Namen Kitahama von Shintaro hörte ...
... war ich echt schockiert ...
Tsubaki ...
Du warst bis zu Kitahamas Tod ...?!
Wumms
Es ...
Es tut mir leid!

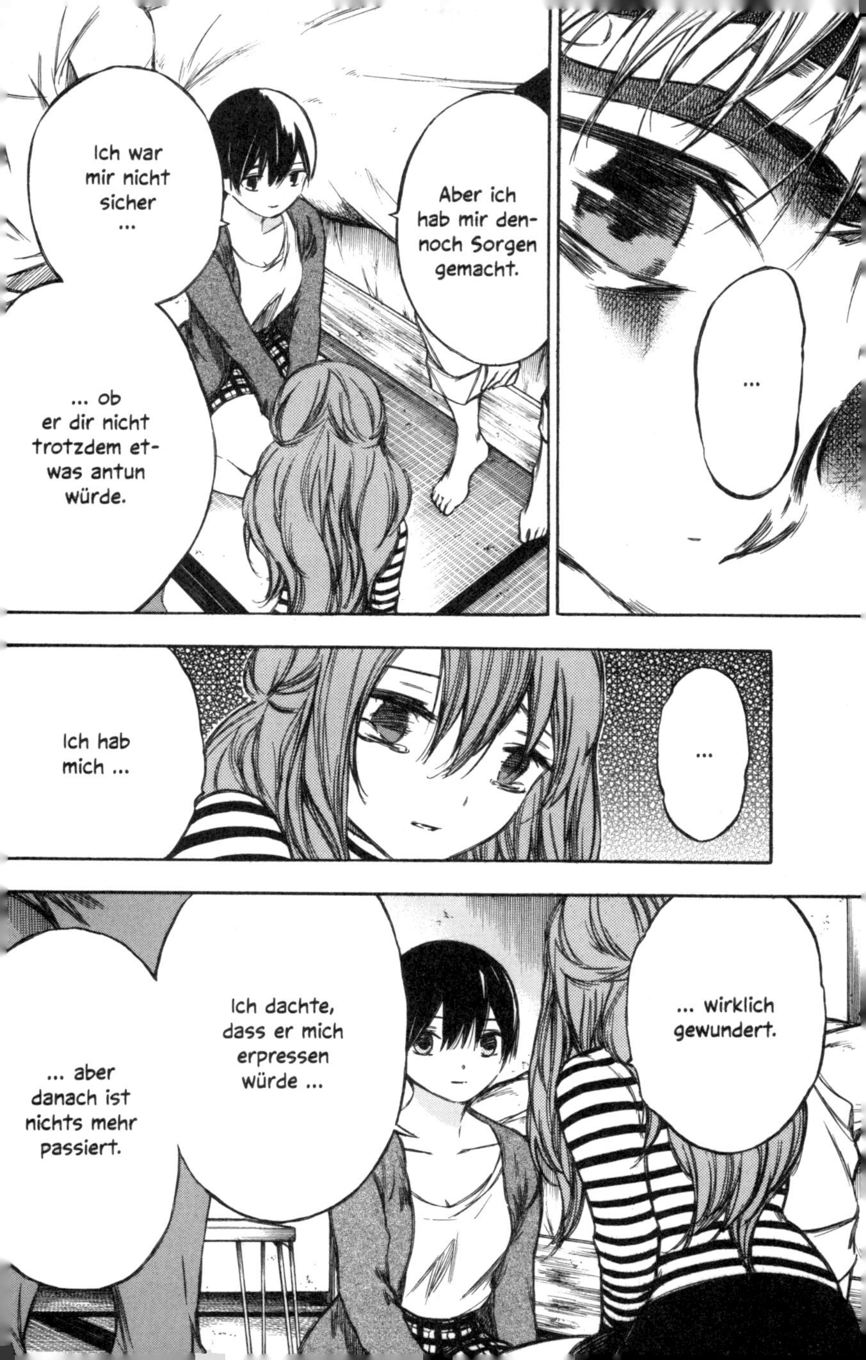
...
Aber ich hab mir dennoch Sorgen gemacht.
Ich war mir nicht sicher ...
... ob er dir nicht trotzdem etwas antun würde.
...
Ich hab mich ...
... wirklich gewundert.
Ich dachte, dass er mich erpressen würde ...
... aber danach ist nichts mehr passiert.

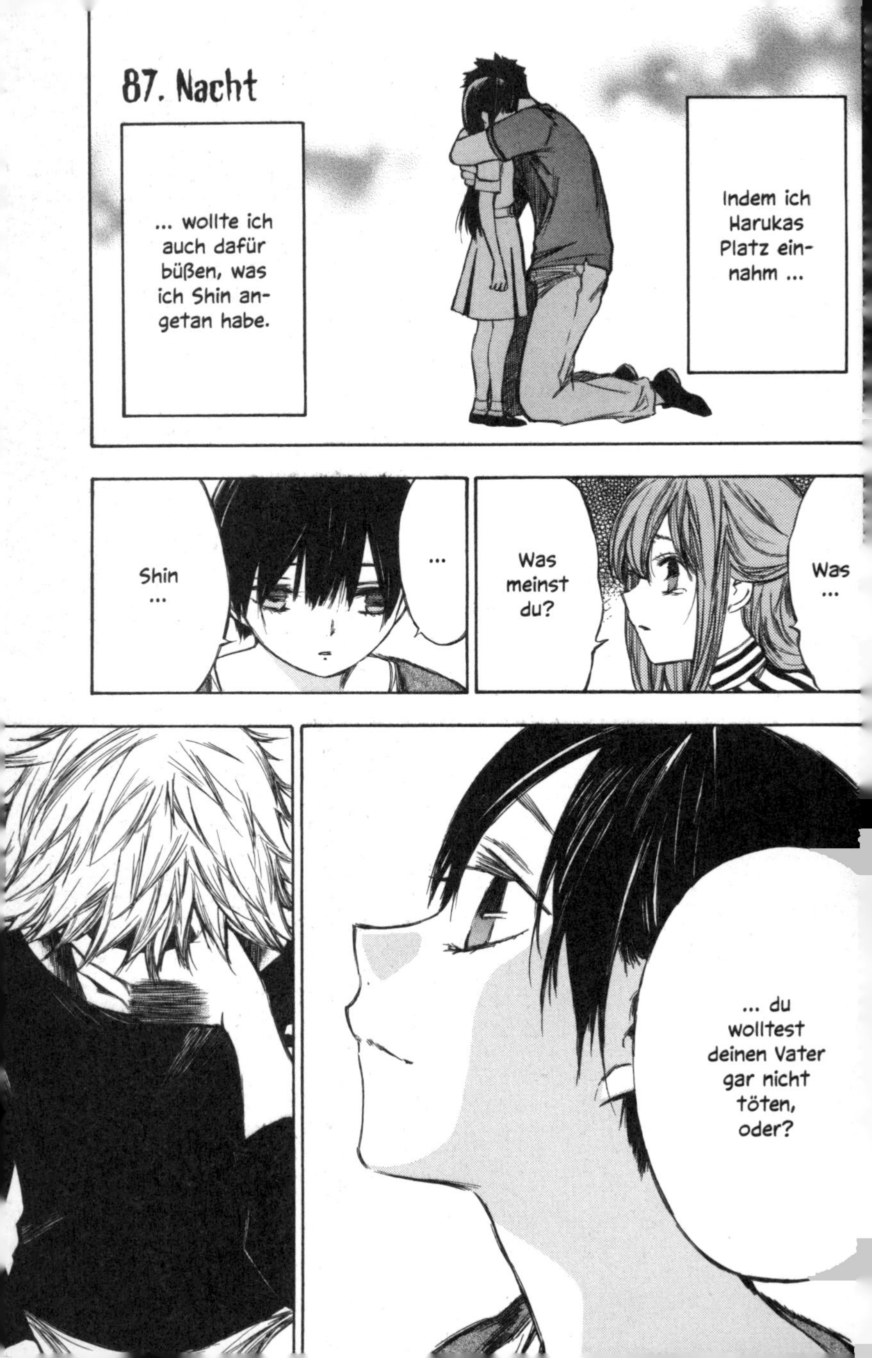
87. Nacht
Indem ich Harukas Platz einnahm ...
... wollte ich auch dafür büßen, was ich Shin angetan habe.
Was ...
Was meinst du?
...
Shin ...
... du wolltest deinen Vater gar nicht töten, oder?

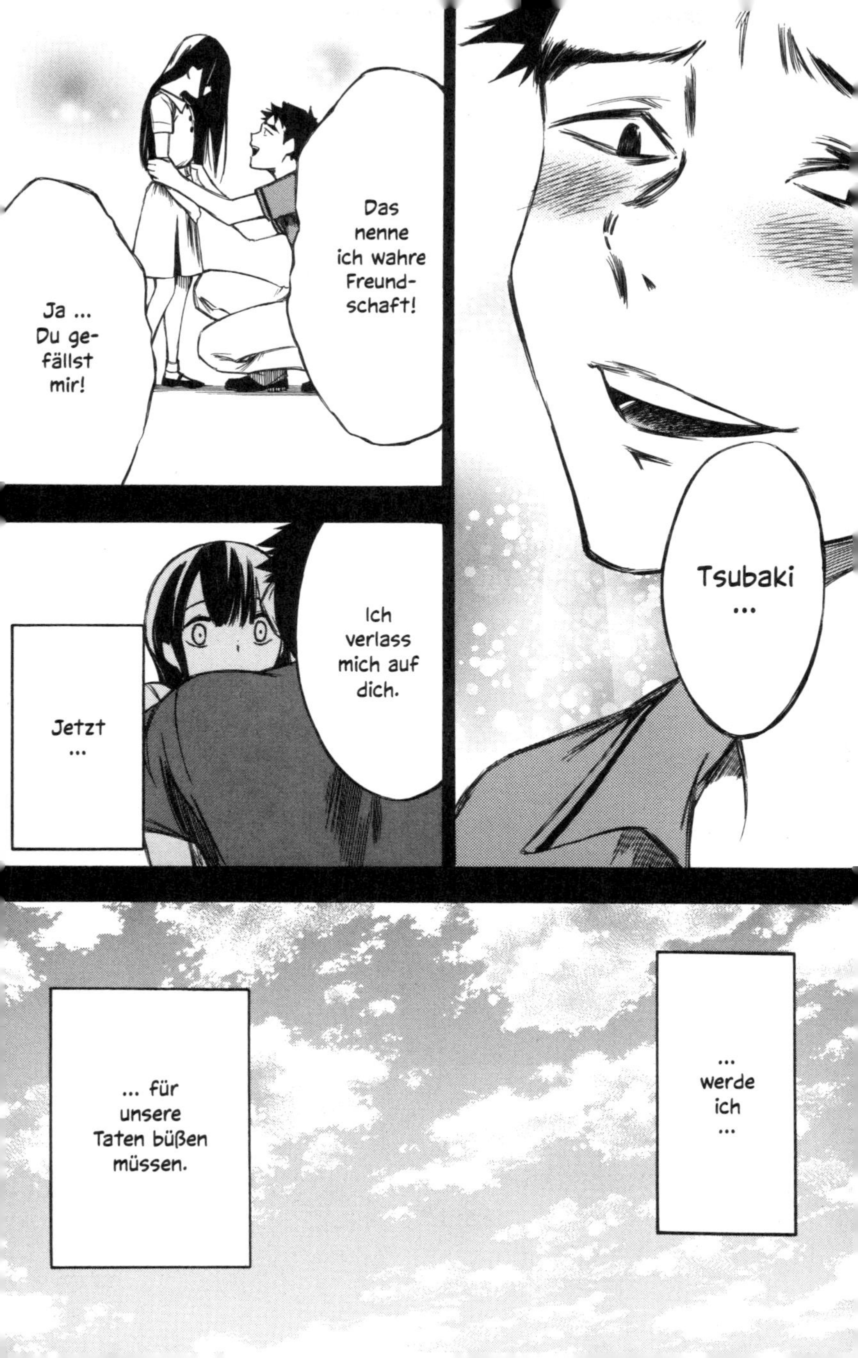
Das nenne ich wahre Freundschaft!
Ja ... Du gefällst mir!
Ich verlass mich auf dich.
Tsubaki ...
Jetzt ...
... werde ich ...
... für unsere Taten büßen müssen.

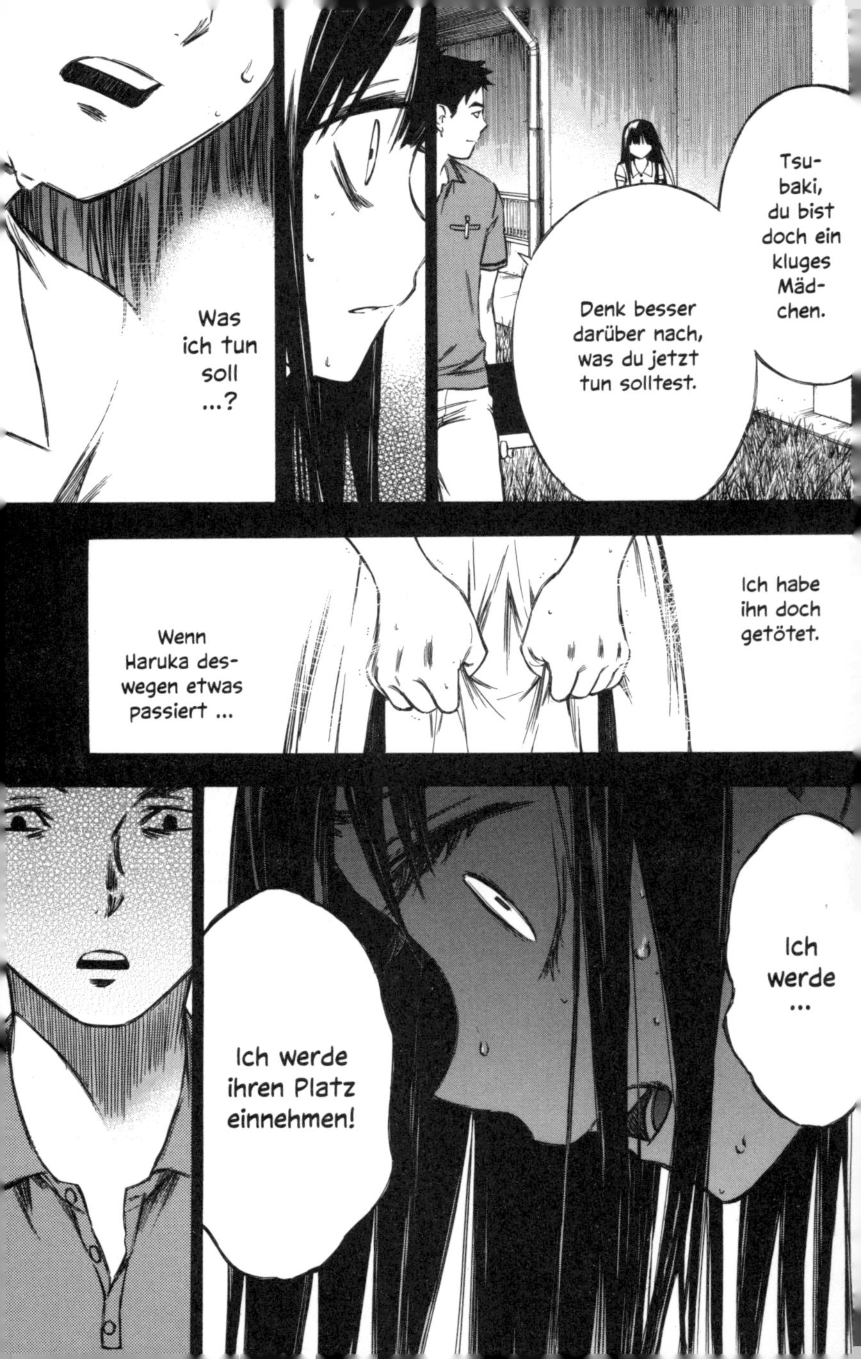
Tsu-baki, du bist doch ein kluges Mäd-chen.
Denk besser darüber nach, was du jetzt tun solltest.
Was ich tun soll ...?
Ich habe ihn doch getötet.
Wenn Haruka des-wegen etwas passiert ...
Ich werde ...
Ich werde ihren Platz einnehmen!

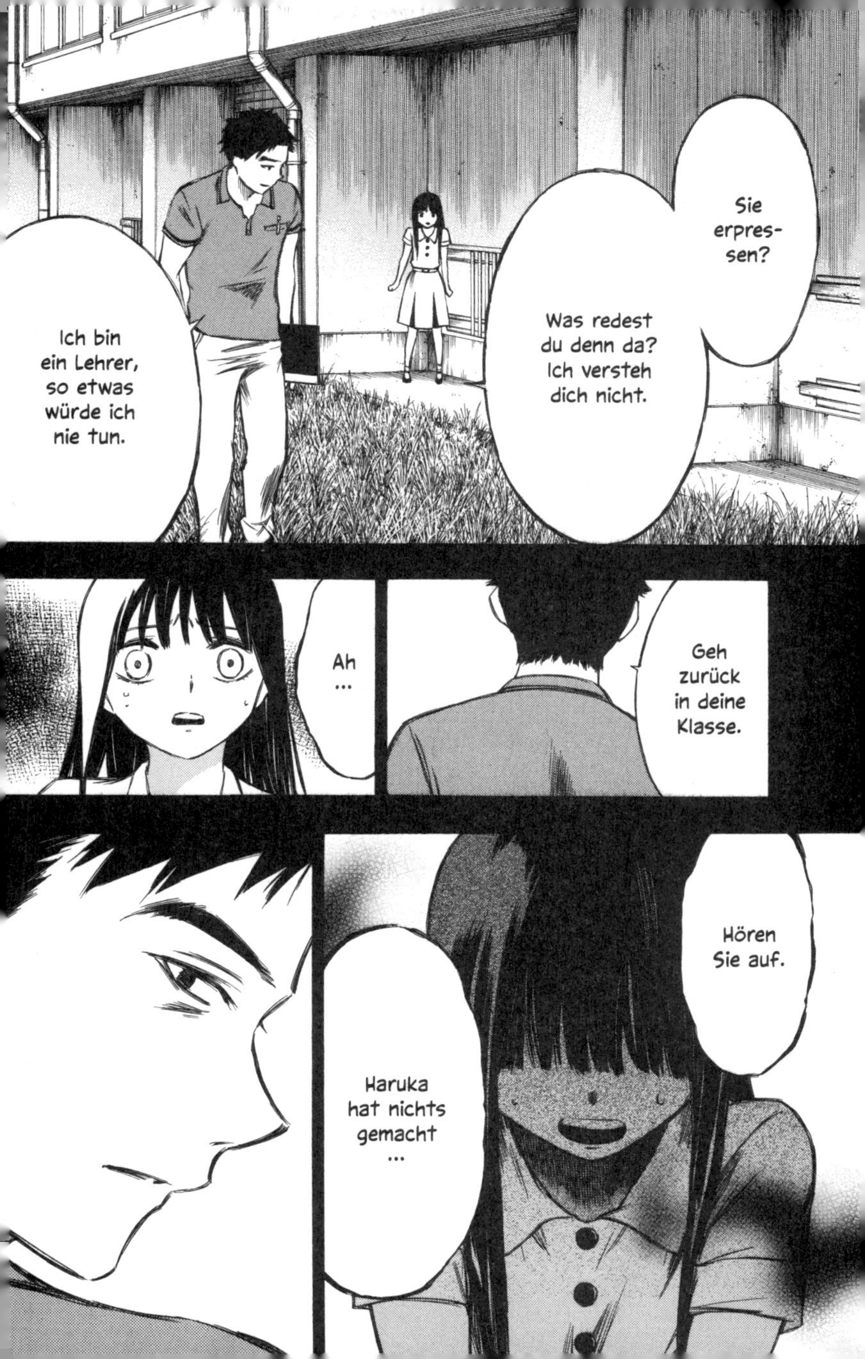
Sie erpressen?
Was redest du denn da? Ich versteh dich nicht.
Ich bin ein Lehrer, so etwas würde ich nie tun.
Geh zurück in deine Klasse.
Ah ...
Hören Sie auf.
Haruka hat nichts gemacht ...

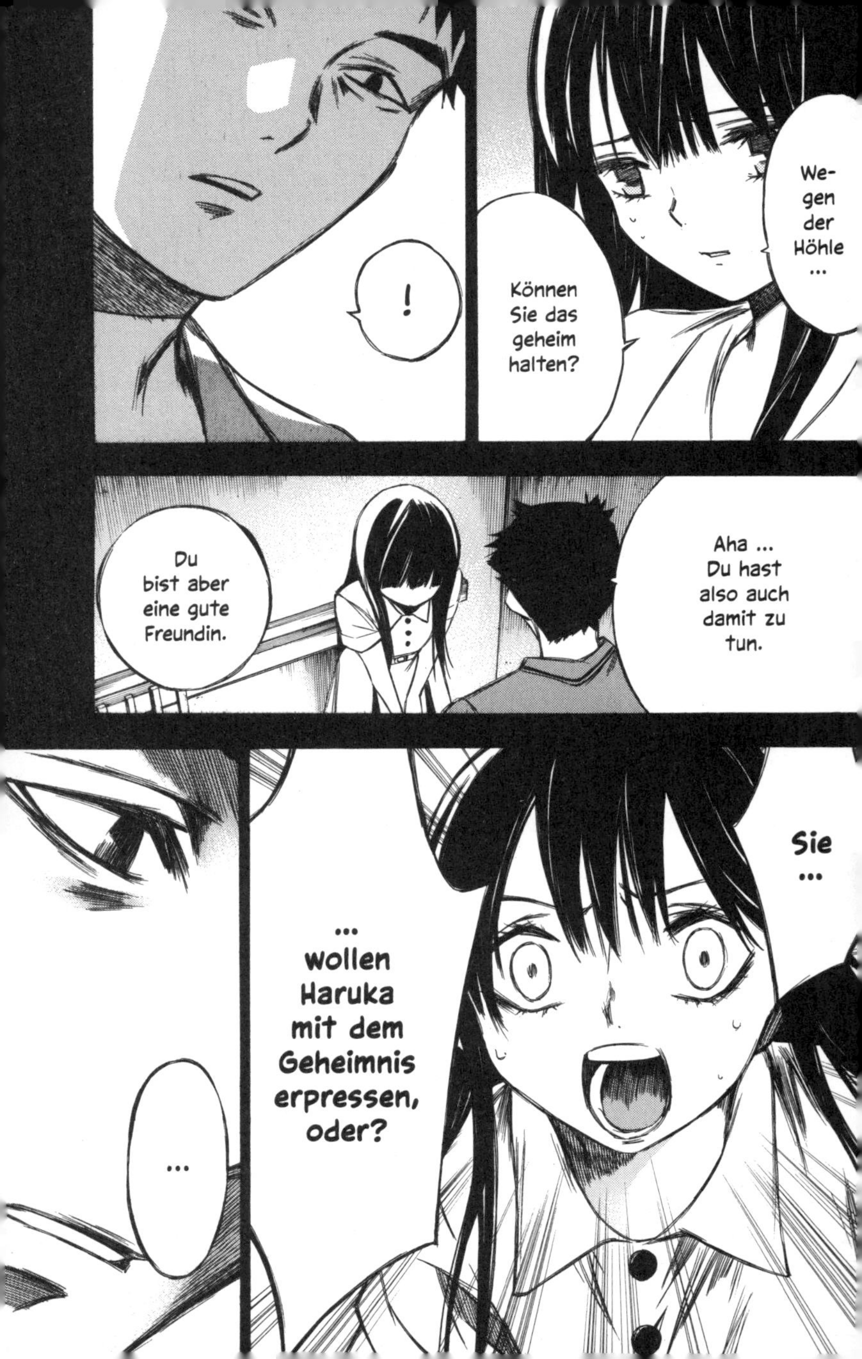

Wegen der Höhle ...
Können Sie das geheim halten?
!
Aha ... Du hast also auch damit zu tun.
Du bist aber eine gute Freundin.
Sie ...
... wollen Haruka mit dem Geheimnis erpressen, oder?
...

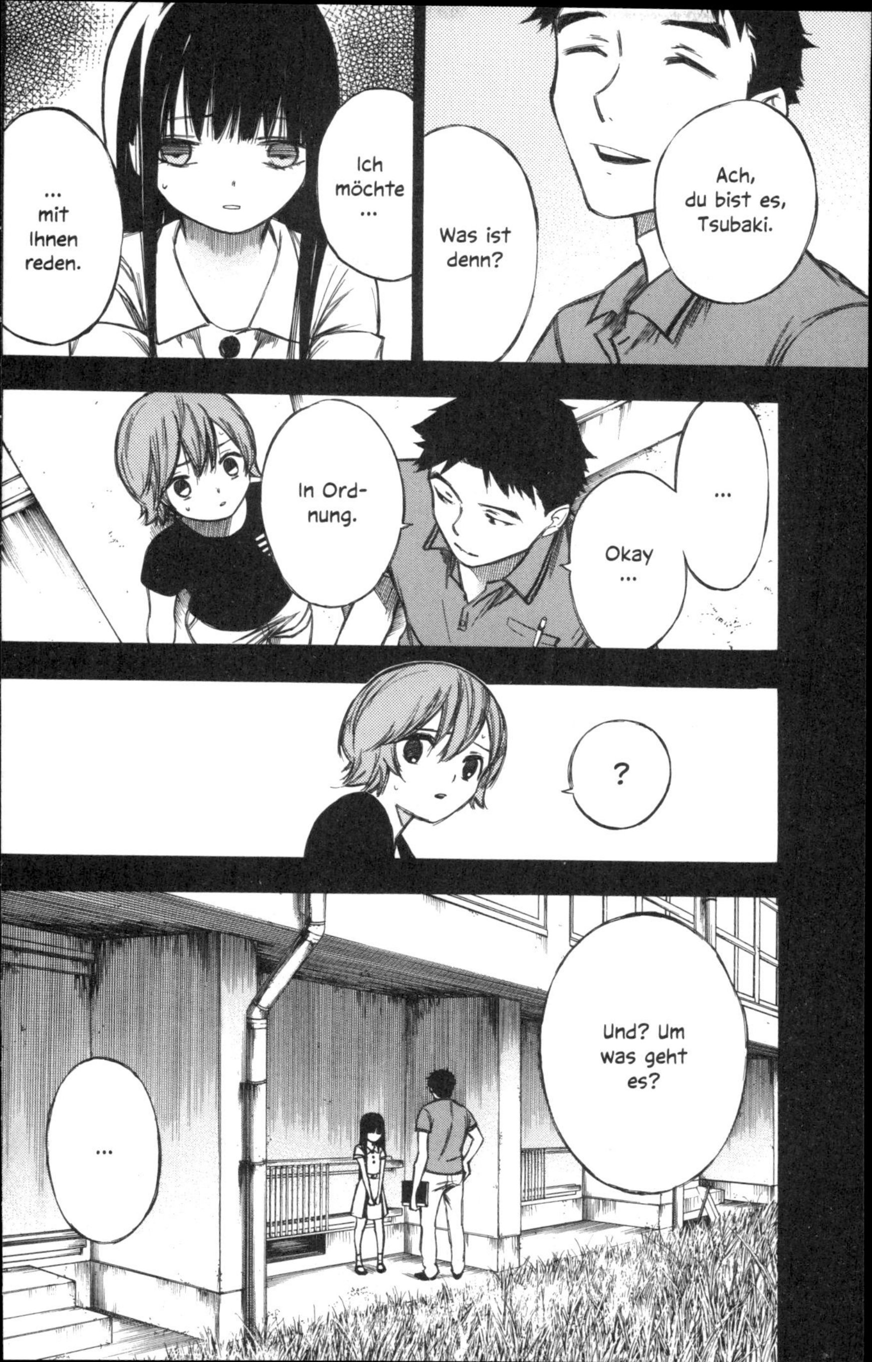

Ach, du bist es, Tsubaki.
Was ist denn?
Ich möchte …
… mit Ihnen reden.
…
Okay …
In Ordnung.
?
Und? Um was geht es?
…

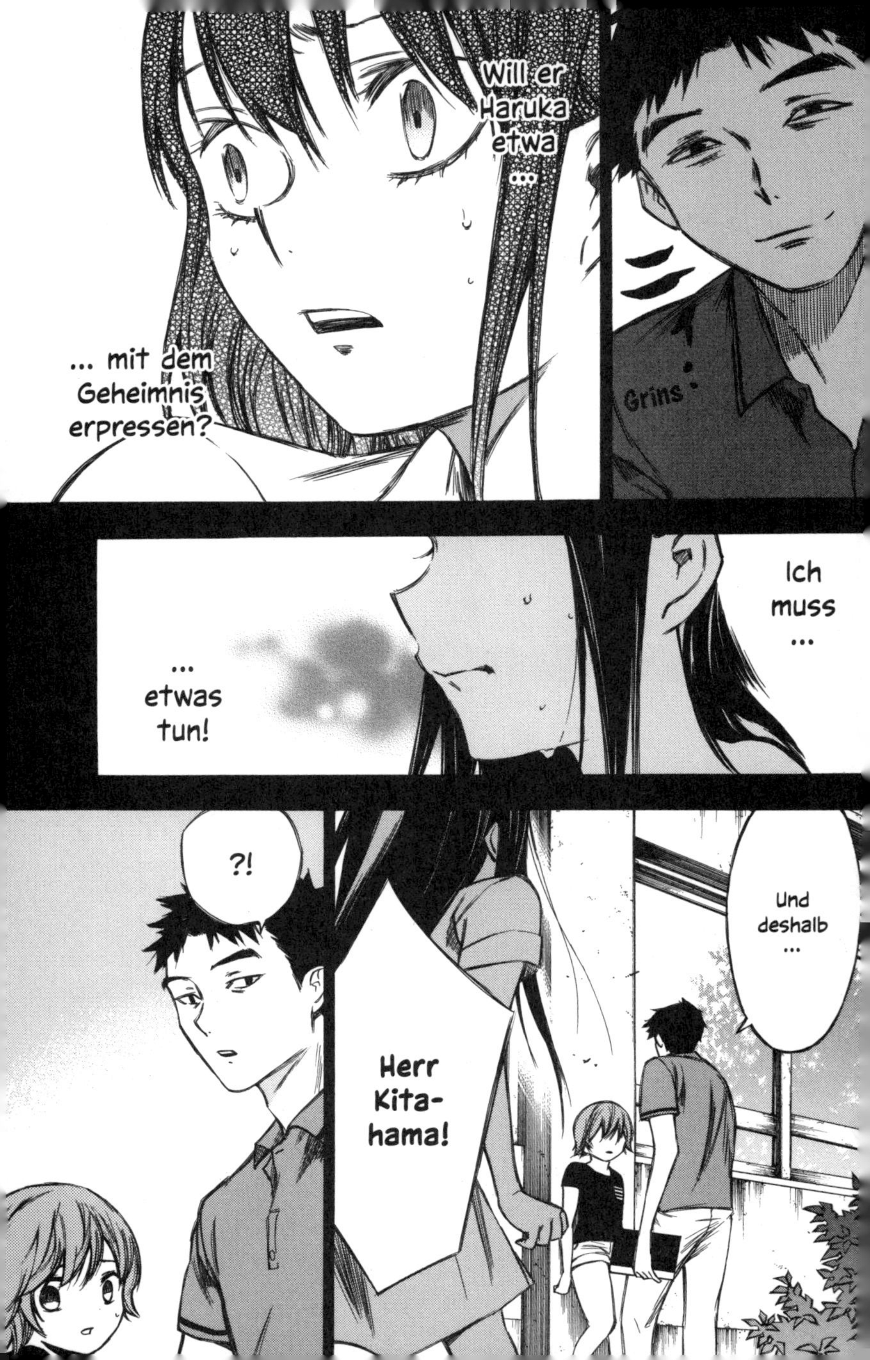
Will er Haruka etwa ...
... mit dem Geheimnis erpressen?
Grins
Ich muss ...
... etwas tun!
Und deshalb ...
Herr Kita-hama!
?!

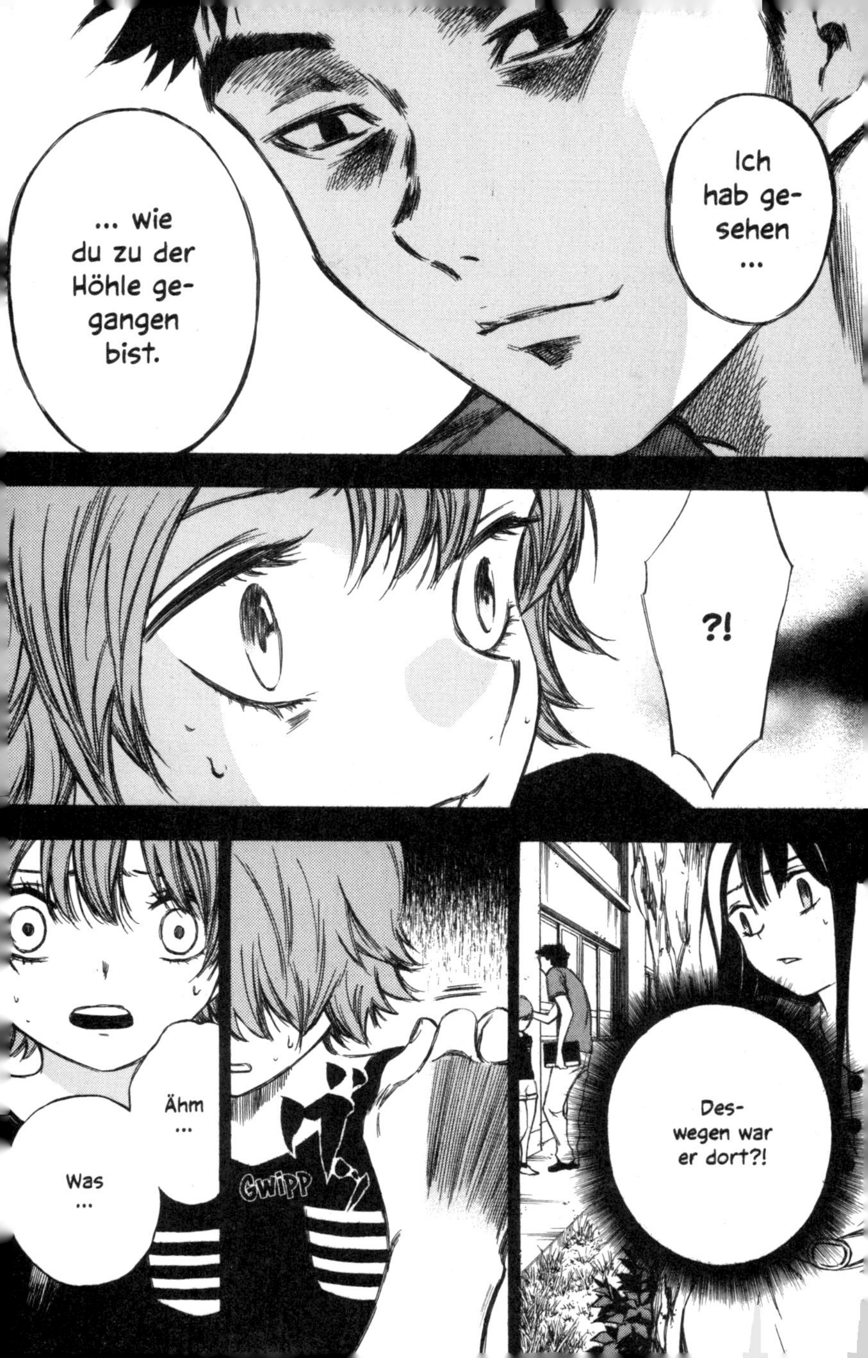
Ich hab gesehen ...
... wie du zu der Höhle gegangen bist.
?!
Deswegen war er dort?!
Ähm ...
Was ...
GWIPP

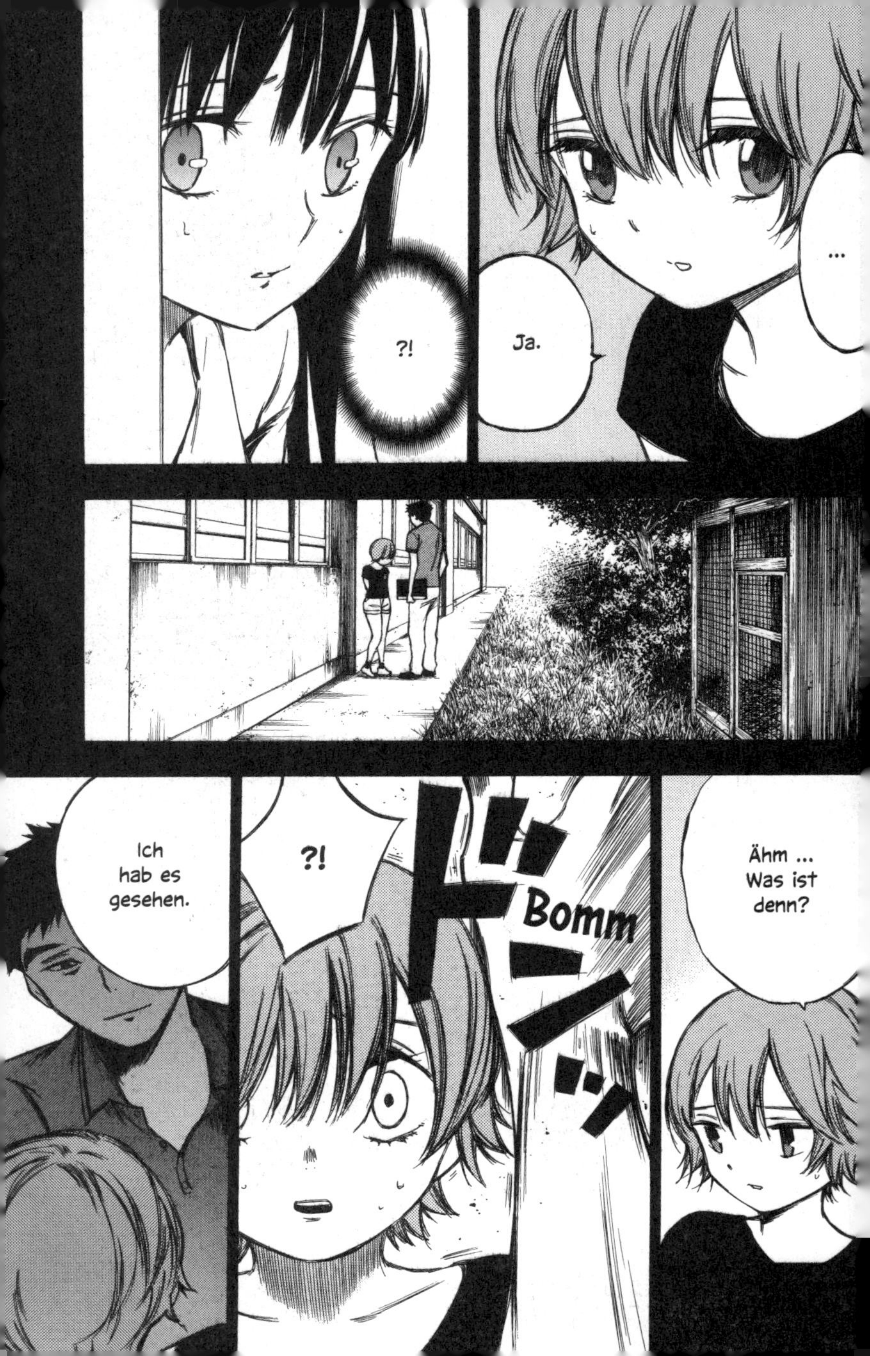
...
Ja.
?!
Ähm ...
Was ist
denn?
Bomm
?!
Ich
hab es
gesehen.

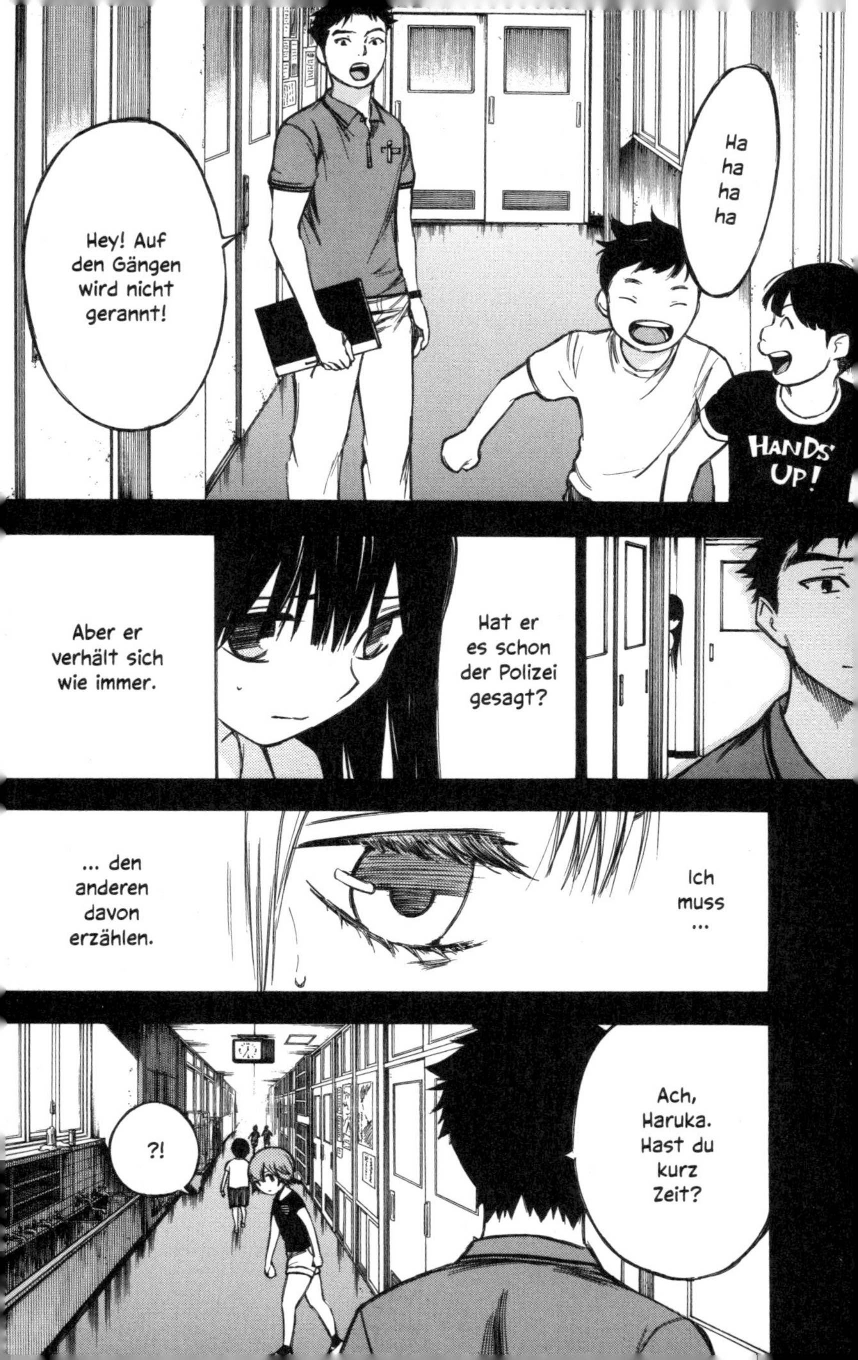
Ha ha ha ha
HANDS' UP!
Hey! Auf den Gängen wird nicht gerannt!
Hat er es schon der Polizei gesagt?
Aber er verhält sich wie immer.
Ich muss ...
... den anderen davon erzählen.
Ach, Haruka. Hast du kurz Zeit?
?!

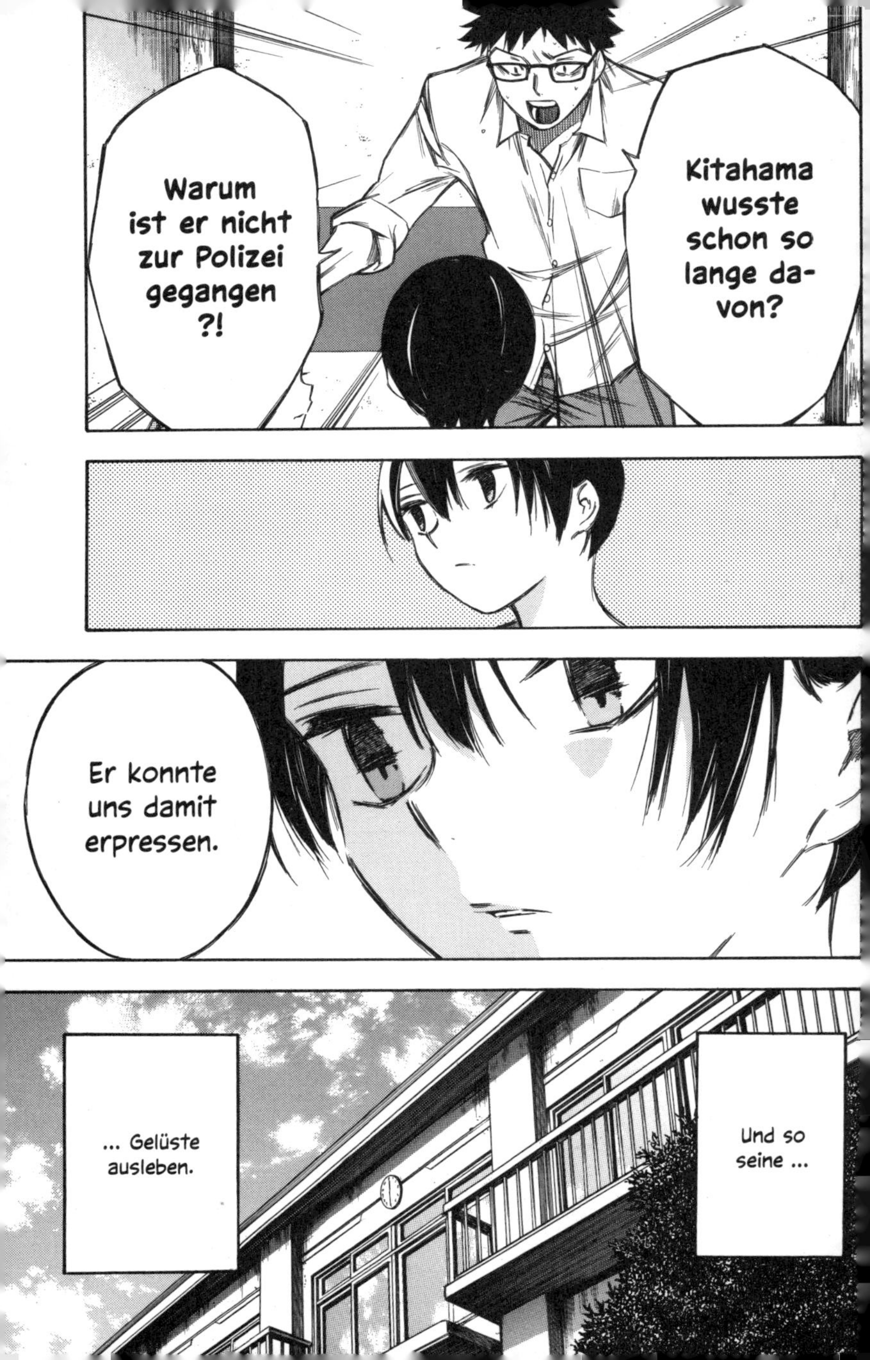
Kitahama wusste schon so lange da-von?
Warum ist er nicht zur Polizei gegangen?!
Er konnte uns damit erpressen.
Und so seine ...
... Gelüste ausleben.

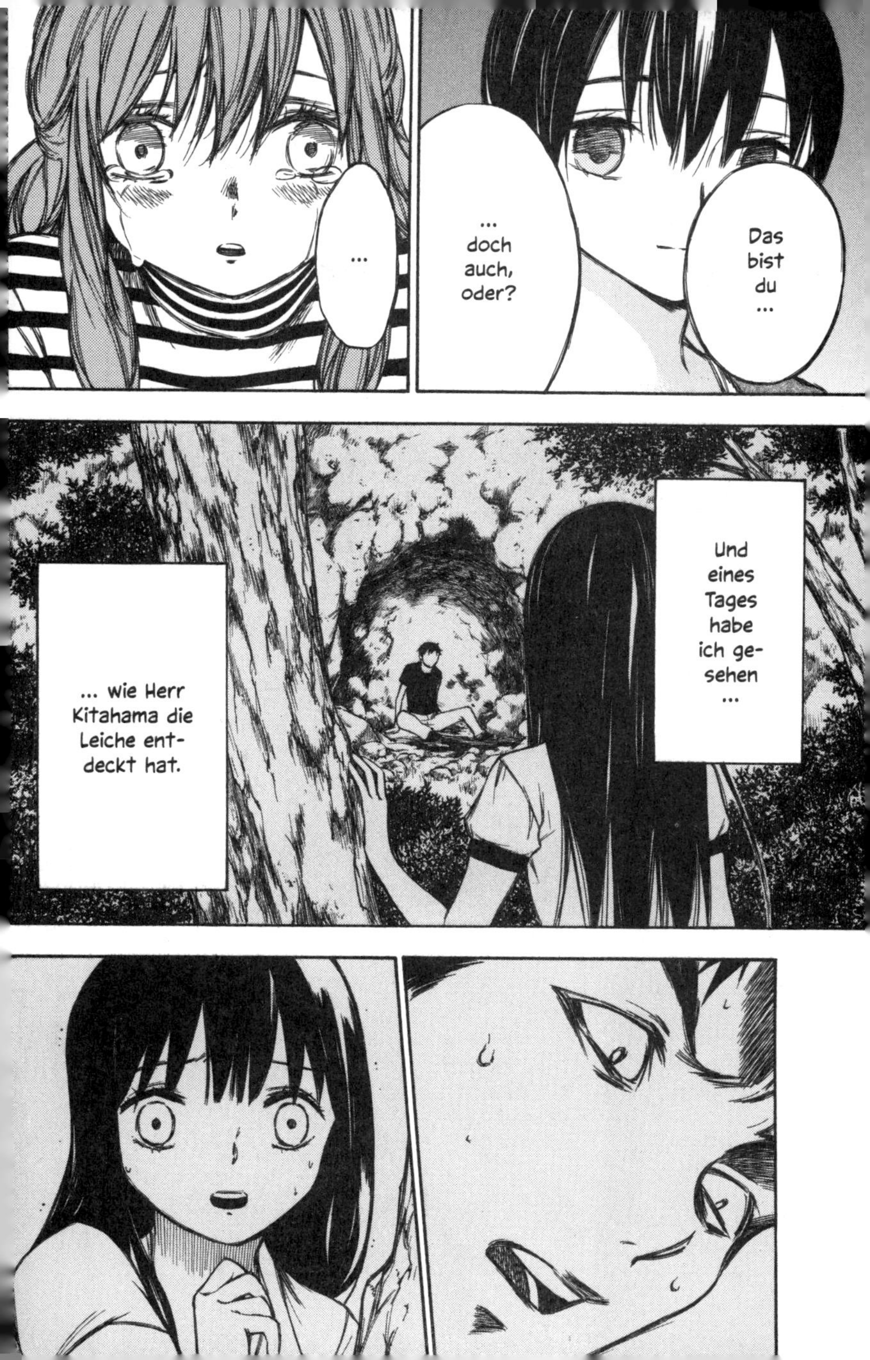
Das bist du …
… doch auch, oder?
…
Und eines Tages habe ich gesehen …
… wie Herr Kitahama die Leiche entdeckt hat.

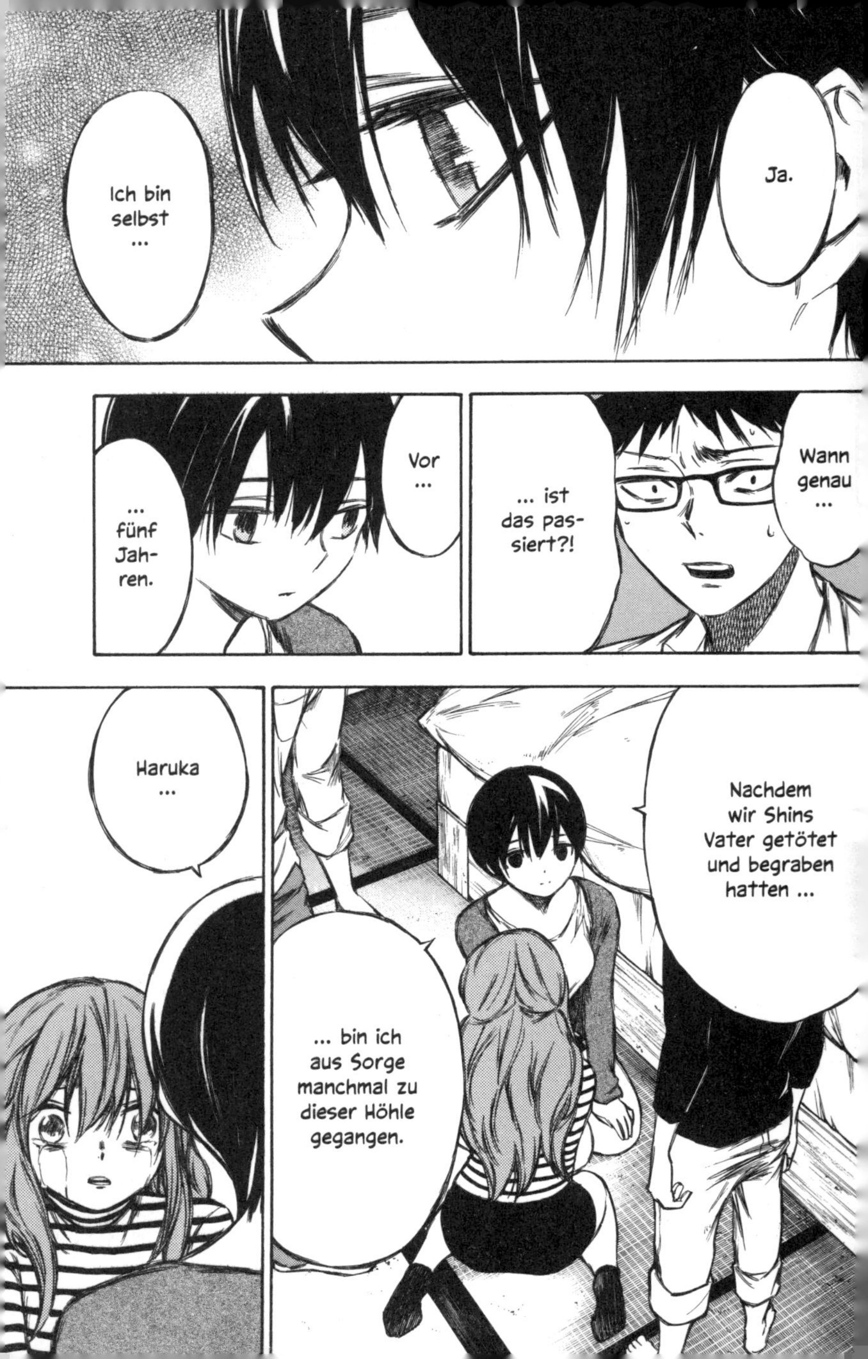
Ja.
Ich bin selbst ...
Wann genau ...
... ist das pas-siert?!
Vor ...
... fünf Jah-ren.
Nachdem wir Shins Vater getötet und begraben hatten ...
... bin ich aus Sorge manchmal zu dieser Höhle gegangen.
Haruka ...

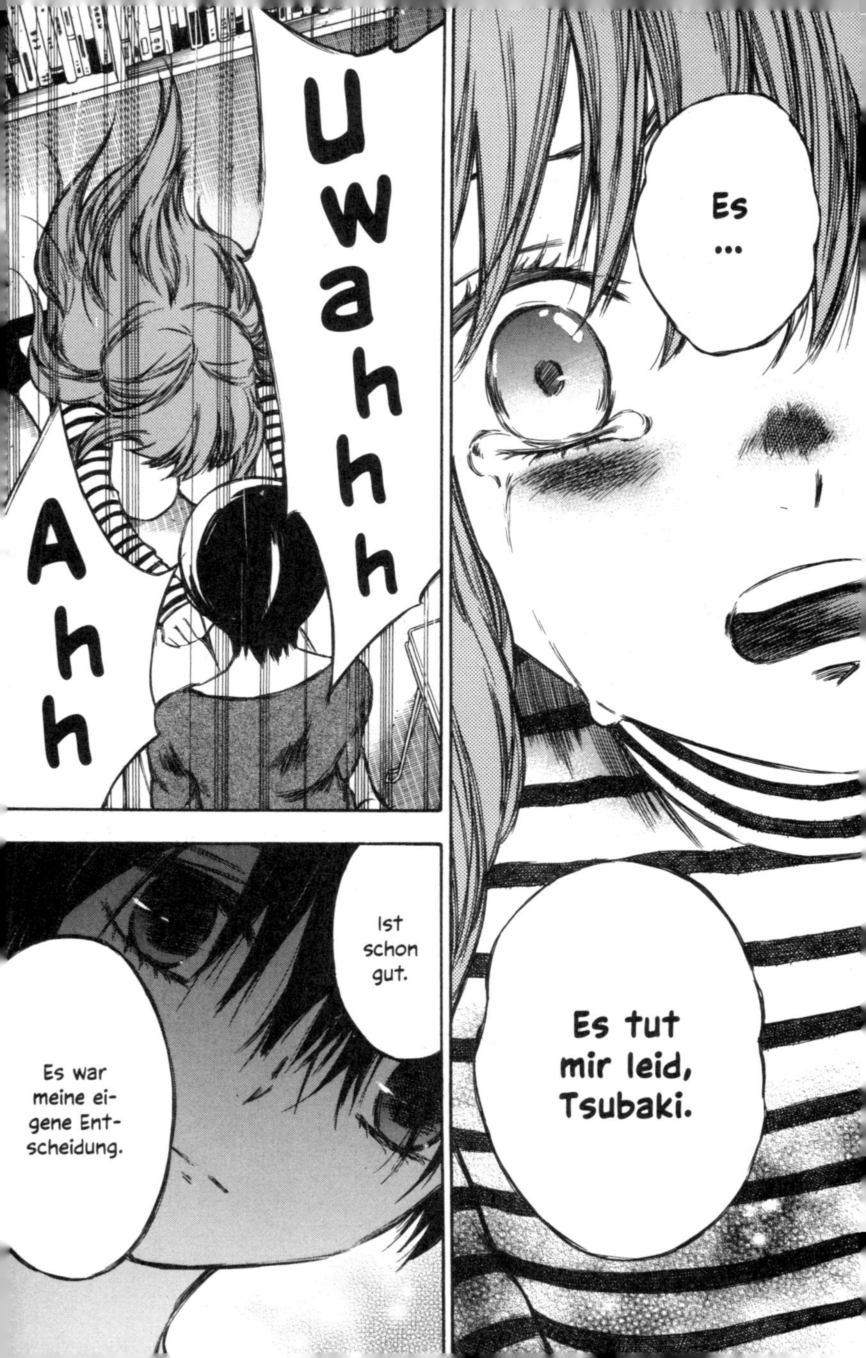
Es ...
Es tut mir leid, Tsubaki.
Uwahhhh
Ahh
Ist schon gut.
Es war meine eigene Entscheidung.

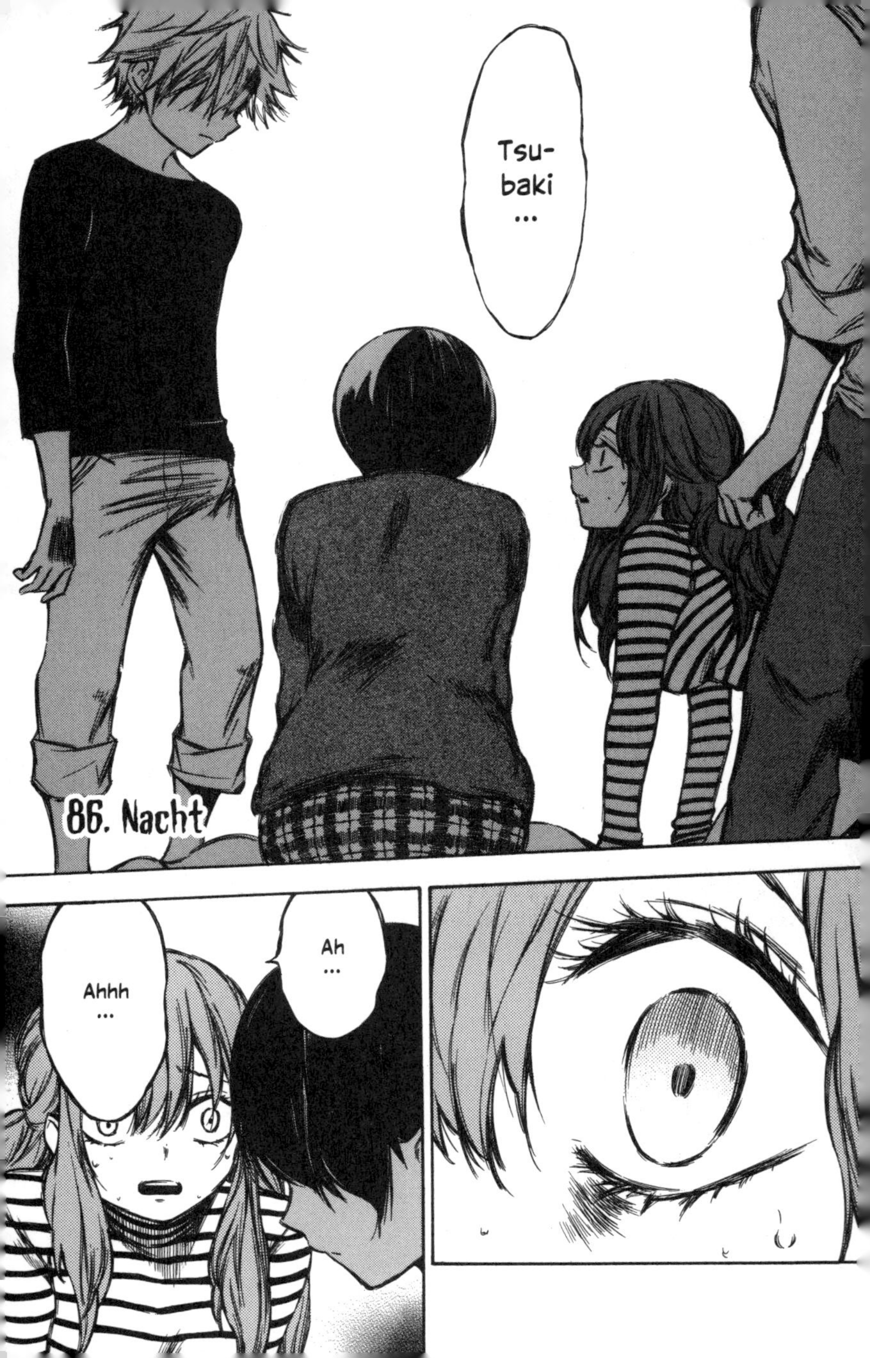
Tsu-
baki
...
86. Nacht
Ah
...
Ahhh
...

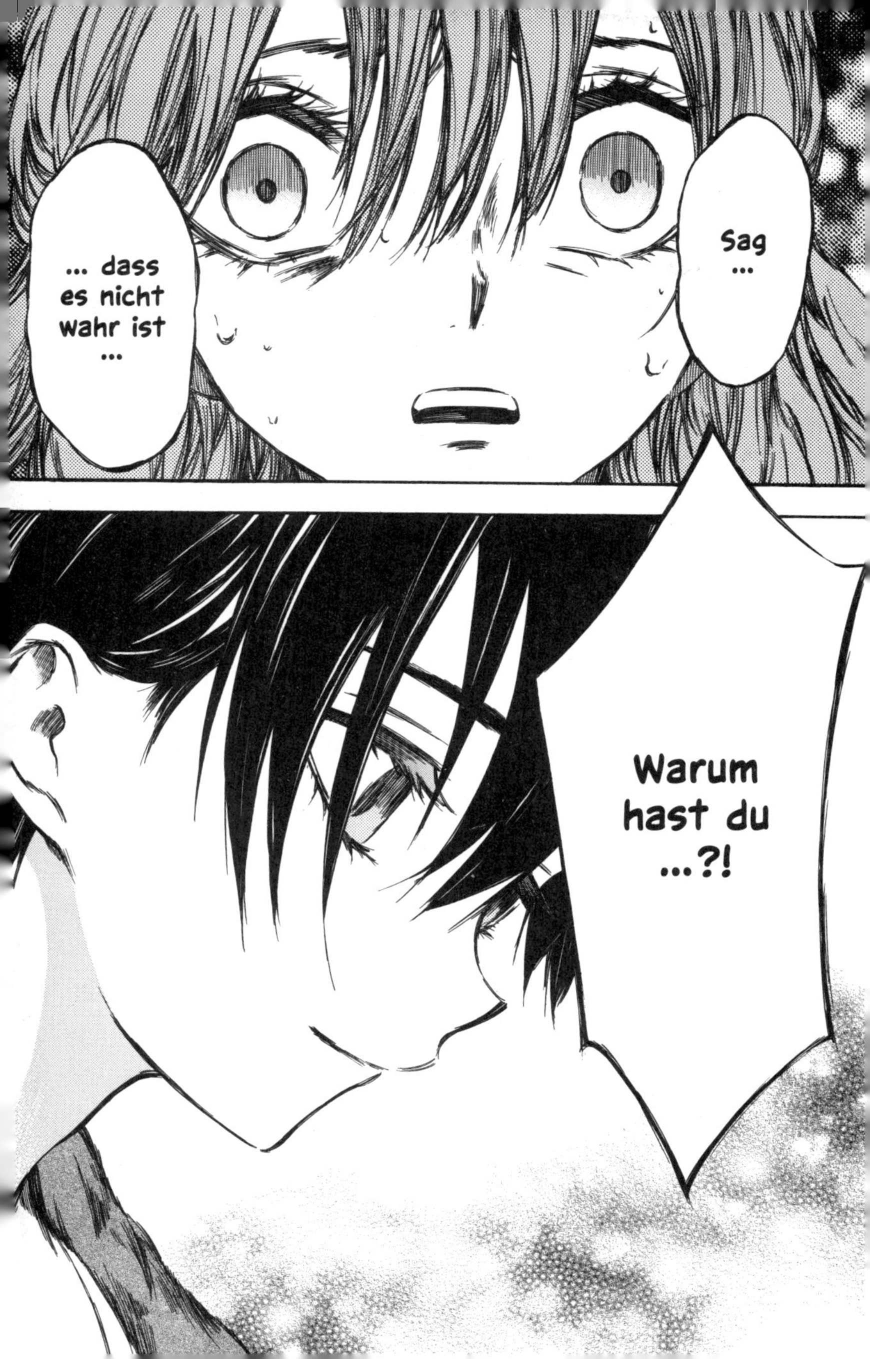
Sag ...
... dass es nicht wahr ist ...
Warum hast du ...?!

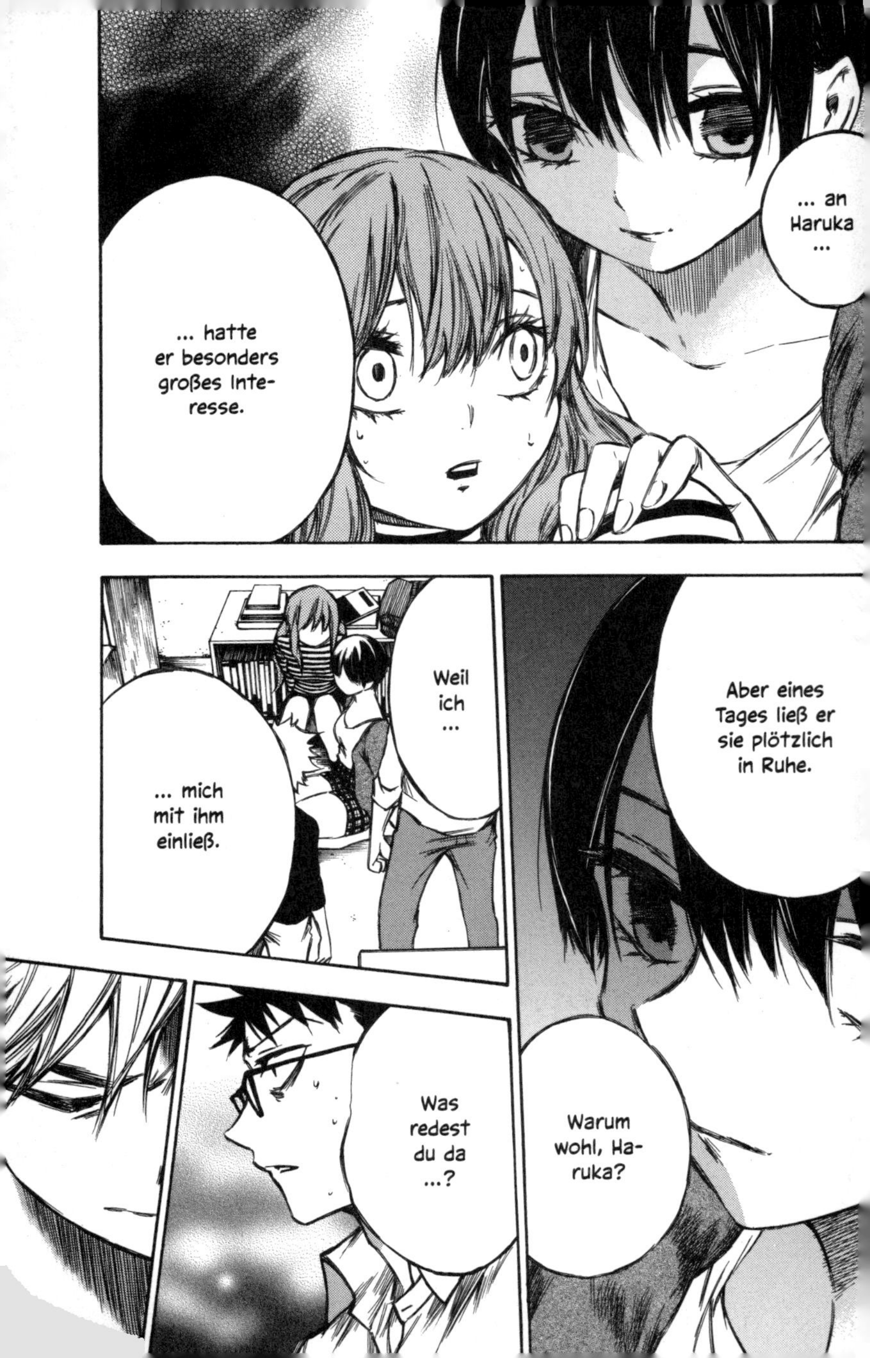
... an Haruka ...
... hatte er besonders großes Interesse.
Aber eines Tages ließ er sie plötzlich in Ruhe.
Weil ich ...
... mich mit ihm einließ.
Warum wohl, Haruka?
Was redest du da ...?

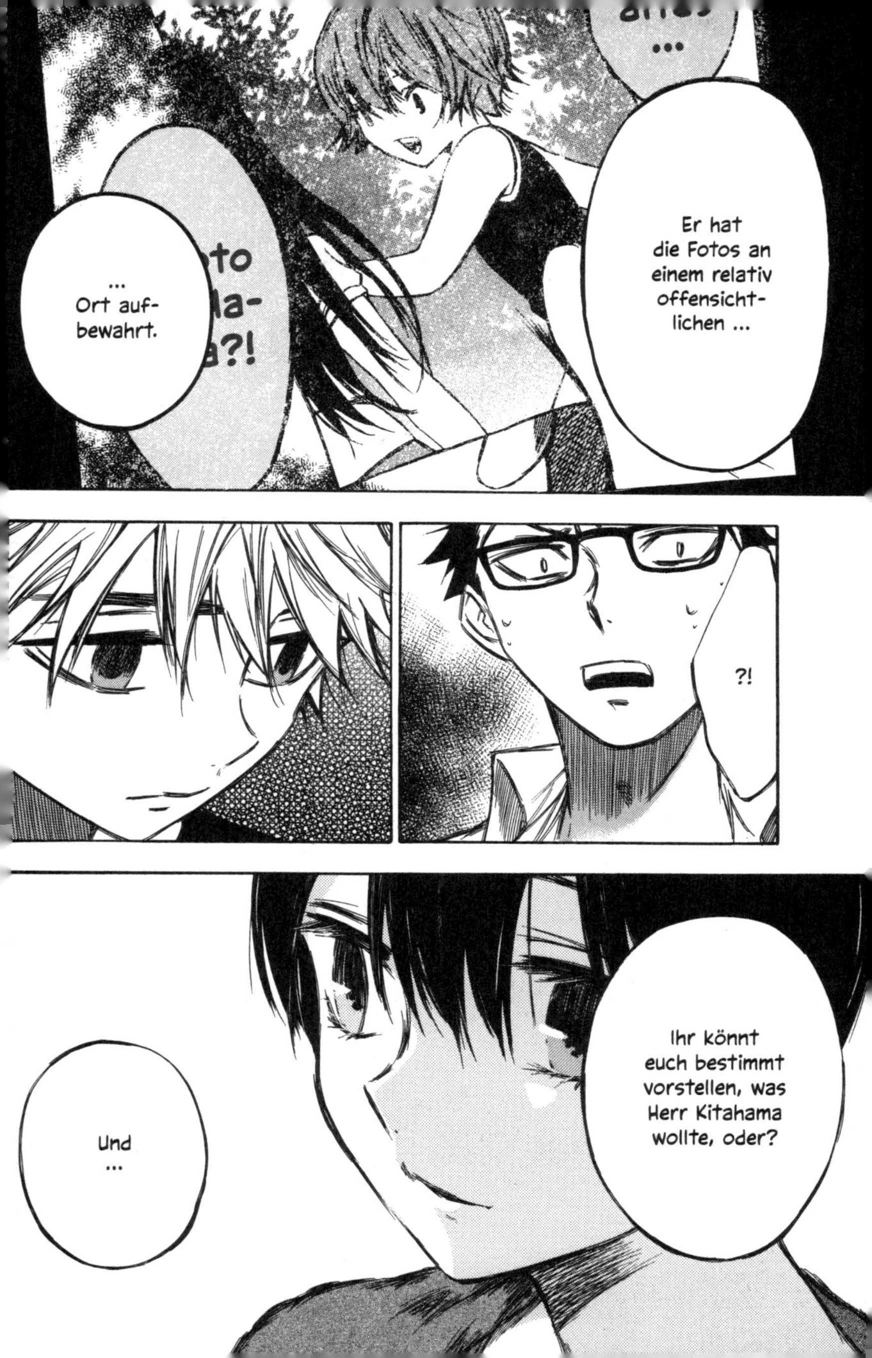
Er hat die Fotos an einem relativ offensicht-lichen ...
... Ort auf-bewahrt.
?!
Ihr könnt euch bestimmt vorstellen, was Herr Kitahama wollte, oder?
Und ...

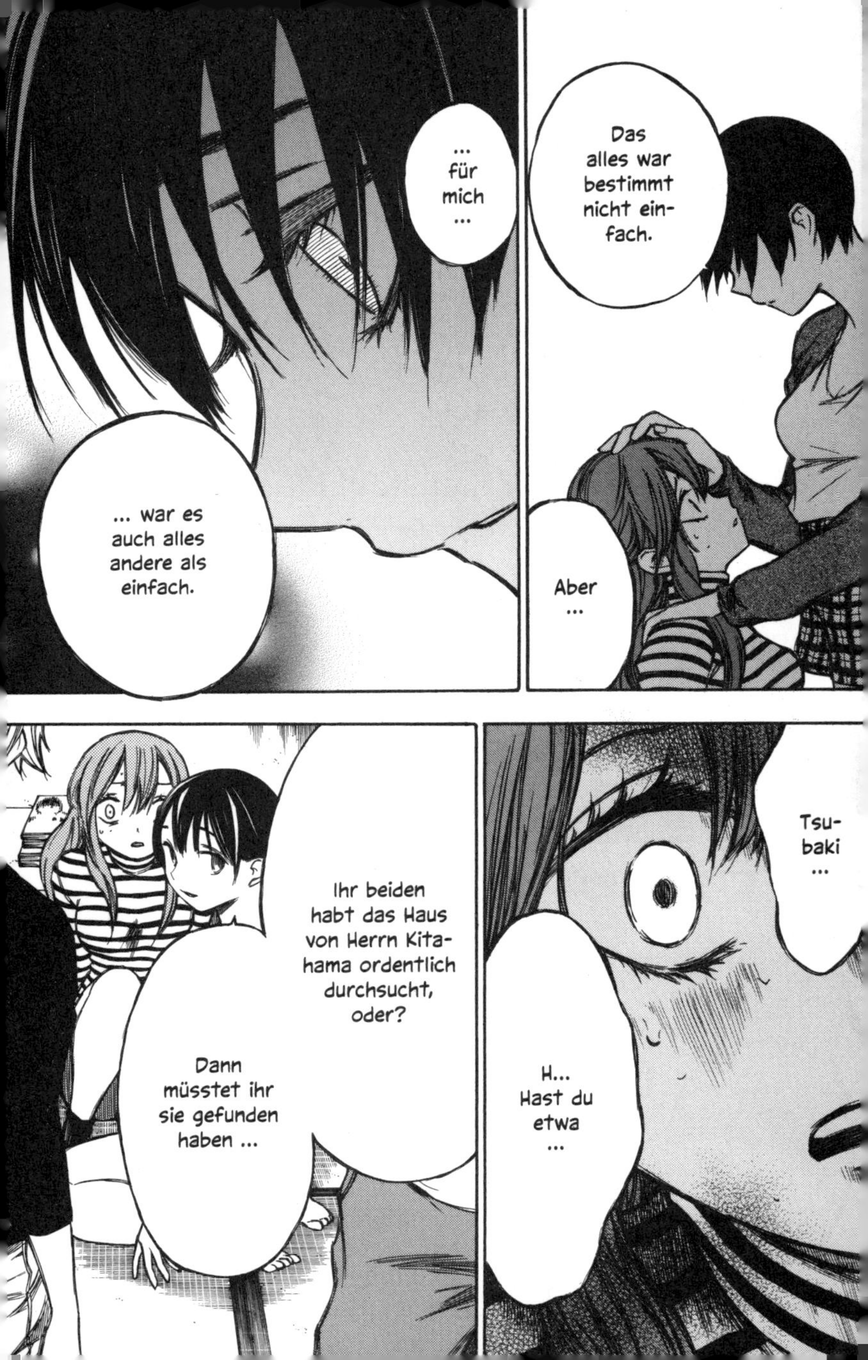
Das alles war bestimmt nicht ein-fach.
... für mich ...
Aber ...
... war es auch alles andere als einfach.
Tsu-baki ...
H... Hast du etwa ...
Ihr beiden habt das Haus von Herrn Kita-hama ordentlich durchsucht, oder?
Dann müsstet ihr sie gefunden haben ...

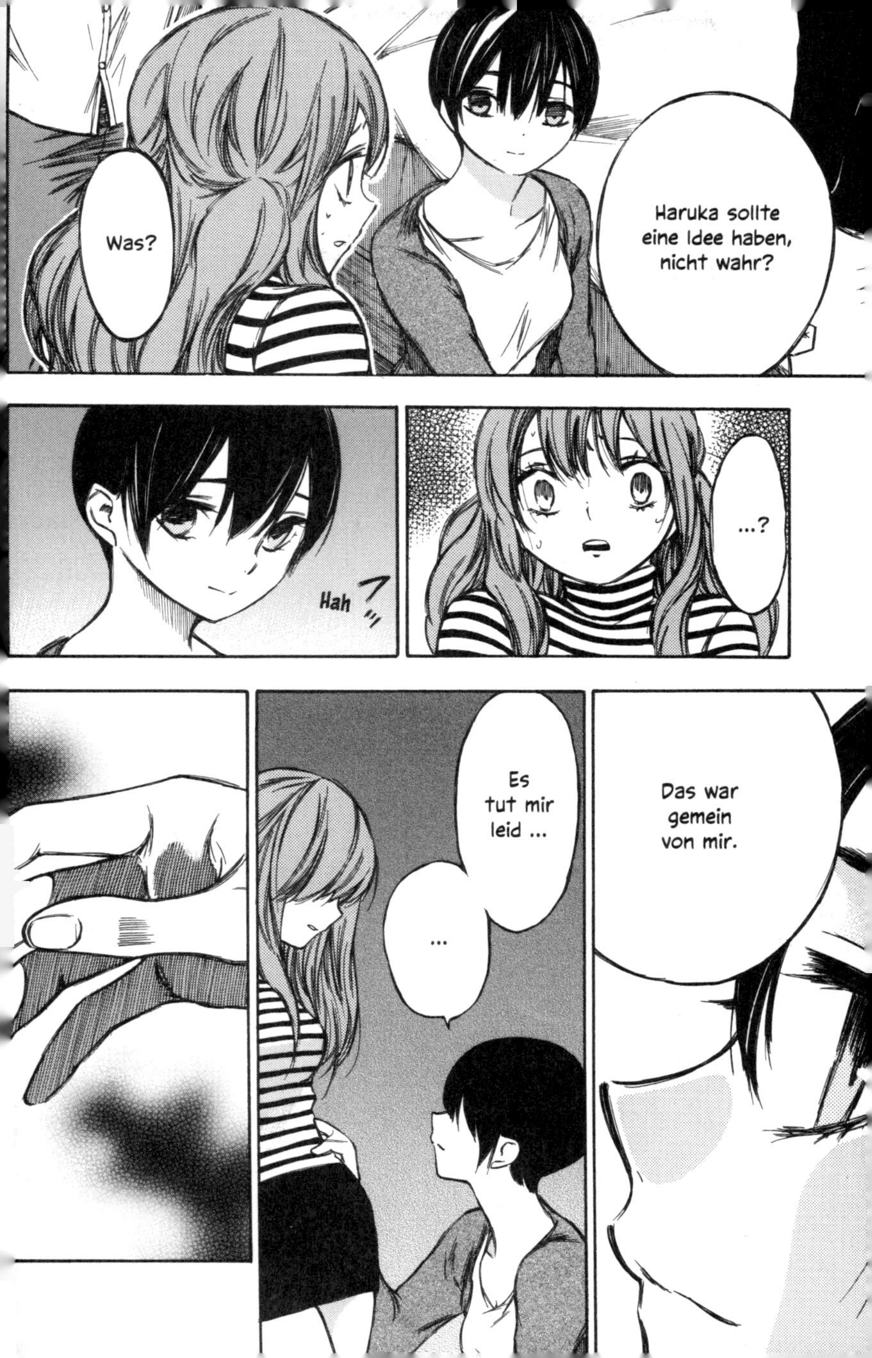
Haruka sollte eine Idee haben, nicht wahr?
Was?
...?
Hah
Das war gemein von mir.
Es tut mir leid ...
...

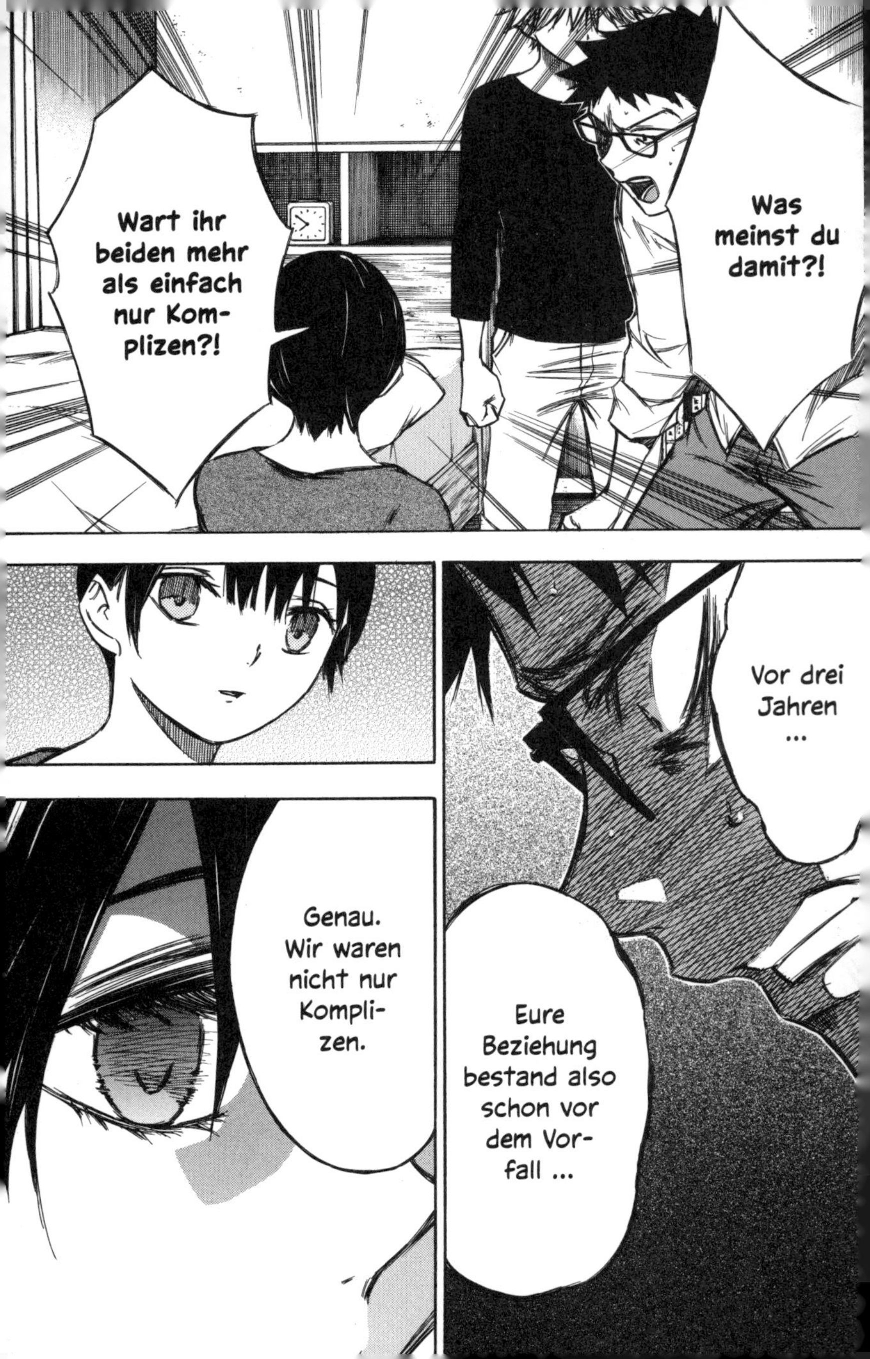
Was meinst du damit?!
Wart ihr beiden mehr als einfach nur Komplizen?!
Vor drei Jahren ...
Eure Beziehung bestand also schon vor dem Vorfall ...
Genau. Wir waren nicht nur Komplizen.

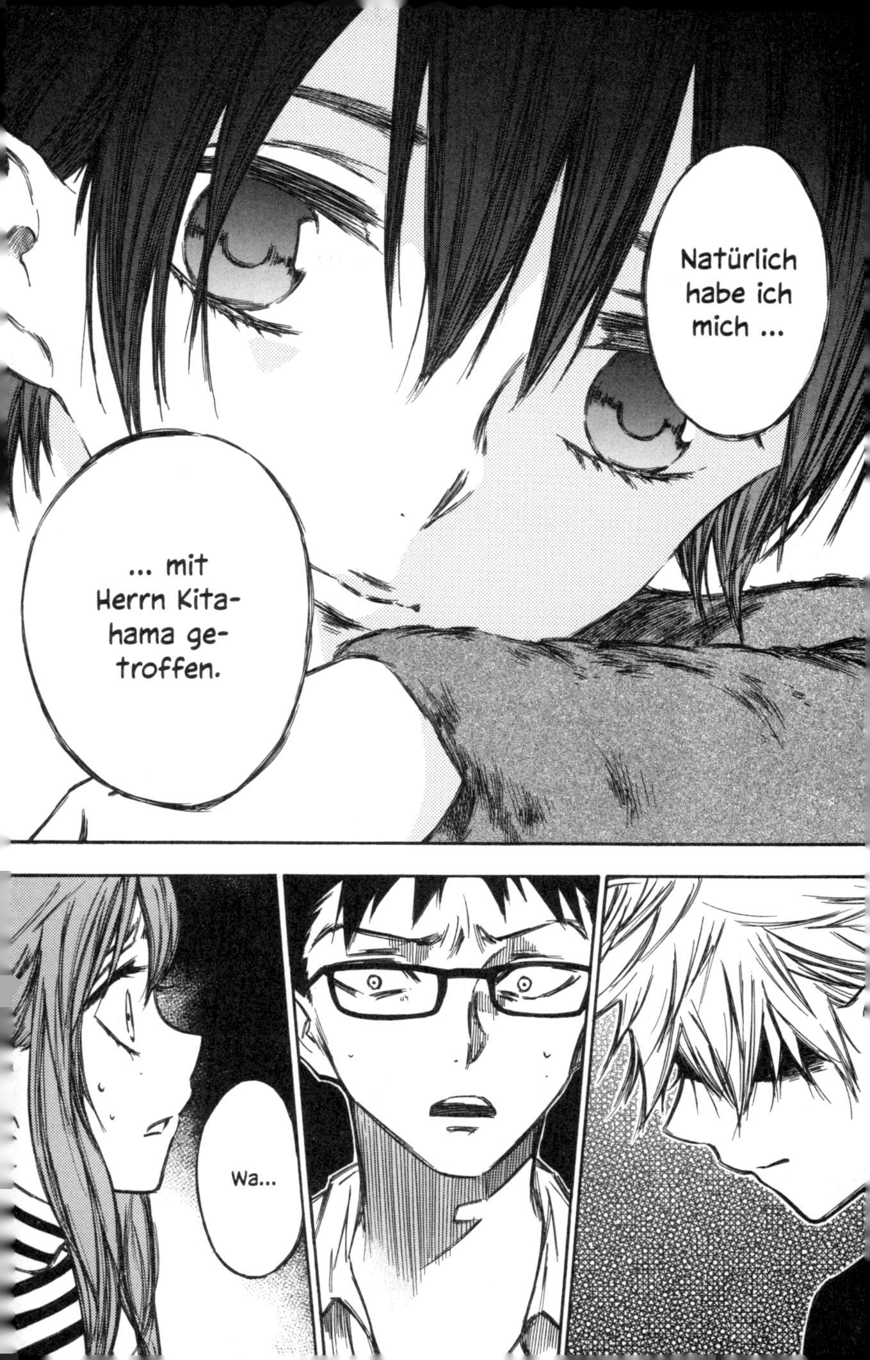
Natürlich habe ich mich ...
... mit Herrn Kita-hama ge-troffen.
Wa...

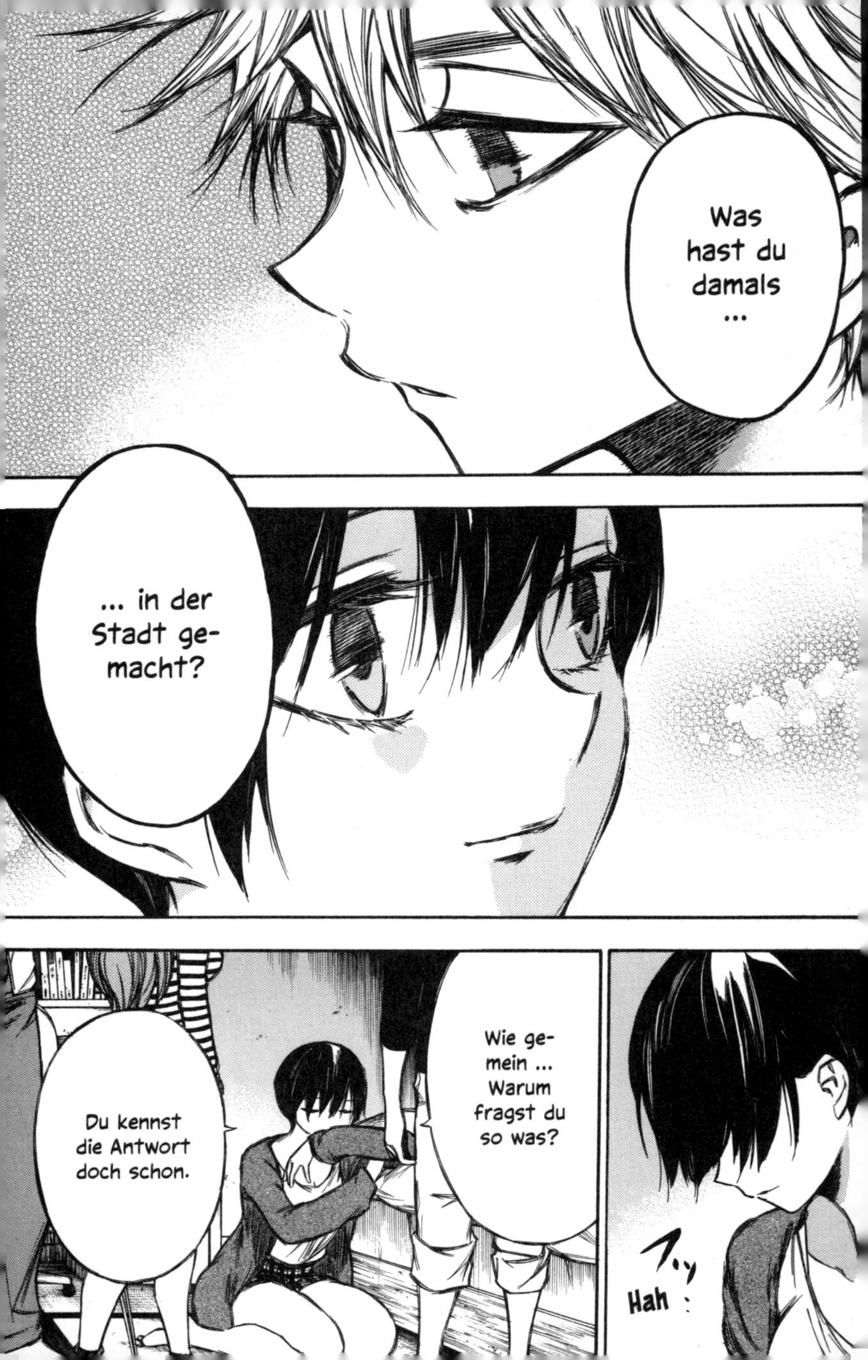
Was hast du damals ...
... in der Stadt gemacht?
Hah
Wie ge-mein ... Warum fragst du so was?
Du kennst die Antwort doch schon.

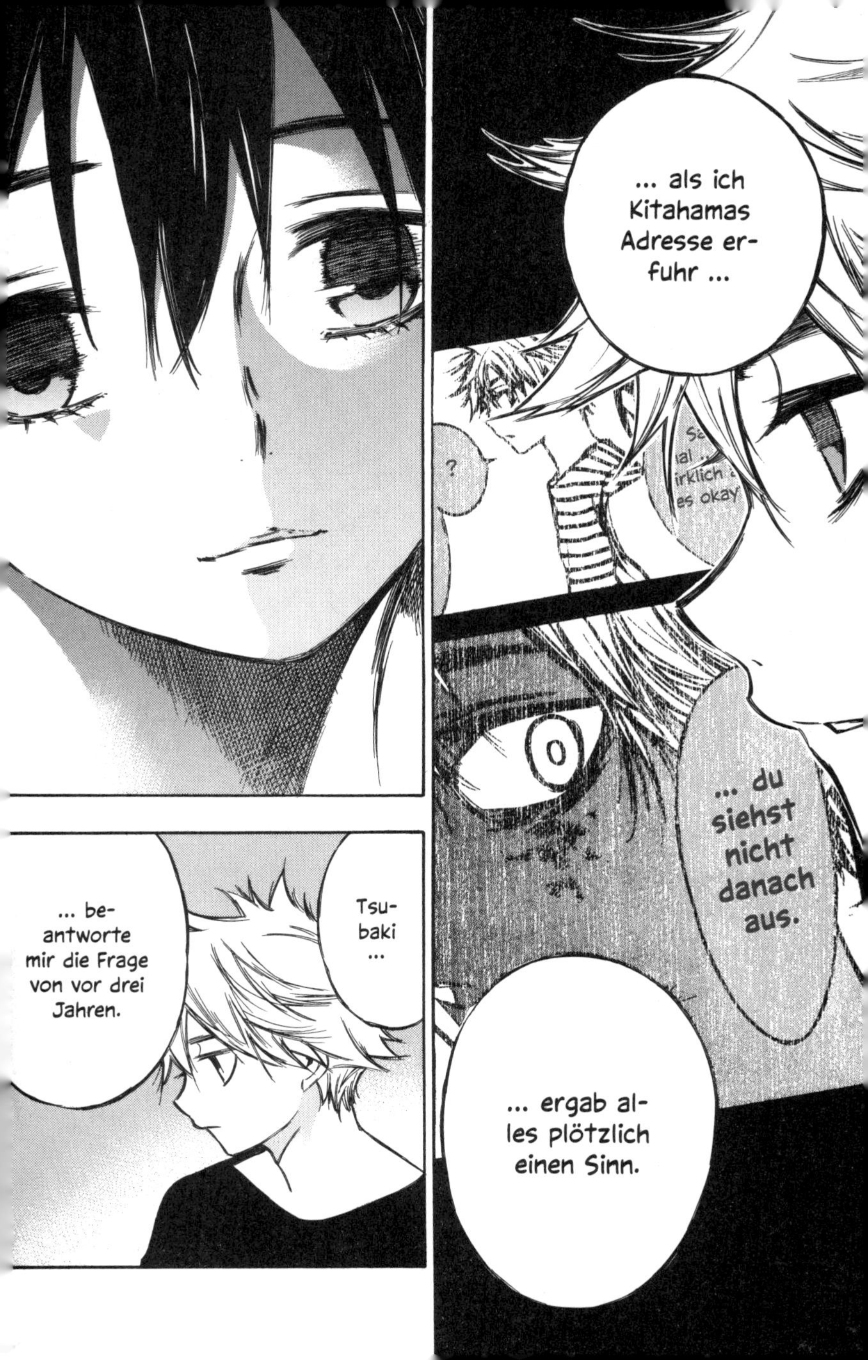

... als ich Kitahamas Adresse erfuhr ...
?
... du siehst nicht danach aus.
... ergab alles plötzlich einen Sinn.
Tsubaki ...
... beantworte mir die Frage von vor drei Jahren.

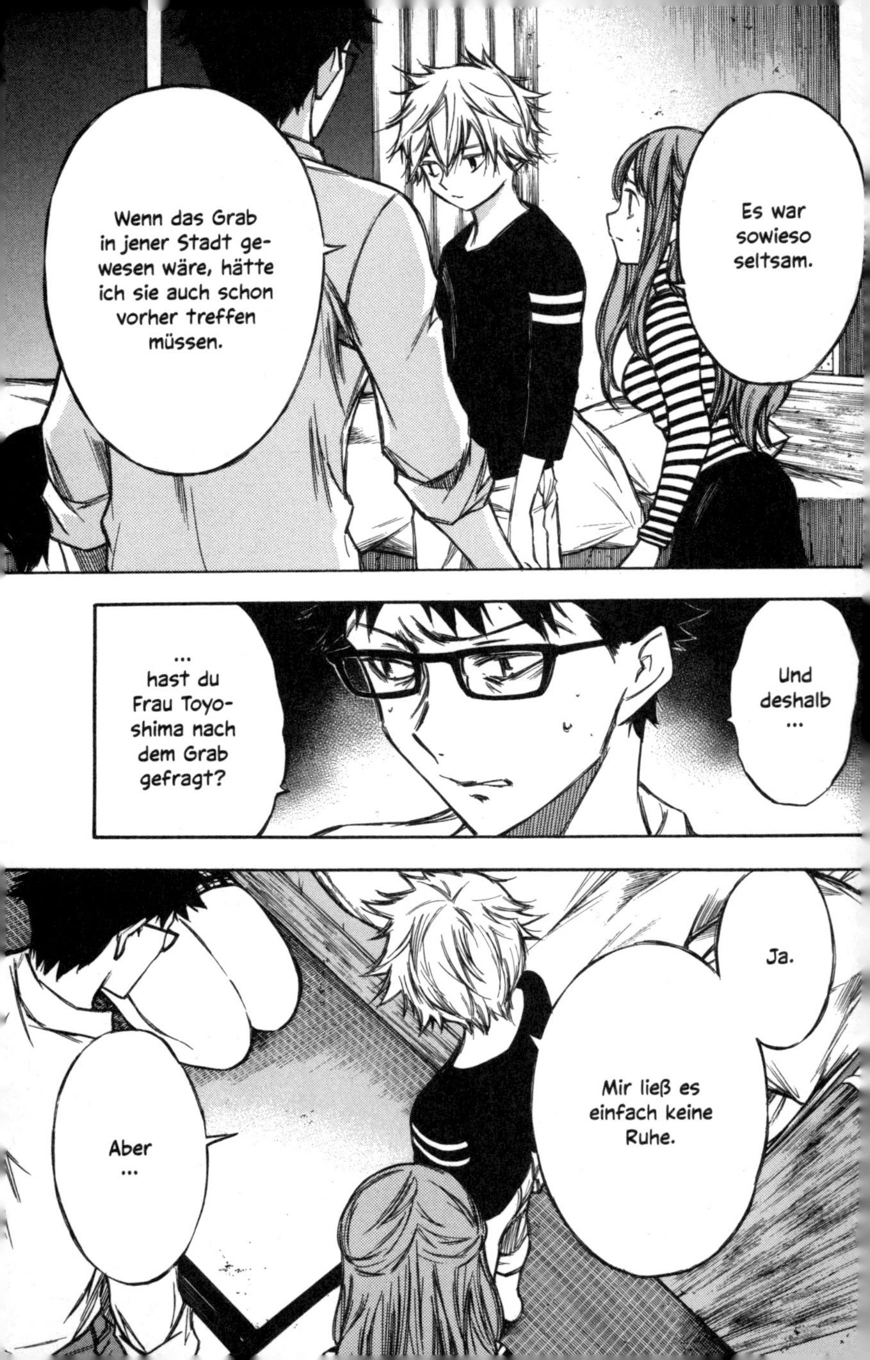
Es war sowieso seltsam.
Wenn das Grab in jener Stadt gewesen wäre, hätte ich sie auch schon vorher treffen müssen.
Und deshalb ...
... hast du Frau Toyoshima nach dem Grab gefragt?
Ja.
Mir ließ es einfach keine Ruhe.
Aber ...

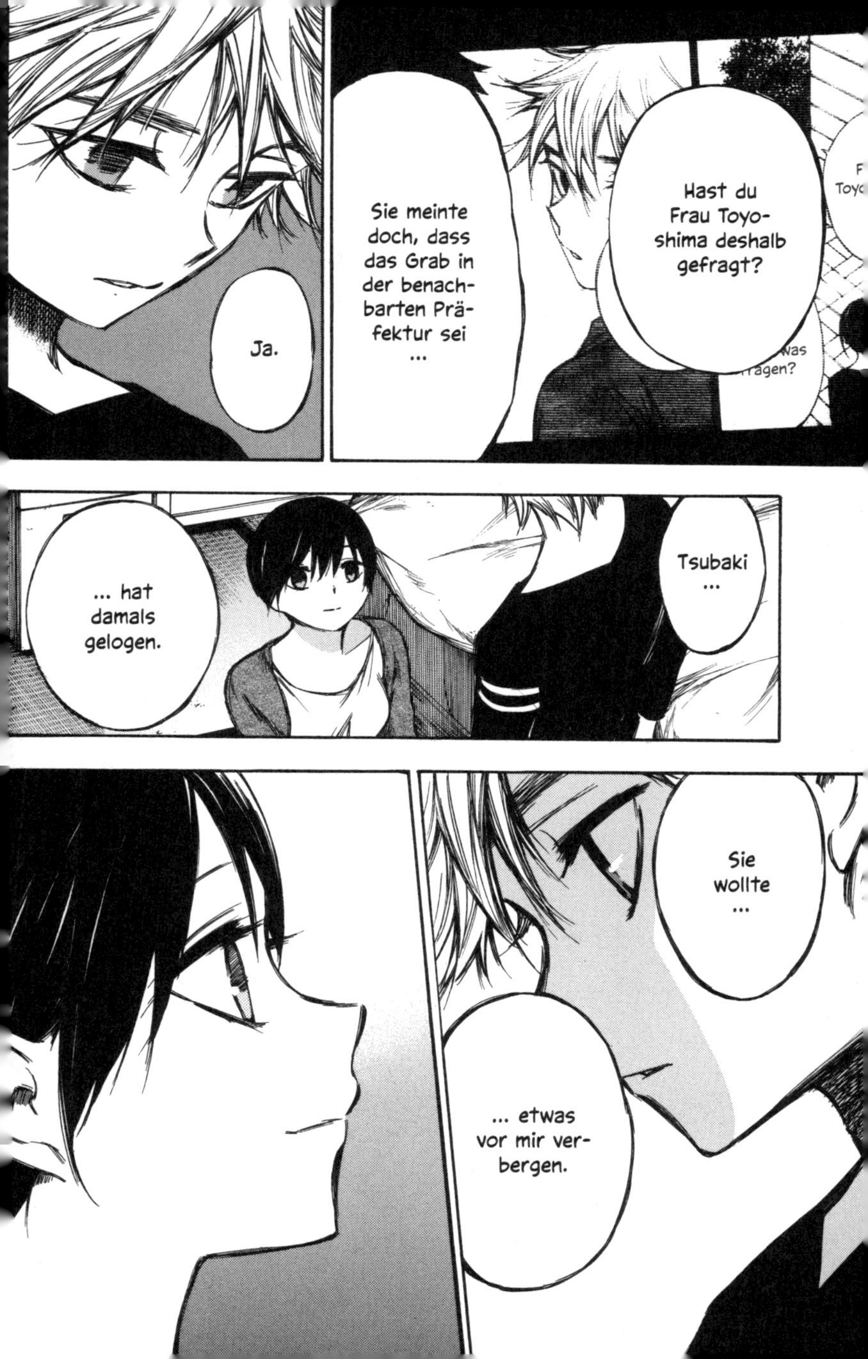
Hast du Frau Toyo-shima deshalb gefragt?
Sie meinte doch, dass das Grab in der benach-barten Präfektur sei ...
Ja.
Tsubaki ...
... hat damals gelogen.
Sie wollte ...
... etwas vor mir ver-bergen.

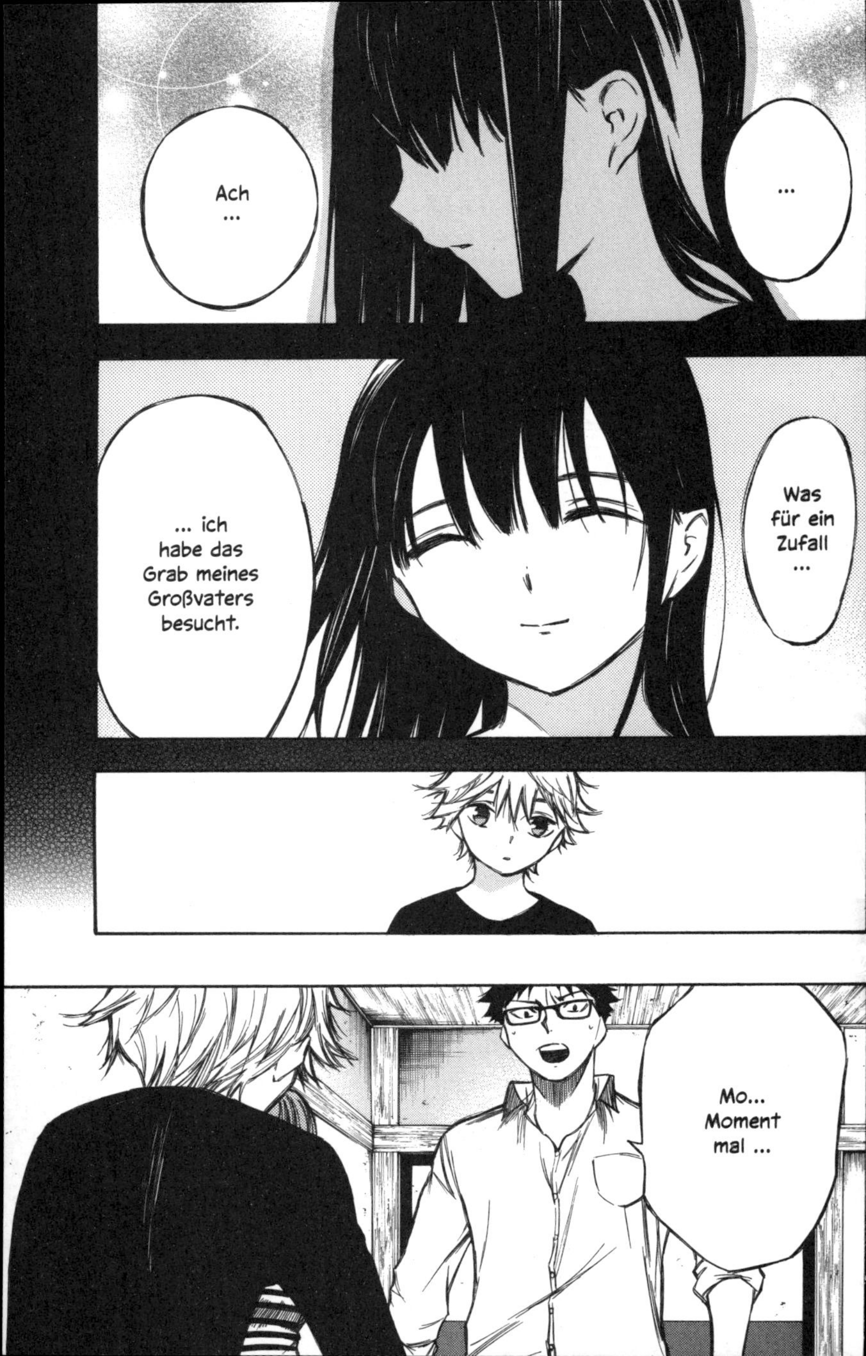
...
Ach ...
Was für ein Zufall ...
... ich habe das Grab meines Großvaters besucht.
Mo... Moment mal ...

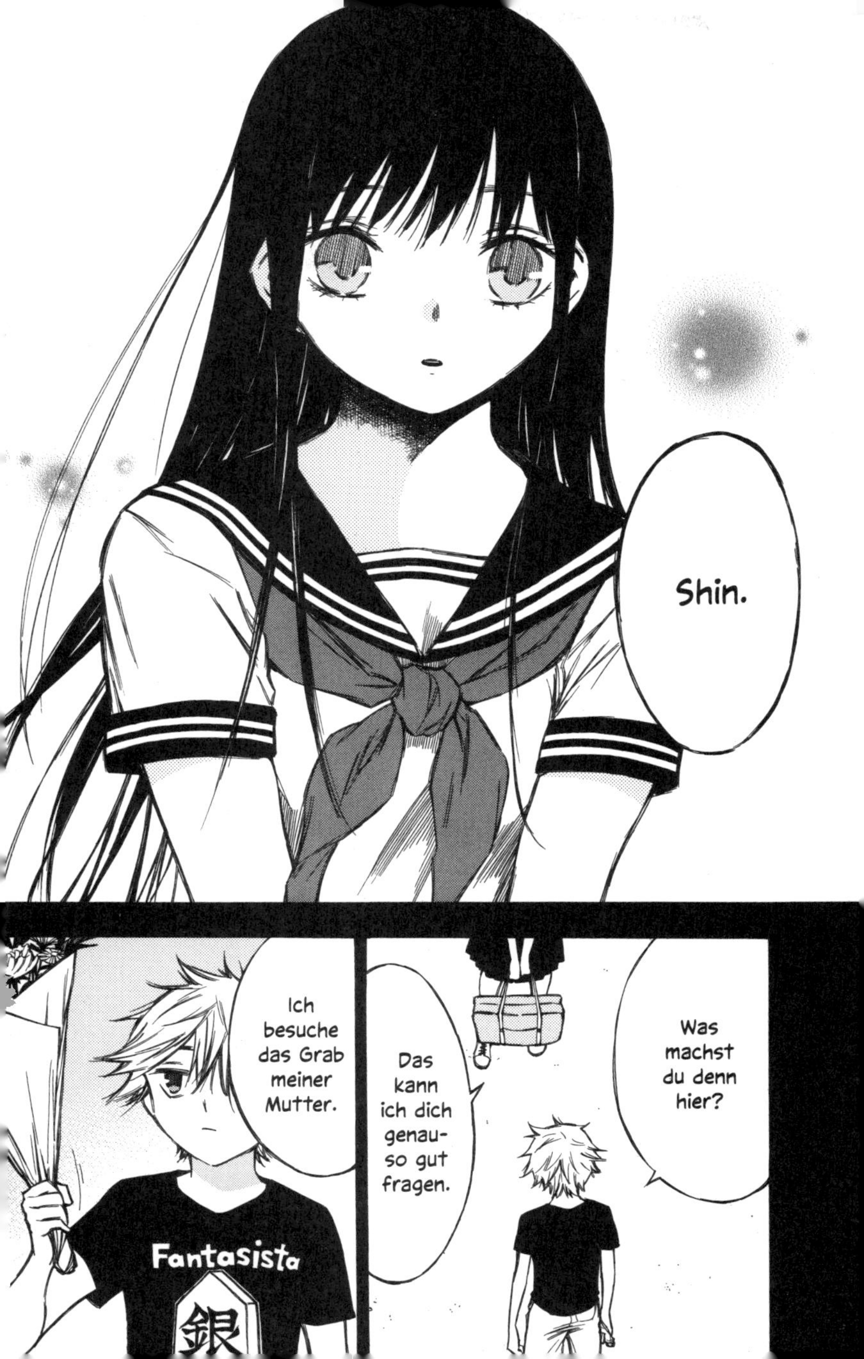
Shin.
Was machst du denn hier?
Das kann ich dich genauso gut fragen.
Ich besuche das Grab meiner Mutter.
Fantasista
銀

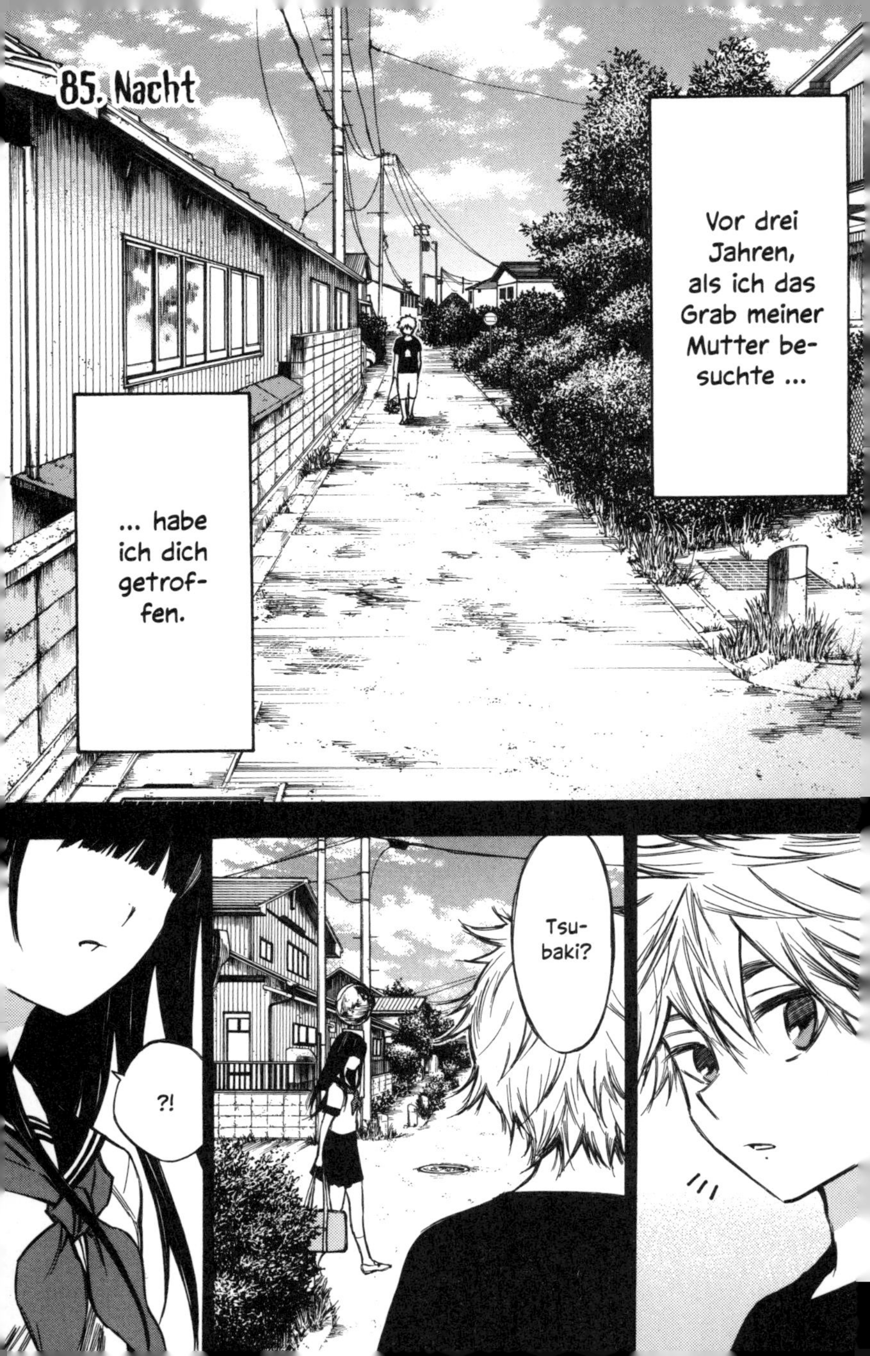
85. Nacht
Vor drei Jahren, als ich das Grab meiner Mutter besuchte ...
... habe ich dich getroffen.
Tsubaki?
?!

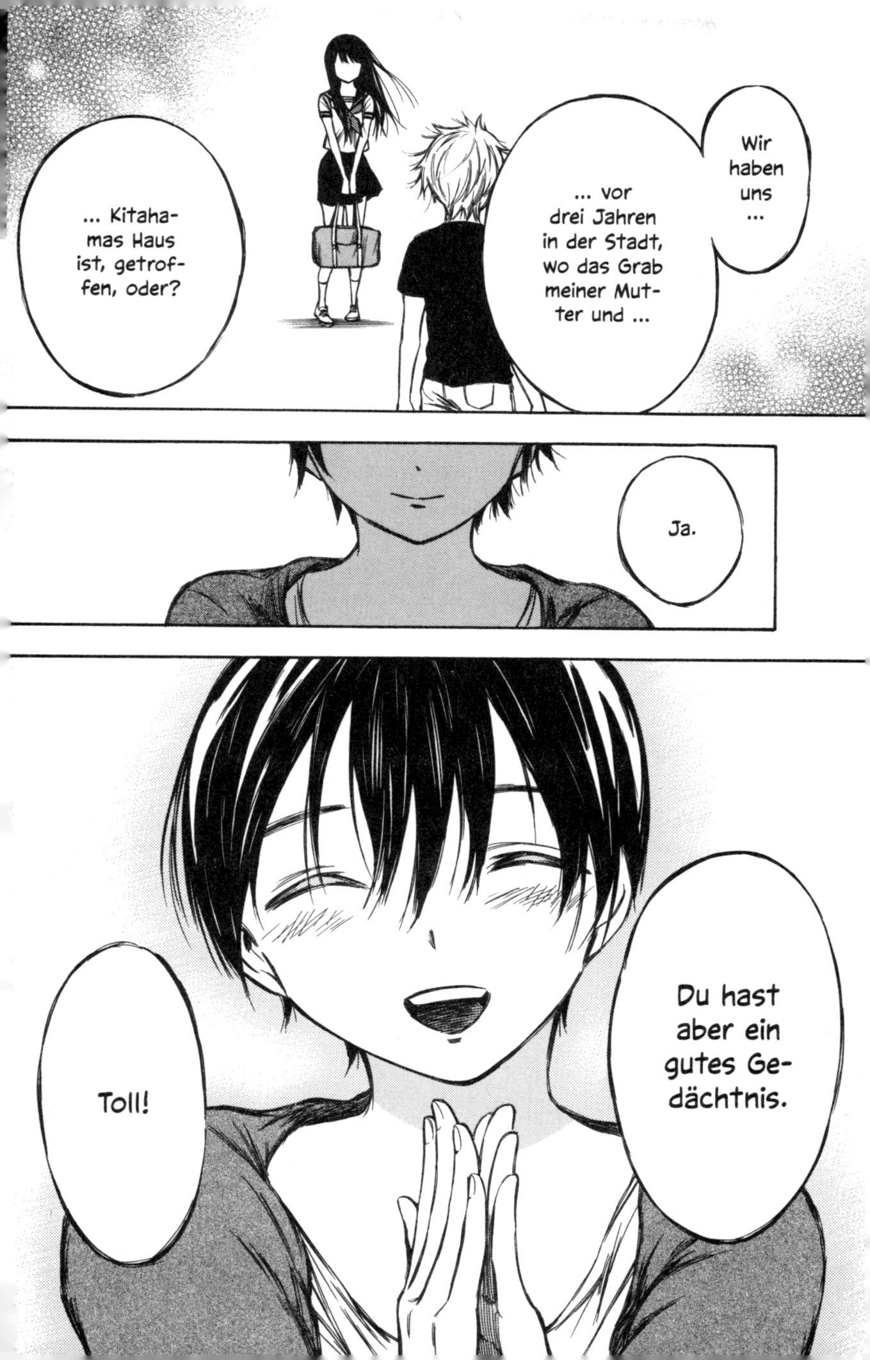

Wir haben uns ...
... vor drei Jahren in der Stadt, wo das Grab meiner Mutter und ...
... Kitahamas Haus ist, getroffen, oder?
Ja.
Du hast aber ein gutes Gedächtnis.
Toll!

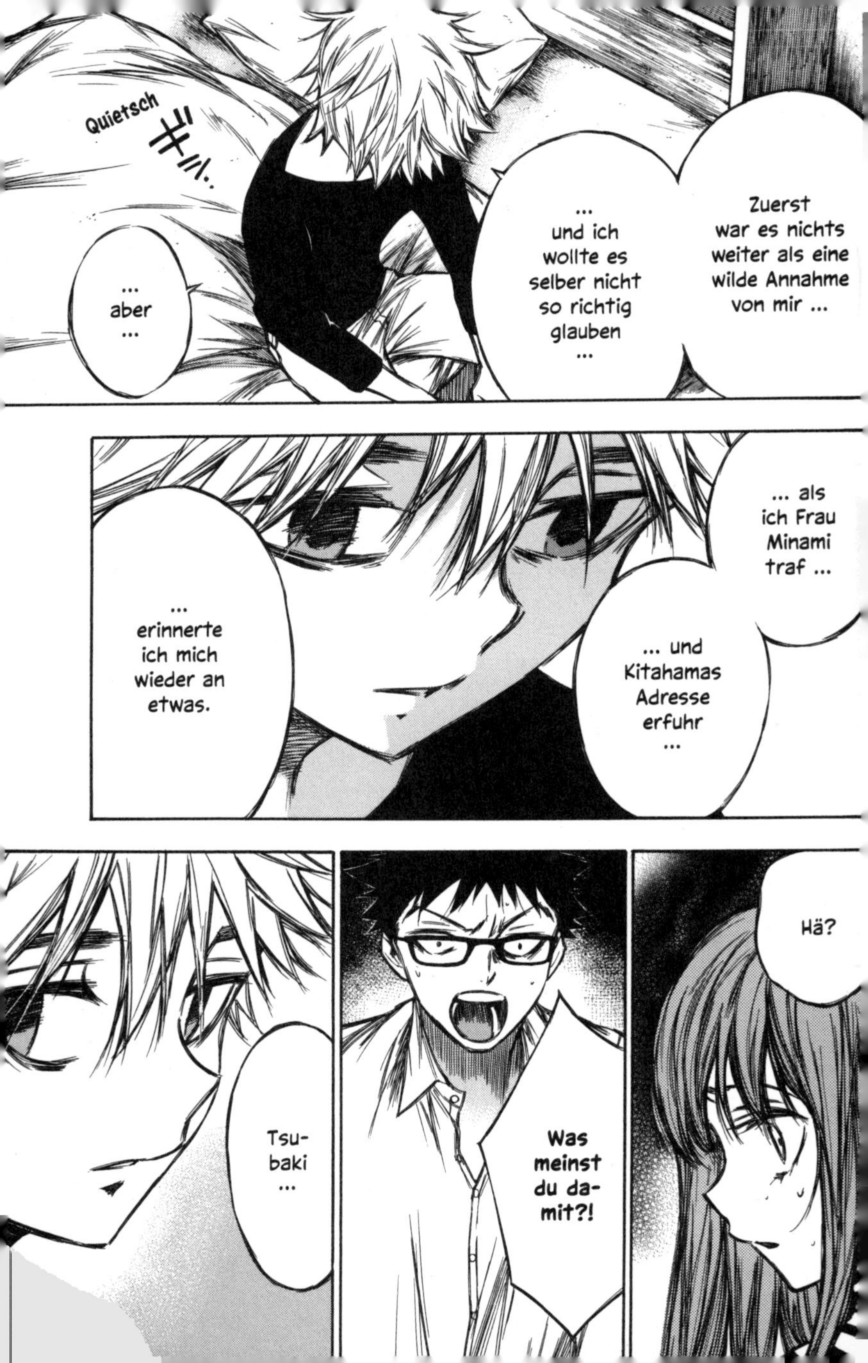

Zuerst war es nichts weiter als eine wilde Annahme von mir ...
... und ich wollte es selber nicht so richtig glauben ...
Quietsch
... aber ...
... als ich Frau Minami traf ...
... und Kitahamas Adresse erfuhr ...
... erinnerte ich mich wieder an etwas.
Hä?
Was meinst du damit?!
Tsubaki ...

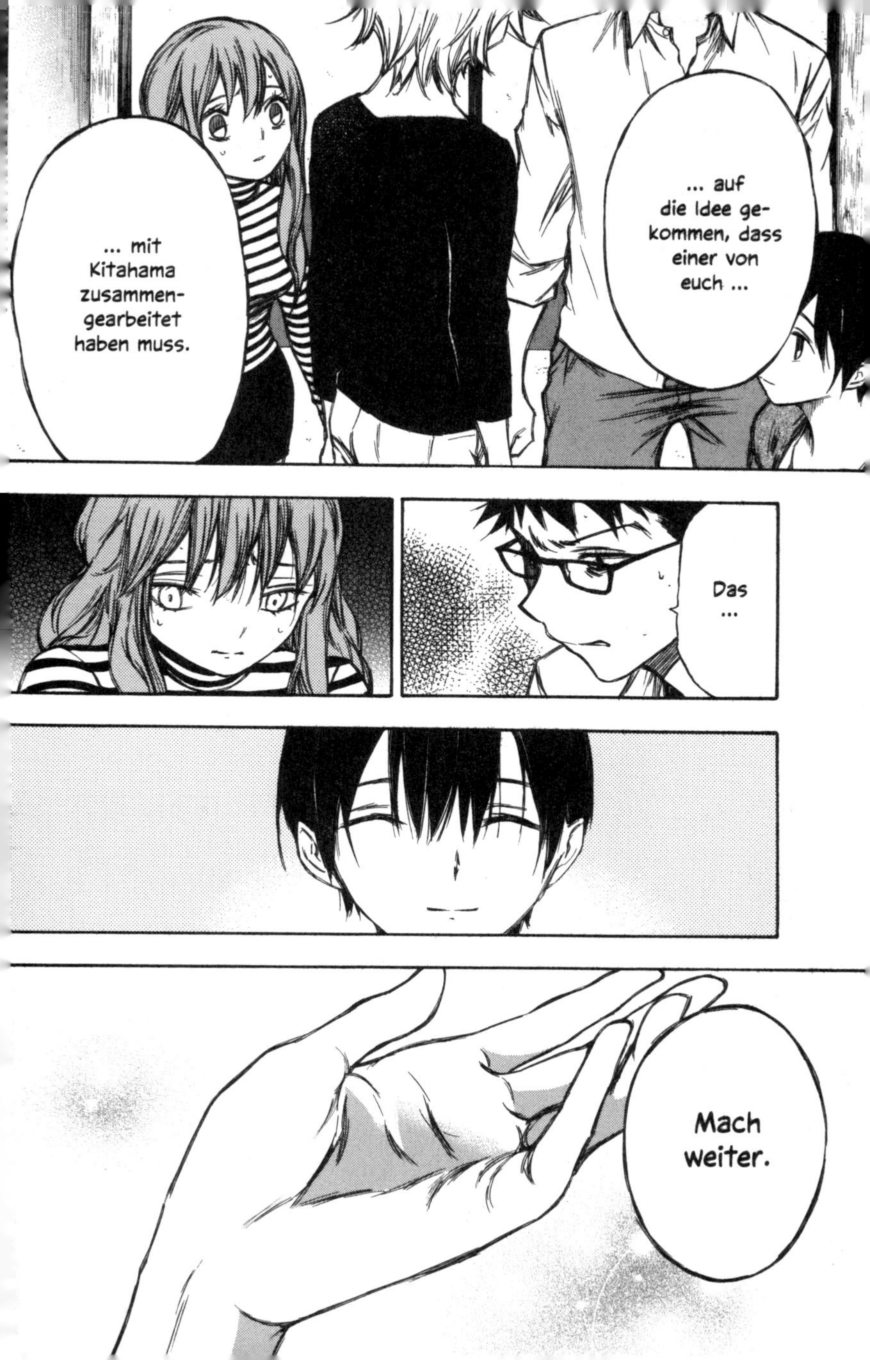
... auf die Idee gekommen, dass einer von euch ...
... mit Kitahama zusammengearbeitet haben muss.
Das ...
Mach weiter.

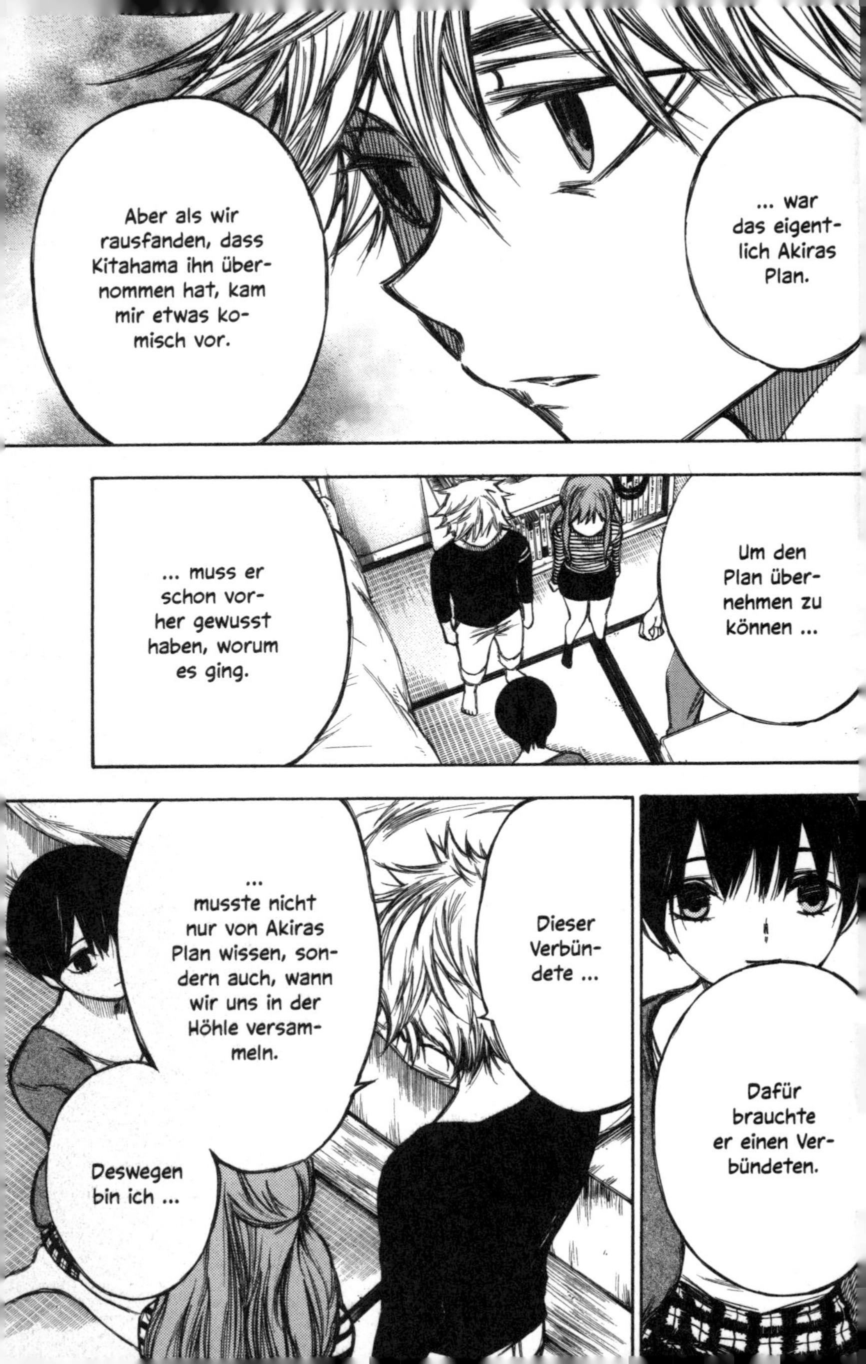

... war das eigentlich Akiras Plan.
Aber als wir rausfanden, dass Kitahama ihn übernommen hat, kam mir etwas komisch vor.
Um den Plan übernehmen zu können ...
... muss er schon vorher gewusst haben, worum es ging.
Dafür brauchte er einen Verbündeten.
Dieser Verbündete ...
... musste nicht nur von Akiras Plan wissen, sondern auch, wann wir uns in der Höhle versammeln.
Deswegen bin ich ...

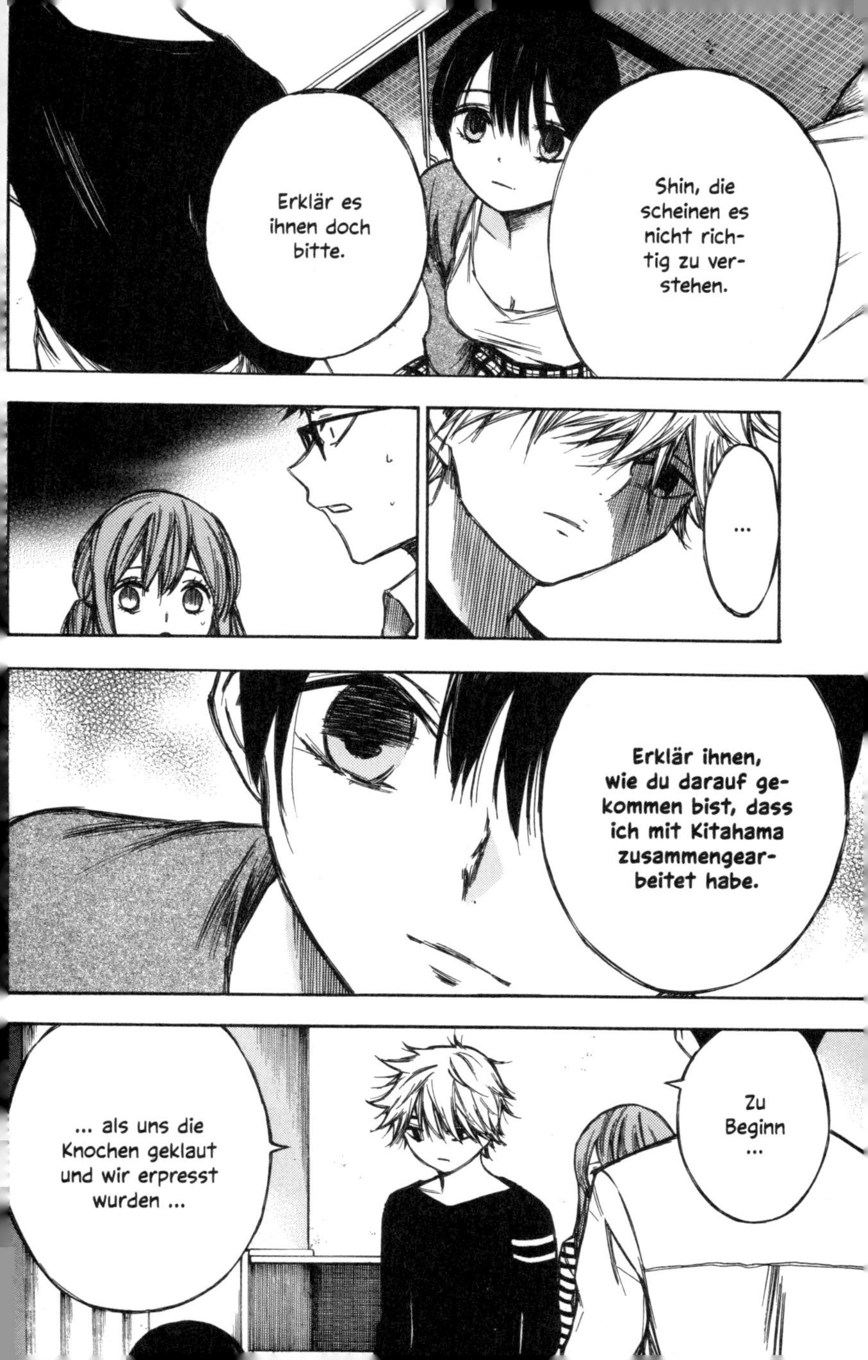
Shin, die scheinen es nicht rich-tig zu ver-stehen.
Erklär es ihnen doch bitte.
...
Erklär ihnen, wie du darauf ge-kommen bist, dass ich mit Kitahama zusammengear-beitet habe.
Zu Beginn ...
... als uns die Knochen geklaut und wir erpresst wurden ...

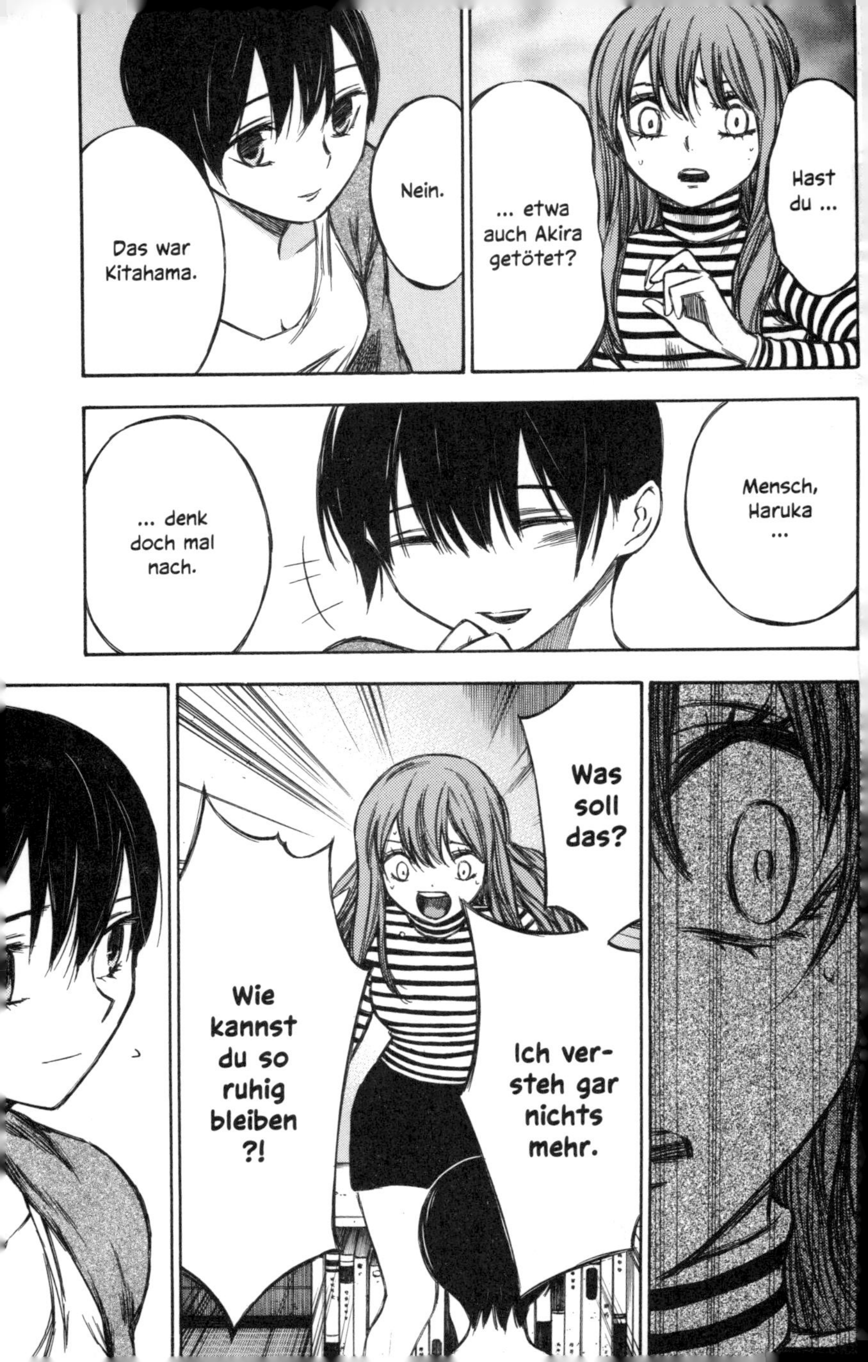
Hast du ...
... etwa auch Akira getötet?
Nein.
Das war Kitahama.
Mensch, Haruka ...
... denk doch mal nach.
Was soll das?
Ich ver-steh gar nichts mehr.
Wie kannst du so ruhig bleiben ?!

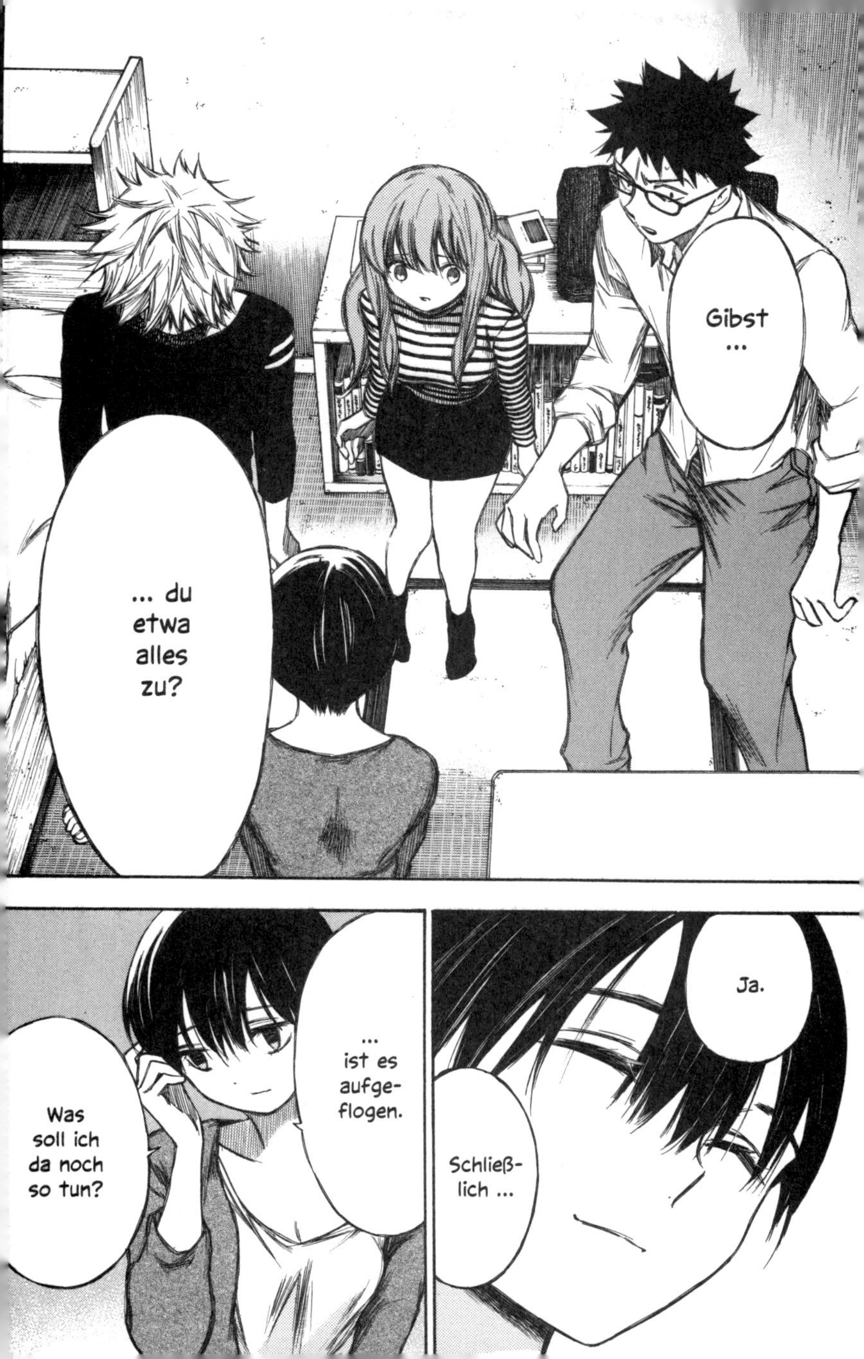
Gibst ...
... du etwa alles zu?
Ja.
Schließlich ...
... ist es aufgeflogen.
Was soll ich da noch so tun?

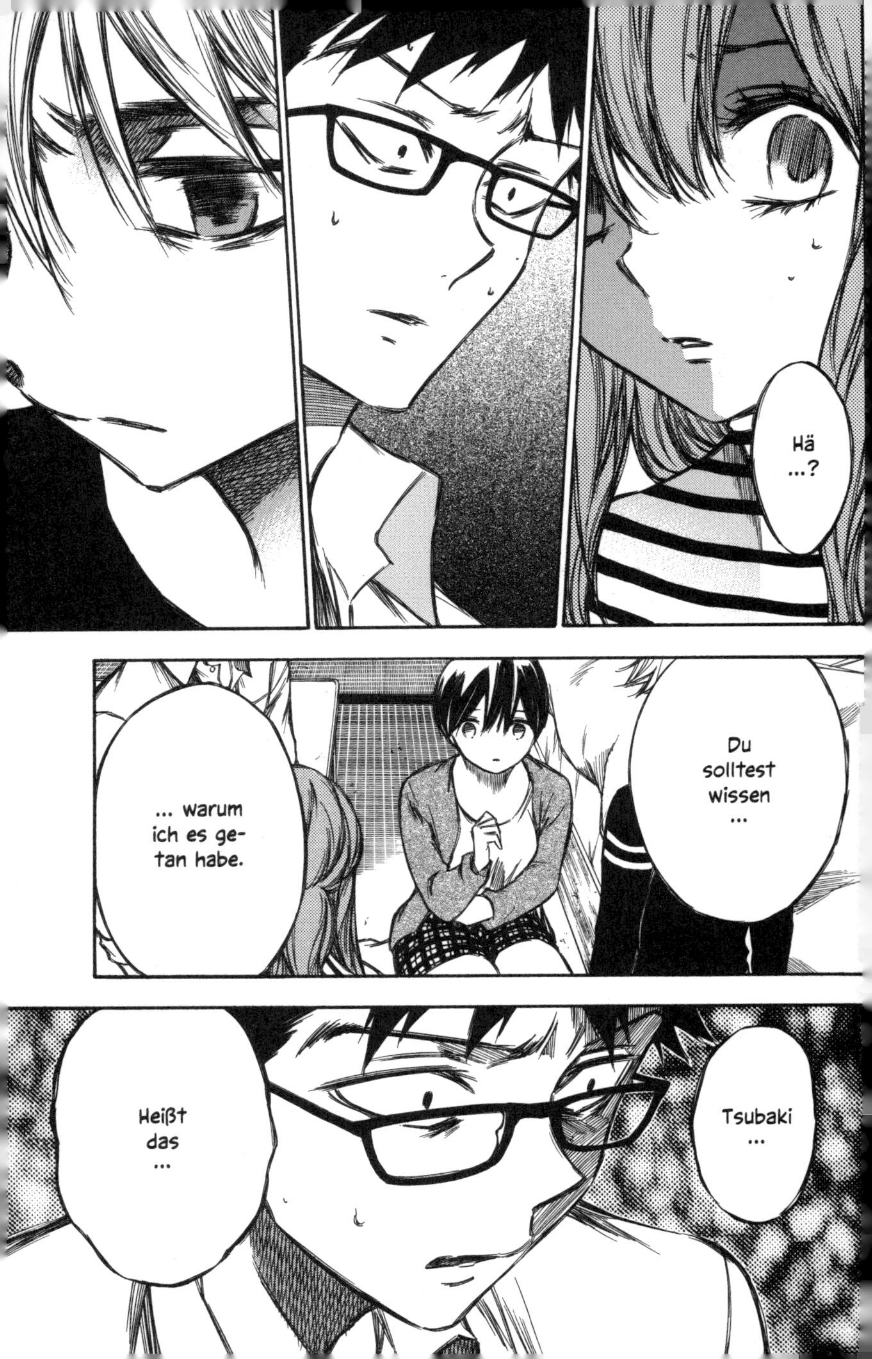
Hä ...?
Du solltest wissen ...
... warum ich es getan habe.
Tsubaki ...
Heißt das ...

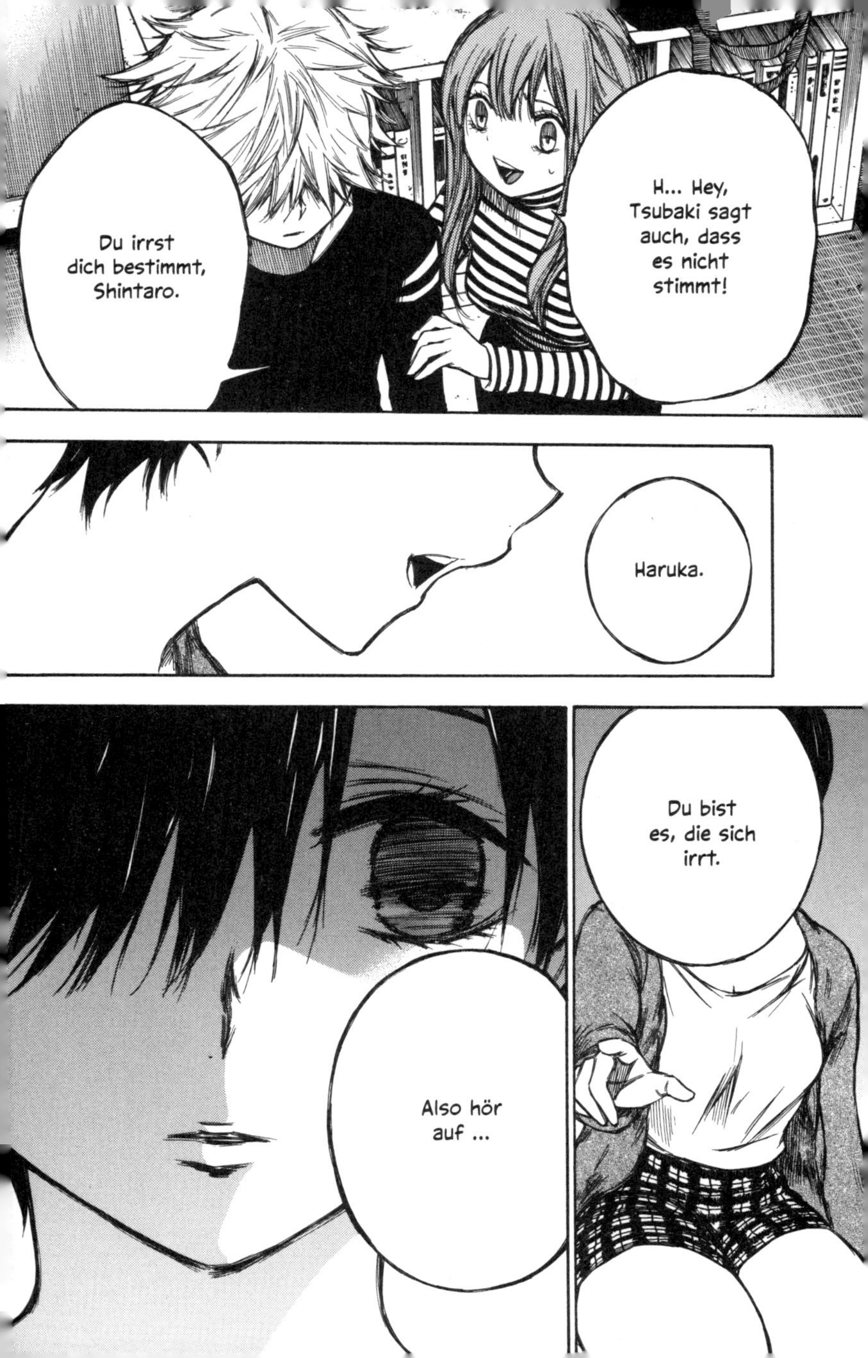
H... Hey, Tsubaki sagt auch, dass es nicht stimmt!
Du irrst dich bestimmt, Shintaro.
Haruka.
Du bist es, die sich irrt.
Also hör auf ...

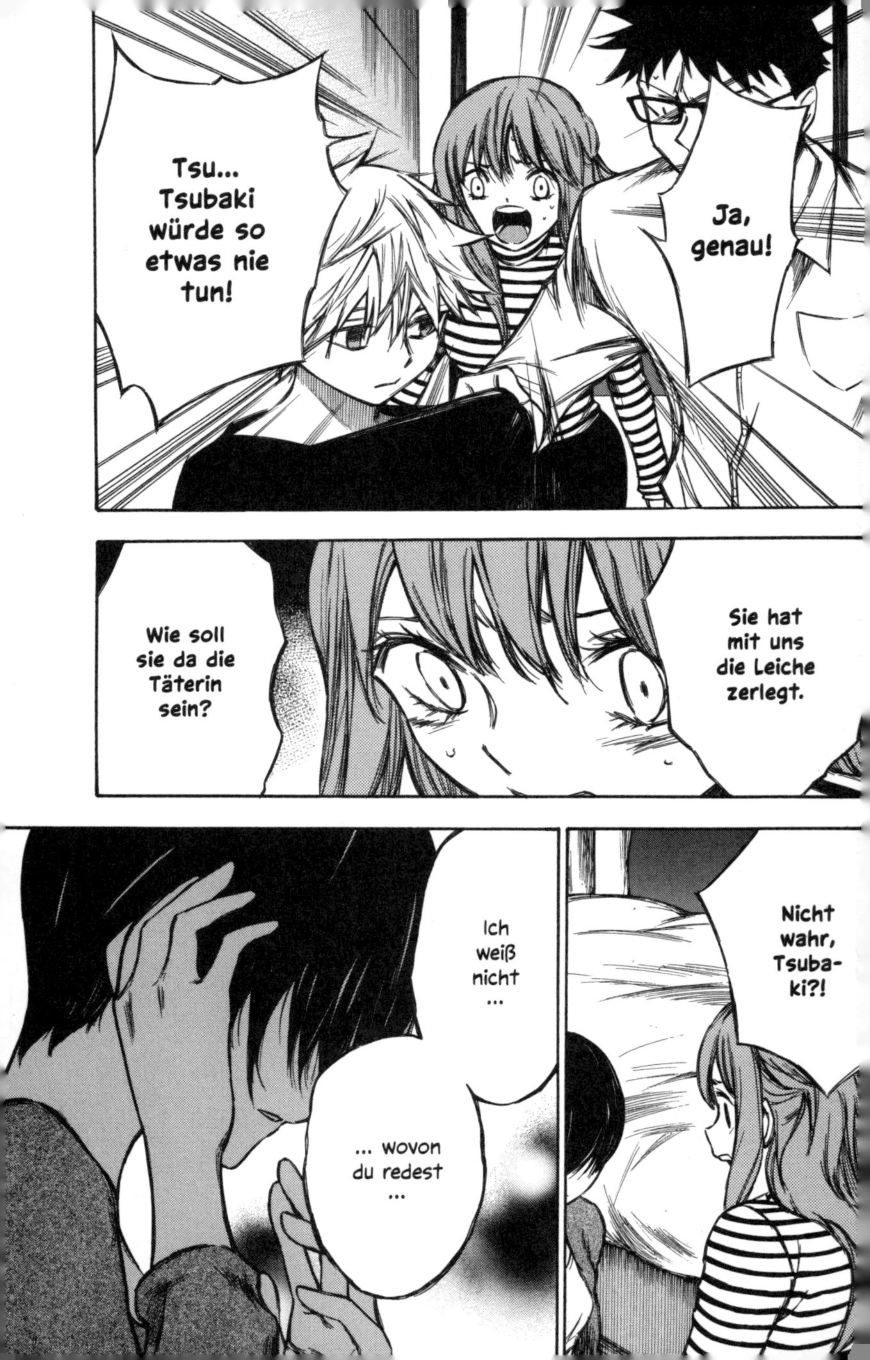
Ja, genau!
Tsu... Tsubaki würde so etwas nie tun!
Sie hat mit uns die Leiche zerlegt.
Wie soll sie da die Täterin sein?
Nicht wahr, Tsuba-ki?!
Ich weiß nicht ...
... wovon du redest ...

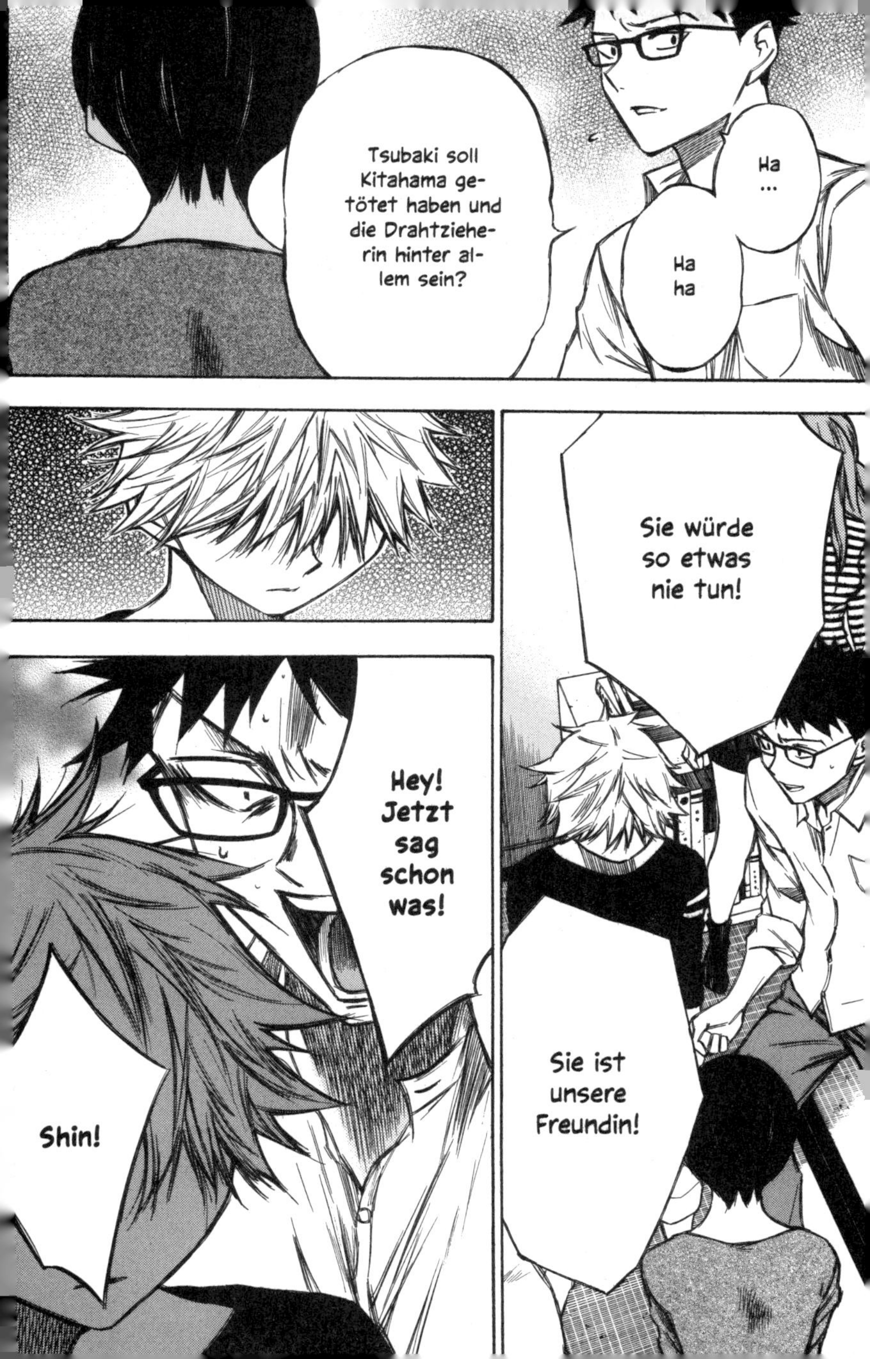

Tsubaki soll Kitahama getötet haben und die Drahtzieherin hinter allem sein?
Ha ...
Ha ha
Sie würde so etwas nie tun!
Sie ist unsere Freundin!
Hey! Jetzt sag schon was!
Shin!

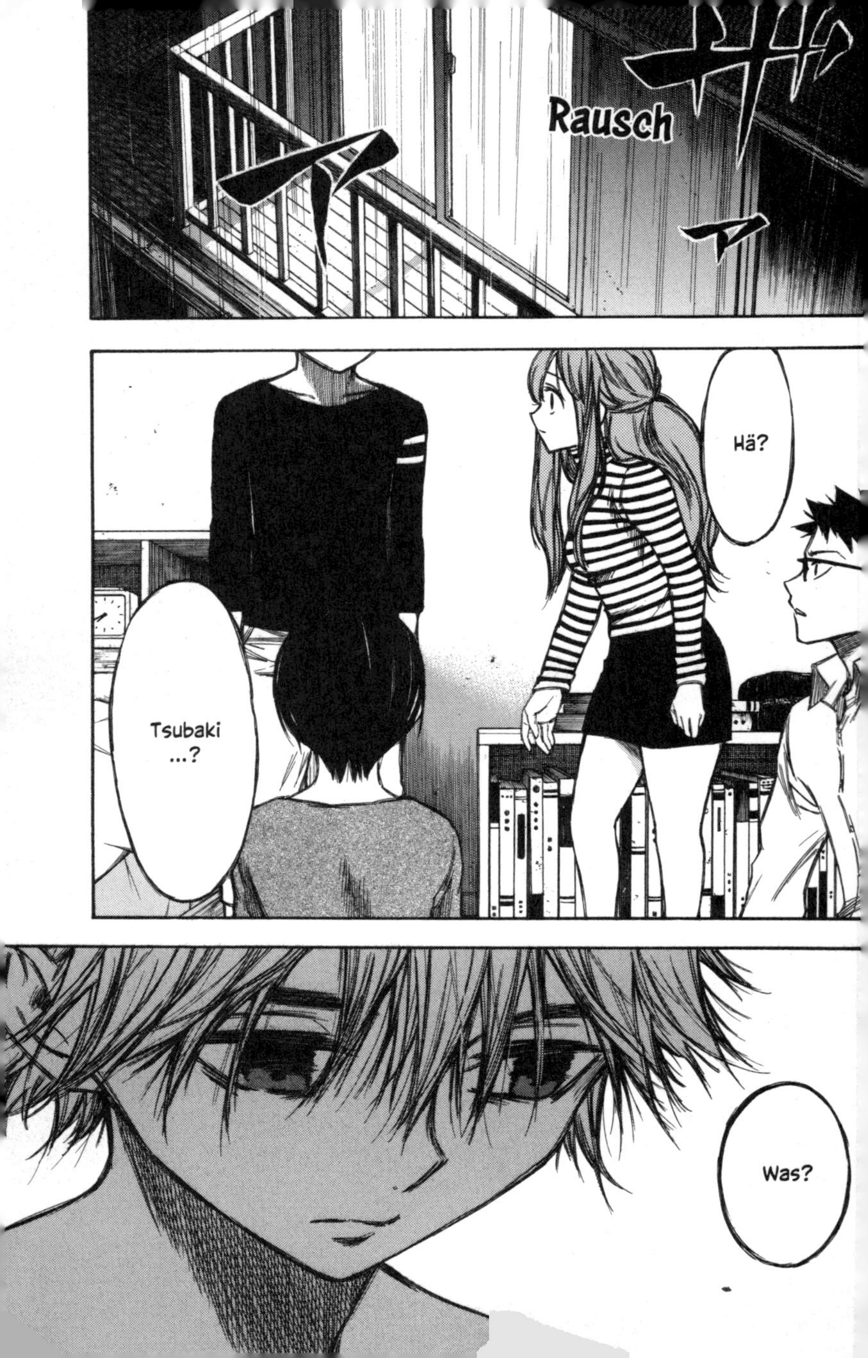

Rausch
Hä?
Tsubaki ...?
Was?

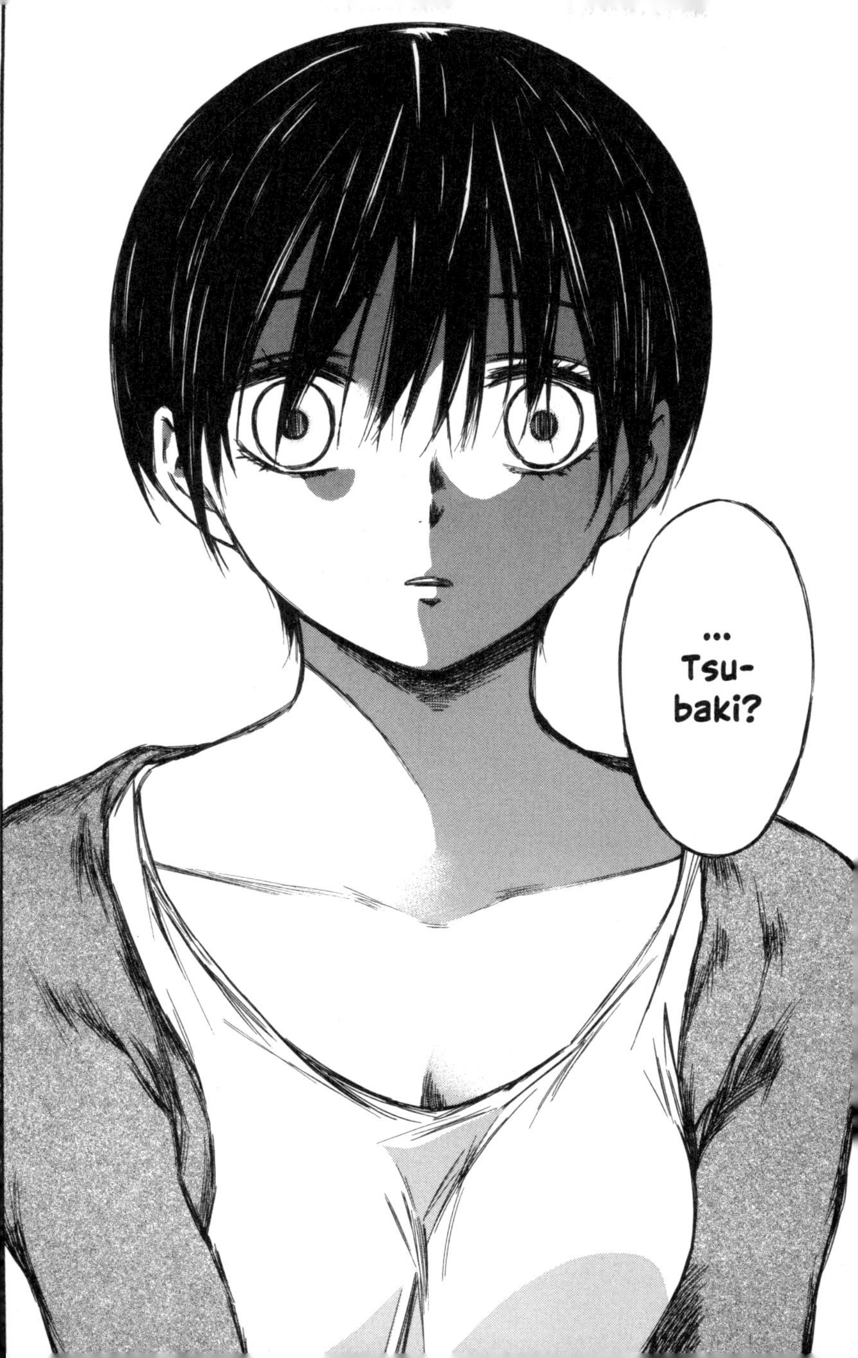
... Tsu-baki?

84. Nacht

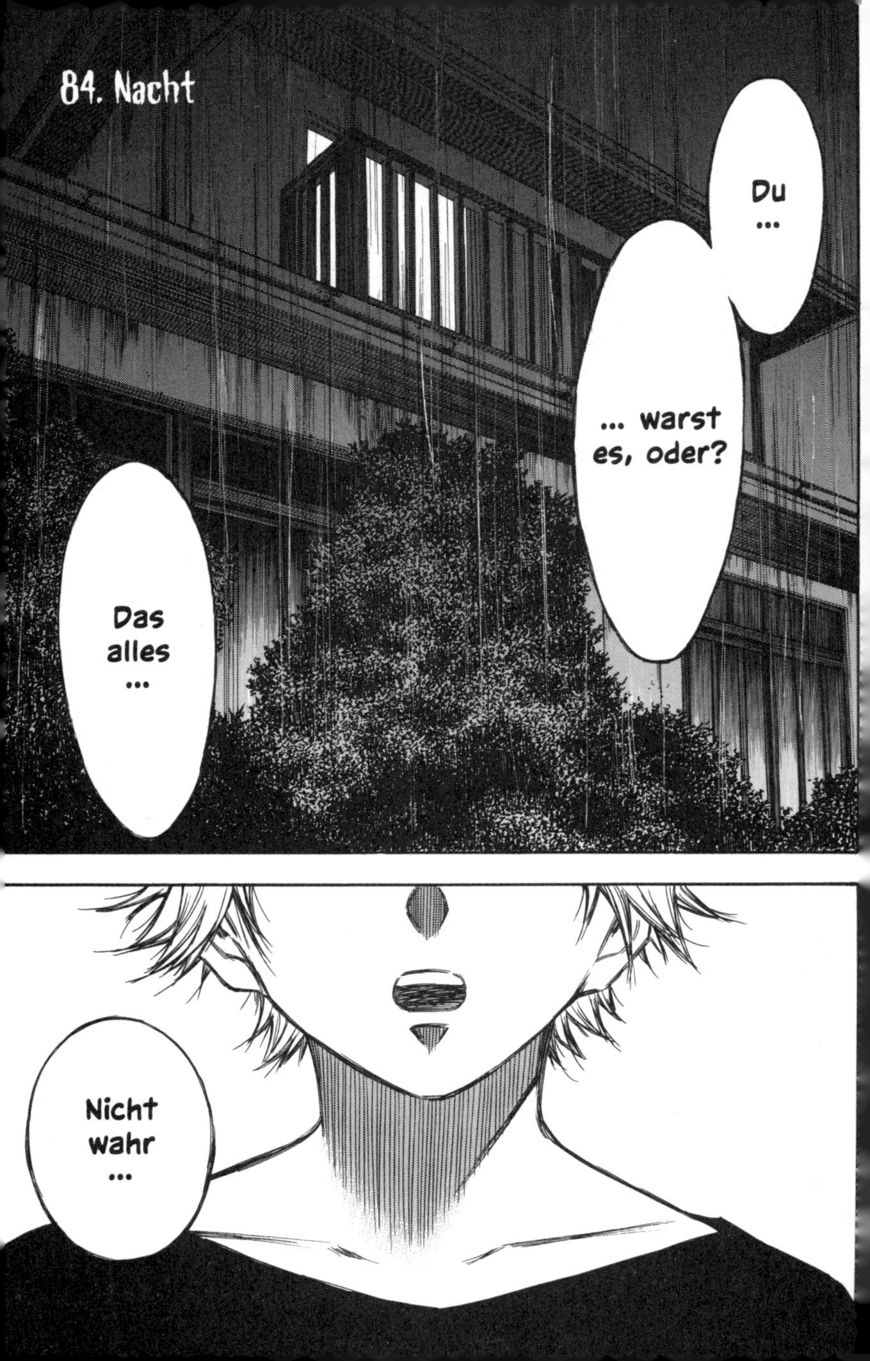

Inhalt

Bis deine Knochen verrotten

Yae Utsumi

7

Bis deine Knochen verrotten